"十三五"普通高等教育规划教材
高职高专会计系列

U0781220

税　法

主　编　梁文涛

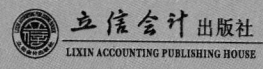

立信会计出版社
LIXIN ACCOUNTING PUBLISHING HOUSE

图书在版编目(CIP)数据

税法 / 梁文涛主编. —上海:立信会计出版社,
2017.1

"十三五"普通高等教育规划教材
ISBN 978-7-5429-5244-8

Ⅰ.①税… Ⅱ.①梁… Ⅲ.①税法—中国—高等学
校—教材 Ⅳ.①D922.22

中国版本图书馆 CIP 数据核字(2016)第 324365 号

策划编辑　　赵新民
责任编辑　　赵新民　李　卿
封面设计　　南房间

税　法
Shuifa

出版发行	立信会计出版社
地　　址	上海市中山西路 2230 号　　邮政编码　200235
电　　话	(021)64411389　　　　　　传　真　(021)64411325
网　　址	www.lixinaph.com　　　电子邮箱　lxaph@sh163.net
网上书店	www.shlx.net　　　　　　电　话　(021)64411071
经　　销	各地新华书店
印　　刷	上海天地海设计印刷有限公司
开　　本	787 毫米×1 092 毫米　　1/16
印　　张	19.75
字　　数	448 千字
版　　次	2017 年 1 月第 1 版
印　　次	2017 年 1 月第 1 次
印　　数	1—3 100
书　　号	ISBN 978-7-5429-5244-8/D
定　　价	39.00 元

如有印订差错,请与本社联系调换

前言 *Foreword*

　　税法课程是高职财经专业的一门专业核心课。本教材以新税法和会计准则为依据,主要介绍企业实际工作所必需的各税种的认知、计算及征收管理,根据不同税种的日常核算要求,整合出 8 个工作项目作为主要教学内容。

　　与同类教材相比,本套教材具有以下特色:

　　1. 根据最新税法编写并不断适时修订

　　营业税改征增值税(简称"营改增")自 2012 年 1 月 1 日起在上海开始试点;自 2012 年 8 月 1 日起至 2012 年年底,"营改增"试点范围,由上海市分批扩大至北京、天津等 10 个省(直辖市、计划单列市);从 2013 年 8 月 1 日起,交通运输业和部分现代服务业"营改增"试点推广至全国,并适当扩大部分现代服务业范围,广播影视作品的制作、播映、发行等被纳入试点;从 2014 年 1 月 1 日起,铁路运输和邮政业被纳入"营改增"试点;从 2014 年 6 月 1 日起,电信业被纳入"营改增"试点;从 2016 年 5 月 1 日起国家全面推行"营改增"政策,将建筑业、房地产业、金融业、生活服务业纳入"营改增"试点范围,至此,营业税全部改征增值税,营业税已经退出我国税收体系。在此背景下,本套教材根据最新相关税收法律、法规、政策来编写,力求内容的时效性和新颖性,尽量避免过时的内容出现。本教材不仅根据最新税法编写,而且在本教材以后重印、修订或再版时,将根据最新税法及时修正和完善,广大师生可通过出版社网站或作者电子邮箱索取相关资源。

　　2. 采用"项目教学、案例教学、工作过程导向教学"等教学模式

　　通过案例进行教学,力求实现"工学结合、理实一体、学做合一"。具体来说,教材每个项目开头设置职业能力目标,让同学们首先能够明确本项目的学习目标;在

每一项目具体学习之前,设置项目引例,以此激发学生的学习兴趣;在项目内容的讲授过程中,设置工作实例、知识释疑、实务释疑等工作情境,让学生体验学习的趣味,从而再次激发学生的学习兴趣;在学完每一项目之后,设置职业技能训练、职业能力实训对教材所学知识进行训练,让学生进一步理解和掌握所学知识。

3. 创建教材 QQ 群和邮箱,提供互动、交流的空间

本教材提供教材作者的 QQ 群和邮箱,任课教师可以和作者进行交流。教材交流邮箱:caishuijiaocai@126.com;QQ 群号:475447861。

4. 教学资源丰富

本教材作者提供给任课教师电子课件、职业技能训练及职业能力实训的答案、最新纳税申报表电子版等资源,以方便教师教学。任课教师通过将本人姓名、工作单位、用书专业、用书量等信息发送邮件至 caishuijiaocai@126.com 来索取。

本教材由梁文涛担任主编,邹彩莲、王珑珑、吕洪果、董晓键、梁文豪、焦洪旗担任副主编。具体分工如下:项目 1、项目 2 由梁文涛编写,项目 3 由梁文涛、吕洪果编写,项目 4 由梁文涛、董晓键编写,项目 5 由梁文涛、邹彩莲编写,项目 6 由梁文涛、王珑珑编写,项目 7 由梁文涛、梁文豪编写,项目 8 由梁文涛、焦洪旗编写。另外,梁文涛设计了全书的框架体例,并对全书内容进行修正和定稿。

本书在撰写过程中,作者参考、借鉴了大量本学科相关著作、教材与论文,在此向其作者表示由衷的感谢。由于本人水平所限,本书可能存在不当之处,竭诚欢迎广大读者批评指正。若有意见、建议或指正,请发送至本教材邮箱(caishuijiaocai@126.com)。

梁文涛

2017 年 1 月

目录 *Contents*

项目 3　营业税改征增值税法 ⋯⋯⋯⋯⋯⋯⋯⋯

> 本项目将带你认知营改增的含义和发展,确定营改增的纳税人和征税范围,判定营改增的税率和征收率,运用营改增的优惠政策,使用和管理增值税专用发票,计算营改增一般计税方法下的应纳税额、简易计税方法下的应纳税额、出口退(免)税额,确定营改增的纳税义务发生时间、纳税期限和纳税地点。

项目 4　消费税法 $\cdots\cdots$ 105

本项目将带你认知消费税的含义和发展,确定消费税的纳税人和征税范围,判定消费税的税率,明确消费税纳税义务环节,计算消费税的应纳税额、消费税的出口退(免)税,确定消费税的纳税义务发生时间、纳税期限和纳税地点。

项目 5　小税种税法(上) $\cdots\cdots$ 133

本项目将带你认知关税、城市维护建设税、教育费附加、地方教育附加、土地增值税、房产税、资源税的含义和发展,确定上述税种的纳税人和征税范围,判定上述税种的税率,运用上述税种的优惠政策,计算上述税种的应纳税额,确定上述税种的纳税义务发生时间、纳税期限和纳税地点。

名师精品 · 高职高专会计系列　Gaozhigaozhuan Kuaiji Xilie

项目 8　个人所得税法 ··· 267

本项目将带你认知个人所得税的含义和发展,确定个人所得税的纳税人和征税对象,判定个人所得税的税率,运用个人所得税的优惠政策,计算个人所得税的应纳税额,确定个人所得税的纳税义务发生时间、纳税期限和纳税地点。

目

录

项目 *1*

税法基础认知

职业能力目标

（1）能识记税法的含义和特征、税收的含义和特征、税法的原则、税收立法机关、税收法律关系。

（2）能明确税法与税收的关系、税收的职能和作用、税法的功能、税法的地位、税法与其他法律的关系、税法的构成要素、税收管理体制、税收立法原则、我国现行税法体系、税务机构设置。

（3）能对税收进行分类，能对税收立法权、税收征管范围及我国中央政府与地方政府税收收入进行划分，能把握税收立法、修订和废止程序。

项目引例

全额累进税率和超额累进税率的运用

假定甲、乙、丙三人的课税对象数额状况分别为甲 1 500 元、乙 1 501 元、丙 5 000 元。全额累进税率表和超额累进税率表分别如表 1-1 和表 1-2 所示。

表 1-1 全额累进税率表

级数	课税对象级距(应纳税所得额) (单位:元)	税率
1	1 500(含)以下	3%
2	1 500(不含)~4 500(含)	10%
3	4 500(不含)~9 000(含)	20%

表 1-2 超额累进税率表

级数	课税对象级距(应纳税所得额) (单位:元)	税率	速算扣除数
1	1 500(含)以下	3%	0
2	1 500(不含)~4 500(含)	10%	105
3	4 500(不含)~9 000(含)	20%	555

工作要求

1. 若采用全额累进税率,分别计算甲、乙、丙三人的应纳税额。
2. 若采用超额累进税率,分别计算甲、乙、丙三人的应纳税额。

项目引例解析

见本项目的任务 4。

任务 1 税收和税法认知

一、税收和税法的含义、特征及关系

(一) 税收的含义和特征

1. 税收的含义

税收是政府为了满足社会公共需要,凭借政治权力,强制、无偿地取得财政收入的一种形式。

税收是国家取得财政收入的一种重要工具,其本质是一种分配关系;国家征税的依据是政治权力,有别于按生产要素进行的分配。税收分配是以国家为主体进行的分配;国家课征税款的目的是满足社会公共需要。

2．税收的特征

1）强制性

税收的强制性是指国家凭借其公共权力以法律的形式对税收征纳双方的权利（权力）与义务进行制约，这既不是由纳税主体按照个人意志自愿缴纳，也不是按照征税主体的意愿随意征税，而是按照法律进行征税。

2）无偿性

税收的无偿性是指国家征税以后，税款一律纳入国家财政预算，由财政统一分配，而不直接向具体的纳税人返还或支付报酬。税收的无偿性是对个体（具体）纳税人而言的，其享有的公共利益与其缴纳的税款并非完全对等；但就纳税人的整体而言则是对等的，政府使用税款的目的是向社会全体成员包括具体纳税人提供社会需要的公共产品和公共服务。因此，税收的无偿性表现为个体的无偿性和整体的有偿性。

3）固定性

税收的固定性是指国家征税预先规定了统一的征税标准，包括纳税人、征税对象、税率、纳税期限、纳税地点等。这些标准一经确定，在一定时间内是相对稳定的。

（二）税法的含义和特征

1．税法的含义

税法是国家制定的用以调整国家与纳税人之间在征纳税方面的权利及义务关系的法律规范的总称。

税法内容主要包括：各税种的法律法规以及为了保证这些法律法规得以实施的税收征管制度和税收管理体制。

2．税法的特征

1）义务性法规

从法律性质上看，税法属于义务性法规，以规定纳税人的义务为主。这一特点是由税收的无偿性和强制性的特点所决定的。

2）综合性法规

税法具有综合性，它是由一系列单行税收法律法规及行政规章制度组成的体系，其内容涉及课税的基本原则、征纳双方的权利和义务、税收管理规则、法律责任、解决税务争议的法律规范等。它的这一特点是由税收制度所调整的税收分配关系和税收法律关系的复杂性所决定的。

（三）税法与税收的关系

税收的本质特征具体体现为税收制度，而税法则是税收制度的法律表现形式。税法与税收的关系可以概括为：有税必有法，无法不成税。

二、税收的职能和作用

税收的职能是指税收所具有的内在功能，税收的作用则是税收职能在一定条件下的具体体现。

税收的职能和作用主要表现在以下几个方面：

（1）税收是财政收入的主要来源。组织财政收入是税收的基本职能。我国税收收入占国家财政收入的90%以上。

（2）税收是调控经济运行的重要手段。经济决定税收，税收反作用于经济。这既反映了经济是税收的来源，也体现了税收对经济的调控作用。

（3）税收是调节收入分配的重要工具。从总体上来说，税收作为国家参与国民收入分配最主要、最规范的形式，能够规范政府、企业和个人之间的分配关系。

（4）税收还具有监督经济活动的作用。税收涉及社会生产、流通、分配、消费各个领域，能够综合反映国家经济运行的质量和效率。

此外，税收管辖权是国家主权的组成部分，是国家权益的重要体现，所以在对外交往中，税收还具有维护国家权益的重要作用。

知识释疑1-1

自2016年5月1日起，我国全面推行"营改增"，请从税收的职能和作用的角度谈谈全面推行"营改增"有何意义？

三、税法的功能

税法的功能主要有：
（1）为国家组织财政收入提供法律保障。
（2）为国家调控宏观经济提供一种经济法律手段。
（3）维护和促进现代市场经济秩序。
（4）规范税务机关合法征税，有效保护纳税人的合法权益。
（5）为维护国家利益，促进国际经济交往提供可靠保证。

任务2 税法在我国法律体系中的地位

一、税法的地位

税法的地位主要表现在：
（1）税法属于国家法律体系中一个重要部门法，它是调整国家与各个经济单位及公民个人分配关系的基本法律规范。
（2）税法在性质上属于公法。不过与宪法、行政法、刑法等典型公法相比，税法仍具有一些私法的属性。
（3）税法是我国法律体系的重要组成部分。

二、税法与其他法律的关系

1. 税法与宪法的关系
税法是依据《中华人民共和国宪法》（以下简称《宪法》）的原则制定的。《宪法》规定："中华人民共和国公民有依照法律纳税的义务。"这一规定是立法机关制定税法并据以向

名师精品·
高职高专会计系列
Gaozhigaozhuan Kuaiji Xilie

公民征税以及公民必须依照税法纳税的最直接的法律依据。税法对宪法要服从,要依据宪法的原则制定。宪法是制定税法和向公民征税及公民依法纳税的直接法律依据。

2. 税法与民法的关系

民法调整方法的特点是平等、等价、有偿;而税法调整方法的特点是命令、服从。当民法与税法不发生冲突时,税法不再另行规定,一般援引民法条款;当两者出现不一致时,一般按税法规定纳税。

3. 税法与刑法的关系

涉税行为如果违法并犯罪,适用于刑法;刑法是关于犯罪、刑事责任与刑罚的法律规范的总和。涉税行为如果违法但未犯罪,适用《税收征收管理法》调整,《税收征收管理法》是调整税收征纳关系的法律规范。修订后的《刑法》用"逃避缴纳税款"取代了"偷税"。但目前我国的《税收征收管理法》中还没有作出相应修改。

4. 税法与行政法的关系

税法与行政法有着十分密切的联系,这种联系主要表现在税法具有行政法的一般特征,但又与一般行政法有所不同:税法具有经济分配的性质,并且是经济利益由纳税人向国家的无偿单向转移,这是一般行政法所不具备的。税收法律关系中居于领导地位的一方总是国家,体现国家单方面意志,不需要征纳双方意思表示完全一致。行政法大多为授权性法规,而税法则是一种义务性法规。

任务3　税收法定原则

一、税法的原则

税法的原则反映税收活动的根本属性,是税收法律制度建立的基础。税法原则包括税法基本原则和税法适用原则。税法的原则归纳如表1-3所示。

表1-3　　　　　　　　　　　税法的原则

原　则		内　容	要　点
基本原则	核心基本原则 (1个)	1. 税收法定原则	也称为税收法定主义(又称税收法律主义原则),是指税法主体的权利义务必须由法律加以规定,税法的各类构成要素都必须且只能由法律予以明确的规定。税收法定主义贯穿税收立法和执法的全部领域,其内容包括税收要件法定原则和税务合法性原则
	其他基本原则 (3个)	2. 税法公平原则	一般认为,税收公平原则包括税收横向公平和纵向公平,即税收负担必须根据纳税人的负担能力分配,负担能力相等,税负相同;负担能力不等,税负不同。税收公平原则源于法律上的平等原则
		3. 税收效率原则	税收效率原则包括两个方面:经济效率和行政效率。前者要求有利于资源的有效配置和经济体制的有效运行,后者要求提高税收行政效率
		4. 实质课税原则	实质课税原则是指应根据客观事实确定是否符合课税要件,并根据纳税人的真实负担能力决定纳税人的税负,而不能仅考虑相关外观和形式(企业的财务报表)

(续表)

原　则	内　容	要　点
税法的适用原则(6个)	1. 法律优位原则	(1) 含义:法律的效力高于行政立法的效力 (2) 作用:主要体现在处理不同等级税法的关系 (3) 应用:效力低的税法与效力高的税法发生冲突,效力低的税法即是无效的
	2. 法律不溯及既往原则	(1) 含义:一部新法实施后,对新法实施之前人们的行为不得适用新法,而只能沿用旧法 (2) 目的:维护税法的稳定性和可预测性
	3. 新法优于旧法原则	(1) 含义:新法、旧法对同一事项有不同规定时,新法的效力优于旧法 (2) 作用:避免因法律修订带来新法、旧法对同一事项有不同的规定而给法律适用带来的混乱
	4. 特别法优于普通法原则	(1) 含义:对同一事项两部法律分别订有一般和特别规定时,特别规定的效力高于一般规定的效力 (2) 应用:居于特别法地位级别较低的税法,其效力可以高于作为普通法的级别较高的税法
	5. 实体从旧、程序从新原则	(1) 实体税法不具备溯及力 (2) 程序性税法在特定条件下具备一定的溯及力
	6. 程序优于实体原则	(1) 含义:在诉讼发生时,税收程序法优于税收实体法适用 (2) 目的:确保国家课税权的实现,不因争议的发生而影响税款的及时、足额入库

二、税收法律关系

(一) 税收法律关系的构成

税收法律关系的构成如表 1-4 所示。

表 1-4　　　　　　　　　　　　　税收法律关系的构成

税收法律关系的构成			
主体	征税主体	权利主体双方法律地位相等;权利义务不对等	行使征税职责的机关(税务机关、海关、财政)
	纳税主体		履行纳税义务的人(法人、自然人和其他组织)
客体	即税收法律关系主体的权利、义务所共同指向的对象,也就是征税对象		例如,所得税法律关系客体就是生产经营所得和其他所得,财产税法律关系客体即是财产,流转税法律关系客体即是货物销售收入或劳务收入
内容	主体享受的权利		税收法律关系的核心实质
	主体承担的义务		

(二) 税收法律关系的产生、变更与消灭

税收法律关系的产生、变更与消灭必须有能够引起税收法律关系产生、变更或消灭的客观情况,也就是说由税收法律事实来决定。

(三) 税收法律关系的保护

税收法律关系的保护对权利主体双方是平等的,对权利享有者的保护就是对义务承担者的制约。

任务 4　税法的构成要素

各国的税法一般都比较复杂,但都由若干要素构成。了解这些要素,有助于全面掌握和执行税法规定。税法的构成要素一般包括总则、纳税义务人、征税对象、税目、税率、纳税环节、纳税期限、纳税地点、减税免税、罚则和附则等项目。具体说明如下。

一、总则

总则主要包括税法的立法意图、立法依据、适用原则等。

二、纳税义务人

纳税义务人或纳税人又称纳税主体,是税法规定的直接负有纳税义务的单位和个人。我国税收法律关系的主体,一方是代表国家行使税收征收管理权的各级税务机关,另一方是负有纳税义务的自然人、法人及其他组织。

与纳税人紧密联系的两个概念是代扣代缴义务人和代收代缴义务人。

代扣代缴义务人,是指虽不承担纳税义务,但依照有关规定,在向纳税人支付收入、结算货款、收取费用时有义务代扣代缴其应纳税款的单位和个人(如工资、薪金所得的个人所得税,个人所在单位为个人所得税的代扣代缴义务人)。

代收代缴义务人,是指虽不承担纳税义务,但依照有关规定,在向纳税人收取商品或劳务收入时,有义务代收代缴其应纳税款的单位和个人(如委托加工应税消费品的消费税,受托方为消费税的代收代缴义务人)。

三、征税对象

征税对象又叫课税对象、征税客体,指税法规定对什么征税,是征纳税双方权利义务共同指向的客体或标的物,它是区别一种税与另一种税的重要标志。

与征税对象相关的两个基本概念是税目和税基。

税目是各个税种所规定的具体征税项目,反映征税的具体范围,是对课税对象质的界定。税目体现征税的广度。

税基又叫计税依据,是据以计算征税对象应纳税款的直接数量依据,它解决对征税对象课税的计算问题,是对课税对象的量的规定,主要包括从价计征和从量计征。

四、税目

如前所述,税目是各个税种所规定的具体征税项目,反映征税的具体范围,是对课税对象质的界定。税目体现征税的广度。并非所有税种都需要规定税目。

五、税率

税率是税额与计税金额之间的比例,是计算税额的尺度。税率的高低,直接关系国家的财政收入和纳税人的负担。税率体现征税的深度。我国现行的税率形式主要有以下几种。

（1）比例税率，是对同一征税对象或同一税目不分大小，都按规定的同一比例征税。例如：我国增值税采用比例税率。

（2）超额累进税率，是把计税金额按数额多少分成若干级距，对每个级距分别规定相应的差别税率，应税所得额每超过一个规定的级距，对超过的部分就按高一级的税率计算征收。例如：我国工资、薪金所得的个人所得税采用超额累进税率。

项目引例解析

1. 如果按照全额累进税率计算税额，则：

$$甲应纳税额 = 1\ 500 \times 3\% = 45（元）$$
$$乙应纳税额 = 1\ 501 \times 10\% = 150.1（元）$$
$$丙应纳税额 = 5\ 000 \times 20\% = 1\ 000（元）$$

我们可以发现，乙比甲征税对象数额增加 1 元，税额却增加 105.1 元（150.1—45），若采用全额累进税率，税负变化极不合理。

2. 如果按照超额累进税率计算税额，则：

$$甲应纳税额 = 1\ 500 \times 3\% = 45（元）$$
$$乙应纳税额 = 1\ 500 \times 3\% + 1 \times 10\% = 45.1（元）$$

或者，　　$$乙应纳税额 = 1\ 501 \times 10\% - 105 = 45.1（元）$$

$$丙应纳税额 = 1\ 500 \times 3\% + (4\ 500 - 1\ 500) \times 10\% + (5\ 000 - 4\ 500) \times 20\%$$
$$= 445（元）$$

或者，　　$$丙应纳税额 = 5\ 000 \times 20\% - 555 = 445（元）$$

我们可以发现，乙比甲征税对象数额增加 1 元，税额只增加 0.1 元（45.1—45），采用超额累进税率，税负变化合理。

（3）超率累进税率，是以征税对象数额的相对率划分若干级距，分别规定相应的差别税率，相对率每超过一个级距，对超过的部分就按高一级的税率计算征收。例如：我国土地增值税采用超率累进税率。

（4）定额税率，是按征税对象的计算单位直接规定一个固定的税额。例如：我国啤酒的消费税采用定额税率。

六、纳税期限

与纳税期限相关的概念还有纳税义务发生时间和纳税申报与缴纳期限。具体来说：

（1）纳税义务发生时间，是指应税行为发生的时间。

（2）纳税期限，是指每隔固定时间汇总一次纳税义务税额的时间。纳税人的具体纳税期限由主管税务机关根据纳税人应纳税额的大小分别核定；不能按照固定期限纳税的可以按次纳税。

（3）纳税申报与缴纳期限，是指纳税人进行纳税申报并将应纳税款缴入国库的期限。

知识释疑 1-2

如何理解纳税义务发生时间、纳税期限和纳税申报与缴纳期限？

七、减税免税

减税免税是对某些纳税人或征税对象的鼓励或照顾措施。减税是对应纳税额少征一部分税款，而免税是对应纳税额全部免征税款。减税免税是税率的重要补充，它的最大优点就在于把税法的普遍性与特殊性、统一性与灵活性结合起来，可以对不同类型的纳税人和征税对象实行不同层次的减免，有利于全面地、因地制宜地贯彻国家社会经济政策。减税免税可以分为税基式减免、税率式减免和税额式减免三种形式。

1. 税基式减免

税基式减免是通过直接缩小计税依据的方式来实现的减税免税。其涉及的概念包括起征点、免征额、项目扣除以及跨期结转等。

起征点是征税对象达到一定数额开始征税的起点，对征税对象数额未达到起征点的不征税，达到起征点的按全部数额征税。免征额是在征税对象的全部数额中免予征税的数额，对免征额的部分不征税，仅对超过免征额的部分征税。项目扣除则是指在征税对象中扣除一定项目的数额，以其余额作为依据计算税额。跨期结转是指将以前纳税年度的经营亏损从本纳税年度经营利润中扣除。

知识释疑 1-3

2016年"两会"时，全国政协委员、华工工商管理学院教授沙振权携《减税收 削预算 确保供给侧改革取得实效》的提案进京。他建议个税起征点提高到5 000元。沙振权指出，首先应该提高个人所得税的免征额，现行的每月3 500元人民币的免征额为2011年修订，距今已经接近五年时间。算上通胀等各方面因素，目前将个人所得税征收起点从3 500元提升到5 000元是比较合理的。媒体中对于工资薪金的个人所得税扣除标准一会儿说成"起征点"，一会儿又说成"免征额"，你认为上述关于"起征点"和"免征额"的说法哪一种正确？

2. 税率式减免

税率式减免即通过直接降低税率的方式实现的减税免税。具体概念包括重新确定税率、选用其他税率、零税率。

3. 税额式减免

税额式减免即通过直接减少应纳税额的方式实现的减税免税。具体概念包括全部免征、减半征收、核定减免率以及另定减征额等。

八、纳税环节

纳税环节是指税法规定的征税对象从生产到消费的流转过程中应当缴纳税款的环节。流转税的纳税环节是生产和流通环节，而所得税的纳税环节是分配环节。

九、纳税地点

纳税地点是指根据各个税种纳税对象的纳税环节和有利于对税款的源泉进行控制而规定的纳税人(包括代征代缴、代扣代缴、代收代缴义务人)的具体纳税地点。

十、罚则

罚则又称法律责任,是对违反税法的行为采取的处罚措施。

十一、附则

附则主要规定某项税法的解释权和生效时间。

任务5　税收立法与我国现行税法体系认知

一、税收管理体制的概念

税收管理体制是在各级国家机构之间划分税权的制度。简单地可将税收管理权限划分为税收立法权和税收执法权。

二、税收立法原则

税收立法是指有权机关依据一定的程序,遵循一定的原则,运用一定的技术,制定、公布、修改、补充和废止有关税收法律、法规、规章的活动。

税收立法应遵循以下原则:

(1) 从实际出发的原则。

(2) 公平原则。

(3) 民主决策的原则。

(4) 原则性与灵活性相结合的原则。

(5) 法律的稳定性与立、改、废相结合的原则。

三、税收立法权及其划分

1. 税收立法权的含义

税收立法权是指特定的国家机关依法所行使的,通过制定、修订、废止税收法律规范,调整一定税收法律关系的综合性权力体系。在我国,划分税收立法权的直接法律依据主要是《中华人民共和国宪法》与《中华人民共和国立法法》的规定。

2. 我国税收立法权划分的现状

(1) 中央税、中央与地方共享税以及全国统一开征的地方税的立法权集中在中央。

(2) 地区性地方税收的立法权应只限于省级立法机关或经省级立法机关授权同级政府,不能层层下放。

（3）我国目前尚无完整的税收立法权划分的法律规定,仅散见于各项法律法规中。

四、税收立法机关

税法分为狭义的税法与广义的税法。本教材所说的是广义的税法:各有权机关根据国家立法体制制定的一系列税收法律、法规、规章和规范性文件,这些共同构成了我国的税收法律体系。

我国制定税收法规的机关不同,其法律级次也不同:

（1）全国人大及常委会制定的税收法律。

（2）全国人大及常委会授权国务院制定的暂行规定及条例。

（3）国务院制定的税收行政法规。

（4）地方人大及常委会制定的税收地方性法规。

（5）国务院税务主管部门制定的税收部门规章。

（6）地方政府制定的税收地方规章。

税收立法机关及立法形式和举例如表 1-5 所示。

表 1-5　　　　　　　　　税收立法机关及立法形式和举例

法律级次	立法机关	形式	举例
税收法律	1. 全国人大及其常委会正式立法	法律	《企业所得税法》
	2. 全国人大及其常委会授权国务院立法	暂行条例	《增值税暂行条例》
税收法规	3. 国务院——税收行政法规	条例、暂行条例、实施细则、税收地方法规条例	《税收征收管理法实施细则》
	4. 地方人大及其常委会（目前只有海南省、民族自治区）		
税收规章	5. 财政部、税务总局、海关总署税收部门规章	部门规章、地方规章	《增值税暂行条例实施细则》
	6. 省级地方政府税收地方规章		

知识释疑 1-4

如何理解《增值税暂行条例》等为全国人大及其常委会授权立法?

五、税收立法、修订和废止程序

税收立法程序是指有权的机关,在制定、认可、修改、补充、废止等税收立法活动中,必须遵循的法定步骤和方法。

目前我国税收立法程序主要包括以下几个阶段。

1. 提议阶段

无论是税法的制定,还是税法的修改、补充和废止,一般由国务院授权其税务主管部门(财政部或国家税务总局)负责立法的调查研究等准备工作,并提出立法方案或税法草案,上报国务院。

2. 审议阶段

税收法规由国务院负责审议。税收法律在经国务院审议通过后,以议案的形式提交全国人民代表大会常务委员会的有关工作部门,在广泛征求意见并做修改后,提交全国人民代表大会或其常务委员会审议通过。

3. 通过和公布阶段

税收行政法规,由国务院审议通过后,以国务院总理名义发布实施。税收法律,在全国人民代表大会或其常务委员会开会期间,先听取国务院关于制定税法议案的说明,然后经过讨论,以简单多数的方式通过后,以国家主席名义发布实施。

六、我国现行税法体系

(一)税法分类

(1)按照税法的基本内容和效力的不同,可将税法分为税收基本法和税收普通法。

我国目前还没有制定统一的税收基本法。税收普通法是根据税收基本法的原则,对税收基本法规定的事项分别立法实施的法律。如个人所得税法、税收征收管理法等。

(2)按照税法的职能作用的不同,可将税法分为税收实体法和税收程序法。

(3)按照税法相关税种征收对象的不同,可将税法分为五种:商品和劳务税税法,所得税税法,财产、行为税税法,资源税税法,特定目的税税法。

(4)按照主权国家行使税收管辖权的不同,可将税法分为国内税法、国际税法、外国税法等。

(二)现行税法体系

我国现行税法体系由税收实体法和税收征收管理法律制度构成。

1. 税收实体法体系

由 16 个税收法律、法规组成,它们按性质作用分 5 类,如表 1-6 所示。

表 1-6　　　　　　　　　　　　　　　税收实体法体系

商品和劳务税类(间接税)	增值税、消费税、关税
所得税类(直接税)	企业所得税、个人所得税
财产和行为税类	房产税、车船税、印花税、契税
资源税类	资源税、土地增值税、城镇土地使用税
特定目的税类	城市维护建设税、烟叶税、车辆购置税、耕地占用税

2. 税收程序法体系

税收征收管理法律制度,包括《税收征收管理法》《海关法》和《进出口关税条例》等。

(1)由税务机关负责征收的税种的征收管理,按照全国人大常委会发布实施的《税收征收管理法》执行。

(2)由海关机关负责征收的税种的征收管理,按照《海关法》及《进出口关税条例》等有关规定执行。

任务6 税 收 执 法

税收执法权包括税款征收管理权、税务检查权、税务稽查权、税务行政复议裁决权及其他税务管理权(税务行政处罚)。本任务主要介绍税款征收管理权。

一、税务机构设置

中央政府设立国家税务总局(正部级),省及省以下税务机构分为国家税务局和地方税务局两个系统。

国家税务总局对国家税务局系统实行垂直管理,协同省级人民政府对省级地方税务局实行双重领导。具体来说:省以下地税局实行上级税务机关和同级政府双重领导,以上级税务机关垂直领导为主的管理体制;省级地税局实行地方政府和国家税务总局双重领导,以地方政府领导为主的管理体制。

海关总署及下属机构负责关税征管和受托征收进出口增值税和消费税等税收。

二、税收征管范围的划分

(1)国税局系统负责征收的税种:增值税、消费税、车辆购置税;中央企业所得税;银行总行、保险总公司集中缴纳的企业所得税;证券交易印花税等。

(2)地税局系统负责征收的税种:城市维护建设税、部分企业所得税、个人所得税、资源税、城镇土地使用税、土地增值税、房产税、车船税、除证券交易印花税以外的印花税、契税等。另外,纳税人销售取得的不动产和其他个人出租不动产的增值税,由国税局暂委托地税局代为征收。

(3)海关系统负责征收的税种:关税、船舶吨税、进口环节增值税和消费税。

三、我国中央政府与地方政府税收收入的划分

根据国务院关于实行分税制财政管理体制的规定,我国的税收收入分为中央政府固定收入、地方政府固定收入和中央政府与地方政府共享收入。

(1)中央政府固定收入包括消费税(含进口环节海关代征的部分)、车辆购置税、关税、海关代征的进口环节增值税、储蓄存款利息所得的个人所得税等。

(2)地方政府固定收入包括城镇土地使用税、耕地占用税、土地增值税、房产税、车船税、契税、筵席税。

(3)中央政府与地方政府共享收入主要包括以下一系列税。

增值税(不含进口环节由海关代征的部分):中央政府分享 50%,地方政府分享 50%。

企业所得税:中国铁路总公司(原铁道部)、各银行总行及海洋石油企业缴纳的部分归中央政府,其余部分中央与地方政府按 60% 与 40% 的比例分享。

个人所得税:除储蓄存款利息所得的个人所得税外,其余部分的分享比例与企业所

得税相同。

资源税：海洋石油企业缴纳的部分归中央政府，其余部分归地方政府。

城市维护建设税：中国铁路总公司(原铁道部)、各银行总行、各保险总公司集中缴纳的部分归中央政府，其余部分归地方政府。

印花税：证券交易印花税收入的97％归中央政府，其余3％和其他印花税收入归地方政府。为妥善处理中央与地方的财政分配关系，国务院决定，从2016年1月1日起，将证券交易印花税由现行按中央97％、地方3％比例分享全部调整为中央收入。

职业技能训练

一、单项选择题

1. 下列关于税法的地位及与其他法律的关系的说法中，错误的是( )。
    A. 税法在性质上属于公法，但也具有一些私法的属性
    B. 税法属于国家法律体系中一个重要的部门法
    C. 涉及税收征纳关系的问题，如果符合民法中的规定，可以按照民法的规定进行处理
    D. 税法是国家法律的组成部分，是依据宪法的原则制定的

2. 税法在实施过程中，禁止在没有正当理由的情况下对特定纳税人给予特别优惠，这体现了税法基本原则中的( )原则。
    A. 税收法定   B. 税收公平   C. 税收效率   D. 实质课税

3. 按照法律优位原则的规定，法律的效力高于行政立法的效力。但是( )打破了税法效力等级的限制。
    A. 新法优于旧法原则   B. 特别法优于普通法原则
    C. 实体从旧，程序从新原则   D. 程序优于实体原则

4. 下列税种中，属于中央政府与地方政府共享收入的是( )。
    A. 关税   B. 消费税   C. 土地增值税   D. 个人所得税

5. 下列属于财产和行为税类的税种是( )。
    A. 资源税   B. 城市维护建设税   C. 消费税   D. 房产税

6. 以下关于我国税法体系的说法中，正确的是( )。
    A. 我国现行的税法体系是由税收实体法构成的
    B. 车船税属于特定目的税类
    C. 由税务机关负责征收的税种的征收管理，按照全国人大常委会发布实施的《税收征收管理法》执行
    D. 由海关负责征收的税种的征收管理，按照全国人大常委会发布实施的《税收征收管理法》执行

7. 下列规范性文件中，属于国务院制定的税收行政法规的是( )。
    A.《增值税暂行条例实施细则》   B.《税收征收管理法实施细则》
    C.《中华人民共和国土地增值税暂行条例》 D.《中华人民共和国车船税法》

8. 纳税人李某和税务所在缴纳税款上发生争议，必须在缴纳有争议的税款后，税务复议机关才能受理李某的复议申请，这体现了税法适用原则中的( )原则。
    A. 新法优于旧法   B. 特别法优于普通法
    C. 程序优于实体   D. 实体从旧

9. 目前我国税收体系中单一比例税率的税种是( )。

A. 增值税　　　　　B. 土地增值税　　　　　C. 个人所得税　　　　　D. 消费税

10. 下列关于我国现行税收征收管理范围划分的表述中,正确的是(　　)。
    A. 车辆购置税由地方税务局系统负责征收和管理
    B. 各银行总行缴纳的印花税由国家税务局系统负责征收和管理
    C. 各银行总行缴纳的企业所得税由国家税务局系统负责征收和管理
    D. 地方所属企业与中央企业组成的股份制企业缴纳的企业所得税,由地方税务局系统负责征收和管理

11. 我国税收法律关系权利主体中,纳税义务人的确定原则是(　　)原则。
    A. 国籍　　　　　B. 属地　　　　　C. 属人　　　　　D. 属地兼属人

12. 下列选项中,属于商品和劳务税类的税种有(　　)。
    A. 房产税　　　　　B. 增值税　　　　　C. 土地增值税　　　　　D. 城镇土地使用税

13. 我国目前税制基本上是(　　)的税制结构。
    A. 直接税为主体　　　　　　　　　B. 间接税为主体
    C. 间接税和直接税为双主体　　　　D. 无主体

二、多项选择题

1. 下列选项中,属于税法适用原则的有(　　)。
   A. 实体从新、程序从旧原则　　　　B. 特别法优于普通法原则
   C. 新法优于旧法原则　　　　　　　D. 法律优位原则

2. 以下各项中,属于我国税收立法原则的有(　　)。
   A. 从实际出发的原则
   B. 民主决策的原则
   C. 原则性与灵活性相结合的原则
   D. 法律的稳定性、连续性与废、改、立相结合的原则

3. 下列各项中,有权制定税收部门规章的税务主管机关有(　　)。
   A. 国家税务总局　　B. 财政部　　　C. 国务院办公厅　　　D. 海关总署

4. 征税对象又称为(　　)。
   A. 课税对象　　　　B. 征税客体　　　C. 征税主体　　　　D. 具体征税项目

5. 下列关于税收构成要素和我国现行税法体系的说法中,正确的有(　　)。
   A. 税目反映具体的征税范围,是对课税对象质的界定
   B. 税率是计算税额的尺度,也是衡量税负轻重与否的重要标志
   C. 商品和劳务税类的税种有增值税、消费税和城市维护建设税
   D. 土地增值税和城镇土地使用税都属于资源税类

6. 属于地方税务局单独征收管理的税收有(　　)。
   A. 印花税　　　　　B. 城镇土地使用税　　C. 土地增值税　　　D. 增值税

7. 下列各项中,表述正确的有(　　)。
   A. 对于累进税率,一般情况下,课税数额越大,适用税率越高
   B. 宪法在现代法治社会中具有最高的法律效力,是立法的基础
   C. 税目是各个税种所规定的具体征税项目
   D. 征税对象主要是指税收法律关系中纳税双方权利、义务所共同指向的标的物或客体

8. 下列各项中,有权制定税收部门规章的税务主管机关有(　　)。
   A. 国家税务总局　　B. 财政部　　　C. 国务院办公厅　　　D. 海关总署

9. 下列关于税法原则的表述中,正确的有(　　　)。

   A. 新法优于旧法原则属于税法的基本原则

   B. 税法主体的权利义务必须由法律加以规定,这体现了税收法定原则

   C. 税法的原则包括税法基本原则和税法适用原则

   D. 税法适用原则中的法律优位原则明确了税收规章的效力高于税收行政法规的效力

10. 下列税种中,属于资源税类的有(　　　)。

   A. 城镇土地使用税   B. 土地增值税

   C. 车船税   D. 资源税

三、判断题

1. 车船税属于资源税类。　　　　　　　　　　　　　　　　　　　　(　　)

2. 我国啤酒的消费税采用比例税率。　　　　　　　　　　　　　　　(　　)

3. 对于累进税率,一般情况下,课税数额越大,适用税率越高。　　　　(　　)

4. 税收法律关系的客体即税收法律关系主体的权利、义务所共同指向的对象,也就是征税对象。　　　　　　　　　　　　　　　　　　　　　　　　(　　)

5. 纳税期限和纳税申报与缴纳期限是同一个概念。　　　　　　　　　(　　)

职业能力实训

1. 纳税人李伟某月应纳税所得额为 12 000 元。全额累进税率表和超额累进税率表分别见表1-1和表1-2。

表 1-1　　　　　　　　　　三级全额累进税率表

级数	全月应纳税所得额(元)	税率
1	10 000 以下(含)	10%
2	10 000(不含)～20 000(含)	20%
3	20 000(不含)以上	30%

表 1-2　　　　　　　　　　三级超额累进税率表

级数	全月应纳税所得额(元)	税率	速算扣除数
1	10 000 以下(含)	10%	0
2	10 000(不含)～20 000(含)	20%	1 000
3	20 000 (不含)以上	30%	3 000

  要求:(1) 采用全额累进税率,计算李伟当月的应纳税额。

  (2) 采用超额累进税率,计算李伟当月的应纳税额。

项目 **2**

增值税法

职业能力目标

（1）能理解增值税的基本原理。

（2）能判定一般纳税人和小规模纳税人的标准，会判断哪些业务应当征收增值税，会选择增值税适用税率，能充分运用增值税优惠政策，会使用增值税专用发票。

（3）能根据相关业务资料计算一般计税方法下销项税额、进项税额、进项税转出额和应纳增值税税额，简易计税方法下应纳增值税税额，进口货物应纳增值税税额。

（4）能合理选择和运用增值税出口货物退（免）税政策，能根据相关业务资料运用"免抵退"办法和"先征后退"办法计算增值税应退税额。

（5）能确定增值税的纳税义务发生时间、纳税期限和纳税地点。

项目引例

增值税的计算

甲空调生产企业为增值税一般纳税人,其2017年1月生产经营业务如下:

(1) 采用分期收款方式销售空调,合同规定的不含税销售额共计380万元,本月应收回60%货款,其余货款于下月10日全部收回,由于购买方本月资金紧张,实际支付不含税货款190万元。

(2) 将成本为10万元的自产空调用于本企业职工宿舍。

(3) 当月销售空调,收取价税合计金额540万元,另收取包装费160万元,开具普通发票。

(4) 购进生产用原材料及水、电等取得的增值税专用发票上注明增值税共计8万元。

(5) 购进一批小电器,作为奖励发给职工,取得的增值税专用发票上注明的增值税为0.34万元。

(6) 购进生产检查设备,取得增值税专用发票,注明价款30万元、增值税5.1万元。

(7) 购进一辆小汽车自用,取得增值税专用发票,注明价款20万元、增值税3.4万元。

已知:成本利润率10%,本月取得的合法票据均在本月认证并在本月抵扣。

工作要求

(1) 计算该企业本月的销项税额。

(2) 计算该企业本月准予抵扣的进项税额。

(3) 计算该企业本月应纳的增值税。

项目引例解析

见本项目的任务7。

任务1 增值税的认知

一、增值税的含义

增值税是以单位和个人在生产经营过程中取得的增值额作为计税依据而课征的一种流转税。

根据《增值税暂行条例》的规定,增值税是在我国境内销售货物或者提供加工、修理修配劳务以及进口货物的企业单位和个人,就其货物销售或提供劳务的增值额和货物进口金额为计税依据而课征的一种流转税。[①]

要理解增值税的含义,关键是要理解增值额。

---

① 全面"营改增"后,增值税的概念可以表述为:增值税是在我国境内销售货物、提供加工修理修配劳务、销售服务、无形资产或者不动产、进口货物的企业单位和个人,就其销售货物、提供劳务、销售服务、无形资产或者不动产的增值额和货物进口金额为计税依据而课征的一种流转税。

名师精品 · Gaozhigaozhuan Kuaiji Xilie 高职高专会计系列

以货物和劳务为例,增值额是指企业或者其他经营者从事生产经营或者提供劳务,在购入的商品或者取得劳务的价值基础上新增加的价值额。对于增值额,我们可以从以下四个方面理解:

(1)从理论上讲,增值额是指生产经营者在生产经营过程中新创造的价值额。增值额相当于商品价值"C+V+M"中的"V+M"部分。C即商品生产过程中所消耗的生产资料转移价值;V即工资,是劳动者为自己创造的价值;M即剩余价值或盈利,是劳动者为社会创造的价值。增值额是劳动者新创造的价值,从内容上讲大体相当于净产值或国民收入。

(2)就一个生产单位而言,增值额是这个单位商品销售收入额或经营收入额扣除非增值项目(相当于物化劳动,如外购的原材料、燃料、动力、包装物、低值易耗品等)价值后的余额。该余额大体相当于该单位活劳动创造的价值。

(3)就一个商品的生产经营全过程来讲,不论其生产经营经过几个环节,其最后的销售总值,应等于该商品从生产到流通的各个环节的增值额之和,如表2-1所示,即

$$商品最后销售价格 = 各环节增值额之和$$

表 2-1   某商品最后销售价格与各生产流通环节增值额的关系

生产流通环节	本环节销售额(元)	本环节增值额(元)
原材料生产环节	50	50[①]
产成品生产环节	80	30[②]
批发环节	120	40
零售环节	140	20
合计	390	140

以表2-1为例,如果用传统的流转税计税方式,对每道流转环节均按全额课税,将会对该商品从原材料到零售环节的每道环节按销售金额计税,其计税依据总值为390元。但如果按增值税的计税方式,只对每道环节的增值额计税,则其计税依据总值为140元。这两者的差额250元就产生了重复征税问题。即第一环节的50元在传统的流转税计税方式下实际上将被征税4次,其中被重复征税3次。同理,其余环节也分别被重复征税若干次。而在改为按每道环节的增值额征税后,则不论一个商品从生产到最后销售经过几个流转环节,其计税依据总值总是等于该商品的最终销售价格。这个特点对消除重复征税、出口产品的出口退税等均产生了重要影响。

(4)从国民收入分配角度看,增值额"V+M"在我国相当于净产值,包括工资、利润、利息、租金和其他属于增值性的收入。

二、增值税的发展

(1)我国自1979年开始在部分城市试行增值税,1982年财政部制定了《增值税暂

---

①   假定本环节均为增值额,无购进项目。

②   每个环节的增值额为本环节销售额减去购进成本即上一环节的销售额后的余额,即80-50=30元。

行办法》,自 1983 年 1 月 1 日开始在全国试行,并于 1984 年、1993 年、2009 年和 2012 年进行了四次重要改革。现行的增值税制度以 2008 年 12 月 13 日国务院颁布的国务院令第 538 号《中华人民共和国增值税暂行条例》为基础。

(2) 1984 年的第一次改革,属于增值税的过渡阶段。此时的增值税是在产品税的基础上进行的,征税范围较窄,税率档次较多,计算方式复杂,留有产品税的痕迹,属变性增值税。

(3) 1993 年的第二次改革,属于增值税的规范阶段。参照国际通行做法,结合我国实际情况,扩大了征税范围,减并了税率,规范了计算方法,开始进入国际通行的规范化行列。

(4) 2009 年的第三次改革,属于增值税的转型阶段。自 2009 年 1 月 1 日起,符合规定的固定资产进项税额允许抵扣,实现了生产型增值税向消费型增值税的转型。

(5) 2012 年起的第四次改革,属于增值税的"营改增"阶段。自 2012 年 1 月 1 日起,交通运输业和部分现代服务业营业税改征增值税在上海等地实施。自 2012 年 8 月 1 日起至年底,将交通运输业和部分现代服务业作为营业税改征增值税的试点范围,由上海市分批扩大至北京等 10 个省、直辖市、计划单列市。自 2013 年 8 月 1 日起,在全国范围内开展交通运输业(除铁路运输外)和部分现代服务业"营改增"试点。自 2014 年 1 月起,"营改增"试点扩大到铁路运输和邮政服务业。自 2014 年 6 月 1 日起,"营改增"试点扩大到电信业。自 2016 年 5 月 1 日起全面"营改增",将建筑业、房地产业、金融业、生活服务业 4 个行业纳入"营改增"试点范围,至此,营业税全部改征增值税,营业税已经退出我国税收体系。

三、增值税的特点

(1) 保持税收中性。根据增值税的计税原理,由于流转额中的非增值因素在计税时被扣除,因此,对同一商品而言,无论其流转环节多与少,只要增值额相同,则税负就相等,不会影响商品的生产结构、组织结构和产品结构。

(2) 普遍征收。从增值税的征税范围看,对从事商品生产经营和劳务提供的所有单位和个人,在商品增值的各个生产流通环节向纳税人普遍征收。

(3) 税负由商品最终消费者承担。虽然增值税是向纳税人征收,但纳税人在销售商品时又通过价格将税负转嫁给下一生产流通环节,最后由最终消费者承担。

(4) 实行税款抵扣制度。在计算纳税人应纳税款时,要扣除商品在以前生产环节已负担的税款,以避免重复征税。从世界各国来看,一般都实行凭购货发票进行抵扣的制度。

(5) 实行比例税率。从实行增值税制度的国家看,普遍实行比例税制,以贯彻征收简便易行的原则。由于增值额对不同行业、不同企业、不同产品来说性质是一样的,这些国家原则上对增值额采用单一比例税率。但是,为了贯彻一些经济社会政策也会对某些行业或产品实行不同的政策,因此引入增值税的国家一般都规定了基本税率和优惠税率(或称低税率)。

(6) 实行价外税制度。在计税时,作为计税依据的销售额中不包含增值税税额,这样有利于形成均衡的生产价格,并有利于税负转嫁的实现。这是增值税与传统税种以全部流转额为计税依据的流转税或商品课税的一个重要区别。

四、增值税的类型

在实践中,各国实行的增值税都是以法定增值额为课税对象的。法定增值额和理论增值额往往不相一致,其主要区别在于对购入固定资产的处理上。根据实行增值税的各个国家是否允许抵扣购入固定资产已纳税款以及可以抵扣多少已纳税款,可将增值税分为生产型增值税、收入型增值税、消费型增值税三种类型,如表2-2所示。

表2-2　　　　　生产型增值税、收入型增值税和消费型增值税比较一览表

类　型	特　点	优　点	缺　点
生产型增值税	(1)确定法定增值额不允许扣除任何外购固定资产价款 (2)外购固定资产的进项税不能抵扣,而是计入固定资产原值 (3)法定增值额＞理论增值额	保证财政收入	不利于鼓励投资
收入型增值税	(1)确定法定增值额时,对外购固定资产只允许扣除当期计入产品价值的折旧费部分 (2)外购固定资产的进项税只能抵扣与当期计入折旧费对应的部分 (3)法定增值额＝理论增值额	完全避免重复征税	给以票扣税造成困难
消费型增值税	(1)确定法定增值额时,当期购入固定资产价款一次全部扣除 (2)外购固定资产的进项税能够抵扣 (3)法定增值额＜理论增值额	体现增值税优越性,便于操作	减少财政收入

任务2　增值税纳税人的确定

在中华人民共和国境内销售货物或者提供加工、修理修配劳务以及进口货物的单位和个人,为增值税的纳税义务人[①]。具体来说,"境内"销售货物或者提供加工、修理修配劳务是指销售货物的起运地或者所在地在境内,提供的应税劳务发生在境内;单位是指企业、行政单位、事业单位、军事单位、社会团体及其他单位;个人是指个体工商户和其他个人。单位租赁或者承包给其他单位或者个人经营的,以承租人或者承包人为纳税人。境外的单位或者个人在境内提供应税劳务,在境内未设有经营机构的,以其境内代理人为扣缴义务人;在境内没有代理人的,以购买方为扣缴义务人。增值税纳税人

[①]　根据学习的需要,本教材将增值税纳税人分为原增值税纳税人和"营改增"试点纳税人两大类。原增值税纳税人是指按照《中华人民共和国增值税暂行条例》(国务院令第538号)等文件缴纳增值税的纳税人,其主要涉税行为包括销售货物、提供加工修理修配劳务以及进口货物。"营改增"试点纳税人是指按照《关于全面推开营业税改征增值税试点的通知》(财税〔2016〕36号)等文件缴纳增值税的纳税人,其主要涉税行为包括销售服务、无形资产或者不动产。项目二主要针对原增值税纳税人,项目三主要针对"营改增"试点纳税人。

分为小规模纳税人和一般纳税人两类,并实行不同的征收和管理方式。

一、增值税小规模纳税人和一般纳税人的标准

(一)小规模纳税人的标准

小规模纳税人是指年销售额在规定标准以下,并且会计核算不健全,不能按规定报送有关税务资料的增值税纳税人。

根据规定,凡符合下列条件的视为小规模纳税人:

(1)从事货物生产或者提供应税劳务的纳税人,以及以从事货物生产或者提供应税劳务为主,并兼营货物批发或者零售的纳税人,年应征增值税销售额(以下简称应税销售额)在50万元以下(含本数,下同)的。这里以从事货物生产或者提供应税劳务为主,是指纳税人的年货物生产或者提供应税劳务的销售额占年应税销售额的比重在50%以上。

(2)除上项规定以外的增值税纳税人(主要是指商业批发或者零售企业),年应税销售额在80万元以下的。

(3)年应税销售额超过小规模纳税人标准的其他个人(指自然人)按小规模纳税人纳税。

(4)超过小规模纳税人标准的非企业性单位、不经常发生应税行为的企业可选择按小规模纳税人纳税。

(二)一般纳税人的标准

增值税纳税人(以下简称纳税人),年应税销售额超过财政部、国家税务总局规定的小规模纳税人标准的,应当向其机构所在地主管税务机关办理一般纳税人资格登记。其中"年应税销售额"是指纳税人在连续不超过12个月的经营期内累计应征增值税销售额,包括纳税申报销售额、稽查查补销售额、纳税评估调整销售额、税务机关代开发票销售额和免税销售额。其中,稽查查补销售额和纳税评估调整销售额计入查补税款申报当月的销售额,不计入税款所属期销售额。经营期是指在纳税人存续期内的连续经营期间,含未取得销售收入的月份。

年应税销售额未超过财政部、国家税务总局规定的小规模纳税人标准以及新开业的纳税人,可以向其机构所在地主管税务机关办理一般纳税人资格登记。对提出申请并且符合下列条件的纳税人,主管税务机关应当为其办理一般纳税人资格登记:能够按照国家统一的会计制度规定设置账簿,根据合法、有效凭证核算,能够提供准确税务资料。

实务释疑 2-1

我公司年应税销售额未超过小规模纳税人标准,可以办理增值税一般纳税人登记吗?

二、增值税小规模纳税人和一般纳税人的征税管理

小规模纳税人实行简易征税办法,不能自行领购和使用增值税专用发票,也不得抵扣进项税额。但对那些能认真履行纳税义务的小规模企业,经县(市)税务局批准,其销

售货物或应税劳务可以由税务机关代开增值税专用发票(代开的专用发票的税率为3%)。

符合增值税一般纳税人条件的纳税人应当向主管税务机关办理资格登记,以取得法定资格,未办理一般纳税人登记手续的,应按销售额依照增值税税率计算应纳税额,不得抵扣进项税,也不得使用增值税专用发票。经税务机关审核登记的一般纳税人,可按规定领购和使用增值税专用发票,按增值税条例规定计算缴纳增值税。需要注意的是,除国家税务总局另有规定外,纳税人一经登记为一般纳税人后,不得再转为小规模纳税人。

知识释疑 2-1

增值税一般纳税人和小规模纳税人在税收征管上有何不同?

任务 3 增值税征税范围的确定

一、增值税征税范围的一般规定

(一)销售或进口货物

销售货物,是指有偿转让货物的所有权。"有偿"是指从购买方取得货币、货物或者其他经济利益。"货物"是指有形动产,包括电力、热力、气体在内。

进口货物,是指申报进入中国海关境内的货物。只要是报关进口的应税货物,均属于增值税的征税范围,除享受免税政策外,在进口环节缴纳增值税。

(二)提供加工或修理修配劳务

"加工"是指接受来料承做货物,加工后的货物所有权仍属于委托方的业务,即通常所说的委托加工业务。"委托加工业务"是指由委托方提供原料及主要材料,受托方按照委托方的要求制造货物并收取加工费的业务。"修理修配"是指受托方对损伤和丧失功能的货物进行修复,使其恢复原状和功能的业务。这里的"提供加工或修理修配劳务"都是指有偿提供加工或修理修配劳务。单位或个体经营者聘用的员工为本单位或雇主提供加工或修理修配劳务则不包括在内。"有偿"是指取得货币、货物或者其他经济利益。

二、属于增值税征税范围的特殊项目

(1)货物期货(包括商品期货和贵金属期货)应当征收增值税,在期货的实物交割环节纳税。

(2)银行销售金银的业务,应当征收增值税。

(3)典当业的死当物品销售业务和寄售业代委托人销售寄售物品的业务,均应征收增值税。

(4)电力公司向发电企业收取的过网费,应当征收增值税。

三、属于增值税征税范围的特殊行为

（一）视同销售行为

单位或个体经营者的下列行为,视同销售货物,应征收增值税:

(1) 将货物交付其他单位或个人代销。

(2) 销售代销货物。

(3) 设有两个以上机构并实行统一核算的纳税人,将货物从一个机构移送到其他机构用于销售,但相关机构设在同一县(市)的除外。

(4) 将自产或委托加工的货物用于非增值税应税项目①。

(5) 将自产或委托加工的货物用于集体福利或个人消费。

(6) 将自产、委托加工或购买的货物作为投资,提供给其他单位或个体工商户。

(7) 将自产、委托加工或购买的货物分配给股东或投资者。

(8) 将自产、委托加工或购买的货物无偿赠送给其他单位或者个人。

根据《增值税暂行条例》规定,对上述行为视同销售货物或提供应税劳务,按规定计算销售额并征收增值税。企业若发生固定资产视同销售行为,对已使用过的固定资产无法确定销售额的,以固定资产净值为销售额。

知识释疑 2-2

以物抵债、以物易物是否也视同销售?

（二）混合销售行为（详见任务7）

（三）兼营行为（详见任务7）

任务4 增值税税率和征收率的判定

一般纳税人缴纳增值税一般情况下采用简化的三档比例税率。一档是基本税率17%;一档是低税率13%;一档是出口货物适用零税率。一般纳税人特殊情况下适用征收率。小规模纳税人缴纳增值税一般适用3%的征收率。具体适用范围如下。

一、增值税的基本税率

一般情况下,一般纳税人销售货物或者进口货物。提供加工、修理修配劳务的,税率为17%,这就是通常所说的基本税率。

二、增值税的低税率

一般纳税人销售或者进口下列货物,按低税率计征增值税,税率为13%。

---

① 由于自2016年5月1日起全面"营改增",因此营业税退出了历史舞台,此处的"非增值税应税项目"已经失去了意义。根据财税〔2016〕36号文件精神及增值税相关原理,本条失效。

名师精品·
高职高专会计系列
Gaozhigaozhuan Kuaiji Xilie

（1）粮食（不含淀粉）、食用植物油（含橄榄油,不含肉桂油、桉油、香茅油）、鲜奶（含按国标生产的巴氏杀菌乳、灭菌乳,不含调制乳）。

（2）自来水、暖气、冷气、热水、煤气、石油液化气、天然气、沼气、居民用煤炭制品。

（3）图书、报纸、杂志。

（4）饲料、化肥、农药、农机、农膜。

（5）国务院规定的其他货物:农产品（含干姜、姜黄;不含麦芽、复合胶、人发制品）;音像制品;电子出版物;二甲醚;密集型烤房设备、频振式杀虫灯、自动虫情测报灯、黏虫板。

三、增值税的零税率

增值税的零税率适用于纳税人出口货物,是税收优惠的一种体现,是为了鼓励企业出口货物而采用的一种税率。但是,国务院另有规定的除外。

四、增值税的征收率

（1）小规模纳税人适用的增值税征收率为 3％。

（2）一般纳税人适用征收率的特殊规定如下:

一般纳税人销售货物属于下列情形之一的,暂按简易办法,自 2014 年 7 月 1 日起依照 3％（2014 年 6 月 30 日之前为 4％）的征收率计算缴纳增值税:

① 寄售商店代销寄售物品（包括居民个人寄售的物品在内）。

② 典当业销售死当物品。

③ 经国务院或国务院授权机关批准的免税商店零售的免税品。

一般纳税人销售自产的下列货物,可选择按照简易办法,自 2014 年 7 月 1 日起依照 3％（2014 年 6 月 30 日之前为 6％）的征收率计算缴纳增值税:

① 县级及县级以下小型水力发电单位生产的电力。小型水力发电单位,是指各类投资主体建设的装机容量为 5 万千瓦以下（含 5 万千瓦）的小型水力发电单位。

② 建筑用和生产建筑材料所用的砂、土、石料。

③ 以自己采掘的砂、土、石料或其他矿物连续生产的砖、瓦、石灰（不含黏土实心砖、瓦）。

④ 用微生物、微生物代谢产物、动物毒素、人或动物的血液或组织制成的生物制品。

⑤ 自来水。对自来水公司销售自来水按简易办法依照 3％ 的征收率征收增值税时,不得抵扣其购进自来水取得增值税扣税凭证上注明的增值税税款。

⑥ 商品混凝土（仅限于以水泥为原料生产的水泥混凝土）。

⑦ 属于增值税一般纳税人的单采血浆站销售的非临床用人体血液（此项一旦选择按照简易办法适用的征收率计税,不得对外开具增值税专用发票）。

应当注意的是,一般纳税人选择简易办法计算缴纳增值税后,36 个月内不得变更。

任务 5　增值税优惠政策的运用

一、增值税的减免税政策

增值税的减免税政策(包括但不限于)归纳如下:

(1) 免税政策。免税是指对货物或应税劳务在本生产环节的应纳税额全部免缴增值税。免税只免征本环节的应纳税额,对货物在以前生产流通环节所缴纳的税款不予退还,因此,免税货物仍然负担一定的增值税税负。

根据《增值税暂行条例》的规定,现行免征增值税的项目主要有:农业生产者销售的自产初级农产品(包括制种、"公司+农户"经营模式的畜禽饲养);避孕药品和用具;古旧图书(指向社会收购的古书和旧书);直接用于科学研究、科学试验和教学的进口仪器、设备;外国政府、国际组织无偿援助的进口物资和设备;由残疾人组织直接进口供残疾人专用的物品;销售自己使用过的物品(指其他个人①自己使用过的物品)。

(2)《财政部国家税务总局关于免征蔬菜流通环节增值税有关问题的通知》(财税〔2011〕137号)规定,自2012年1月1日起,免征蔬菜流通环节增值税。增值税暂行条例规定,农业生产者销售的自产农产品免征增值税,财税〔2011〕137号文件将免征对象扩大到从事蔬菜批发、零售的纳税人,并规定了享受免征增值税的蔬菜主要品种,同时要求既销售蔬菜又销售其他增值税应税货物的,应在会计上分别核算其销售额,否则不予免税。

(3) 一般纳税人销售自己使用过的不得抵扣且未抵扣进项税额的固定资产,按照简易办法,自2014年7月1日起依照3%征收率减按2%征收增值税(2014年6月30日之前为4%征收率减半征收增值税)。上述业务应当开具普通发票,不得开具专用发票。其销售额和应纳税额的计算公式如下:

$$销售额 = 含税销售额 \div (1 + 3\%)$$
$$应纳税额 = 销售额 \times 2\%$$

(4) 小规模纳税人(除其他个人外)销售自己使用过的固定资产,减按2%征收率征收增值税。这里指的是小规模纳税人适用3%征收率计算出不含税销售额后再减按2%征收率征收,其销售额和应纳税额的计算公式如下:

$$销售额 = 含税销售额 \div (1 + 3\%)$$
$$应纳税额 = 销售额 \times 2\%$$

值得注意的是,其他个人销售自己使用过的固定资产,属于上文中的个人(其他个人)销售自己使用过的物品,免征增值税。

小规模纳税人(除其他个人外)销售自己使用过的除固定资产以外的物品,应按3%的征收率征收增值税。其销售额和应纳税额的计算公式如下:

---

① 注:个人有两种:一种是个体工商户,另一种是其他个人。因此,其他个人指的是个体工商户以外的个人。

$$销售额 = 含税销售额 \div (1 + 3\%)$$
$$应纳税额 = 销售额 \times 3\%$$

（5）一般纳税人（一般指旧货经营单位）销售旧货，按照简易办法，自 2014 年 7 月 1 日起依照 3% 征收率减按 2% 征收增值税（2014 年 6 月 30 日之前为 4% 征收率减半征收增值税），且应该开具普通发票，不得开具专用发票。小规模纳税人销售旧货，减按 2% 征收率征收增值税（这里指的是小规模纳税人适用 3% 征收率计算出不含税销售额后再减按 2% 征收率征收）。"旧货"是指进入二次流通的具有部分使用价值的货物（含 2013 年 8 月 1 日之前购入不得抵扣进项税且未抵扣进项税的旧汽车、旧摩托车和旧游艇），但不包括个人自己使用过的物品。

二、增值税的起征点

经营增值税应税项目的个人，税法规定了增值税的起征点。增值税起征点的适用范围仅限于个人，不包括登记为一般纳税人的个体工商户。增值税起征点的幅度规定如下：

① 销售货物的，为月销售额 5 000～20 000 元。

② 销售应税劳务的，为月销售额 5 000～20 000 元。

③ 按次纳税的，为每次（日）销售额 300～500 元。

其具体起征点由省级国家税务局在规定幅度内确定。纳税人销售额未达到国务院财政、税务主管部门规定的增值税起征点的，免征增值税；达到或超过起征点的，依照规定全额计算缴纳增值税。

三、小微企业暂免征收增值税的优惠政策

对增值税小规模纳税人中月销售额未达到 2 万元的企业或非企业性单位，免征增值税。2017 年 12 月 31 日前，对月销售额 2 万元（含本数）至 3 万元的增值税小规模纳税人，免征增值税。

任务 6　增值税专用发票的使用和管理

增值税专用发票，是增值税一般纳税人销售货物或者提供应税劳务开具的发票，是购买方支付增值税额并可按照增值税有关规定据以抵扣增值税进项税额的凭证。一般纳税人应通过增值税防伪税控系统使用专用发票。使用，包括领购、开具、缴销、认证纸质专用发票及其相应的数据电文。

一、增值税专用发票的领购和开具范围

（一）领购范围

专用发票只限于增值税一般纳税人领购和使用，增值税小规模纳税人不得领购和使用。一般纳税人有下列情形之一者，不得领购和使用专用发票，如已领购和使用专用发票，税务机关应收缴其结存的专用发票：

（1）会计处理不健全，即不能按会计制度和税务机关的要求准确核算增值税的销

项税额、进项税额和应纳税额及其他有关增值税税务资料的。

（2）有《税收征管法》规定的税收违法行为，拒不接受税务机关处理的。

（3）有以下行为，经税务机关责令限期改正而仍未改正者：

① 虚开增值税专用发票。

② 私自印制专用发票。

③ 向税务机关以外的单位和个人买取专用发票。

④ 借用他人专用发票。

⑤ 未按规定的要求开具专用发票。

⑥ 未按规定保管专用发票和专用设备。有下列情形之一的，为未按规定保管专用发票和专用设备：未设专人保管专用发票和专用设备；未按税务机关要求存放专用发票和专用设备；未将认证相符的专用发票抵扣联、《认证结果通知书》和《认证结果清单》装订成册；未经税务机关检查，擅自销毁专用发票基本联次。

⑦ 未按规定申请办理防伪税控系统变更发行。

⑧ 未按规定接受税务机关检查。

有上列情形的，如已经购买专用发票，主管税务机关应暂扣其结存的专用发票和IC卡。

（二）开具范围

一般纳税人销售货物或者提供应税劳务，应向购买方开具专用发票。

商业企业一般纳税人零售的烟、酒、食品、服装、鞋帽（不包括劳保专用部分）、化妆品等消费品不得开具专用发票。

小规模纳税人需要开具专用发票的，可向主管税务机关申请代开。

销售免税货物不得开具专用发票，法律、法规及国家税务总局另有规定的除外。

二、增值税专用发票的基本内容和开具要求

（一）增值税专用发票的联次

增值税专用发票由基本联次或者基本联次附加其他联次构成，基本联次为三联：发票联、抵扣联和记账联。发票联作为购买方核算采购成本和增值税进项税额的记账凭证；抵扣联作为购买方报送主管税务机关认证和留存备查的凭证；记账联作为销售方核算销售收入和增值税销项税额的记账凭证。其他联次的用途，由一般纳税人自行确定。

（二）增值税专用发票的基本内容

增值税专用发票的基本内容如下：

（1）购销双方的纳税人名称，购销双方地址。

（2）购销双方的增值税纳税人的纳税人识别号。

（3）发票字轨号码。

（4）销售货物或劳务的名称、计量单位、数量。

（5）不包括增值税在内的单价及货物总金额。

（6）增值税税率、增值税税额、填开的日期。

（三）增值税专用发票的开具要求

增值税专用发票的开具要求如下：

（1）项目齐全，与实际交易相符。

（2）字迹清楚，不得压线、错格。

（3）发票联和抵扣联加盖财务专用章或发票专用章。

（4）按照增值税纳税义务发生时间开具。

（5）不得涂改。

如填写有误，应另行开具专用发票，并在误填的专用发票上注明"误填作废"四个字。如专用发票开具后，因购货方不索取而成为废票的，也应按填写有误办理。

（6）票、物相符，票面金额与实际收取的金额相符。

（7）各项目内容正确无误。

（8）全部联次一次填开，上、下联内容的金额一致。

（9）不得开具仿造的专用发票。

（10）不得拆本使用专用发票。

（11）不得开具票样与国家税务总局统一制定的票样不相符合的专用发票。

开具的专用发票有不符合上述要求者，不得作为扣税凭证，购买方有权拒收。

实务释疑 2-2

我公司开具增值税专用发票时，货物品种较多时能否汇总开具专用发票？

2014 年 8 月 1 日起启用新版增值税专用发票样本如图 2-1 所示。

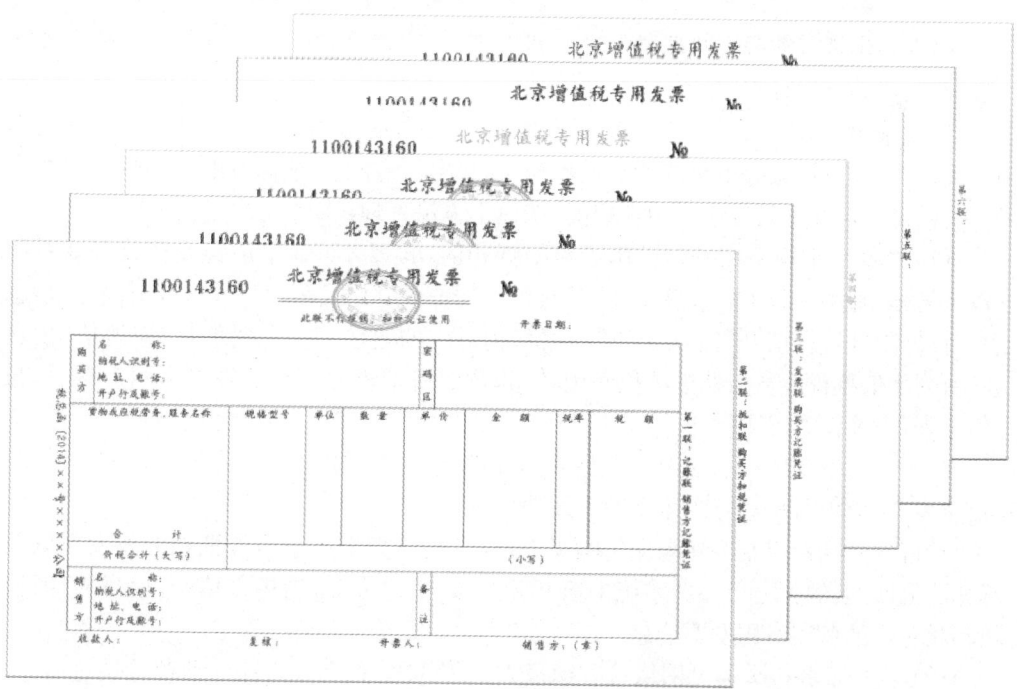

图 2-1 新版增值税专用发票样本

三、增值税专用发票进项税额的抵扣

除国家税务总局另有规定外,用于抵扣增值税进项税额的专用发票应经税务机关认证相符。纳税人可以自行采集增值税专用发票抵扣联电子信息报送税务部门批量认证(企业自行扫描、识别或人工录入抵扣联票面信息,生成电子数据,以磁盘或通过互联网方式报送税务机关,由税务机关完成认证比对,并将认证结果信息返回企业)。2010年1月1日以后由防伪税控系统开具的增值税专用发票,必须自开具之日起180日内到税务机关认证,否则不予抵扣进项税额。经过认证的增值税专用发票,应在认证通过的当月按规定核算当期进项税额并申报抵扣,否则不予抵扣进项税额。税务机关认证后,应向纳税人提供一份增值税专用发票抵扣联认证清单,以备企业作为纳税申报附列资料。

未经认证或未在规定时间内认证的增值税专用发票,以及认证不符的增值税专用发票,其进项税额不得抵扣。

自2016年3月1日起,纳税信用A级纳税人取得销售方使用增值税发票系统升级版开具的增值税发票,可以不再进行扫描认证,通过增值税发票税控开票软件登录本省增值税发票查询平台,查询、选择用于申报抵扣或者出口退税的增值税发票信息。2016年5月1日"营改增"试点全面推开后,取消增值税发票认证的纳税人范围进一步扩大,由纳税信用A级扩大到B级。

四、开具红字专用发票的处理流程

为进一步规范纳税人开具增值税发票管理,现将红字发票开具有关问题公告如下(自2016年8月1日起实施):

1) 增值税一般纳税人开具增值税专用发票(以下简称"专用发票")后,发生销货退回、开票有误、应税服务中止等情形但不符合发票作废条件,或者因销货部分退回及发生销售折让,需要开具红字专用发票的,按以下方法处理:

(1) 购买方取得专用发票已用于申报抵扣的,购买方可在增值税发票管理新系统(以下简称"新系统")中填开并上传《开具红字增值税专用发票信息表》(以下简称"信息表",详见附件),在填开"信息表"时不填写相对应的蓝字专用发票信息,应暂依"信息表"所列增值税税额从当期进项税额中转出,待取得销售方开具的红字专用发票后,与"信息表"一并作为记账凭证。

购买方取得专用发票未用于申报抵扣、但发票联或抵扣联无法退回的,购买方填开"信息表"时应填写相对应的蓝字专用发票信息。

销售方开具专用发票尚未交付购买方,以及购买方未用于申报抵扣并将发票联及抵扣联退回的,销售方可在新系统中填开并上传"信息表"。销售方填开"信息表"时应填写相对应的蓝字专用发票信息。

(2) 主管税务机关通过网络接收纳税人上传的"信息表",系统自动校验通过后,生成带有"红字发票信息表编号"的"信息表",并将信息同步至纳税人端系统中。

(3) 销售方凭税务机关系统校验通过的"信息表"开具红字专用发票,在新系统中

以销项负数开具。红字专用发票应与"信息表"一一对应。

（4）纳税人也可凭"信息表"电子信息或纸质资料到税务机关对"信息表"内容进行系统校验。

2）税务机关为小规模纳税人代开专用发票，需要开具红字专用发票的，按照一般纳税人开具红字专用发票的方法处理。

3）纳税人需要开具红字增值税普通发票的，可以在所对应的蓝字发票金额范围内开具多份红字发票。红字机动车销售统一发票需与原蓝字机动车销售统一发票一一对应。

五、增值税专用发票不得作为抵扣进项税额凭证的规定

（1）经认证，有下列情形之一的，不得作为增值税进项税额的抵扣凭证，税务机关退还原件，购买方可要求销售方重新开具专用发票。

① 无法认证。无法认证，是指专用发票所列密文或者明文不能辨认，无法产生认证结果。

② 纳税人识别号认证不符。纳税人识别号认证不符，是指专用发票所列购买方纳税人识别号有误。

③ 专用发票代码、号码认证不符。专用发票代码、号码认证不符，是指专用发票所列密文解译后与明文的代码或者号码不一致。

（2）经认证，有下列情形之一的，暂时不得作为增值税进项税额的抵扣凭证，税务机关扣留原件，查明原因，分别情况进行处理。

① 重复认证。重复认证，是指已经认证相符的同一张专用发票再次认证。

② 密文有误。密义有误，是指专用发票所列密文无法解译。

③ 认证不符。认证不符，是指纳税人识别号有误，或者专用发票所列密文解译后与明文不一致。本项所称认证不含（1）项的第②、③所列情形。

④ 列为失控专用发票。列为失控专用发票，是指认证时的专用发票已被登记为失控专用发票。

（3）专用发票抵扣联无法认证的，可使用专用发票发票联到主管税务机关认证。专用发票发票联复印件留存备查。

六、增值税专用发票丢失的处理

一般纳税人丢失已开具专用发票的发票联和抵扣联，如果丢失前已认证相符的，购买方凭销售方提供的相应专用发票记账联复印件及销售方所在地主管税务机关出具的"丢失增值税专用发票已报税证明单"，经购买方主管税务机关审核同意后，可作为增值税进项税额的抵扣凭证；如果丢失前未认证的，购买方凭销售方提供的相应专用发票记账联复印件到主管税务机关进行认证，认证相符的凭该专用发票记账联复印件及销售方所在地主管税务机关出具的"丢失增值税专用发票已报税证明单"，经购买方主管税务机关审核同意后，可作为增值税进项税额的抵扣凭证。

一般纳税人丢失已开具专用发票的抵扣联，如果丢失前已认证相符的，可使用专用发票发票联复印件留存备查；如果丢失前未认证的，可使用专用发票发票联到主管税务

机关认证,专用发票发票联复印件留存备查。

一般纳税人丢失已开具专用发票的发票联,可将专用发票抵扣联作为记账凭证,专用发票抵扣联复印件留存备查。

任务7　一般计税方法下应纳税额的计算

增值税的计税方法,主要包括一般计税方法和简易计税方法。我国目前对一般纳税人采用一般计税方法,即国际上通行的购进扣税法,即先按当期销售额和适用税率计算出销项税额(这是对销售金额的征税),然后对当期购进项目已经缴纳的税款(所含税款)进行抵扣,从而间接计算出对当期增值额部分的应纳税额。

增值税一般纳税人的应纳税额等于本期销项税额减本期进项税额。增值税一般纳税人本期应纳增值税税额的多少是由本期销项税额和本期准予抵扣进项税额这两个因素决定的。在分别确定了销项税额和准予抵扣的进项税额的情况下,就不难计算出应纳税额。应纳税额的计算公式为:

$$应纳增值税税额 = 本期销项税额 - 本期准予抵扣进项税额$$

境外的单位或者个人在境内提供加工修理修配劳务,在境内未设有经营机构的,以其境内代理人为扣缴义务人;在境内没有代理人的,以购买方为扣缴义务人。扣缴义务人按照下列公式计算应扣缴税额:

$$应扣缴税额 = 购买方支付的价款 \div (1 + 税率) \times 税率$$

一、增值税销项税额的计算

(一) 一般销售方式下的销售额的确定

在增值税税率确定的情况下,计算销项税额的关键在于正确、合理地确定增值税销项税的税基,即销售额。

销售额是指纳税人销售货物或提供应税劳务向购买方收取的全部价款和价外费用。"价外费用",包括价外向购买方收取的手续费、补贴、基金、集资费、返还利润、奖励费、违约金、滞纳金、延期付款利息、赔偿金、代收款项、代垫款项、包装费、包装物租金、储备费、优质费、运输装卸费以及其他各种性质的价外收费。但下列项目不包括在内:

(1) 受托加工应征消费税的消费品所代收代缴的消费税。

(2) 同时符合以下条件的代垫运输费用:承运部门的运输费用发票开具给购买方的;纳税人(销售方)将该项发票转交给购买方的(这里指的是销售方为购买方代垫的运输费用)。

知识释疑 2-3

举例说明不计入销售额的代垫运输费用是怎么回事?

（3）同时符合以下条件代为收取的政府性基金或者行政事业性收费：由国务院或者财政部批准设立的政府性基金，由国务院或者省级人民政府及其财政、价格主管部门批准设立的行政事业性收费；收取时开具省级以上财政部门印制的财政票据；所收款项全额上缴财政。

（4）销售货物的同时代办保险等而向购买方收取的保险费，以及向购买方收取的代购买方缴纳的车辆购置税、车辆牌照费。

应当注意的是，一般情况下，价外费用本身都为含增值税的价外费用，在计算增值税销项税时，需换算成不含增值税的价外费用。其换算公式为：

$$不含税价外费用 = 含税价外费用 \div (1 + 税率)$$

销售额应以人民币计算。如果纳税人以外汇结算销售额的，应当以外币价格折合成人民币计算。其销售额的人民币折合率，可以选择销售额发生的当天或当月1日中国人民银行公布的市场汇价。纳税人应事先确定采用何种汇率，一旦确定后，在一年内不得变更。

工作实例 2-1

甲企业为增值税一般纳税人，2017年1月，销售给乙企业一批货物，增值税专用发票上注明的不含增值税的销售额为 50 000 元，适用税率17%，同时向购买方收取包装物租金1 000 元。1月份购进货物，增值税专用发票上注明并按规定可以抵扣的税款为7 000 元。

【工作要求】 计算甲企业当期的销项税额、应纳增值税税额。

【工作实施】 （1）不含税价外费用＝1 000÷（1＋17%）＝854.70（元）

甲企业当期销项税额＝（50 000＋854.70）×17%＝8 645.30（元）

（2）甲企业应纳的增值税税额＝8 645.30－7 000＝1 645.30（元）

（二）价税合并收取情况下销售额的确定

普通发票上的含税销售额需换算成不含税销售额，作为增值税的计税依据。其换算公式为：

$$销售额 = 含税销售额 \div (1 + 税率)$$

工作实例 2-2

甲音像店是增值税一般纳税人，2017年1月销售音像制品取得含税销售额11.3万元。

【工作要求】 计算甲音像店此项业务的增值税销项税额。

【工作实施】 音像制品适用的增值税税率为13%，该音像店此项业务的增值税销项税额＝11.3÷（1＋13%）×13%＝1.3（万元）。

（三）需要核定的销售额的确定

由于视同销售行为一般不以资金形式反映出来，因而会出现视同销售但无销售额的情况。另外，有时纳税人销售货物或提供应税劳务的价格明显偏低而且无正当理由。

在上述两种情况下,主管税务机关有权按照下列顺序核定其计税销售额:

(1) 按纳税人最近时期同类货物的平均销售价格确定。

(2) 按其他纳税人最近时期同类货物的平均销售价格确定。

(3) 用以上两种方法均不能确定其销售额的情况下,可按组成计税价格确定销售额。其计算公式为:

$$组成计税价格 = 成本 \times (1 + 成本利润率)$$

若属于应征消费税的货物,其组成计税价格应加计消费税税额。其计算公式为:

$$组成计税价格 = 成本 \times (1 + 成本利润率) + 消费税税额$$

或

$$组成计税价格 = 成本 \times (1 + 成本利润率) \div (1 - 消费税税率)$$

公式中的成本是指:销售自产货物的为实际生产成本,销售外购货物的为实际采购成本。公式中的成本利润率由国家税务总局确定,一般为10%。但属于应采用从价定率及复合计税办法征收消费税的货物,其组成计税价格中的成本利润率,为国家税务总局确定的应税消费品的成本利润率(具体见项目四表4-3中应税消费品的平均成本利润率)。

工作实例 2-3

甲公司为增值税一般纳税人,2016年1月将其自产的一批账面成本为130 000元,含税售价为210 600元的A电器作为实物福利向职工发放;同时,将其自产一批账面成本为100 000元的B电器捐赠给某灾区,且B电器无同类货物价格,成本利润率为10%。

【工作要求】 计算甲公司上述业务的销项税额。

【工作实施】 甲公司销项税额 = 210 600 ÷ (1 + 17%) × 17% + 100 000 × (1 + 10%) × 17% = 49 300(元)

(四) 特殊销售方式销售额的确定

1. 采取折扣方式销售

(1) 折扣销售,在会计上又叫商业折扣,它是指销货方在销售货物时,因购货方购货数量较大或与销售方有特殊关系等原因而给予对方价格上的优惠(直接打折)。其销售额和折扣额在同一张发票上的"金额"栏分别注明的,可按折扣后的销售额征收增值税。未在同一张发票"金额"栏分别注明折扣额,而仅在发票的"备注"栏注明折扣额的,折扣额不得从销售额中扣除。折扣销售仅限于货物价格的折扣,如果销货者将自产、委托加工或购买的货物用于实物折扣,则该实物款额不能从货物销售额中减除,且该实物应按增值税条例"视同销售货物"中的"赠送他人"计算征收增值税。

(2) 销售折扣,在会计上又叫现金折扣,它是指销货方在销售货物或提供应税劳务后,为了鼓励购货方及早偿还货款而协议许诺给予购货方的一种折扣优待(如:10天内付款,货款折扣2%;20天内付款,货款折扣1%;30天内全价付款)。销售折扣发生在销货之后,是一种融资性质的理财费用,因此,销售折扣不得从销售额中扣除。

（3）纳税人向购买方开具专用发票后，由于累计购买到一定量或市场价格下降等原因，销货方给予购货方的价格优惠或补偿等折扣、折让行为，可按规定开具红字增值税专用发票。

2. 采取以旧换新方式销售

（1）金银首饰以外的以旧换新业务，应按新货物的同期销售价格确定销售额，不得减除旧货物的收购价格。收取旧货物，若取得增值税专用发票，则专用发票上注明的进项税额可以抵扣。

（2）金银首饰以旧换新业务，按销售方实际收到的不含增值税的全部价款征税。

工作实例 2-4

甲家电销售企业为增值税一般纳税人。当月销售 H 型空调 80 台，每台含税价款 2 925 元；采取"以旧换新"方式销售同型号空调 40 台，每台旧空调作价 585 元，实际每台收取款项 2 340 元。

【工作要求】 计算甲企业当月该项业务增值税销项税额。

【工作实施】 纳税人采取以旧换新方式销售货物（不含金银首饰），应当按"新货物"的同期销售价格确定销售额。甲企业当月该项业务增值税销项税额 $= [2\,925 \times 80 \div (1+17\%) + (585 + 2\,340) \times 40 \div (1+17\%)] \times 17\% = 42\,500$（元）；或者增值税销项税额 $= 2\,925 \times (80+40) \div (1+17\%) \times 17\% = 51\,000$（元）。

3. 采取还本销售方式销售

还本销售，指销售方将货物出售之后，按约定的时间，一次或分次将货款部分或全部退还给购货方，退还的货款即为还本支出。采取还本销售方式销售货物，其销售额就是货物的销售价格，不得从销售额中减除还本支出。

4. 采取以物易物方式销售

（1）以物易物双方以各自发出货物核算销售额并计算销项税。

（2）以物易物双方是否可以抵扣进项税还要看能否取得对方专用发票、是否是换入不能抵扣进项税的货物等因素。若能取得对方专用发票且换入的是能够抵扣进项税的货物，则可以抵扣进项税。

5. 包装物押金是否计入销售额

包装物是指纳税人包装本单位货物的各种物品。纳税人销售货物时另收取包装物押金，目的是促使购货方及早退回包装物以便周转使用。

根据税法规定，纳税人为销售货物而出租出借包装物收取的押金，单独记账核算的，时间在 1 年以内，又未过期的，不并入销售额征税，但对因逾期未收回包装物不再退还的押金，应按所包装货物的适用税率计算销项税额。

上述规定中，"逾期"是指按合同约定实际逾期或以 1 年为期限，对收取 1 年以上的押金，无论是否退还均并入销售额征税。当然，在将包装物押金并入销售额征税时，需要先将该押金换算为不含税价，再并入销售额征税。纳税人为销售货物出租出借包装物而收取的押金，无论包装物周转使用期限长短，超过 1 年（含 1 年）以上仍不退还的均并入销售额征税。

另外,包装物押金不应混同于包装物租金,包装物租金在销货时作为价外费用并入销售额计算销项税额。从 1995 年 6 月 1 日起,对销售除啤酒、黄酒外的其他酒类产品而收取的包装物押金,无论是否返还以及会计上如何核算,均应并入当期销售额征税。对销售啤酒、黄酒所收取的押金,按上述一般押金的规定处理。

6. 销售已使用过的固定资产(作为固定资产管理提过折旧的固定资产)

一般纳税人对于销售已使用过的固定资产应区分不同情形征收增值税:

(1) 销售自己使用过的 2009 年 1 月 1 日以后购进或者自制的固定资产,按照适用税率征收增值税。

(2) 2008 年 12 月 31 日以前未纳入扩大增值税抵扣范围试点的纳税人,销售自己使用过的 2008 年 12 月 31 日以前购进或者自制的固定资产,按照 4% 征收率减半征收增值税(自 2014 年 7 月 1 日起,按照简易办法依照 3% 征收率减按 2% 征收增值税)。无法确定销售额的,以固定资产净值为销售额。其计税公式为:

$$应纳税额 = 含税销售额 \div (1 + 3\%) \times 2\% (自 2014 年 7 月 1 日起)$$

(3) 2008 年 12 月 31 日以前已纳入扩大增值税抵扣范围试点的纳税人,销售自己使用过的在本地区扩大增值税抵扣范围试点以前购进或者自制的固定资产,按照 4% 征收率减半征收增值税(自 2014 年 7 月 1 日起,按照 3% 征收率减按 2% 征收增值税);销售自己使用过的在本地区扩大增值税抵扣范围试点以后购进或者自制的固定资产,按照适用税率征收增值税。

(五) 特殊销售行为销售额的确定

1. 混合销售行为

一项销售行为如果既涉及货物又涉及服务,为混合销售行为。从事货物的生产、批发或者零售的单位和个体工商户的混合销售行为,按照销售货物缴纳增值税;其他单位和个体工商户的混合销售行为,按照销售服务缴纳增值税。

上述从事货物的生产、批发或者零售的单位和个体工商户,包括以从事货物的生产、批发或者零售为主,并兼营销售服务的单位和个体工商户在内。

2. 兼营行为

纳税人销售货物、加工修理修配劳务、服务、无形资产或者不动产适用不同税率或者征收率的,应当分别核算适用不同税率或者征收率的销售额,未分别核算销售额的,按照以下方法从高适用税率或者征收率:

(1) 兼有不同税率的销售货物、加工修理修配劳务、服务、无形资产或者不动产,从高适用税率。

(2) 兼有不同征收率的销售货物、加工修理修配劳务、服务、无形资产或者不动产,从高适用征收率。

(3) 兼有不同税率和征收率的销售货物、加工修理修配劳务、服务、无形资产或者不动产,从高适用税率。

3. 兼营免税、减税项目

纳税人兼营免税、减税项目应当分别核算免税、减税项目的销售额;未分别核算销售额的,不得免税、减税。

二、增值税进项税额的计算

(一)准予从销项税额中抵扣的进项税额

增值税一般纳税人的下列进项税额准予从销项税额中抵扣:

(1)购买货物或接受加工、修理修配劳务,从销售方或提供劳务方取得的增值税专用发票上注明的增值税额为进项税额,准予从销项税额中抵扣;购进服务、无形资产或者不动产,取得的增值税专用发票上注明的增值税额为进项税额,准予从销项税额中抵扣。

2016 年 5 月 1 日后取得并在会计制度上按固定资产核算的不动产或者 2016 年 5 月 1 日后取得的不动产在建工程,其进项税额应自取得之日起分 2 年从销项税额中抵扣,第一年抵扣比例为 60%,第二年抵扣比例为 40%。

知识释疑 2-4

不动产进项税额如何分期抵扣?

(2)进口货物,从海关取得的海关进口增值税专用缴款书上注明的增值税额。

(3)购进农产品,除取得增值税专用发票或者海关进口增值税专用缴款书外,按照农产品收购发票或者销售发票上注明的农产品买价和 13% 的扣除率计算的进项税额。计算公式为:进项税额=买价×扣除率。买价,是指纳税人购进农产品在农产品收购发票或者销售发票上注明的价款和按照规定缴纳的烟叶税。

购进农产品,按照《农产品增值税进项税额核定扣除试点实施办法》抵扣进项税额的除外。

知识释疑 2-5

企业支付的运输费用相关增值税政策有何演变?

(4)自用的应征消费税的摩托车、汽车、游艇,在 2013 年 8 月 1 日(含)以后购入的,其进项税额准予从销项税额中抵扣。

(5)从境外单位或者个人购进服务、无形资产或者不动产,按照规定应当扣缴增值税的,准予从销项税额中抵扣的进项税额为自税务机关或者扣缴义务人取得的解缴税款的完税凭证上注明的增值税额。

纳税人凭完税凭证抵扣进项税额的,应当具备书面合同、付款证明和境外单位的对账单或者发票。资料不全的,其进项税额不得从销项税额中抵扣。

(6)购进货物或者接受加工修理修配劳务,用于《销售服务、无形资产或者不动产注释》所列项目的,不属于《增值税暂行条例》第十条所称的用于非增值税应税项目,其进项税额准予从销项税额中抵扣。

工作实例 2-5

甲公司生产企业为增值税一般纳税人,主要生产 A、B 两种产品,2017 年 1 月发生

增值税法

下列业务:

(1) 1日,购入原材料一批,取得增值税专用发票,价款为200 000元,税额34 000元,且专用发票本月认证。同时支付运费价税合计44 400元,取得增值税专用发票,注明运费金额40 000元,税额4 400元。货款及运费均以银行存款支付。

(2) 3日,购进一批免税农产品作为原材料,农产品收购凭证上注明价款为120 000元,款项以银行存款支付。

(3) 9日,收到乙企业投资的原材料,双方协议作价1 500 000元(不含税),该原材料的增值税税率为17%,取得防伪税控增值税专用发票一张,且专用发票本月认证。

【工作要求】　计算甲公司当期的进项税额。

【工作实施】　甲公司当期的进项税额=34 000+4 400+120 000×13%+1 500 000×17%=309 000(元)

(二) 不得从销项税额中抵扣的进项税额

下列项目的进项税额不得从销项税额中抵扣:

(1) 纳税人购进货物、应税劳务或者购进服务、无形资产或者不动产,取得的增值税扣税凭证不符合法律、行政法规或者国务院税务主管部门有关规定的,其进项税额不得从销项税额中抵扣。

(2) 未在规定期限内认证或者申报抵扣的增值税进项税额抵扣凭证。

增值税一般纳税人取得的增值税专用发票(包括:《增值税专用发票》《机动车销售统一发票》)和海关进口增值税专用缴款书,未在规定期限内到税务机关办理认证或者申报抵扣的,不得作为合法的增值税扣税凭证,不得计算进项税额抵扣。

(3) 其他不得从销项税额中抵扣进项税额的情形:

① 用于简易计税方法计税项目、免征增值税项目、集体福利或者个人消费的购进货物、加工修理修配劳务、服务、无形资产和不动产[①]。其中涉及的固定资产、无形资产、不动产,仅指专用于上述项目的固定资产、无形资产(不包括其他权益性无形资产)、不动产。

知识释疑 2-6

如何理解"其中涉及的固定资产,仅指专用于上述项目的固定资产"?

② 非正常损失的购进货物,以及相关的加工修理修配劳务和交通运输服务。

③ 非正常损失的在产品、产成品所耗用的购进货物(不包括固定资产)、加工修理修配劳务和交通运输服务。

④ 非正常损失的不动产,以及该不动产所耗用的购进货物、设计服务和建筑服务。

---

① 《增值税暂行条例》中的原文是用于非增值税应税项目、免征增值税项目、集体福利或者个人消费的购进货物或者应税劳务。但由于自2016年5月1日起全面"营改增",因此营业税退出历史舞台,此处的"非增值税应税项目"失去了意义。另外根据财税〔2016〕36号文件精神及增值税相关原理,有必要加上"简易计税方法计税项目"。

⑤ 非正常损失的不动产在建工程所耗用的购进货物、设计服务和建筑服务。

纳税人新建、改建、扩建、修缮、装饰不动产,均属于不动产在建工程。

非正常损失,是指管理不善造成货物被盗、丢失、霉烂变质,以及因违反法律法规造成货物或者不动产被依法没收、销毁、拆除的情形。

上述第④点和第⑤点所称货物,是指构成不动产实体的材料和设备,包括建筑装饰材料和给排水、采暖、卫生、通风、照明、通讯、煤气、消防、中央空调、电梯、电气、智能化楼宇设备及配套设施。

实务释疑 2-3

我公司是一家医药公司,购进的药品存放过期是否属于正常损耗,其进项税额是否需作进项税额转出处理?

⑥ 购进的旅客运输服务、贷款服务、餐饮服务、居民日常服务和娱乐服务。

纳税人接受贷款服务向贷款方支付的与该笔贷款直接相关的投融资顾问费、手续费、咨询费等费用,其进项税额不得从销项税额中抵扣。

⑦ 财政部和国家税务总局规定的其他情形。

⑧ 适用一般计税方法的纳税人,兼营简易计税方法计税项目、免征增值税项目而无法划分不得抵扣的进项税额,按照下列公式计算不得抵扣的进项税额:

$$\text{不得抵扣的进项税额} = \text{当期无法划分的全部进项税额} \times \left(\text{当期简易计税方法计税项目销售额} + \text{免征增值税项目销售额}\right) \div \text{当期全部销售额}$$

主管税务机关可以按照上述公式依据年度数据对不得抵扣的进项税额进行清算。

⑨ 已抵扣进项税额的购进货物(不含固定资产)、劳务、服务,发生上述第①至⑦条规定情形(简易计税方法计税项目、免征增值税项目除外)的,应当将该进项税额从当期进项税额中扣减(即进项税额转出);无法确定该进项税额的,按照当期实际成本计算应扣减的进项税额。

⑩ 已抵扣进项税额的固定资产、无形资产或者不动产,发生上述第①至⑦条规定情形的,按照下列公式计算不得抵扣的进项税额:

$$\text{不得抵扣的进项税额} = \text{固定资产、无形资产或者不动产净值} \times \text{适用税率}$$

固定资产、无形资产或者不动产净值,是指纳税人根据财务会计制度计提折旧或摊销后的余额。

另外,按照《增值税暂行条例》第十条和上述第①条规定情形不得抵扣且未抵扣进项税额的固定资产、无形资产、不动产,发生用途改变,用于允许抵扣进项税额的应税项目,可在用途改变的次月按照下列公式,依据合法有效的增值税扣税凭证,计算可以抵扣的进项税额:

$$\text{可以抵扣的进项税额} = \text{固定资产、无形资产、不动产净值} / (1 + \text{适用税率}) \times \text{适用税率}$$

上述可以抵扣的进项税额应取得合法有效的增值税扣税凭证。

⑪ 纳税人适用一般计税方法计税的,因销售折让、中止或者退回而退还给购买方

的增值税额,应当从当期的销项税额中扣减;因销售折让、中止或者退回而收回的增值税额,应当从当期的进项税额中扣减。

⑫ 对商业企业向供货方收取的与商品销售量、销售额挂钩(如以一定比例、金额、数量计算)的各种返还收入,均应按照平销返利行为的有关规定冲减当期增值税进项税额。

⑬ 生产企业出口货物实行"免、抵、退"办法,其中,免抵退税不得免征和抵扣税额,作进项税转出处理;外贸企业出口货物实行"先征后退"办法,其出口货物购进时的进项税额与按国家规定的退税率计算的应退税额的差额,作进项税额转出处理。

⑭ 有下列情形之一者,应当按照销售额和增值税税率计算应纳税额,不得抵扣进项税额,也不得使用增值税专用发票:一般纳税人会计核算不健全,或者不能够提供准确税务资料的;应当办理一般纳税人资格登记而未办理的。

知识释疑 2-7

取得虚开发票进项税额转出时是否缴纳滞纳金?

工作实例 2-6

甲制药厂为增值税一般纳税人,3 月份销售抗生素药品 117 万元(含税),销售免税药品 50 万元,当月购入生产用原材料一批,取得增值税专用发票上注明税款 10.2 万元,抗生素药品与免税药品无法划分耗料情况。

【工作要求】 计算甲制药厂当月应纳增值税。

【工作实施】 适用一般计税方法的纳税人,兼营简易计税方法计税项目、免征增值税项目而无法划分不得抵扣的进项税额,按照下列公式计算不得抵扣的进项税额:

不得抵扣的进项税额＝ 当期无法划分的全部进项税额×(当期简易计税方法计税项目销售额＋
免征增值税项目销售额)÷当期全部销售额
＝10.2×50÷[117÷(1＋17%)＋50]
＝3.4(万元),

应纳税额＝117÷(1＋17%)×17%－(10.2－3.4)＝10.2(万元)。

3. 进项税额结转抵扣的税务处理

(1) 纳税人在计算应纳税额时,如果出现当期销项税额小于当期进项税额不足抵扣的情况,则当期进项税额不足抵扣的部分可以结转下期继续抵扣。

(2) 增值税一般纳税人(以下称原纳税人)在资产重组中将全部资产、负债、劳动力一并转让给其他增值税一般纳税人(以下称新纳税人),并按程序办理注销税务登记的,其在办理注销税务登记前尚未抵扣的进项税额可以结转至新纳税人处继续抵扣。

4. 一般纳税人注销时存货及留抵税额的税务处理

一般纳税人注销或取消辅导期一般纳税人资格,转为小规模纳税人时,其存货不作进项税额转出处理,其留抵税额也不予以退税。

(三) 进项税额的抵扣时限

(1) 增值税一般纳税人取得 2010 年 1 月 1 日以后开具的增值税专用发票、公路内河货物运输业统一发票("营改增"以后为货物运输业增值税专用发票①)和机动车销售统一发票,应在开具之日起 180 日内到税务机关办理认证,并在认证通过的次月申报期内,向主管税务机关申报抵扣进项税额。自 2016 年 3 月 1 日起,纳税信用 A 级纳税人取得销售方使用增值税发票系统升级版开具的增值税发票,可以不再进行扫描认证,通过增值税发票税控开票软件登录本省增值税发票查询平台,查询、选择用于申报抵扣或者出口退税的增值税发票信息。2016 年 5 月 1 日"营改增"试点全面推开后,取消增值税发票认证的纳税人范围进一步扩大,由纳税信用 A 级扩大到 B 级。

知识释疑 2-8

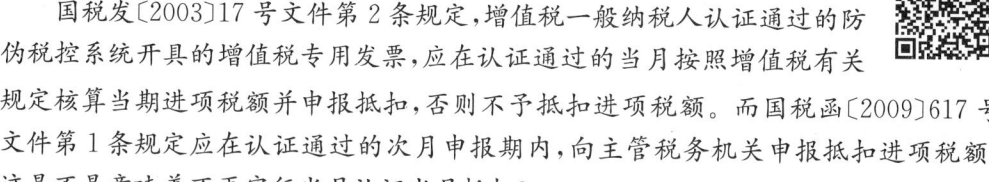

国税发〔2003〕17 号文件第 2 条规定,增值税一般纳税人认证通过的防伪税控系统开具的增值税专用发票,应在认证通过的当月按照增值税有关规定核算当期进项税额并申报抵扣,否则不予抵扣进项税额。而国税函〔2009〕617 号文件第 1 条规定应在认证通过的次月申报期内,向主管税务机关申报抵扣进项税额。这是不是意味着不再实行当月认证当月抵扣?

(2) 自 2013 年 7 月 1 日起,增值税一般纳税人(以下简称纳税人)进口货物取得的属于增值税扣税范围的海关缴款书,需经税务机关稽核比对相符后,其增值税额方能作为进项税额在销项税额中抵扣。纳税人进口货物取得的属于增值税扣税范围的海关缴款书,应按照《国家税务总局关于调整增值税扣税凭证抵扣期限有关问题的通知》(国税函〔2009〕617 号)规定,自开具之日起 180 天内向主管税务机关报送"海关完税凭证抵扣清单"(电子数据),申请稽核比对,逾期未申请的其进项税额不予抵扣。对稽核比对结果为相符的海关缴款书,纳税人应在税务机关提供稽核比对结果的当月纳税申报期内申报抵扣,逾期的其进项税额不予抵扣。

(3) 对企业接受投资、捐赠和分配的货物,则以收到增值税专用发票的时间为申报抵扣进项税额的时限。

(4) 一般纳税人发生真实交易但由于客观原因造成增值税扣税凭证(包括增值税专用发票、海关进口增值税专用缴款书)逾期的,经主管税务机关审核、逐级上报,由国家税务总局认证、稽核比对后,对比对相符的增值税扣税凭证,允许纳税人继续抵扣其进项税额。上述客观原因是指:

① 因自然灾害、社会突发事件等不可抗力因素造成增值税扣税凭证逾期。

② 增值税扣税凭证被盗、抢,或者因邮寄丢失、误递逾期。

③ 有关司法、行政机关在办理业务或者检查中,扣押增值税扣税凭证,纳税人不能正常履行纳税申报义务,或者税务机关信息系统、网络故障,未能及时处理纳税人网上认证数据等导致增值税扣税凭证逾期。

---

① 自 2016 年 1 月 1 日起,增值税一般纳税人提供货物运输服务,使用增值税专用发票和增值税普通发票,开具发票时应将起运地、到达地、车种车号以及运输货物信息等内容填写在发票备注栏中,如内容较多可另附清单。为避免浪费,方便纳税人发票使用衔接,货运专票最迟可使用至 2016 年 6 月 30 日,2016 年 7 月 1 日起停止使用。

④ 买卖双方因经济纠纷，未能及时传递增值税扣税凭证，或者纳税人变更纳税地点，注销旧户和重新办理税务登记的时间过长，导致增值税扣税凭证逾期。

⑤ 由于企业办税人员伤亡、突发危重疾病或者擅自离职，未能办理交接手续，导致增值税扣税凭证逾期。

⑥ 国家税务总局规定的其他情形。如果不属于以上客观原因造成增值税扣税凭证逾期的，仍应按照增值税扣税凭证抵扣期限有关规定执行。

实务释疑 2-4

我公司为一般纳税人，因资金困难，拖欠了一笔纳税检查应补缴的增值税税款，请问，我公司如果有进项留抵税额，是否可以以此抵减查补税款？

项目引例解析

(1) 销项税额＝[380×60%＋10×(1＋10%)＋(540＋160)÷1.17]×17%
　　　　　　＝142.34(万元)

(2) 准予抵扣的进项税＝8＋5.1＋3.4＝16.5(万元)

(3) 应纳增值税＝142.34－16.5＝125.84(万元)

任务8　简易计税方法下应纳税额的计算

简易计税方法既适用于小规模纳税人的应税行为，又适用于一般纳税人适用该计税方法的特定应税行为。其应纳税额的计算公式为：

$$应纳税额 ＝ 销售额 × 征收率$$

以小规模纳税人为例，小规模纳税人销售货物或提供加工修理修配劳务，按照取得的销售额和增值税的征收率计算应纳的增值税税额，但不得抵扣进项税额。

其中，销售额为对外销售应税货物或提供加工修理修配劳务时，向对方收取的全部价款和价外费用，但不包括向对方收取的增值税税额和代垫运费，具体的确定标准与一般纳税人的销售额相同。

目前增值税小规模纳税人一般按3%的征收率征税。与一般纳税人的销售额所不同的是，小规模纳税人因销售退回或销售折让而退还给购买方的销售额，应从发生销货退回或折让当期的销售额中扣减，而不必追究其原发票的处理。

小规模纳税人销售货物或提供加工修理修配劳务，向对方收取的款项往往包含了增值税。因此，在计算应纳增值税税额时，需将含税销售额换算成不含税销售额，具体计算公式为：

$$销售额 ＝ 含税销售额 ÷ (1＋征收率)$$

增值税一般纳税人购置税控收款机所支付的增值税税额(以购进税控收款机取得的增值税专用发票上注明的增值税税额为准),准予在该企业当期的增值税销项税额中抵扣。增值税小规模纳税人购置税控收款机,经主管税务机关审核批准后,可凭购进税控收款机取得的增值税专用发票,按照发票上注明的增值税税额,抵免当期应纳增值税税额,或者按照购进税控收款机取得的普通发票上注明的价款,依下列公式计算可抵免税额:

$$可抵免税额 = 价款 \div (1 + 17\%) \times 17\%$$

实务释疑 2-5

我公司是一家药品经营企业,销售生物制品如何征收增值税?

工作实例 2-7

甲商场是增值税小规模纳税人,6月该商场取得零售收入总额 40 000 元,还销售了旧货一批,开具普通发票,取得含税销售额 10 000 元,原值 8 000 元。

【工作要求】 计算甲商场当月的应纳增值税。

【工作实施】

(1) 零售收入应纳增值税额 = 40 000 ÷ (1 + 3%) × 3% = 1 165.05(元)

(2) 销售旧货收入应纳增值税额 = 10 000 ÷ (1 + 3%) × 2% = 194.17(元)

(3) 应纳增值税合计 = 1 165.05 + 194.17 = 1 359.22(元)

任务 9　进口货物增值税应纳税额的计算

不管是一般纳税人还是小规模纳税人进口货物,其都按照组成计税价格和《增值税暂行条例》规定的税率(17%或13%)计算应纳税额。也就是说:一方面,进口货物增值税的计税依据是组成计税价格而非其他金额;另一方面,小规模纳税人进口货物时使用税率计税,而不使用征收率。进口货物计算增值税组成计税价格和应纳税额计算公式如下:

组成计税价格 = 关税完税价格 + 关税(若进口货物不属于消费税应税消费品)

组成计税价格 = (关税完税价格 + 关税) ÷ (1 − 消费税税率)

或　　　　　　= 关税完税价格 + 关税 + 消费税(若进口货物属于消费税应税消费品)

应纳税额 = 组成计税价格 × 税率

纳税人在计算进口货物的增值税时应该注意以下问题:

(1) 进口货物增值税的组成计税价格中包括已纳关税税额,如果进口货物属于消费税应税消费品,其组成计税价格中还要包括进口环节已纳消费税税额。

(2) 按照《海关法》和《进出口关税条例》的规定,一般贸易下进口货物的关税完税价格以海关审定的成交价格为基础的到岸价格作为完税价格。所谓成交价格是指一般贸易项下进口货物的买方为购买该项货物向卖方实际支付或应当支付的价格;到岸价格,包括货价,加上货物运抵我国关境内输入地点起卸前的包装费、运费、保险费和其他劳务费等费用构成的一种价格。特殊贸易下进口的货物,由于进口时没有"成交价格"可作依据,为此,《进出口关税条例》对这些进口货物制定了确定其完税价格的具体办法。

工作实例 2-8

甲汽车制造厂为增值税一般纳税人,12月进口汽车配件一批,海关审定的关税完税价格为110万元,从海关运往企业所在地支付运费6万元,取得承运部门开具的增值税普通发票,进口汽车配件的关税税率为10%。

【工作要求】　计算甲汽车制造厂12月进口汽车配件的增值税。

【工作实施】　进口汽车配件的增值税＝组成计税价格×税率＝(关税完税价格＋关税税额)×税率＝(110＋110×10%)×17%＝20.57(万元)。

任务 10　增值税出口退(免)税的计算

一、出口货物增值税退(免)税政策的认知

(一) 出口货物退(免)税的基本政策

目前,我国的出口货物税收政策分为以下三种形式。

1. 出口免税并退税

出口免税是指对货物在出口销售环节不征增值税、消费税,这是把货物出口环节和出口前的销售环节都同样视为一个征税环节;出口退税是指对货物在出口前实际承担的税收负担,按规定的退税率计算后予以退还。

2. 出口免税不退税

出口免税与上述第1项含义相同。出口不退税是指适应这个政策的出口货物因在前一道生产、销售环节或进口环节是免税的,因此,出口时该货物的价格中本身就不含税,也无需退税。

3. 出口不免税也不退税

出口不免税是指对国家限制或禁止出口的某些货物的出口环节视同内销环节,照常征税;出口不退税是指对这些货物出口不退还出口前其所负担的税款。

(二) 出口货物退(免)税的计税依据

出口货物退(免)税的计税依据是指具体计算应退(免)税款的依据和标准。目前对生产企业出口货物计算办理退(免)税的,以出口货物离岸价格作为计税依据;对外贸企业出口货物计算办理退税的,以购进出口货物的增值税专用发票注明的金额或海关进口增值税专用缴款书注明的完税价格作为计税依据。

(三) 出口货物退(免)税的退税率

出口货物的增值税退税率,是出口货物的实际退税额与退税计税依据的比例,它是出口退税的中心环节,体现着国家在一定时期的财政、价格和对外贸易政策,体现着出

名师精品·
高职高专会计系列
Gaozhigaozhuan Kuaiji Xilie

口货物的实际税负水平和在国际市场上的竞争能力。退税率的高低,影响和刺激对外贸易,影响和刺激国民经济的发展速度,也关系到国家、出口企业的经济利益,甚至关系到进口商的经济利益。

我国现行货物的增值税退税率每年都在调整,目前有 17%、16%、15%、14%、13%、9%、5%等几档。

不同退税率的货物应分开核算,凡未分开核算而划分不清适用税率的,一律从低适用税率计算退税。

二、出口货物增值税退税额的计算

出口货物只有在适用既免税又退税的政策时,才会涉及如何计算退税的问题。我国《出口货物退(免)税管理办法》规定了两种增值税退(免)税计算办法:一是"免、抵、退"的办法,主要适用于自营或委托外贸企业出口自产货物的生产企业;二是"先征后退"的办法,主要适用于收购货物出口的外贸企业。

(一)"免、抵、退"办法

生产企业自营或委托外贸企业代理出口的自产货物,除另有规定外,增值税一律实行"免、抵、退"办法。"免",是指对生产企业出口的自产货物,免征本企业生产销售环节增值税(指的是免征出口销售环节的增值税销项税);"抵",是指生产企业出口自产货物所耗用的原材料、零部件、燃料、动力等所含应予退还的进项税额,先抵顶内销货物的应纳税额(指的是内销产品销项税—内销产品进项税—上期留抵税额);"退",是指生产企业出口的自产货物,在当月内应抵顶的进项税额大于内销货物的应纳税额时,对未抵顶完的进项税额部分按规定予以退税。

"免、抵、退"办法计算步骤如下。

第一步:免

免征生产销售环节的增值税(即出口货物时免征增值税销项税)。

第二步:剔

免抵退税不得免征和抵扣税额(属于进项税转出额)=当期出口货物离岸价格×外汇人民币牌价×(出口货物征税率—退税率)—免抵退税不得免征和抵扣税额抵减额。

免抵退税不得免征和抵扣税额抵减额=免税购进原材料价格×(出口货物征税率—退税率)。

第三步:抵

当期应纳税额=当期内销货物的销项税额—(当期全部进项税额—当期免抵退税不得免征和抵扣的税额)—上期留抵税额。

本步计算结果如为正数,则是应纳税额,不涉及退税,但涉及免抵;如为负数,则其绝对值便为当期期末退税前的留抵税额。这样,才进入下一步骤对比大小并计算应退税额。

第四步:退

首先计算免抵退税总额:

免抵退税额=当期出口货物离岸价格×外汇人民币牌价×出口货物退税率—免抵退税额抵减额

免抵退税额抵减额=免税购进原材料价格×出口货物退税率

其次运用孰低原则确定出口退税额,并确定退税之外的免抵税额:

(1) 当期期末退税前的留抵税额≤当期免抵退税额时,

当期应退税额 = 期末留抵税额

当期免抵税额 = 当期免抵退税额 - 当期应退税额

当期期末退税后的留抵税额 = 0

(2) 当期期末退税前的留抵税额>当期免抵退税额时,

当期应退税额 = 当期免抵退税额

当期免抵税额 = 0

当期期末退税后的留抵税额 = 当期期末退税前的留抵税额 - 当期应退税额

工作实例 2-9

甲生产企业为增值税一般纳税人,2017 年进口货物,海关审定的关税完税价格为 500 万元,关税税率为 10%,海关代征了进口环节增值税。进料加工免税进口料件一批,海关暂免征税,予以放行,组成计税价格为 100 万元,从国内市场购进材料支付的价款为 1 400 万元,取得的增值税专用发票上注明的税额为 238 万元。外销进料加工货物的离岸价为 1 000 万元人民币。内销货物的销售额为 1 200 万元(不含税)。该企业适用"免、抵、退"的办法,上期留抵税额 70 万元(假定上述货物内销时均适用 17% 的增值税税率,出口退税率为 11%)。

【工作要求】 (1) 计算甲企业当期免抵退税不得免征和抵扣税额。

(2) 计算甲企业当期应纳税额。

(3) 计算甲企业当期免抵退税额。

(4) 计算甲企业当期应退税额、免抵税额及当期期末留抵税额。

【工作实施】

(1) 免抵退税不得免征和抵扣税额抵减额 = $100 \times (17\% - 11\%) = 6$(万元)

免抵退税不得免征和抵扣税额 = $1\ 000 \times (17\% - 11\%) - 6 = 54$(万元)。

(2) 当期应纳税额 = $1\ 200 \times 17\% - [238 + 500 \times (1 + 10\%) \times 17\% - 54] - 70$
= -143.5(万元)。

(3) 免抵退税额抵减额 = $100 \times 11\% = 11$(万元)

免抵退税额 = $1\ 000 \times 11\% - 11 = 99$(万元)。

(4) 由于当期期末退税前的留抵税额 143.5 万元>当期免抵退税额 99 万元

所以当期应退税额 = 99(万元)

当期免抵税额 = 0

当期期末退税后留抵税额 = $143.5 - 99 = 44.5$(万元)。

(二)"先征后退"办法

"先征后退"是指出口货物在生产(购货)环节按规定缴纳增值税(指的是进项税),货物出口环节免征增值税(销项税),货物出口后由外贸企业(指收购货物后出口的外贸出口企业)向主管出口退税的税务机关申请办理出口货物的退税。该办法目前主要适用于外贸出口企业。

（1）外贸企业"先征后退"办法的基本计算公式。

应退税额 ＝ 外贸收购不含增值税购进金额 × 退税率

不予退税金额（作进项税转出处理）＝ 外贸收购不含增值税购进金额 ×（出口货物征税率－退税率）

（2）外贸企业收购小规模纳税人货物出口增值税的退税规定。

凡从小规模纳税人购进并持普通发票特准退税的抽纱、工艺品等12类出口货物，同样实行销售出口货物的收入免税，并退还出口货物进项税额的办法。由于小规模纳税人使用的是普通发票，其销售额和应纳税额没有单独列示，但小规模纳税人应纳的增值税也是价外计征的，这样，必须将合并定价的销售额先换算成不含税价格，然后据以计算出口货物应退税额。其计算公式为：

应退税额 ＝ 普通发票所列含增值税销售金额 ÷（1＋征收率）× 退税率

（3）外贸企业委托生产企业加工出口货物的退税规定。

外贸企业委托生产企业加工收回后报关出口的货物，按购进国内原辅材料的增值税专用发票上注明的进项税额，依原辅材料的退税率计算原辅材料的退税额。支付的加工费，凭受托方开具货物的退税率，计算加工费的应退税额。

实务释疑2-6

我公司是一家外贸企业，不慎丢失增值税专用发票抵扣联，请问还能否办理出口退税？

工作实例2-10

甲外贸公司（具有进出口经营权）为增值税一般纳税人，2017年2月从某日用化妆品公司购进出口用护发用品1 000箱，取得的增值税专用发票上注明的价款为100万元，进项税额为17万元，货款已用银行存款支付。当月该批产品已全部出口，售价为每箱180美元（当日汇率为1美元＝6.8元人民币），申请退税的单证齐全。该护发品增值税退税率为15％。

【工作要求】（1）计算甲公司应退的增值税税额。

（2）计算甲公司增值税进项税额转出额。

【工作实施】（1）应退增值税税额＝1 000 000×15％＝150 000（元）。

（2）增值税进项税额转出额＝170 000－150 000＝20 000（元）。

任务11　增值税的征收管理

一、增值税的征收管理要求

（一）增值税的纳税义务发生时间

增值税的纳税义务发生时间的基本规定如下：

（1）销售货物或者应税劳务，为收讫销售款或者取得索取销售款项凭据的当天；先开具发票的，为开具发票的当天。

（2）进口货物，为报关进口的当天。

（3）增值税扣缴义务发生时间为纳税人增值税纳税义务发生的当天。

增值税的纳税义务发生的具体规定如下：

（1）采取直接收款方式销售货物的，不论货物是否发出，均为收到销售款或取得索取销售款凭据的当天。

（2）采取托收承付和委托银行收款方式销售货物的，为发出货物并办妥托收手续的当天。

（3）采取赊销和分期收款方式销售货物的，为书面合同约定的收款日期的当天，无书面合同的或者书面合同没有约定收款日期的，为货物发出的当天。

（4）采取预收货款方式销售货物的，为货物发出的当天，但生产销售生产工期超过12个月的大型机械设备、船舶、飞机等货物，为收到预收款或者书面合同约定的收款日期的当天。

（5）委托其他纳税人代销货物的，为收到代销单位的代销清单或者收到全部或者部分货款的当天。未收到代销清单及货款的，为发出代销货物满180天的当天。

（6）销售应税劳务，为提供劳务同时收讫销售款或者取得索取销售款的凭据的当天。

（7）纳税人发生视同销售货物行为（不包括代销行为）的，为货物移送的当天。

知识释疑 2-9

　　会计准则规定的商品销售收入的确认时间与税法规定不一致怎么处理？

（二）增值税的纳税期限

增值税的纳税期限分别为 1 日、3 日、5 日、10 日、15 日、1 个月或者 1 个季度。纳税人的具体纳税期限，由主管税务机关根据纳税人应纳税额的大小分别核定；不能按照固定期限纳税的，可以按次纳税。

纳税人以 1 个月或者 1 个季度为 1 个纳税期的，自期满之日起 15 日内申报纳税；以 1 日、3 日、5 日、10 日或 15 日为 1 个纳税期的，自期满之日起 5 日内预缴税款，于次月 1 日起 15 日内申报纳税并结清上月应纳税款。

扣缴义务人解缴税款的期限，依照上述规定执行。

以 1 个季度为纳税期限的规定仅适用于小规模纳税人。①

纳税人进口货物，应当自海关填发海关进口增值税专用缴款书之日起 15 日内缴纳税款。

（三）增值税的纳税地点

（1）固定业户应当向其机构所在地主管税务机关申报纳税。总机构和分支机构不

---

　　① 　2016 年 5 月 1 日全面"营改增"后，以 1 个季度为纳税期限的规定适用于小规模纳税人、银行、财务公司、信托投资公司、信用社，以及财政部和国家税务总局规定的其他纳税人。

在同一县(市)的,应当分别向各自所在地主管税务机关申报纳税;经国务院财政、税务主管部门或者其授权的财政、税务机关批准,可以由总机构汇总向总机构所在地的主管税务机关申报纳税。

固定业户到外县(市)销售货物或者应税劳务,应当向其机构所在地主管税务机关申请开具外出经营活动税收管理证明,并向其机构所在地主管税务机关申报纳税;未开具证明的,应当向销售地或者劳务发生地的主管税务机关申报纳税;未向销售地或劳务发生地的主管税务机关申报纳税的,由其机构所在地主管税务机关补征税款。

(2)非固定业户销售货物或者应税劳务,应当向其销售地或者劳务发生地的主管税务机关申报纳税;未向销售地或者劳务发生地的主管税务机关申报纳税的,由其机构所在地或者居住地主管税务机关补征税款。

(3)进口货物应当向报关地海关申报纳税。

(4)扣缴义务人应当向其机构所在地或者居住地的主管税务机关申报缴纳其扣缴的税款。

二、增值税的纳税申报

(一)一般纳税人增值税的纳税申报

1. 申报及缴纳程序

一般纳税人办理纳税申报,需要经过发票认证、抄报税、申报、缴纳等工作。

(1)发票认证[①]。

增值税一般纳税人本期申报抵扣的增值税专用发票必须先进行认证,纳税人可以持增值税专用发票的抵扣联在办税服务厅认证窗口认证,或进行远程认证(指的是网上增值税专用发票认证)。网上增值税专用发票认证是指增值税一般纳税人月底前使用扫描仪采集专用发票抵扣联票面信息,扫入认证专用软件(增值税发票抵扣联企业信息采集系统),生成电子数据,通过互联网报送税务机关,由税务机关进行解密认证,并将认证结果信息返回纳税人的一种专用发票认证方式。税务机关认证后,向纳税人下达"认证结果通知书"和"认证结果清单"。对于认证不符及密文有误的抵扣联,税务机关暂不予抵扣,并当场扣留作调查处理。未经认证的,不得申报抵扣。专用发票认证一般在月末进行。

(2)抄报税。

抄报税是指开票纳税人运用开票系统中的远程抄报税功能将防伪税控开票系统中上个月开具的增值税发票的信息及数据在规定的期限内传送到税务机关服务器中的过程(一般是次月的1~15日)。企业逾期未在防伪税控开票系统中进行网上抄报税的本月将不能进行发票的开具工作,同时需要携带税控盘到税务大厅进行大厅抄报税。

---

① 自2016年3月1日起,纳税信用A级纳税人取得销售方使用增值税发票系统升级版开具的增值税发票可以不再进行扫描认证,通过增值税发票税控开票软件登录本省增值税发票查询平台,查询、选择用于申报抵扣或者出口退税的增值税发票信息。2016年5月1日"营改增"试点全面推开后,取消增值税发票认证的纳税人范围进一步扩大,由纳税信用A级扩大到B级。

（3）纳税申报。

本步纳税申报主要是指提交纳税申报表等资料，而广义的纳税申报包括上一步抄报税。

纳税申报工作可分为上门申报和网上申报。纳税人在次月1日起15日内，不论有无销售额，均应按主管税务机关核定的纳税期限按期向当地税务机关申报。

上门申报是指纳税人到办税服务大厅纳税申报窗口请购，或到国税局网站下载、打印整套《增值税纳税申报表（一般纳税人适用）》，依填报说明，填写一式两份纸质报表或在税务局网站上直接填写申报表。纳税人携带填写好的《增值税纳税申报表（一般纳税人适用）》和相关资料到办税服务厅纳税窗口进行纳税申报。

网上申报是指纳税人通过网络，填写增值税纳税申报相关表格，并向主管税务机关提交纳税申报表等资料的一种纳税申报方法。目前，我国绝大多数地区已经实行网上申报。

纳税人填写的申报表在进行纳税申报时，税务机关服务器将对申报数据进行一窗式比对，比对不通过的，会将比对不通过原因返回给纳税人，由纳税人根据返回结果修改纳税申报数据。

（4）税款缴纳。

对于实行税库银联网的纳税人，税务机关将纳税申报表单据送到纳税人的开户银行，由银行进行自动转账处理；而对于未实行税库银联网的纳税人应当到税务机关指定的银行进行现金缴纳。

2. 纳税申报时需提交的资料

增值税一般纳税人（以下简称纳税人）对增值税进行纳税申报时，必须实行电子信息采集。使用防伪税控系统开具增值税专用发票的纳税人必须在抄报税成功后，方可向所在地国家税务局办税服务厅进行纳税申报。

纳税申报资料包括纳税申报表及其附列资料和纳税申报其他资料。具体需要提报的纳税申报资料如下：

（1）增值税一般纳税人（以下简称一般纳税人）纳税申报表及其附列资料包括：

①《增值税纳税申报表（一般纳税人适用）》（如表2-3所示）。

②《增值税纳税申报表附列资料（一）》（本期销售情况明细）（略）。

③《增值税纳税申报表附列资料（二）》（本期进项税额明细）（略）。

④《增值税纳税申报表附列资料（三）》（服务、不动产和无形资产扣除项目明细）。

一般纳税人销售服务、不动产和无形资产，在确定服务、不动产和无形资产销售额时，按照有关规定可以从取得的全部价款和价外费用中扣除价款的，需填报《增值税纳税申报表附列资料（三）》。其他情况不填写该附列资料。

⑤《增值税纳税申报表附列资料（四）》（略）。

⑥《增值税纳税申报表附列资料（五）》（略）。

⑦《固定资产（不含不动产）进项税额抵扣情况表》（略）。

⑧《本期抵扣进项税额结构明细表》（略）。

⑨《增值税减免税申报明细表》。

（2）一般纳税人纳税申报的其他资料包括：

① 已开具的税控"机动车销售统一发票"和普通发票的存根联。

② 符合抵扣条件且在本期申报抵扣的防伪税控"增值税专用发票"、税控"机动车销售统一发票"的抵扣联。

③ 符合抵扣条件且在本期申报抵扣的海关进口增值税专用缴款书、购进农产品取得的普通发票。

④ 符合抵扣条件且在本期申报抵扣的中华人民共和国税收完税证及其清单，书面合同、付款证明和境外单位的对账单或者发票。

⑤ 已开具的农产品收购凭证的存根联或报查联。

⑥ 纳税人销售服务、不动产和无形资产，在确定服务、不动产和无形资产销售额时，按照有关规定从取得的全部价款和价外费用中扣除价款的合法凭证及其清单。

⑦ 主管税务机关规定的其他资料。

纳税申报表及其附列资料为必报资料。纳税申报其他资料的报备要求由各省、自治区、直辖市和计划单列市国家税务局确定。

增值税纳税申报表如表 2-3 所示。

表 2-3　　　　　　　　　　**增值税纳税申报表**
（一般纳税人适用）

根据国家税收法律法规及增值税相关规定制定本表。纳税人不论有无销售额，均应按税务机关核定的纳税期限填写本表，并向当地税务机关申报。

税款所属时间：自　　年　月　日至　　年　月　日　　　　填表日期：　　年　月　日

金额单位:元至角分

纳税人识别号															所属行业：				
纳税人名称			法定代表人姓名			注册地址			生产经营地址										
开户银行及账号			登记注册类型					电话号码											

项　目		栏次	一般项目		即征即退项目	
			本月数	本年累计	本月数	本年累计
销售额	（一）按适用税率计税销售额	1				
	其中:应税货物销售额	2				
	应税劳务销售额	3				
	纳税检查调整的销售额	4				
	（二）按简易办法计税销售额	5				
	其中:纳税检查调整的销售额	6				
	（三）免、抵、退办法出口销售额	7			—	—
	（四）免税销售额	8			—	—
	其中:免税货物销售额	9			—	—
	免税劳务销售额	10			—	—

(续表)

项　目		栏次	一般项目		即征即退项目	
			本月数	本年累计	本月数	本年累计
税款计算	销项税额	11				
	进项税额	12				
	上期留抵税额	13			—	—
	进项税额转出	14				
	免、抵、退应退税额	15			—	—
	按适用税率计算的纳税检查应补缴税额	16				
	应抵扣税额合计	17=12+13−14−15+16				
	实际抵扣税额	18(如 17＜11,则为 17,否则为 11)				
	应纳税额	19=11−18				
	期末留抵税额	20=17−18			—	—
	简易计税办法计算的应纳税额	21				
	按简易计税办法计算的纳税检查应补缴税额	22				
	应纳税额减征额	23				
	应纳税额合计	24=19+21−23				
税款缴纳	期初未缴税额(多缴为负数)	25				
	实收出口开具专用缴款书退税额	26				
	本期已缴税额	27=28+29+30+31				
	① 分次预缴税额	28			—	—
	② 出口开具专用缴款书预缴税额	29			—	—
	③ 本期缴纳上期应纳税额	30				
	④ 本期缴纳欠缴税额	31				
	期末未缴税额(多缴为负数)	32=24+25+26−27				
	其中:欠缴税额(≥0)	33=25+26−27			—	—
	本期应补(退)税额	34=24−28−29			—	—
	即征即退实际退税额	35	—	—		
	期初未缴查补税额	36			—	—
	本期入库查补税额	37			—	—
	期末未缴查补税额	38=16+22+36−37			—	—
授权声明	如果你已委托代理人申报,请填写下列资料: 为代理一切税务事宜,现授权 (地址) 为本纳税人的代理申报人,任何与本申报表有关的往来文件,都可寄予此人。 　　　　　　　　　　授权人签字:					
申报人声明	本纳税申报表是根据国家税收法律法规及相关规定填报的,我确定它是真实的、可靠的、完整的。 　　　　声明人签字:					

主管税务机关:　　　　　　　接收人:　　　　　　　接收日期:

（二）小规模纳税人增值税纳税申报

小规模纳税人对增值税进行纳税申报时，应当填报"增值税纳税申报表（小规模纳税人适用）"，如表 2-4 所示。

表 2-4 　　　　　　　　　　　　增值税纳税申报表

（小规模纳税人适用）

纳税人识别号：

纳税人名称：　　　　　　　　　　　　　　　　　　　　金额单位：元至角分

税款所属期：　　年　月　日至　　年　月　日　　　　　填表日期：　　年　月　日

项　目		栏次	本期数		本年累计	
			货物及劳务	服务、不动产和无形资产	货物及劳务	服务、不动产和无形资产
一、计税依据	（一）应征增值税不含税销售额	1				
	税务机关代开的增值税专用发票不含税销售额	2				
	税控器具开具的普通发票不含税销售额	3				
	（二）销售、出租不动产不含税销售额	4	—		—	
	税务机关代开的增值税专用发票不含税销售额	5	—		—	
	税控器具开具的普通发票不含税销售额	6	—		—	
	（三）销售使用过的固定资产不含税销售额	7(7≥8)		—		—
	其中：税控器开具的普通发票不含税销售额	8		—		—
	（四）免税销售额	9=10+11+12				
	其中：小微企业免税销售额	10				
	未达起征点销售额	11				
	其他免税销售额	12				
	（五）出口免税销售额	13(13≥14)				
	其中：税控器具开具的普通发票销售额	14				
二、税款计算	本期应纳税额	15				
	本期应纳税额减征额	16				
	本期免税额	17				
	其中：小微企业免税额	18				
	未达起征点免税额	19				
	应纳税额合计	20=15-16				
	本期预缴税额	21			—	—
	本期应补（退）税额	22=20-21			—	—

（续表）

纳税人或代理人声明： 　　本纳税申报表是根据国家税收法律法规及相关规定填报的,我确定它是真实的、可靠的、完整的。	如纳税人填报,由纳税人填写以下各栏:	
	办税人员:	财务负责人:
	法定代表人:	联系电话:
	如委托代理人填报,由代理人填写以下各栏:	
	代理人名称(公章):	经办人:
	联系电话:	

主管税务机关:　　　　　　　　接收人:　　　　　　　　接收日期:

 职业技能训练

一、单项选择题

1. 某企业为增值税一般纳税人,2017年2月销售自产电视机10台,开具增值税专用发票注明价款30 000元,另外取得延期付款利息2 340元,则该企业当月应缴纳增值税为(　　)元。

　　A. 4 160　　　　　　B. 4 698.97　　　　　C. 5 440　　　　　　D. 5 497.8

2. 下列纳税人中,不属于增值税一般纳税人的是(　　)。

　　A. 年销售额为60万元的从事货物生产的个体经营者

　　B. 年销售额为70万元的从事货物批发的其他个人

　　C. 年销售额为60万元的从事货物生产的企业

　　D. 年销售额为100万元的从事货物批发零售的企业

3. 关于划分增值税小规模纳税人和一般纳税人所依据的年应税销售额和经营期,下列表述正确的是(　　)。

　　A. 年应税销售额未超过小规模纳税人标准的企业,不得登记为一般纳税人

　　B. 稽查查补的销售额和纳税评估调整的销售额应计入税款所属期销售额,不计入查补税款申报当月的销售额

　　C. 年应税销售额,包括纳税申报销售额、稽查查补销售额、纳税评估调整销售额、税务机关代开发票销售额和免税销售额

　　D. 经营期是指在纳税人存续期内的连续经营期间,不含未取得销售收入的月份

4. 某具有出口经营权的电器生产企业(增值税一般纳税人)自营出口自产货物,11月末未退税前计算出的期末留抵税款为20万元,当期免抵退税额为16万元,则当期免抵税额为(　　)万元。

　　A. 16　　　　　　　B. 5　　　　　　　　　C. 8　　　　　　　　D. 0

5. 纳税人进口货物,应当自海关填发海关进口增值税专用缴款书之日起(　　)日内缴纳税款。

　　A. 3　　　　　　　　B. 15　　　　　　　　C. 10　　　　　　　D. 7

6. 某增值税一般纳税人于2017年4月购进免税农产品一批,支付给农业生产者收购价格为40 000元,该项业务准予抵扣的进项税额为(　　)元。

　　A. 4 000　　　　　　B. 5 200　　　　　　　C. 6 800　　　　　　D. 0

7. 增值税小规模纳税人发生的下列销售行为中,可以申请税务机关代开增值税专用发票的是( )。

    A. 销售旧货   B. 销售免税货物

    C. 销售生产经营过程中产生的边角废料   D. 销售自己使用过的固定资产

8. 采取预收货款方式销售货物的,增值税纳税人纳税义务的发生时间为( )。

    A. 购买方收到货物当天   B. 销售方发出货物当天

    C. 销售方收到剩余货款当天   D. 销售方收到第一笔货款当天

9. 根据增值税法律制度的规定,下列关于增值税一般纳税人的相关税务处理,说法不正确的是( )。

    A. 纳税人采取以旧换新方式销售金银首饰的,应按新金银首饰的同期销售价格确定销售额,不得扣减旧金银首饰的收购价格

    B. 纳税人采取商业折扣方式销售货物,如果销售额和折扣额在同一张发票上的"金额"栏分别注明的,可按折扣后的销售额征收增值税

    C. 纳税人采取以物易物方式销售货物,交易双方都应作购销业务处理,以各自发出的货物核算销售额并计算增值税销项税额

    D. 纳税人采取以旧换新方式销售电视机的,应按新电视机的同期销售价格确定销售额,不得扣减旧电视机的收购价格

10. 根据增值税法律制度的规定,销售下列自产货物实行增值税即征即退100%政策的是( )。

    A. 以退役军用发射药为原料生产的涂料硝化棉粉

    B. 以废弃酒糟和酿酒底锅水为原料生产的蒸汽、活性炭、白炭黑、乳酸、乳酸钙、沼气

    C. 对燃煤发电厂及各类工业企业产生的烟气、高硫天然气进行脱硫生产的副产品

    D. 以工业废气为原料生产的高纯度二氧化碳产品

11. 根据增值税法律制度的规定,增值税一般纳税人的下列行为中,不应视同销售的是( )。

    A. 将购进的货物用于集体福利   B. 将委托加工收回的货物用于个人消费

    C. 将自产的货物捐赠给贫困地区的儿童   D. 将自产的货物分配给投资者

12. 2017年5月8日,甲公司与乙公司签订了买卖电脑的合同,双方约定总价款为80万元。6月3日,甲公司就80万元货款全额开具了增值税专用发票,6月10日,甲公司收到乙公司第一笔货款45万元,6月25日,甲公司收到乙公司第二笔货款35万元。根据增值税法律制度的规定,甲公司增值税纳税义务发生时间为( )。

    A. 5月8日   B. 6月3日

    C. 6月10日   D. 6月25日

13. 根据增值税法律制度的规定,增值税一般纳税人的下列行为涉及的进项税额准予抵扣的是( )。

    A. 将购进货物用于简易征税项目   B. 将购进货物用于职工福利

    C. 将购进货物用于生产应税产品   D. 将购进货物用于奖励职工

14. 根据增值税法律制度的规定,下列关于增值税纳税义务发生时间的表述中,不正确的是( )。

    A. 委托其他纳税人代销货物,为代销货物移送给受托方的当天

    B. 销售应税劳务,为提供劳务同时收讫销售款或者取得索取销售款凭据的当天

    C. 采取托收承付和委托银行收款方式销售货物,为发出货物并办妥托收手续的当天

    D. 采取直接收款方式销售货物,为收到销售款或者取得索取销售款凭据的当天

15. 某金店是增值税的一般纳税人,2017年3月采取以旧换新方式销售纯金项链10条,每条新项链的不含税销售额为4 000元,收购的旧项链每条不含税作价2 000元,则该笔业务的销项税额为

（　　）元。

A. 6 800　　　　　　　B. 5 200　　　　　　C. 3 400　　　　　　D. 2 600

二、多项选择题

1. 根据增值税法律制度的规定,增值税一般纳税人发生的下列情形中,暂按简易办法依照 3% 征收率计算缴纳增值税的有(　　)。

   A. 寄售商店代销企业寄售的物品　　　　　B. 典当业销售死当物品

   C. 生产企业销售废旧材料　　　　　　　　D. 寄售商店代销居民个人寄售的物品

2. 下列有关增值税税收优惠的表述中,正确的有(　　)。

   A. 增值税小规模纳税人,月销售额为 5 万元的,免征增值税

   B. 以 1 个季度为纳税期限的增值税小规模纳税人,季度销售额不超过 9 万元的,免征增值税

   C. 增值税的起征点仅限于个人

   D. 纳税人销售额未达到起征点的,免征增值税;达到起征点的,全额计算缴纳增值税

3. 下列行为中,属于增值税视同销售行为的是(　　)。

   A. 在同一个县(市)范围内设有两个机构并实行统一核算的纳税人,将货物从一个机构移送至另一机构用于销售

   B. 将自产货物作为股利分配给股东

   C. 将外购货物用于集体福利

   D. 将委托加工收回的货物用于个人消费

4. 下列关于增值税的纳税义务发生时间的表述中,符合我国税法规定的有(　　)。

   A. 采取直接收款方式销售货物,不论货物是否发出,均为收到销售款或取得索取销售款凭据的当天

   B. 采取分期收款方式销售货物,为合同约定的收款日期的当天

   C. 采取预收货款方式销售货物,为实际收到货款的当天

   D. 委托其他纳税人代销货物,为收到代销单位销售货物的代销清单或者收到全部或者部分货款的当天

5. 下列各项中,属于增值税价外费用的有(　　)。

   A. 销项税额

   B. 违约金

   C. 受托加工应征消费税的消费品所代收代缴的消费税

   D. 包装物租金

6. 增值税一般纳税人是指年应税销售额超过规定的小规模纳税人标准的企业和企业性单位。其中年应税销售额包括(　　)。

   A. 免税销售额　　　　　　　　　　　　　B. 稽查查补销售额

   C. 纳税评估调整销售额　　　　　　　　　D. 税务机关代开发票销售额

7. 下列行为中,涉及的进项税额应从销项税额中抵扣的是(　　)。

   A. 将外购的货物用于集体福利

   B. 将外购的货物分配给股东和投资者

   C. 将外购的货物无偿赠送给其他个人

   D. 将外购的货物作为投资提供给其他单位

8. 一般纳税人销售自产的下列货物,可选择按照简易办法依照 3% 征收率计算缴纳增值税的有(　　)。

A. 县级及县级以下小型水力发电单位生产的电力

B. 以自己采掘的砂、土、石料或其他矿物连续生产的黏土实心砖、瓦

C. 自来水

D. 以水泥为原料生产的水泥混凝土

9. 根据增值税法律制度的规定,下列情形中,属于应按销售额依照增值税税率计算应纳税额,不得抵扣进项税额,也不得使用增值税专用发票的有(　　)。

A. 一般纳税人会计核算不健全

B. 一般纳税人不能够提供准确税务资料

C. 除特殊情况外,纳税人销售额超过小规模纳税人标准,但未申请办理一般纳税人登记手续

D. 纳税人使用了其他企业虚开的增值税专用发票

10. 根据增值税法律制度的规定,下列各项中,免予缴纳增值税的有(　　)。

A. 果农销售自产水果　　　　　　　B. 药店销售避孕药品

C. 王某销售自己使用过的空调　　　D. 直接用于教学的进口设备

11. 根据增值税法律制度的规定,下列出口货物中,免税但不退税的有(　　)。

A. 国家计划内出口的石油　　　　　B. 避孕药品

C. 来料加工复出口的货物　　　　　D. 古旧图书

12. 甲公司发生的下列业务中,应按"销售货物"申报缴纳增值税的是(　　)。

A. 销售小汽车内部装饰品　　　　　B. 销售小汽车零配件

C. 提供汽车维修服务　　　　　　　D. 销售进口小汽车

13. 根据增值税法律制度的规定,下列关于增值税纳税义务发生时间的表述中,正确的有(　　)。

A. 将委托加工的货物无偿赠送他人的,为货物移送的当天

B. 采取直接收款方式销售货物的,为货物发出的当天

C. 委托他人销售货物的,为受托方售出货物的当天

D. 进口货物的,为报关进口的当天

三、判断题

1. 增值税扣缴义务发生时间为纳税人支付货款的当天。　　　　　　　　　　　(　　)

2. 增值税纳税人兼营免税、减税项目的,应当分别核算免税、减税项目的销售额;未分别核算销售额的,由税务机关核定免税、减税额。　　　　　　　　　　　　　　　(　　)

3. 年应税销售额未超过财政部、国家税务总局规定的小规模纳税人标准以及新开业的纳税人,不可以向其机构所在地主管税务机关办理一般纳税人资格登记。　　　　　　(　　)

4. 纳税人采取以旧换新方式销售货物的,应按销售全价,全额计征增值税。　　　(　　)

5. 小规模纳税人实行简易征税办法,不能自行领购和使用增值税专用发票,可以抵扣进项税额。　　　　　　　　　　　　　　　　　　　　　　　　　　　　　　(　　)

6. 采取赊销和分期收款方式销售货物的,纳税义务发生时间为书面合同约定的销售货物的当天,无书面合同的或者书面合同没有约定收款日期的,纳税义务发生时间为货物发出的当天。　(　　)

7. 电力公司向发电企业收取的过网费,征收增值税。　　　　　　　　　　　　(　　)

8. 私营企业进口供残疾人专用的物品免征增值税。　　　　　　　　　　　　　(　　)

9. 纳税人一经放弃免税权,其生产销售的全部增值税应税货物或者劳务均应按照适用税率征税,不得选择某一免税项目放弃免税权,也不得根据不同的销售对象选择部分货物或者劳务放弃免税权。　　　　　　　　　　　　　　　　　　　　　　　　　　　　　　(　　)

四、计算题

1. 甲书店是增值税一般纳税人，2017年4月，销售图书取得含税销售额28.25万元。要求：计算甲书店此项业务的增值税销项额。

2. 甲企业为增值税一般纳税人，因管理不善导致库存原材料毁损20%，材料总成本86万元，其中，含运费成本6万元。当时支付原材料买价和运费时，均取得增值税专用发票并已经抵扣。要求：计算甲企业应转出的进项税额。

3. 甲生产企业是增值税小规模纳税人，2017年1月销售边角废料，由税务机关代开增值税专用发票，取得不含税收入12万元；销售自己使用过的货车1辆，取得含税收入10.3万元。要求：计算甲生产企业上述业务的应纳增值税。

4. 甲外贸公司3月份购进及出口情况如下：

(1) 第一次购进电风扇500台，单价148元/台；第二次购进电风扇200台，单价120元/台（均已取得增值税专用发票）。

(2) 将两次外购的电风扇700台报关出口，离岸单价20美元/台，此笔出口已收汇并做销售处理（美元与人民币比价为1:7，退税率为15%）。要求：计算外贸企业增值税出口退税。

职业能力实训

1. 某印刷厂为增值税一般纳税人，主要经营图书、报刊等的印刷业务，2017年2月有关业务如下：

(1) 接受出版社和杂志社委托，由印刷厂自行购买纸张，印刷采用国际标准书号编序并具有国内统一刊号的图书、杂志，取得不含税收入1 860 000元。购买纸张取得增值税专用发票，注明增值税220 000元。

(2) 接受报社委托，印刷有国内统一刊号的报纸，纸张由报社提供，成本500 000元，收取加工费和代垫辅料款，开具增值税专用发票，注明价款200 000元。

(3) 接受学校委托，印刷信纸、信封、会议记录本和练习本。由印刷厂自行购买纸张，取得增值税专用发票，注明增值税68 000元；向学校收取含税印刷费520 000元。

(4) 购进税控收款机，价款20 000元，增值税3 400元，取得增值税专用发票。

(5) 当月购买其他印刷用材料，取得增值税专用发票，注明不含税价款51 000元，购进货物以及销售货物支付不含税运费12 000元，取得增值税一般纳税人开具的增值税专用发票。

(6) 月末由于冰雹，致使仓库外的原材料损坏无法使用，账面成本6 300元（已抵扣进项税额）。

假定本月取得相关票据均符合税法规定并在当月认证抵扣。

要求：根据上述资料，按下列序号计算回答问题，每问需计算出合计数。

(1) 计算该印刷厂2017年2月的销项税额。

(2) 计算2017年2月可抵扣的进项税额合计数。

(3) 计算2017年2月应缴纳的增值税。

营业税改征增值税法①

职业能力目标

（1）能理解营业税改征增值税的基本原理。

（2）能判定营业税改征增值税一般纳税人和小规模纳税人的标准，会判断哪些营业税业务改征增值税，会选择营业税改征增值税税率和征收率，能充分运用营业税改征增值税优惠政策，会使用营业税改征增值税专用发票。

（3）能根据相关业务资料计算营业税改征增值税一般计税方法下和简易计税方法下的应纳税额。

（4）能合理选择和运用营业税改征增值税出口服务或者无形资产退（免）税政策，能根据相关业务资料运用"免抵退"办法和"免退"办法对出口退税进行计算。

（5）能确定营业税改征增值税的纳税义务发生时间、纳税期限和纳税地点。

---

① 自2013年8月1日起，我国在全国范围内开展交通运输业和部分现代服务业"营改增"试点，自2014年1月1日起，将铁路运输业和邮政业纳入"营改增"试点，自2014年6月1日起，将电信业纳入"营改增"试点，自2016年5月1日起，在全国范围内全面推开营业税改征增值税试点，建筑业、房地产业、金融业、生活服务业等均纳入试点，至此，营业税退出历史舞台。本教材的营业税改征增值税政策截止到2017年1月1日。

项目引例

营业税改征增值税的计算

甲传媒有限责任公司主要经营电视剧、电影等广播影视节目的制作和发行,2013年8月登记为"营改增"试点一般纳税人。2017年1月企业发生如下业务:

(1) 9日,传媒公司为某电视剧提供片头、片尾、片花制作服务,取得含税服务费106万元。

(2) 同日,公司购入8台计算机,用于公司的日常业务制作,支付含税价款4.68万元,取得增值税专用发票,当月通过认证。

(3) 10日,公司购入一台小汽车,取得机动车销售统一发票,支付价税合计金额11.7万元。

(4) 11日,取得设计服务收入含税价款58.3万元。

(5) 22日,该电影在某影院开始上映,传媒公司向影院支付含税上映费用15万元,取得税局代开增值税专用发票(影院选择采用增值税简易计税方法)。

(6) 25日,支付增值税税控系统技术维护费用合计付款720元,取得增值税专用发票注明价款679.25元,税额40.75元。

工作要求

(1) 提供片头、片尾、片花制作服务取得收入应计算的增值税销项税。

(2) 购入计算机可以抵扣的增值税进项税。

(3) 购入小汽车允许抵扣的增值税进项税。

(4) 收取的设计服务收入应计算的增值税销项税。

(5) 支付影院的上映费用允许抵扣的增值税进项税。

(6) 该传媒公司当月应纳的增值税税额。

项目引例解析

见本项目的任务7。

任务 1　营业税改征增值税的认知

一、营业税改征增值税的含义

营业税改征增值税,就是原来征收营业税的应税项目改为征收增值税。自2016年5月1日起,我国在全国范围内全面推行营业税改征增值税(简称"营改增"),至此,营业税全部改征增值税,营业税已经退出我国税收体系。

二、营业税改征增值税的发展

2011年年底,我国决定在上海试点营业税改征增值税的工作。为了贯彻落实国务院关于先在上海市交通运输业和部分现代业务开展改革试点的决定,根据国务院同意的《营业税改征增值税试点方案》,财政部和国家税务总局印发了《交通运输业和部分现代服务业营业税改增值税试点实施办法》《交通运输业和部分现代服务业营业税改增值税试点有关事项的规定》和《交通运输业和部分现代服务业营业税改征增值税试点过渡政策的规定》等文件,自 2012 年 1 月 1 日施行。2012 年 8 月 24 日,国家税务总局又发布了《关于北京等 8 省市营业税改征增值税试点有关税收征收管理问题的公告》(国家税务总局公告 2012 年第 42 号),扩大了营业税改征增值税的试点地区。财政部和国家税务总局 2013 年 5 月 24 日联合印发《关于在全国开展交通运输业和部分现代服务业营业税改征增值税试点税收政策的通知》(以下简称《通知》),进一步明确了自 2013 年 8 月 1 日起,在全国范围内开展交通运输业和部分现代服务业营业税改征增值税试点的相关税收政策。从 2013 年 8 月 1 日起,除了将交通运输业和部分现代服务业"营改增"试点推广至全国,并将适当扩大部分现代服务业范围,把广播影视作品的制作、播映、发行等纳入试点;财政部和国家税务总局于 2013 年 12 月 12 日联合印发《关于将铁路运输和邮政业纳入营业税改征增值税试点的通知》,规定自 2014 年 1 月 1 日起,在全国范围内开展铁路运输和邮政业"营改增"试点;财政部和国家税务总局于 2014 年 4 月 29 日联合印发《关于将电信业纳入营业税改征增值税试点的通知》,规定自 2014 年 6 月 1 日起,在全国范围内开展电信业"营改增"试点。财政部和国家税务总局又于 2016 年 3 月 23 日联合印发《关于全面推开营业税改征增值税试点的通知》,规定自 2016 年 5 月 1 日起,在全国范围内全面推开营业税改征增值税(以下称"营改增")试点,建筑业、房地产业、金融业、生活服务业等全部营业税纳税人,纳入试点范围,由缴纳营业税改为缴纳增值税。

三、营业税改征增值税的意义

当前,我国正处于加快转变经济发展方式的攻坚时期,大力发展第三产业,尤其是现代服务业,对推进经济结构调整和提高国家综合实力具有重要意义。按照建立健全有利于科学发展的财税制度要求,将营业税改征增值税具有以下重要意义:

第一,营业税改征增值税有助于增值税体系的完善以及增值税收入的增加。第二,营业税改征增值税有利于我国优化经济结构。第三,营业税改征增值税有助于试点城市和地区获得制度分割收益,进一步提高相关产业的分工和专业化,提高城市竞争力。第四,营业税改征增值税可以促进我国服务行业的发展,调整产业发展结构。第五,营业税改征增值税可以消除重复征税。

任务 2　营业税改征增值税纳税人的确定

在中华人民共和国境内(以下称境内)销售服务、无形资产或者不动产(以下称应税行为)的单位和个人,为增值税纳税人,缴纳增值税,不再缴纳营业税。

单位是指企业、行政单位、事业单位、军事单位、社会团体及其他单位。

个人是指个体工商户和其他个人。

单位以承包、承租、挂靠方式经营的,承包人、承租人、挂靠人(以下统称承包人)以发包人、出租人、被挂靠人(以下统称发包人)名义对外经营并由发包人承担相关法律责任的,以该发包人为纳税人。否则,以承包人为纳税人。

中华人民共和国境外(以下称境外)单位或者个人在境内发生应税行为,在境内未设有经营机构的,以购买方为增值税扣缴义务人。财政部和国家税务总局另有规定的除外。

两个或者两个以上的纳税人,经财政部和国家税务总局批准可以视为一个纳税人合并纳税。具体办法由财政部和国家税务总局另行制定。

试点纳税人分为一般纳税人和小规模纳税人。

一、营业税改征增值税小规模纳税人和一般纳税人的标准

(一) 小规模纳税人的标准

(1) 应税行为的年应征增值税销售额(以下称应税销售额)未超过财政部和国家税务总局规定标准的纳税人为小规模纳税人。

其中,年应税销售额标准为 500 万元(含本数)。财政部和国家税务总局可以对年应税销售额标准进行调整。

(2) 年应税销售额超过规定标准的其他个人不属于一般纳税人。

(3) 年应税销售额超过规定标准但不经常发生应税行为的单位和个体工商户可选择按照小规模纳税人纳税。

(二) 一般纳税人的标准

(1) "营改增"试点实施前(以下简称试点实施前)销售服务、无形资产或者不动产(以下简称应税行为)的年应税销售额超过 500 万元的试点纳税人,应向主管国税机关办理增值税一般纳税人资格登记手续。

试点纳税人试点实施前的应税行为年应税销售额按以下公式换算:

$$应税行为年应税销售额 = 连续不超过 12 个月应税行为营业额合计 \div (1 + 3\%)$$

按照现行营业税规定差额征收营业税的试点纳税人,其应税行为营业额按未扣除之前的营业额计算。

试点实施前,试点纳税人偶然发生的转让不动产的营业额,不计入应税行为年应税销售额。

(2) 试点实施前已取得增值税一般纳税人资格并兼有应税行为的试点纳税人,不需要重新办理增值税一般纳税人资格登记手续,由主管国税机关制作、送达《税务事项通知书》,并告知纳税人。

(3) 试点实施前应税行为年应税销售额未超过 500 万元的试点纳税人,会计核算健全,能够提供准确税务资料的,也可以向主管国税机关办理增值税一般纳税人资格登记。

(4) 试点实施后,符合条件的试点纳税人应当按照《增值税一般纳税人资格认定管理办法》(国家税务总局令第 22 号)、《国家税务总局关于调整增值税一般纳税人管理有

关事项的公告》(国家税务总局公告 2015 年第 18 号)及相关规定,办理增值税一般纳税人资格登记。按照"营改增"有关规定,应税行为有扣除项目的试点纳税人,其应税行为年应税销售额按未扣除之前的销售额计算。

增值税小规模纳税人偶然发生的转让不动产的销售额,不计入应税行为年应税销售额。

(5)试点纳税人兼有销售货物、提供加工修理修配劳务和应税行为的,应税货物及劳务销售额与应税行为销售额应分别计算,分别适用增值税一般纳税人资格登记标准。

兼有销售货物、提供加工修理修配劳务和应税行为,年应税销售额超过财政部、国家税务总局规定的标准且不经常发生销售货物、提供加工修理修配劳务和应税行为的单位和个体工商户可选择按照小规模纳税人纳税。

二、营业税改征增值税小规模纳税人和一般纳税人的征税管理

(1)小规模纳税人实行简易征税办法,不能自行领购和使用增值税专用发票,也不得抵扣进项税额。小规模纳税人销售服务、无形资产或者不动产,购买方索取增值税专用发票的,该小规模纳税人可以向主管税务机关申请代开增值税专用发票(代开的专用发票的税率一般为 3%)。

(2)纳税人发生应税行为,应当向索取增值税专用发票的购买方开具增值税专用发票,并在增值税专用发票上分别注明销售额和销项税额。属于下列情形之一的,不得开具增值税专用发票:向消费者个人销售服务、无形资产或者不动产;适用免征增值税规定的应税行为。

(3)一般纳税人资格登记的所在地和权限。纳税人应当向其机构所在地主管税务机关申请一般纳税人资格登记。

(4)纳税辅导期管理。

① 营业税改征增值税的试点一般纳税人不实行纳税辅导期管理。

② 试点纳税人在办理增值税一般纳税人资格登记后,发生增值税偷税、骗取出口退税和虚开增值税扣税凭证等行为的,主管国税机关可以对其实行 6 个月的纳税辅导期管理。

(5)一般纳税人辅导期管理规定。

① 辅导期纳税人取得的专用发票抵扣联、海关进口增值税专用缴款书应当在交叉稽核比对无误后,方可抵扣进项税额。

② 对辅导期纳税人实行限量限额发售专用发票。每次发售专用发票数量不得超过 25 份。

(6)符合一般纳税人条件的纳税人应当向主管税务机关办理一般纳税人资格登记,应当办理一般纳税人资格登记而未办理的,或者虽登记为一般纳税人,但会计核算不健全或者不能够提供准确税务资料的,应按销售额依照增值税税率计算应纳税额,不得抵扣进项税额,也不得使用增值税专用发票。除国家税务总局另有规定外,一经登记为一般纳税人后,不得转为小规模纳税人。

任务3　营业税改征增值税征税范围的确定

一、营业税改征增值税征税范围的一般规定

凡在我国境内销售服务、无形资产、不动产,都属于营业税改征增值税的征税范围。

销售服务、无形资产或者不动产,是指有偿提供服务、有偿转让无形资产或者不动产,但属于下列非经营活动的情形除外:

① 行政单位收取的同时满足以下条件的政府性基金或者行政事业性收费:由国务院或者财政部批准设立的政府性基金,由国务院或者省级人民政府及其财政、价格主管部门批准设立的行政事业性收费;收取时开具省级以上(含省级)财政部门监(印)制的财政票据;所收款项全额上缴财政。

② 单位或者个体工商户聘用的员工为本单位或者雇主提供取得工资的服务。

③ 单位或者个体工商户为聘用的员工提供服务。

④ 财政部和国家税务总局规定的其他情形。

有偿,是指取得货币、货物或者其他经济利益。

在境内销售服务、无形资产或者不动产,是指:

① 服务(租赁不动产除外)或者无形资产(自然资源使用权除外)的销售方或者购买方在境内。

② 所销售或者租赁的不动产在境内。

③ 所销售自然资源使用权的自然资源在境内。

④ 财政部和国家税务总局规定的其他情形。

下列情形不属于在境内销售服务或者无形资产:

① 境外单位或者个人向境内单位或者个人销售完全在境外发生的服务。

② 境外单位或者个人向境内单位或者个人销售完全在境外使用的无形资产。

③ 境外单位或者个人向境内单位或者个人出租完全在境外使用的有形动产。

④ 境外单位或者个人为出境的函件、包裹在境外提供的邮政服务、收派服务。

⑤ 境外单位或者个人向境内单位或者个人提供的工程施工地点在境外的建筑服务、工程监理服务。

⑥ 境外单位或者个人向境内单位或者个人提供的工程、矿产资源在境外的工程勘察勘探服务。

⑦ 境外单位或者个人向境内单位或者个人提供的会议展览地点在境外的会议展览服务。

⑧ 财政部和国家税务总局规定的其他情形。

二、营业税改征增值税征税范围的具体规定

1. 销售服务

销售服务是指提供交通运输服务、邮政服务、电信服务、建筑服务、金融服务、现代

服务、生活服务。

1）交通运输服务

交通运输服务是指利用运输工具将货物或者旅客送达目的地，使其空间位置得到转移的业务活动。包括陆路运输服务、水路运输服务、航空运输服务和管道运输服务。

（1）陆路运输服务。

陆路运输服务是指通过陆路（地上或者地下）运送货物或者旅客的运输业务活动，包括铁路运输服务和其他陆路运输服务。

出租车公司向使用本公司自有出租车的出租车司机收取的管理费用，按照陆路运输服务缴纳增值税。

知识释疑 3-1

出租汽车业务中，出租汽车连带配司机的，如何缴纳增值税？

（2）水路运输服务。

水路运输服务是指通过江、河、湖、川等天然、人工水道或者海洋航道运送货物或者旅客的运输业务活动。

水路运输的程租、期租业务属于水路运输服务。

程租业务是指运输企业为租船人完成某一特定航次的运输任务并收取租赁费的业务。

期租业务是指运输企业将配备有操作人员的船舶承租给他人使用一定期限，承租期内听候承租方调遣，不论是否经营，均按天向承租方收取租赁费，发生的固定费用均由船东负担的业务。

（3）航空运输服务。

航空运输服务是指通过空中航线运送货物或者旅客的运输业务活动。

航空运输的湿租业务属于航空运输服务。

湿租业务是指航空运输企业将配备有机组人员的飞机承租给他人使用一定期限，承租期内听候承租方调遣，不论是否经营，均按一定标准向承租方收取租赁费，发生的固定费用均由承租方承担的业务。

航天运输服务按照航空运输服务缴纳增值税。

航天运输服务是指利用火箭等载体将卫星、空间探测器等空间飞行器发射到空间轨道的业务活动。

（4）管道运输服务。

管道运输服务是指通过管道设施输送气体、液体、固体物质的运输业务活动。

2）邮政服务

邮政服务是指中国邮政集团公司及其所属邮政企业提供邮件寄递、邮政汇兑和机要通信等邮政基本服务的业务活动，包括邮政普遍服务、邮政特殊服务和其他邮政服务。

（1）邮政普遍服务。

邮政普遍服务是指函件、包裹等邮件寄递，以及邮票发行、报刊发行和邮政汇兑等业务活动。

（2）邮政特殊服务。

邮政特殊服务是指义务兵平常信函、机要通信、盲人读物和革命烈士遗物的寄递等业务活动。

（3）其他邮政服务。

其他邮政服务是指邮册等邮品销售、邮政代理等业务活动。

3）电信服务

电信服务是指利用有线、无线的电磁系统或者光电系统等各种通信网络资源，提供语音通话服务，传送、发射、接收或者应用图像、短信等电子数据和信息的业务活动，包括基础电信服务和增值电信服务。

（1）基础电信服务。

基础电信服务是指利用固网、移动网、卫星、互联网，提供语音通话服务的业务活动，以及出租或者出售带宽、波长等网络元素的业务活动。

（2）增值电信服务。

增值电信服务是指利用固网、移动网、卫星、互联网、有线电视网络，提供短信和彩信服务、电子数据和信息的传输及应用服务、互联网接入服务等业务活动。

卫星电视信号落地转接服务，按照增值电信服务缴纳增值税。

4）建筑服务

建筑服务是指各类建筑物、构筑物及其附属设施的建造、修缮、装饰，线路、管道、设备、设施等的安装以及其他工程作业的业务活动，包括工程服务、安装服务、修缮服务、装饰服务和其他建筑服务。物业服务企业为业主提供的装修服务，按照"建筑服务"缴纳增值税。纳税人将建筑施工设备出租给他人使用并配备操作人员的，按照"建筑服务"缴纳增值税。

（1）工程服务。

工程服务是指新建、改建各种建筑物、构筑物的工程作业，包括与建筑物相连的各种设备或者支柱、操作平台的安装或者装设工程作业，以及各种窑炉和金属结构工程作业。

（2）安装服务。

安装服务是指生产设备、动力设备、起重设备、运输设备、传动设备、医疗实验设备以及其他各种设备、设施的装配、安置工程作业，包括与被安装设备相连的工作台、梯子、栏杆的装设工程作业，以及被安装设备的绝缘、防腐、保温、油漆等工程作业。

（3）修缮服务。

修缮服务是指对建筑物、构筑物进行修补、加固、养护、改善，使之恢复原来的使用价值或者延长其使用期限的工程作业。

（4）装饰服务。

装饰服务是指对建筑物、构筑物进行修饰装修，使之美观或者具有特定用途的工程作业。

（5）其他建筑服务。

其他建筑服务是指上述工程作业之外的各种工程作业服务。

5）金融服务

金融服务是指经营金融保险的业务活动，包括贷款服务、直接收费金融服务、保险服务和金融商品转让。

（1）贷款服务。

贷款是指将资金贷与他人使用而取得利息收入的业务活动。

各种占用、拆借资金取得的收入，包括金融商品持有期间（含到期）利息（保本收益、报酬、资金占用费、补偿金等）收入、信用卡透支利息收入、买入返售金融商品利息收入、融资融券收取的利息收入，以及融资性售后回租、押汇、罚息、票据贴现、转贷等业务取得的利息及利息性质的收入，按照贷款服务缴纳增值税。

融资性售后回租是指承租方以融资为目的，将资产出售给从事融资性售后回租业务的企业后，从事融资性售后回租业务的企业将该资产出租给承租方的业务活动。

以货币资金投资收取的固定利润或者保底利润，按照贷款服务缴纳增值税。

（2）直接收费金融服务。

直接收费金融服务是指为货币资金融通及其他金融业务提供相关服务并且收取费用的业务活动，包括提供货币兑换、账户管理、电子银行、信用卡、信用证、财务担保、资产管理、信托管理、基金管理、金融交易场所（平台）管理、资金结算、资金清算、金融支付等服务。

（3）保险服务。

保险服务是指投保人根据合同约定，向保险人支付保险费，保险人对于合同约定的可能发生的事故因其发生所造成的财产损失承担赔偿保险金责任，或者当被保险人死亡、伤残、疾病或者达到合同约定的年龄、期限等条件时承担给付保险金责任的商业保险行为，包括人身保险服务和财产保险服务。

（4）金融商品转让。

金融商品转让是指转让外汇、有价证券、非货物期货和其他金融商品所有权的业务活动。

其他金融商品转让包括基金、信托、理财产品等各类资产管理产品和各种金融衍生品的转让。

6）现代服务

现代服务是指围绕制造业、文化产业、现代物流产业等提供技术性、知识性服务的业务活动，包括研发和技术服务、信息技术服务、文化创意服务、物流辅助服务、租赁服务、鉴证咨询服务、广播影视服务、商务辅助服务和其他现代服务。

（1）研发和技术服务。

研发和技术服务，包括研发服务、合同能源管理服务、工程勘察勘探服务、专业技术服务。

（2）信息技术服务。

信息技术服务是指利用计算机、通信网络等技术对信息进行生产、收集、处理、加工、存储、运输、检索和利用，并提供信息服务的业务活动，包括软件服务、电路设计及测试服务、信息系统服务、业务流程管理服务和信息系统增值服务。

（3）文化创意服务。

文化创意服务包括设计服务、知识产权服务、广告服务和会议展览服务。宾馆、旅馆、旅社、度假村和其他经营性住宿场所提供会议场地及配套服务的活动,按照"会议展览服务"缴纳增值税。

（4）物流辅助服务。

物流辅助服务包括航空服务、港口码头服务、货运客运场站服务、打捞救助服务、装卸搬运服务、仓储服务和收派服务。

（5）租赁服务。

租赁服务包括融资租赁服务和经营租赁服务。

水路运输的光租业务、航空运输的干租业务,其属于经营租赁。

光租业务是指运输企业将船舶在约定的时间内出租给他人使用,不配备操作人员,不承担运输过程中发生的各项费用,只收取固定租赁费的业务活动。

干租业务是指航空运输企业将飞机在约定的时间内出租给他人使用,不配备机组人员,不承担运输过程中发生的各项费用,只收取固定租赁费的业务活动。

实务释疑 3-1

我公司是一家物业公司,收取的停车费和电梯里面的广告位出租费应按什么征税?

（6）鉴证咨询服务。

鉴证咨询服务包括认证服务、鉴证服务和咨询服务。

（7）广播影视服务。

广播影视服务包括广播影视节目（作品）的制作服务、发行服务和播映（含放映,下同）服务。

（8）商务辅助服务。

商务辅助服务包括企业管理服务、经纪代理服务、人力资源服务、安全保护服务。纳税人提供武装守护押运服务,按照"安全保护服务"缴纳增值税。

（9）其他现代服务。

其他现代服务是指除研发和技术服务、信息技术服务、文化创意服务、物流辅助服务、租赁服务、鉴证咨询服务、广播影视服务和商务辅助服务以外的现代服务。

7）生活服务

生活服务是指为满足城乡居民日常生活需求提供的各类服务活动,包括文化体育服务、教育医疗服务、旅游娱乐服务、餐饮住宿服务、居民日常服务和其他生活服务。

（1）文化体育服务。文化体育服务包括文化服务和体育服务。纳税人在游览场所经营索道、摆渡车、电瓶车、游船等取得的收入,按照"文化体育服务"缴纳增值税。

（2）教育医疗服务。教育医疗服务包括教育服务和医疗服务。

（3）旅游娱乐服务。旅游娱乐服务包括旅游服务和娱乐服务。

（4）餐饮住宿服务。餐饮住宿服务包括餐饮服务和住宿服务。

（5）居民日常服务。居民日常服务是指主要为满足居民个人及其家庭日常生活需求提供的服务,包括市容市政管理、家政、婚庆、养老、殡葬、照料和护理、救助救济、美容美发、按摩、桑拿、氧吧、足疗、沐浴、洗染、摄影扩印等服务。

(6)其他生活服务。其他生活服务是指除文化体育服务、教育医疗服务、旅游娱乐服务、餐饮住宿服务和居民日常服务之外的生活服务。

2. 销售无形资产

销售无形资产是指转让无形资产所有权或者使用权的业务活动。无形资产是指不具实物形态,但能带来经济利益的资产,包括技术、商标、著作权、商誉、自然资源使用权和其他权益性无形资产。

技术包括专利技术和非专利技术。

自然资源使用权包括土地使用权、海域使用权、探矿权、采矿权、取水权和其他自然资源使用权。

其他权益性无形资产包括基础设施资产经营权、公共事业特许权、配额、经营权(包括特许经营权、连锁经营权、其他经营权)、经销权、分销权、代理权、会员权、席位权、网络游戏虚拟道具、域名、名称权、肖像权、冠名权、转会费等。

3. 销售不动产

销售不动产是指转让不动产所有权的业务活动。不动产是指不能移动或者移动后会引起性质、形状改变的财产,包括建筑物、构筑物等。

建筑物包括住宅、商业营业用房、办公楼等可供居住、工作或者进行其他活动的建造物。

构筑物包括道路、桥梁、隧道、水坝等建造物。

转让建筑物有限产权或者永久使用权的,转让在建的建筑物或者构筑物所有权的,以及在转让建筑物或者构筑物时一并转让其所占土地的使用权的,按照销售不动产缴纳增值税。

个人转让住房,在 2016 年 4 月 30 日前已签订转让合同,2016 年 5 月 1 日以后办理产权变更事项的,应缴纳增值税,不缴纳营业税。

三、属于营业税改征增值税征税范围的特殊行为

1. 视同销售服务、无形资产或者不动产行为

下列情形视同销售服务、无形资产或者不动产:

(1)单位或者个体工商户向其他单位或者个人无偿提供服务,但用于公益事业或者以社会公众为对象的除外。

(2)单位或者个人向其他单位或者个人无偿转让无形资产或者不动产,但用于公益事业或者以社会公众为对象的除外。

(3)财政部和国家税务总局规定的其他情形。

2. 混合销售行为(详见任务 6)

3. 兼营行为(详见任务 6)

4. 兼营减免税项目(详见任务 6)

(四)不征收增值税项目

(1)根据国家指令无偿提供的铁路运输服务、航空运输服务,属于《试点实施办法》

第十四条规定的用于公益事业的服务。

（2）存款利息。

（3）被保险人获得的保险赔付。

（4）房地产主管部门或者其指定机构、公积金管理中心、开发企业以及物业管理单位代收的住宅专项维修资金。

（5）在资产重组过程中，通过合并、分立、出售、置换等方式，将全部或者部分实物资产以及与其相关联的债权、负债和劳动力一并转让给其他单位和个人，其中涉及的不动产、土地使用权转让行为。

任务 4 营业税改征增值税税率和征收率的判定

一、营业税改征增值税的基本税率

（一）税率

（1）提供增值电信服务、金融服务、现代服务和生活服务，销售土地使用权以外的无形资产，税率为 6%。

（2）提供交通运输、邮政、基础电信、建筑、不动产租赁服务，销售不动产，转让土地使用权，税率为 11%。

（3）提供有形动产租赁服务，税率为 17%。

（4）境内单位和个人发生的跨境应税行为，税率为零。

境内的购买方为境外单位和个人扣缴增值税的，按照适用税率扣缴增值税。

二、营业税改征增值税的零税率

中华人民共和国境内（以下称境内）的单位和个人销售的下列服务或者无形资产，适用增值税零税率。

1. 国际运输服务

国际运输服务是指：

（1）在境内载运旅客或者货物出境。

（2）在境外载运旅客或者货物入境。

（3）在境外载运旅客或者货物。

知识释疑 3-2

按照国家有关规定应取得相关资质的国际运输服务项目，而未取得的，能否适用增值税零税率政策？

2. 航天运输服务

3. 向境外单位提供的完全在境外消费的服务

（1）研发服务。

（2）合同能源管理服务。

（3）设计服务。

（4）广播影视节目（作品）的制作和发行服务。

（5）软件服务。

（6）电路设计及测试服务。

（7）信息系统服务。

（8）业务流程管理服务。

（9）离岸服务外包业务。

离岸服务外包业务包括信息技术外包服务（ITO）、技术性业务流程外包服务（BPO）、技术性知识流程外包服务（KPO），其所涉及的具体业务活动，按照《销售服务、无形资产、不动产注释》相对应的业务活动执行。

（10）转让技术。

完全在境外消费是指：服务的实际接受方在境外，且与境内的货物和不动产无关；无形资产完全在境外使用，且与境内的货物和不动产无关；财政部和国家税务总局规定的其他情形。

4. 财政部和国家税务总局规定的其他服务

三、营业税改征增值税的征收率

增值税征收率适用于小规模纳税人以及一般纳税人适用简易计税方法的特定项目。财政部和国家税务总局另有规定的除外。增值税征收率一般为 3%。一些特殊项目适用于减按 2% 的征收率执行。全面"营改增"后的与不动产有关的特殊项目适用 5% 的征收率；一些特殊项目适用于 1.5% 的征收率执行。

任务5 营业税改征增值税优惠政策的运用

一、营业税改征增值税过渡期间免税政策

下列项目免征增值税：

（1）托儿所、幼儿园提供的保育和教育服务。

（2）养老机构提供的养老服务。

（3）残疾人福利机构提供的育养服务。

（4）婚姻介绍服务。

（5）殡葬服务。

（6）残疾人员本人为社会提供的服务。

（7）医疗机构提供的医疗服务。

（8）从事学历教育的学校提供的教育服务。

（9）学生勤工俭学提供的服务。

（10）农业机耕、排灌、病虫害防治、植物保护、农牧保险以及相关技术培训业务,家禽、牲畜、水生动物的配种和疾病防治。

（11）纪念馆、博物馆、文化馆、文物保护单位管理机构、美术馆、展览馆、书画院、图书馆在自己的场所提供文化体育服务取得的第一道门票收入。

（12）寺院、宫观、清真寺和教堂举办文化、宗教活动的门票收入。

（13）行政单位之外的其他单位收取的符合《试点实施办法》第十条规定条件的政府性基金和行政事业性收费。

（14）个人转让著作权。

（15）个人销售自建自用住房。

（16）2018年12月31日前,公共租赁住房经营管理单位出租公共租赁住房。

（17）台湾航运公司、航空公司从事海峡两岸海上直航、空中直航业务在大陆取得的运输收入。

（18）纳税人提供的直接或者间接国际货物运输代理服务。

（19）符合条件的利息收入。

（20）被撤销金融机构以货物、不动产、无形资产、有价证券、票据等财产清偿债务。

（21）保险公司开办的一年期以上人身保险产品取得的保费收入。

（22）符合条件的金融商品转让收入。

（23）金融同业往来利息收入。

（24）符合条件的担保机构从事中小企业信用担保或者再担保业务取得的收入（不含信用评级、咨询、培训等收入）3年内免征增值税。

（25）国家商品储备管理单位及其直属企业承担商品储备任务,从中央或者地方财政取得的利息补贴收入和价差补贴收入。

（26）纳税人提供技术转让、技术开发和与之相关的技术咨询、技术服务。

（27）符合条件的合同能源管理服务。

（28）2017年12月31日前,科普单位的门票收入,以及县级及以上党政部门和科协开展科普活动的门票收入。

（29）政府举办的从事学历教育的高等、中等和初等学校（不含下属单位）,举办进修班、培训班取得的全部归该学校所有的收入。

（30）政府举办的职业学校设立的主要为在校学生提供实习场所,并由学校出资自办、由学校负责经营管理、经营收入归学校所有的企业,从事《销售服务、无形资产或者不动产注释》中"现代服务"（不含融资租赁服务、广告服务和其他现代服务）、"生活服务"（不含文化体育服务、其他生活服务和桑拿、氧吧）业务活动取得的收入。

（31）家政服务企业由员工制家政服务员提供家政服务取得的收入。

（32）福利彩票、体育彩票的发行收入。

（33）军队空余房产租赁收入。

（34）为了配合国家住房制度改革,企业、行政事业单位按房改成本价、标准价出售住房取得的收入。

（35）将土地使用权转让给农业生产者用于农业生产。

（36）涉及家庭财产分割的个人无偿转让不动产、土地使用权。

（37）土地所有者出让土地使用权和土地使用者将土地使用权归还给土地所有者。

（38）县级以上地方人民政府或自然资源行政主管部门出让、转让或收回自然资源使用权（不含土地使用权）。

（39）随军家属就业。

（40）军队转业干部就业。

二、营业税改征增值税过渡期间即征即退政策

（1）一般纳税人提供管道运输服务，对其增值税实际税负超过 3% 的部分实行增值税即征即退政策。

（2）经人民银行、银监会或者商务部批准从事融资租赁业务的试点纳税人中的一般纳税人，提供有形动产融资租赁服务和有形动产融资性售后回租服务，对其增值税实际税负超过 3% 的部分实行增值税即征即退政策。商务部授权的省级商务主管部门和国家经济技术开发区批准的从事融资租赁业务和融资性售后回租业务的试点纳税人中的一般纳税人，2016 年 5 月 1 日后实收资本达到 1.7 亿元的，从达到标准的当月起按照上述规定执行；2016 年 5 月 1 日后实收资本未达到 1.7 亿元，但注册资本达到 1.7 亿元的，在 2016 年 7 月 31 日前仍可按照上述规定执行，2016 年 8 月 1 日后开展的有形动产融资租赁业务和有形动产融资性售后回租业务不得按照上述规定执行。

（3）本规定所称增值税实际税负，是指纳税人当期提供应税服务实际缴纳的增值税额占纳税人当期提供应税服务取得的全部价款和价外费用的比例。

三、营业税改征增值税优惠承继政策

本地区试点实施之日前，如果试点纳税人已经按照有关政策规定享受了营业税税收优惠，在剩余税收优惠政策期限内，可以按照《试点实施办法》继续享受有关增值税优惠。

四、营业税改征增值税试点前发生业务的处理

（1）试点纳税人发生应税行为，按照国家有关营业税政策规定差额征收营业税的，因取得的全部价款和价外费用不足以抵减允许扣除项目金额，截至纳入"营改增"试点之日前尚未扣除的部分，不得在计算试点纳税人增值税应税销售额时抵减，应当向原主管地税机关申请退还营业税。

（2）试点纳税人发生应税行为，在纳入"营改增"试点之日前已缴纳营业税，"营改增"试点后因发生退款减除营业额的，应当向原主管地税机关申请退还已缴纳的营业税。

（3）试点纳税人纳入"营改增"试点之日前发生的应税行为，因税收检查等原因需要补缴税款的，应按照营业税政策规定补缴营业税。

五、营业税改征增值税零税率政策

具体详见本项目任务 8 营业税改征增值税出口退（免）税的计算。

六、营业税改征增值税境外服务或者无形资产免税政策

境内的单位和个人销售的下列服务或者无形资产免征增值税,但财政部和国家税务总局规定适用零税率的除外。

（1）这些服务包括:

① 工程项目在境外的建筑服务。

② 工程项目在境外的工程监理服务。

③ 工程、矿产资源在境外的工程勘察勘探服务。

④ 会议展览地点在境外的会议展览服务。

⑤ 存储地点在境外的仓储服务。

⑥ 标的物在境外使用的有形动产租赁服务。

⑦ 在境外提供的广播影视节目(作品)的播映服务。

⑧ 在境外提供的文化体育服务、教育医疗服务、旅游服务。

（2）为出口货物提供的邮政服务、收派服务、保险服务。包括出口货物保险和出口信用保险。

（3）向境外单位提供的完全在境外消费的下列服务或者无形资产:

① 电信服务。

② 知识产权服务。

③ 物流辅助服务(仓储服务、收派服务除外)。

④ 鉴证咨询服务。

⑤ 专业技术服务。

⑥ 商务辅助服务。

⑦ 广告投放地在境外的广告服务。

⑧ 无形资产。

（4）以无运输工具承运方式提供的国际运输服务。

（5）为境外单位之间的货币资金融通及其他金融业务提供的直接收费金融服务,且该服务与境内的货物、无形资产和不动产无关。

（6）财政部和国家税务总局规定的其他服务。

七、营业税改征增值税税额抵减

试点增值税纳税人在制度转换以后,初次购买增值税税控系统专用设备(包括分开票机)所支付的费用,可凭购买增值税税控系统专用设备取得的增值税专用发票,在增值税应纳税额中全额抵减(抵减额为价税合计额),不足抵减的可结转下期继续抵减。非初次购买所支付的费用由纳税人自行负担。

增值税纳税人在制度转换以后,缴纳的技术维护费(不含补缴的转换日以前的技术维护费),可凭技术维护服务单位开具的技术维护费发票,在增值税应纳税额中全额抵减,不足抵减的可结转下期继续抵减。技术维护费按照价格主管部门核定的标准执行。

增值税一般纳税人支付的两项费用在增值税应纳税额中全额抵减的,其增值税专

用发票不作为增值税抵扣凭证,其进项税额不得从销项税额中抵扣。

八、选择或者放弃税收减免的规定

纳税人发生应税行为适用免税、减税规定的,可以放弃免税、减税,依照税法规定缴纳增值税。放弃免税、减税后,36 个月内不得再申请免税、减税。纳税人发生应税行为同时适用免税和零税率规定的,纳税人可以选择适用免税或者零税率。〔注:比如,对于出口设计服务(服务外包)可以适用增值税零税率,但同时也可以继续免征增值税(原免征营业税的延续)。在这种情况下,允许纳税人优先选择适用零税率,这部分纳税人可以适用出口退税政策〕。

九、个人将住房对外销售优惠政策

个人将购买不足 2 年的住房对外销售的,按照 5% 的征收率全额缴纳增值税;个人将购买 2 年以上(含 2 年)的住房对外销售的,免征增值税。上述政策适用于北京市、上海市、广州市和深圳市之外的地区。

个人将购买不足 2 年的住房对外销售的,按照 5% 的征收率全额缴纳增值税;个人将购买 2 年以上(含 2 年)的非普通住房对外销售的,以销售收入减去购买住房价款后的差额按照 5% 的征收率缴纳增值税;个人将购买 2 年以上(含 2 年)的普通住房对外销售的,免征增值税。上述政策仅适用于北京市、上海市、广州市和深圳市。

十、营业税改征增值税的起征点

个人发生应税行为的销售额未达到增值税起征点的,免征增值税;达到起征点的,全额计算缴纳增值税。增值税起征点不适用于登记为一般纳税人的个体工商户。

增值税起征点幅度如下:

按期纳税的,为月应税销售额 5 000～20 000 元(含本数)。

按次纳税的,为每次(日)销售额 300～500 元(含本数)。

起征点的调整由财政部和国家税务总局规定。省、自治区、直辖市财政厅(局)和国家税务局应当在规定的幅度内,根据实际情况确定本地区适用的起征点,并报财政部和国家税务总局备案。

十一、小微企业暂免征收增值税的优惠政策

对增值税小规模纳税人中月销售额未达到 2 万元(按季纳税 6 万元)的企业或非企业性单位,免征增值税。2017 年 12 月 31 日前,对月销售额 2 万元(含本数)至 3 万元〔按季纳税 6 万元(含本数)至 9 万元〕的增值税小规模纳税人,免征增值税。

适用增值税差额征收政策的增值税小规模纳税人,以差额前的销售额确定是否可以享受 3 万元(按季纳税 9 万元)以下免征增值税政策。

增值税小规模纳税人应分别核算销售货物,提供加工、修理修配劳务的销售额和销售服务、无形资产的销售额。增值税小规模纳税人销售货物,提供加工、修理修配劳务月销售额不超过 3 万元(按季纳税 9 万元),销售服务、无形资产月销售额不超过 3 万元

(按季纳税 9 万元)的,自 2016 年 5 月 1 日起至 2017 年 12 月 31 日,可分别享受小微企业暂免征收增值税优惠政策。

按季纳税申报的增值税小规模纳税人,实际经营期不足一个季度的,以实际经营月份计算当期可享受小微企业免征增值税政策的销售额度。

其他个人采取预收款形式出租不动产,取得的预收租金收入,可在预收款对应的租赁期内平均分摊,分摊后的月租金收入不超过 3 万元的,可享受小微企业免征增值税优惠政策。

十二、营业税改征增值税发票的使用和管理

(一) 关于增值税发票使用问题

(1) 增值税一般纳税人销售货物、提供加工修理修配劳务和应税行为,使用增值税发票管理新系统(以下简称新系统)开具增值税专用发票、增值税普通发票、机动车销售统一发票、增值税电子普通发票。

(2) 增值税小规模纳税人销售货物、提供加工修理修配劳务月销售额超过 3 万元(按季纳税 9 万元),或者销售服务、无形资产月销售额超过 3 万元(按季纳税 9 万元)的,使用新系统开具增值税普通发票、机动车销售统一发票、增值税电子普通发票。

(3) 增值税普通发票(卷式)启用前,纳税人可通过新系统使用国税机关发放的现有卷式发票。

(4) 门票、过路(过桥)费发票、定额发票、客运发票和二手车销售统一发票继续使用。

(5) 采取汇总纳税的金融机构,省、自治区所辖地市以下分支机构可以使用地市级机构统一领取的增值税专用发票、增值税普通发票、增值税电子普通发票;直辖市、计划单列市所辖区县及以下分支机构可以使用直辖市、计划单列市机构统一领取的增值税专用发票、增值税普通发票、增值税电子普通发票。

(6) 国税机关、地税机关使用新系统代开增值税专用发票和增值税普通发票。代开增值税专用发票使用六联票,代开增值税普通发票使用五联票。

(7) 自 2016 年 5 月 1 日起,地税机关不再向试点纳税人发放发票。试点纳税人已领取地税机关印制的发票以及印有本单位名称的发票,可继续使用至 2016 年 6 月 30 日,特殊情况经省国税局确定,可适当延长使用期限,最迟不超过 2016 年 8 月 31 日。

纳税人在地税机关已申报营业税未开具发票,2016 年 5 月 1 日以后需要补开发票的,可于 2016 年 12 月 31 日前开具增值税普通发票(税务总局另有规定的除外)。

(二) 增值税发票开具

(1) 税务总局编写了《商品和服务税收分类与编码(试行)》(以下简称编码,见附件),并在新系统中增加了编码相关功能。自 2016 年 5 月 1 日起,纳入新系统推行范围的试点纳税人及新办增值税纳税人,应使用新系统选择相应的编码开具增值税发票。北京市、上海市、江苏省和广东省已使用编码的纳税人,应于 5 月 1 日前完成开票软件升级。5 月 1 日前已使用新系统的纳税人,应于 8 月 1 日前完成开票软件升级。

(2) 按照现行政策规定适用差额征税办法缴纳增值税,且不得全额开具增值税发票的(财政部、税务总局另有规定的除外),纳税人自行开具或者税务机关代开增值税发

票时,通过新系统中差额征税开票功能,录入含税销售额(或含税评估额)和扣除额,系统自动计算税额和不含税金额,备注栏自动打印"差额征税"字样,发票开具不应与其他应税行为混开。

(3)提供建筑服务,纳税人自行开具或者税务机关代开增值税发票时,应在发票的备注栏注明建筑服务发生地县(市、区)名称及项目名称。

(4)销售不动产,纳税人自行开具或者税务机关代开增值税发票时,应在发票"货物或应税劳务、服务名称"栏填写不动产名称及房屋产权证书号码(无房屋产权证书的可不填写),"单位"栏填写面积单位,备注栏注明不动产的详细地址。

(5)出租不动产,纳税人自行开具或者税务机关代开增值税发票时,应在备注栏注明不动产的详细地址。

(6)个人出租住房适用优惠政策减按 1.5% 征收,纳税人自行开具或者税务机关代开增值税发票时,通过新系统中征收率减按 1.5% 征收开票功能,录入含税销售额,系统自动计算税额和不含税金额,发票开具不应与其他应税行为混开。

(7)税务机关代开增值税发票时,"销售方开户行及账号"栏填写税收完税凭证字轨及号码或系统税票号码(免税代开增值税普通发票可不填写)。

(8)国税机关为跨县(市、区)提供不动产经营租赁服务、建筑服务的小规模纳税人(不包括其他个人),代开增值税发票时,在发票备注栏中自动打印"YD"字样。

(三)扩大取消增值税发票认证的纳税人范围

(1)纳税信用 B 级增值税一般纳税人取得销售方使用新系统开具的增值税发票(包括增值税专用发票、机动车销售统一发票,下同),可以不再进行扫描认证,登录本省增值税发票查询平台,查询、选择用于申报抵扣或者出口退税的增值税发票信息,未查询到对应发票信息的,仍可进行扫描认证。①

(2)2016 年 5 月 1 日新纳入"营改增"试点的增值税一般纳税人,2016 年 5 月至 2016 年 7 月期间不需进行增值税发票认证,登录本省增值税发票查询平台,查询、选择用于申报抵扣或者出口退税的增值税发票信息,未查询到对应发票信息的,可进行扫描认证。从 2016 年 8 月起按照纳税信用级别分别适用发票认证的有关规定。

任务6　营业税改征增值税一般计税
方法下应纳税额的计算

增值税的计税方法,包括一般计税方法和简易计税方法。一般计税方法适用于增值税一般纳税人。

---

① 自 2016 年 3 月 1 日起,纳税信用 A 级纳税人取得销售方使用增值税发票系统升级版开具的增值税发票,可以不再进行扫描认证,通过增值税发票税控开票软件登录本省增值税发票查询平台,查询、选择用于申报抵扣或者出口退税的增值税发票信息。2016 年 5 月 1 日"营改增"试点全面推开后,取消增值税发票认证的纳税人范围进一步扩大,由纳税信用 A 级扩大到 B 级。

一般计税方法的应纳税额,是指当期销项税额抵扣当期进项税额后的余额。应纳税额计算公式为:

$$应纳税额 = 当期销项税额 - 当期进项税额$$

当期销项税额小于当期进项税额不足抵扣时,其不足部分可以结转下期继续抵扣。

境外单位或者个人在境内发生应税行为,在境内未设有经营机构的,扣缴义务人按照下列公式计算应扣缴税额:

$$扣缴义务人应扣缴税额 = 购买方支付的价款 \div (1 + 税率) \times 税率$$

一、营业税改征增值税销项税额的计算

销项税额是指纳税人发生应税行为按照销售额和增值税税率计算并收取的增值税额。销项税额计算公式为:

$$销项税额 = 销售额 \times 税率$$

因此,要计算销项税额,关键在于确定销售额。

1. 一般销售方式下的销售额的确定

销售额是指纳税人发生应税行为取得的全部价款和价外费用,财政部和国家税务总局另有规定的除外。

价外费用是指价外收取的各种性质的价外收费,但不包括代为收取的政府性基金或者行政事业性收费、以委托方名义开具发票代委托方收取的款项。

(1)贷款服务,以提供贷款服务取得的全部利息及利息性质的收入为销售额。

(2)直接收费金融服务,以提供直接收费金融服务收取的手续费、佣金、酬金、管理费、服务费、经手费、开户费、过户费、结算费、转托管费等各类费用为销售额。

(3)金融商品转让,按照卖出价扣除买入价后的余额为销售额。

转让金融商品出现的正负差,按盈亏相抵后的余额为销售额。若相抵后出现负差,可结转下一纳税期与下期转让金融商品销售额相抵,但年末时仍出现负差的,不得转入下一个会计年度。

金融商品的买入价,可以选择按照加权平均法或者移动加权平均法进行核算,选择后 36 个月内不得变更。

金融商品转让,不得开具增值税专用发票。

(4)经纪代理服务,以取得的全部价款和价外费用扣除向委托方收取并代为支付的政府性基金或者行政事业性收费后的余额为销售额。向委托方收取的政府性基金或者行政事业性收费,不得开具增值税专用发票。

(5)试点纳税人销售电信服务时,附带赠送用户识别卡、电信终端等货物或者电信服务的,应将其取得的全部价款和价外费用进行分别核算,按各自适用的税率计算缴纳增值税。

(6)融资租赁和融资性售后回租:

经中国人民银行、商务部、银监会批准从事融资租赁业务的试点纳税人提供融资租

赁服务：

①提供融资租赁服务：以取得的全部价款和价外费用,扣除支付的借款利息(包括外汇借款和人民币借款利息)、发行债券利息和车辆购置税后的余额为销售额。

②提供融资性售后回租服务：以取得的全部价款和价外费用(不含本金),扣除对外支付的借款利息(包括外汇借款和人民币借款利息)、发行债券利息后的余额作为销售额。

③试点纳税人根据 2016 年 4 月 30 日前签订的有形动产融资性售后回租合同,在合同到期前提供的有形动产融资性售后回租服务,可继续按照有形动产融资租赁服务缴纳增值税。

a. 以向承租方收取的全部价款和价外费用,扣除向承租方收取的价款本金,以及对外支付的借款利息(包括外汇借款和人民币借款利息)、发行债券利息后的余额为销售额。

b. 提供除融资性售后回租以外的有形动产租赁：

以向承租方收取的全部价款和价外费用,扣除支付的借款利息(包括外汇借款和人民币借款利息)、发行债券利息后的余额为销售额。

(7)航空运输服务：销售额不包括代收的机场建设费和代售其他航空运输企业客票而代收转付的价款。

(8)客运场站服务：销售额为取得的全部价款和价外费用扣除支付给承运方运费后的余额,从承运方取得的增值税专用发票注明的增值税,不得抵扣。

(9)纳税人提供旅游服务

可以选择以取得的全部价款和价外费用,扣除向旅游服务购买方收取并支付给其他单位或者个人的住宿费、餐饮费、交通费、签证费、门票费和支付给其他接团旅游企业的旅游费用后的余额为销售额。

选择上述办法计算销售额的试点纳税人,向旅游服务购买方收取并支付的上述费用,不得开具增值税专用发票,可以开具普通发票。

(10)房地产开发企业中的一般纳税人销售其开发的房地产项目(选择简易计税方法的房地产老项目除外),以取得的全部价款和价外费用,扣除受让土地时向政府部门支付的土地价款后的余额为销售额。

房地产老项目,是指《建筑工程施工许可证》注明的合同开工日期在 2016 年 4 月 30 日前的房地产项目。

(11)纳税人从全部价款和价外费用中扣除价款,应当取得符合法律、行政法规和国家税务总局规定的有效凭证。否则,不得扣除。有效凭证包括：发票、境外签收单据、完税凭证、财政票据、其他。

(12)差额征收销售额的确定,详见本任务"三、一般纳税人差额征收应纳税额的计算"。

2. 价税合并收取情况下销售额的确定

一般计税方法的销售额不包括销项税额,纳税人采用销售额和销项税额合并定价方法的,按照下列公式计算销售额：

$$销售额 = 含税销售额 \div (1 + 税率)$$

3. 需要核定的销售额的确定

纳税人提供应税行为的价格明显偏低或者偏高且不具有合理商业目的的，或者发生视同提供应税行为而无销售额的，主管税务机关有权按照下列顺序确定销售额：

(1) 按照纳税人最近时期销售同类服务、无形资产或者不动产的平均价格确定。

(2) 按照其他纳税人最近时期销售同类服务、无形资产或者不动产的平均价格确定。

(3) 按照组成计税价格确定。组成计税价格的公式为：

$$组成计税价格 = 成本 \times (1 + 成本利润率)$$

成本利润率由国家税务总局确定。

4. 特殊销售方式销售额的确定

(1) 采取折扣方式销售。

纳税人发生应税行为，将价款和折扣额在同一张发票上分别注明的，以折扣后的价款为销售额；未在同一张发票上分别注明的，以价款为销售额，不得扣减折扣额。

(2) 发生应税行为中止、折让或开票有误等情形销售额的确定。

纳税人发生应税行为，开具增值税专用发票后，发生开票有误或者销售折让、中止、退回等情形的，应当按照国家税务总局的规定开具红字增值税专用发票。未按照规定开具红字增值税专用发票的，不得扣减销项税额或者销售额。

5. 特殊销售行为销售额的确定

(1) 混合销售行为。

一项销售行为如果既涉及服务又涉及货物，为混合销售。从事货物的生产、批发或者零售的单位和个体工商户的混合销售行为，按照销售货物缴纳增值税；其他单位和个体工商户的混合销售行为，按照销售服务缴纳增值税。

上述所称从事货物的生产、批发或者零售的单位和个体工商户，包括以从事货物的生产、批发或者零售为主，并兼营销售服务的单位和个体工商户。

(2) 兼营行为。

纳税人兼营销售货物、加工修理修配劳务、服务、无形资产或者不动产，适用不同税率或者征收率的，应当分别核算适用不同税率或者征收率的销售额；未分别核算销售额的，按照以下方法从高适用税率或者征收率：

① 兼有不同税率的销售货物、加工修理修配劳务、服务、无形资产或者不动产，从高适用税率。

② 兼有不同征收率的销售货物、加工修理修配劳务、服务、无形资产或者不动产，从高适用征收率。

③ 兼有不同税率和征收率的销售货物、加工修理修配劳务、服务、无形资产或者不动产，从高适用税率。

工作实例3-1

甲公司为增值税一般纳税人，2017年1月兼营货物销售、运输业务、咨询服务，当期共取得含税销售收入150万元，且未分别核算。

【工作要求】 计算甲公司当期销项税额。

【工作实施】 按照"纳税人兼营销售货物、劳务、服务、无形资产或者不动产,适用不同税率或者征收率的,应当分别核算适用不同税率或者征收率的销售额;未分别核算的,从高适用税率"的规定,从高适用销售货物 17% 的税率,则该公司当期销项税额 = $150 \div (1+17\%) \times 17\% = 21.79$ (万元)。

实务释疑 3-2

我公司是一家物业管理公司,同时有房屋租赁业务,可否开一张租赁发票,再开一张物业服务费发票,以区别不同税率?

(3) 兼营减免税项目。

纳税人兼营免税、减税项目的,应当分别核算免税、减税项目的销售额;未分别核算的,不得免税、减税。

二、营业税改征增值税进项税额的计算

进项税额,是指纳税人购进货物、加工修理修配劳务、服务、无形资产或者不动产,支付或者负担的增值税额。

营业税改征增值税后,即原先缴纳营业税的应税服务改征增值税后,对于纳税人最大的变化就是,取得的发票或合法凭证从原有的不作为增值税扣税凭证变为增值税扣税凭证(即纳入进项税额核算)。同时,现行税法对增值税扣税凭证规定了认证抵扣期限,纳税人应按时合法取得增值税扣税凭证,并在规定的时间内认证抵扣。

1. 准予从销项税额中抵扣的进项税额

(1) 从销售方取得的增值税专用发票(含税控机动车销售统一发票,下同)上注明的增值税额。

(2) 从海关取得的海关进口增值税专用缴款书上注明的增值税额。

(3) 购进农产品,除取得增值税专用发票或者海关进口增值税专用缴款书外,按照农产品收购发票或者销售发票上注明的农产品买价和 13% 的扣除率计算的进项税额。其计算公式为:

$$进项税额 = 买价 \times 扣除率$$

买价是指纳税人购进农产品在农产品收购发票或者销售发票上注明的价款和按照规定缴纳的烟叶税。

购进农产品,按照《农产品增值税进项税额核定扣除试点实施办法》抵扣进项税额的除外。

餐饮行业增值税一般纳税人购进农业生产者自产农产品,可以使用国税机关监制的农产品收购发票,按照现行规定计算抵扣进项税额。

有条件的地区,应积极在餐饮行业推行农产品进项税额核定扣除办法,按照财政部和国家税务总局《关于在部分行业试行农产品增值税进项税额核定扣除办法的通知》(财税〔2012〕38 号)的有关规定计算抵扣进项税额。

(4) 从境外单位或者个人购进服务、无形资产或者不动产,自税务机关或者扣缴义

务人取得的解缴税款的完税凭证上注明的增值税额。

工作实例 3-2

甲建筑企业为增值税一般纳税人,2016 年 10 月取得新项目(适用一般计税方法)的建筑收入 111 万元(含税),当月外购汽油 8 万元,购入运输车辆 15 万元,取得分包建筑方开具的专用发票 50 万元,以上支出均为不含税金额,且按规定取得抵扣凭证。

【工作要求】 计算甲建筑企业 2016 年 10 月的应纳增值税。

【工作实施】 应纳增值税 = $111 \div (1+11\%) \times 11\% - 8 \times 17\% - 15 \times 17\% - 50 \times 11\% = 11 - 1.36 - 2.55 - 5.5 = 1.59$(万元)。

工作实例 3-3

北京甲广告公司为增值税一般纳税人。2017 年 1 月,该公司取得广告制作费 800 万元(含税),支付给山西某媒体的广告发布费为 300 万元(不含税),取得增值税专用发票。此外,当期该广告公司可抵扣的进项税额为 12 万元。

【工作要求】 计算当月甲广告公司的应纳增值税。

【工作实施】 应纳增值税 = $800 \div (1+6\%) \times 6\% - 300 \times 6\% - 12 = 15.28$(万元)。

(二) 不得从销项税额中抵扣的进项税额

(1) 纳税人取得的增值税扣税凭证不符合法律、行政法规或者国家税务总局有关规定的,其进项税额不得从销项税额中扣除。

增值税扣税凭证,是指增值税专用发票、海关进口增值税专用缴款书、农产品收购发票、农产品销售发票和完税凭证。

纳税人凭完税凭证抵扣进项税额的,应当具备书面合同、付款证明和境外单位的对账单或者发票。资料不全的,其进项税额不得从销项税额中抵扣。

(2) 未在规定期限内认证或者申报抵扣的增值税进项税额抵扣凭证。

增值税一般纳税人取得的增值税专用发票(包括:增值税专用发票和机动车销售统一发票)和海关进口增值税专用缴款书,未在规定期限内到税务机关办理认证或者申报抵扣的,不得作为合法的增值税扣税凭证,不得计算进项税额抵扣。

(3) 其他不得从销项税额中抵扣进项税额的情形。

① 用于简易计税方法计税项目、免征增值税项目、集体福利或者个人消费的购进货物、加工修理修配劳务、服务、无形资产和不动产。其中涉及的固定资产、无形资产、不动产,仅指专用于上述项目的固定资产、无形资产(不包括其他权益性无形资产)、不动产。

纳税人的交际应酬消费属于个人消费(业务招待活动中所耗用的各类礼品,包括烟、酒、服装,不得抵扣进项税额)。

实务释疑 3-3

我公司既有简易计税项目,又有一般计税项目,"营改增"后购进不动产既用于简易计税项目,又用于一般计税项目,能否抵扣进项税?

② 非正常损失的购进货物,以及相关的加工修理修配劳务和交通运输服务。

③ 非正常损失的在产品、产成品所耗用的购进货物（不包括固定资产）、加工修理修配劳务和交通运输服务。

④ 非正常损失的不动产，以及该不动产所耗用的购进货物、设计服务和建筑服务。

⑤ 非正常损失的不动产在建工程所耗用的购进货物、设计服务和建筑服务。

纳税人新建、改建、扩建、修缮、装饰不动产，均属于不动产在建工程。

本条第④项、第⑤项所称货物，是指构成不动产实体的材料和设备，包括建筑装饰材料和给排水、采暖、卫生、通风、照明、通讯、煤气、消防、中央空调、电梯、电气、智能化楼宇设备及配套设施。

固定资产，是指使用期限超过 12 个月的机器、机械、运输工具以及其他与生产经营有关的设备、工具、器具等有形动产。

不动产、无形资产的具体范围，按照《销售服务、无形资产或者不动产注释》执行。

非正常损失，是指因管理不善造成货物被盗、丢失、霉烂变质，以及因违反法律法规造成货物或者不动产被依法没收、销毁、拆除的情形。

⑥ 购进的旅客运输服务、贷款服务、餐饮服务、居民日常服务和娱乐服务。

纳税人接受贷款服务向贷款方支付的与该笔贷款直接相关的投融资顾问费、手续费、咨询费等费用，其进项税额不得从销项税额中抵扣。

知识释疑 3-3

为什么购进的旅客运输服务，其进项税额不得从销项税额中抵扣？

⑦ 财政部和国家税务总局规定的其他情形。

⑧ 适用一般计税方法的纳税人，兼营简易计税方法计税项目、免征增值税项目而无法划分不得抵扣的进项税额，按照下列公式计算不得抵扣的进项税额：

$$\text{不得抵扣的进项税额} = \text{当期无法划分的全部进项税额} \times \left(\frac{\text{当期简易计税方法计税项目销售额} + \text{免征增值税项目销售额}}{\text{当期全部销售额}}\right)$$

主管税务机关可以按照上述公式依据年度数据对不得抵扣的进项税额进行清算。

⑨ 已抵扣进项税额的购进货物（不含固定资产）、劳务、服务，发生上述第①至⑦条规定情形（简易计税方法计税项目、免征增值税项目除外）的，应当将该进项税额从当期进项税额中扣减（进项税额转出）；无法确定该进项税额的，按照当期实际成本计算应扣减的进项税额。

⑩ 已抵扣进项税额的固定资产、无形资产或者不动产，发生上述第①至⑦条规定情形的，按照下列公式计算不得抵扣的进项税额：

$$\text{不得抵扣的进项税额} = \text{固定资产、无形资产或者不动产净值} \times \text{适用税率}$$

固定资产、无形资产或者不动产净值，是指纳税人根据财务会计制度计提折旧或摊销后的余额。

工作实例 3-4

甲酒店企业为增值税一般纳税人，于 2016 年 5 月购入一辆汽车自用，汽车不含税价格为 50 万元,机动车销售统一发票上注明的增值税款为 8.5 万元,甲酒店对该发票进行了认证抵扣。汽车折旧期限为 5 年,采用直线法折旧。2017 年 5 月该汽车专用于职工福利。

【工作要求】　计算甲酒店 2017 年 5 月需转出的进项税额。

【工作实施】　甲酒店需按照实际成本计算应扣减的进项税额,即增值税进项税额转出金额＝50÷5×4×17％＝6.8(万元)。

另外,按照《增值税暂行条例》第十条和上述第⑩条规定情形不得抵扣且未抵扣进项税额的固定资产、无形资产、不动产,发生用途改变,用于允许抵扣进项税额的应税项目,可在用途改变的次月按照下列公式,依据合法有效的增值税扣税凭证,计算可以抵扣的进项税额:

$$可以抵扣的进项税额 = \frac{固定资产、无形资产、不动产净值}{(1+适用税率)} \times 适用税率$$

⑪ 纳税人适用一般计税方法计税的,因销售折让、中止或者退回而退还给购买方的增值税额,应当从当期的销项税额中扣减;因销售折让、中止或者退回而收回的增值税额,应当从当期的进项税额中扣减。

⑫ 有下列情形之一者,应当按照销售额和增值税税率计算应纳税额,不得抵扣进项税额,也不得使用增值税专用发票:一般纳税人会计核算不健全,或者不能够提供准确税务资料的;应当申请办理一般纳税人资格登记而未申请的。

(三) 增值税期末留抵税额的处理

原增值税一般纳税人兼有销售服务、无形资产或者不动产的,截止到纳入"营改增"试点之日前的增值税期末留抵税额,不得从销售服务、无形资产或者不动产的销项税额中抵扣,也就是说这部分留抵税额只能从以后的原增值税业务的销项税额中继续抵扣。具体来说,按照一般货物及劳务销项税额比例来计算可抵扣税额及应纳税额。

三、营业税改征增值税试点一般纳税人差额征收应纳税额计算方法

一般纳税人差额征收应纳税额的计算公式:

$$计税销售额 = \frac{取得的全部含税价款和价外费用 - 支付给其他单位或个人的含税价款}{1+税率}$$

$$应纳税额 = 计税销售额 \times 税率$$

试点一般纳税人允许差额征收的具体情况如下:

1) 融资租赁和融资性售后回租业务

(1) 经人民银行、银监会或者商务部批准从事融资租赁业务的试点纳税人,提供融资租赁服务,以取得的全部价款和价外费用,扣除支付的借款利息(包括外汇借款和人民币借款利息)、发行债券利息和车辆购置税后的余额为销售额。

(2) 经人民银行、银监会或者商务部批准从事融资租赁业务的试点纳税人,提供融资性售后回租服务,以取得的全部价款和价外费用(不含本金),扣除对外支付的借款利息(包括外汇借款和人民币借款利息)、发行债券利息后的余额作为销售额。

（3）试点纳税人根据 2016 年 4 月 30 日前签订的有形动产融资性售后回租合同，在合同到期前提供的有形动产融资性售后回租服务，可继续按照有形动产融资租赁服务缴纳增值税。

继续按照有形动产融资租赁服务缴纳增值税的试点纳税人，经人民银行、银监会或者商务部批准从事融资租赁业务的，根据 2016 年 4 月 30 日前签订的有形动产融资性售后回租合同，在合同到期前提供的有形动产融资性售后回租服务，可以选择以下方法之一计算销售额：

① 以向承租方收取的全部价款和价外费用，扣除向承租方收取的价款本金，以及对外支付的借款利息（包括外汇借款和人民币借款利息）、发行债券利息后的余额为销售额。

纳税人提供有形动产融资性售后回租服务，计算当期销售额时可以扣除的价款本金，为书面合同约定的当期应当收取的本金。无书面合同或者书面合同没有约定的，为当期实际收取的本金。

试点纳税人提供有形动产融资性售后回租服务，向承租方收取的有形动产价款本金，不得开具增值税专用发票，可以开具普通发票。

② 以向承租方收取的全部价款和价外费用，扣除支付的借款利息（包括外汇借款和人民币借款利息）、发行债券利息后的余额为销售额。

（4）经商务部授权的省级商务主管部门和国家经济技术开发区批准的从事融资租赁业务的试点纳税人，2016 年 5 月 1 日后实收资本达到 1.7 亿元的，从达到标准的当月起按照上述第 1)、第 2)、第 3)点规定执行；2016 年 5 月 1 日后实收资本未达到 1.7 亿元但注册资本达到 1.7 亿元的，在 2016 年 7 月 31 日前仍可按照上述第 1)、第 2)、第 3)点规定执行，2016 年 8 月 1 日后开展的融资租赁业务和融资性售后回租业务不得按照上述第 1)、第 2)、第 3)点规定执行。

2）航空运输企业的销售额，不包括代收的机场建设费和代售其他航空运输企业客票而代收转付的价款。

3）试点纳税人中的一般纳税人（以下称一般纳税人）提供客运场站服务，以其取得的全部价款和价外费用，扣除支付给承运方运费后的余额为销售额。

4）试点纳税人提供旅游服务，可以选择以取得的全部价款和价外费用，扣除向旅游服务购买方收取并支付给其他单位或者个人的住宿费、餐饮费、交通费、签证费、门票费和支付给其他接团旅游企业的旅游费用后的余额为销售额。

选择上述办法计算销售额的试点纳税人，向旅游服务购买方收取并支付的上述费用，不得开具增值税专用发票，可以开具普通发票。

5）试点纳税人提供建筑服务适用简易计税方法的，以取得的全部价款和价外费用扣除支付的分包款后的余额为销售额。

6）房地产开发企业中的一般纳税人销售其开发的房地产项目（选择简易计税方法的房地产老项目除外），以取得的全部价款和价外费用，扣除受让土地时向政府部门支付的土地价款后的余额为销售额。"向政府部门支付的土地价款"，包括土地受让人向政府部门支付的征地和拆迁补偿费用、土地前期开发费用和土地出让收益等。房地产开发企业中的一般纳税人销售其开发的房地产项目（选择简易计税方法的房地产老项目除外），在取得土地时向其他单位或个人支付的拆迁补偿费用也允许在计算销售额时扣除。纳税人按上述规定扣除拆迁补偿费用时，应提供拆迁协议、拆迁双方支付和取得拆迁补偿费用凭证等能够证明拆迁补偿费用真实性的材料。房地产老项目，是指《建筑工程施工许可证》注明的合同开工日期在 2016 年 4 月 30 日前的房地产项目。

实务释疑 3-4

　　　　除了选择简易计税方法的房地产老项目外，我公司（一般纳税人）的房地产开发企业销售开发的房地产项目，是否可以扣除受让土地的价款？

7）试点纳税人按照上述规定从全部价款和价外费用中扣除的价款，应当取得符合法律、行政法规和国家税务总局规定的有效凭证。否则，不得扣除。

上述凭证是指：

（1）支付给境内单位或者个人的款项，以发票为合法有效凭证。

（2）支付给境外单位或者个人的款项，以该单位或者个人的签收单据为合法有效凭证，税务机关对签收单据有疑义的，可以要求其提供境外公证机构的确认证明。

（3）缴纳的税款，以完税凭证为合法有效凭证。

（4）扣除的政府性基金、行政事业性收费或者向政府支付的土地价款，以省级以上（含省级）财政部门监（印）制的财政票据为合法有效凭证。

任务 7　营业税改征增值税简易计税方法下应纳税额的计算

简易计税方法既适用于小规模纳税人的应税行为，又适用于一般纳税人适用该计税方法的特定应税行为。简易计税方法的应纳税额，是指按照销售额和增值税征收率计算的增值税税额，不得抵扣进项税额。其计算公式为：

$$应纳税额 ＝ 销售额 × 征收率$$

公式中的销售额为不含增值税的销售额，若采用销售额和应纳税额合并定价方法的，该含税销售额应换算为不含税销售额。其换算公式为：

$$销售额 ＝ 含税销售额 ÷ (1 ＋ 征收率)$$

我国增值税的法定征收率是 3%；一些特殊项目适用于减按 2% 的征收率执行。全面"营改增"后的与不动产有关的特殊项目适用 5% 的征收率；一些特殊项目适用于 1.5% 的征收率执行。

一、营业税改征增值税试点一般纳税人按照简易计税方法适用征收率的情况

1. 可以选择适用简易计税方法计税的应税服务

（1）公共交通运输服务。

公共交通运输服务包括轮客渡、公交客运、地铁、城市轻轨、出租车、长途客运、班车。

班车,是指按固定路线、固定时间运营并在固定站点停靠的运送旅客的陆路运输服务。

(2)经认定的动漫企业为开发动漫产品提供的动漫脚本编撰、形象设计、背景设计、动画设计、分镜、动画制作、摄制、描线、上色、画面合成、配音、配乐、音效合成、剪辑、字幕制作、压缩转码(面向网络动漫、手机动漫格式适配)服务,以及在境内转让动漫版权(包括动漫品牌、形象或者内容的授权及再授权)。

动漫企业和自主开发、生产动漫产品的认定标准和认定程序,按照《文化部 财政部 国家税务总局关于印发〈动漫企业认定管理办法(试行)〉的通知》(文市发〔2008〕51号)的规定执行。

(3)电影放映服务、仓储服务、装卸搬运服务、收派服务和文化体育服务。

(4)以纳入"营改增"试点之日前取得的有形动产为标的物提供的经营租赁服务。

(5)在纳入"营改增"试点之日前签订的尚未执行完毕的有形动产租赁合同。

(6)提供物业管理服务的纳税人,向服务接受方收取的自来水水费,以扣除其对外支付的自来水水费后的余额为销售额,按照简易计税方法依3%的征收率计算缴纳增值税。

(7)非企业性单位中的一般纳税人提供的研发和技术服务、信息技术服务、鉴证咨询服务,以及销售技术、著作权等无形资产,可以选择简易计税方法按照3%征收率计算缴纳增值税。非企业性单位中的一般纳税人提供"技术转让、技术开发和与之相关的技术咨询、技术服务",可以参照上述规定,选择简易计税方法按照3%征收率计算缴纳增值税。

(8)一般纳税人提供教育辅助服务,可以选择简易计税方法按照3%征收率计算缴纳增值税。

2. 可以选择适用简易计税方法计税的建筑服务

(1)一般纳税人以清包工方式提供的建筑服务,可以选择适用简易计税方法计税。

以清包工方式提供建筑服务是指施工方不采购建筑工程所需的材料或只采购辅助材料,并收取人工费、管理费或者其他费用的建筑服务。

(2)一般纳税人为甲供工程提供的建筑服务可以选择适用简易计税方法计税。

甲供工程,是指全部或部分设备、材料、动力由工程发包方自行采购的建筑工程。

(3)一般纳税人为建筑工程老项目提供的建筑服务,可以选择适用简易计税方法计税。

建筑工程老项目,是指《建筑工程施工许可证》注明的合同开工日期在2016年4月30日前的建筑工程项目;未取得《建筑工程施工许可证》的,建筑工程承包合同注明的开工日期在2016年4月30日前的建筑工程项目。

实务释疑 3-5

我公司是一家建筑公司,同时有清包工、甲供工程、老项目等多个项目的,能否自行选择其中的一个或几个项目进行简易征收备案?

（4）一般纳税人跨县（市）提供建筑服务，选择适用一般计税方法计税的，应以取得的全部价款和价外费用为销售额计算应纳税额。纳税人应以取得的全部价款和价外费用扣除支付的分包款后的余额，按照2%的预征率在建筑服务发生地预缴税款后，向机构所在地主管税务机关进行纳税申报。

（5）一般纳税人跨县（市）提供建筑服务，选择适用简易计税方法计税的，应以取得的全部价款和价外费用扣除支付的分包款后的余额为销售额，按照3%的征收率计算应纳税额。纳税人应按照上述计税方法在建筑服务发生地预缴税款后，向机构所在地主管税务机关进行纳税申报。

（6）试点纳税人中的小规模纳税人（以下称小规模纳税人）跨县（市）提供建筑服务，应以取得的全部价款和价外费用扣除支付的分包款后的余额为销售额，按照3%的征收率计算应纳税额。纳税人应按照上述计税方法在建筑服务发生地预缴税款后，向机构所在地主管税务机关进行纳税申报。

3．可以选择适用简易计税方法计税的销售不动产行为

（1）一般纳税人销售其2016年4月30日前取得（不含自建）的不动产，可以选择适用简易计税方法，以取得的全部价款和价外费用减去该项不动产购置原价或者取得不动产时的作价后的余额为销售额，按照5%的征收率计算应纳税额。纳税人应按照上述计税方法在不动产所在地预缴税款后，向机构所在地主管税务机关进行纳税申报。

（2）一般纳税人销售其2016年4月30日前自建的不动产，可以选择适用简易计税方法，以取得的全部价款和价外费用为销售额，按照5%的征收率计算应纳税额。纳税人应按照上述计税方法在不动产所在地预缴税款后，向机构所在地主管税务机关进行纳税申报。

（3）房地产开发企业中的一般纳税人，销售自行开发的房地产老项目，可以选择适用简易计税方法按照5%的征收率计税。

（4）房地产开发企业采取预收款方式销售所开发的房地产项目，在收到预收款时按照3%的预征率预缴增值税。

（5）个体工商户销售购买的住房，应按照《营业税改征增值税试点过渡政策的规定》第五条的规定征免增值税。纳税人应按照上述计税方法在不动产所在地预缴税款后，向机构所在地主管税务机关进行纳税申报。

4．可以选择适用简易计税方法计税的不动产经营租赁服务

（1）一般纳税人出租其2016年4月30日前取得的不动产，可以选择适用简易计税方法，按照5%的征收率计算应纳税额。纳税人出租其2016年4月30日前取得的与机构所在地不在同一县（市）的不动产，应按照上述计税方法在不动产所在地预缴税款后，向机构所在地主管税务机关进行纳税申报。

（2）公路经营企业中的一般纳税人收取试点前开工的高速公路的车辆通行费，可以选择适用简易计税方法，减按3%的征收率计算应纳税额。

试点前开工的高速公路，是指相关施工许可证明上注明的合同开工日期在2016年4月30日前的高速公路。

（3）一般纳税人出租其在2016年5月1日后取得的、与机构所在地不在同一县

（市）的不动产，应按照3%的预征率在不动产所在地预缴税款。

5. 销售使用过的固定资产适用简易计税方法

"营改增"后的一般纳税人，销售自己使用过的"本地区试点实施之日（含）"以后购进或自制的固定资产，按照适用税率征收增值税；销售自己使用过的"本地区试点实施之日"以前购进或者自制的固定资产，按照3%征收率减按2%征收增值税。具体公式为：

$$销售额 = 含税销售额 \div (1 + 3\%)$$
$$应纳增值税额 = 销售额 \times 2\%$$

使用过的固定资产，是指纳税人根据财务会计制度已经计提折旧的固定资产。

6. 可以选择适用简易计税方法计税的其他情况

（1）2016年4月30日前签订的不动产融资租赁合同，或以2016年4月30日前取得的不动产提供的融资租赁服务，可以选择适用简易计税方法，按照5%的征收率计算缴纳增值税。一般纳税人以经营租赁方式出租其2016年4月30日前取得的不动产，可以选择适用简易计税方法，按照5%的征收率计算应纳税额。

（2）纳税人提供人力资源外包服务，按照经纪代理服务缴纳增值税，其销售额不包括受客户单位委托代为向客户单位员工发放的工资和代理缴纳的社会保险、住房公积金。向委托方收取并代为发放的工资和代理缴纳的社会保险、住房公积金，不得开具增值税专用发票，可以开具普通发票。一般纳税人提供人力资源外包服务，可以选择适用简易计税方法，按照5%的征收率计算缴纳增值税。

（3）纳税人以经营租赁方式将土地出租给他人使用，按照不动产经营租赁服务缴纳增值税。纳税人转让2016年4月30日前取得的土地使用权，可以选择适用简易计税方法，以取得的全部价款和价外费用减去取得该土地使用权的原价后的余额为销售额，按照5%的征收率计算缴纳增值税。

知识释疑 3-4

全面推开"营改增"试点有关劳务派遣服务政策是如何规定的？

知识释疑 3-5

纳税人跨县（市、区）提供建筑服务增值税征收管理是如何规定的？

知识释疑 3-6

纳税人提供不动产经营租赁服务增值税征收管理是如何规定的？

知识释疑 3-7

纳税人转让不动产增值税征收管理是如何规定的？

知识释疑 3-8

房地产开发企业销售自行开发的房地产项目增值税征收管理是如何规定的?

二、营业税改征增值税试点小规模纳税人按照简易计税方法计税的规定

小规模纳税人销售服务、无形资产或者不动产,按照取得的销售额和增值税的征收率计算应纳的增值税税额,但不得抵扣进项税额。

其中,销售额为对外销售服务、无形资产或者不动产时,向对方收取的全部价款和价外费用。具体的确定标准与一般纳税人的销售额相同。

对于"营改增"增值税小规模纳税人来说,其纳税人适用简易计税方法计税的,因销售折让、中止或者退回而退还给购买方的销售额,应当从当期销售额中扣减,扣减当期销售额后仍有余额造成多缴的税款,可以从以后的应纳税额中扣减。

小规模纳税人销售服务、无形资产或者不动产,向对方收取的款项往往包含了增值税,因此,在计算应纳增值税税额时,需将含税销售额换算成不含税销售额,具体计算公式为:

$$销售额 = 含税销售额 \div (1 + 征收率)$$

"营改增"试点小规模纳税人按照简易计税方法适用征收率的特殊规定主要有以下几点。

1. 小规模纳税人(除其他个人外)销售使用过的固定资产(同原增值税小规模纳税人的情况)

小规模纳税人(除其他个人外)销售自己使用过的固定资产,减按 2% 征收率征收增值税。这里指的是小规模纳税人适用 3% 征收率计算出不含税销售额后再减按 2% 征收率征收,其销售额和应纳税额的计算公式如下:

$$销售额 = 含税销售额 \div (1 + 3\%)$$
$$应纳增值税税额 = 销售额 \times 2\%$$

值得注意的是,注意其他个人销售自己使用过的固定资产,属于个人(其他个人)销售自己使用过的物品,免征增值税。下同。

2. 小规模纳税人(除其他个人外)销售自己使用过的除固定资产以外的物品(同原增值税小规模纳税人的情况)

小规模纳税人(除其他个人外)销售自己使用过的除固定资产以外的物品,应按 3% 的征收率征收增值税。其销售额和应纳税额的计算公式如下:

$$销售额 = 含税销售额 \div (1 + 3\%)$$
$$应纳增值税税额 = 销售额 \times 3\%$$

3. 小规模纳税人跨县(市)提供建筑服务

小规模纳税人跨县(市)提供建筑服务,应以取得的全部价款和价外费用扣除支付的分包款后的余额为销售额,按照 3% 的征收率计算应纳税额。

$$应纳税额 = 含税销售额 \div (1 + 3\%) \times 3\%$$

4. 小规模纳税人出售不动产(按 5% 征收率)

小规模纳税人出售不动产归纳见表 3-1。

表 3-1　　　　　　　　　小规模纳税人出售不动产归纳一览表

纳税人	不动产性质	计税依据	征收率	计税公式
1. 非房企	销售取得的不动产(不含自建)	全部价款和价外费用减去该项不动产购置原价或取得不动产时的作价后的余额	5%	税额=含税计税依据 ÷(1+5%)×5%
	销售自建的不动产	全部价款和价外费用	5%	税额=含税计税依据 ÷(1+5%)×5%
2. 房企	销售开发项目	全部价款和价外费用	5%	税额=含税计税依据 ÷(1+5%)×5%
3. 其他个人	销售其取得的不动产(不含购买住房)	全部价款和价外费用减去该项不动产购置原价或取得不动产时的作价后的余额	5%	税额=含税计税依据 ÷(1+5%)×5%

5. 个人销售其购买的住房

个人将购买不足 2 年的住房对外销售的,按照 5% 的征收率全额缴纳增值税;个人将购买 2 年以上(含 2 年)的住房对外销售的,免征增值税。上述政策适用于北京市、上海市、广州市和深圳市之外的地区。

个人将购买不足 2 年的住房对外销售的,按照 5% 的征收率全额缴纳增值税;个人将购买 2 年以上(含 2 年)的非普通住房对外销售的,以销售收入减去购买住房价款后的差额按照 5% 的征收率缴纳增值税;个人将购买 2 年以上(含 2 年)的普通住房对外销售的,免征增值税。上述政策仅适用于北京市、上海市、广州市和深圳市。

6. 小规模纳税人出租不动产

小规模纳税人出租不动产归纳见表 3-2。

表 3-2　　　　　　　　　小规模纳税人出租不动产归纳一览表

纳税人	征收率	计税公式
1. 小规模出租取得的不动产(不含个人出租住房)	按 5% 的征收率计算税额	税额=含税租金收入÷(1+5%)×5%
2. 其他个人出租其取得的不动产(非住房)	按 5% 的征收率计算税额	税额=含税租金收入÷(1+5%)×5%
3. 个人出租住房	按 5% 的征收率减按 1.5% 计算税额	税额=含税租金收入÷(1+5%)×1.5%

工作实例 3-5

甲公司为小规模纳税人。2017 年 1 月,甲公司向一般纳税人乙企业提供资讯信息服务,取得含增值税销售额 6.18 万元;向小规模纳税人丙企业提供注册信息服务,取得含增值税销售额 2.06 万元;购进办公用品,支付价款 1.03 万元,并取得增值税普通发票。已知增值税征收率为 3%。

【工作要求】 计算甲公司当月应纳增值税税额。

【工作实施】 小规模纳税人提供应税服务,采用简易办法征税,销售额中含有增值税款的,应换算为不含税销售额,计算应纳税额,购进货物支付的增值税款不允许抵扣。

销售额=(6.18+2.06)÷(1+3%)=8(万元)

应纳增值税税额=8×3%=0.24(万元)。

三、营业税改征增值税试点小规模纳税人差额征收应纳税额计算方法

小规模纳税人差额征收应纳税额的计算公式:

$$计税销售额 = \frac{取得的全部含税价款和价外费用 - 支付给其他单位或个人的含税价款}{1 + 征收率}$$

$$应纳税额 = 计税销售额 \times 征收率$$

小规模纳税人允许差额征收的具体情况同一般纳税人允许差额征收的具体情况。

项目引例解析

(1) 提供片头、片尾、片花制作服务应纳增值税销项税=106÷(1+6%)×6%=6(万元)

(2) 购入8台计算机可以抵扣的增值税进项税=4.68÷(1+17%)×17%=0.68(万元)

(3) 购入小汽车的进项税允许抵扣=11.7÷(1+17%)×17%=1.7(万元)

(4) 收取的设计服务收入应纳增值税销项税=58.3÷(1+6%)×6%=3.3(万元)

(5) 支付影院的上映费用允许抵扣的增值税进项税=15÷(1+3%)×3%=0.44(万元)

(6) 支付税控系统维护费可以全额抵减当期应纳的增值税=679.25+40.75=720(元)=0.072(万元)

该传媒公司当月应纳的增值税税额=6+3.3-0.68-1.7-0.44-0.072=6.41(万元)

任务8 营业税改征增值税出口退(免)税的计算

一、出口服务或者无形资产退(免)税政策的认知

(一) 出口服务或者无形资产退(免)税的基本政策

出口服务或者无形资产退(免)税分为出口免税(适用增值税免税政策)和出口免税并退税(适用增值税零税率)两种。

1. 出口服务或者无形资产免征增值税的项目

境内的单位和个人销售的免征增值税的服务或者无形资产,具体详见本项目"任务5 营业税改征增值税优惠政策的运用"中的"(六) 营业税改征增值税境外服务或者无

形资产免税政策"。

2. 出口服务或者无形资产适用零税率增值税的项目

零税率增值税项目是指试点单位和个人提供的国际运输服务、航天运输服务、向境外单位提供的完全在境外消费的某些服务以及财政部和国家税务总局规定的其他服务。具体详见本项目"任务 4 营业税改征增值税税率和征收率的判定"中的"（二）营业税改征增值税的零税率"。

纳税人发生应税行为同时适用免税和零税率规定的，纳税人可以选择适用免税或者零税率。境内的单位和个人销售适用增值税零税率的服务或者无形资产的，可以放弃适用增值税零税率，选择免税或按规定缴纳增值税。放弃适用增值税零税率后，在 36 个月内不得再申请适用增值税零税率。

实行增值税退（免）税办法的增值税零税率服务和无形资产不得开具增值税专用发票。

（二）零税率服务或者无形资产增值税退（免）税办法的种类

（1）境内的单位和个人提供适用增值税零税率的服务或者无形资产，如果属于适用简易计税方法的，实行免征增值税办法。如果属于适用增值税一般计税方法的，生产企业实行免抵退税办法，外贸企业外购服务或者无形资产出口实行免退税办法，外贸企业直接将服务或自行研发的无形资产出口，视同生产企业连同其出口货物统一实行免抵退税办法。

（2）按照国家有关规定应取得相关资质的国际运输服务项目，纳税人取得相关资质的，适用增值税零税率政策，未取得的，适用增值税免税政策。

（3）境内的单位或个人提供程租服务，如果租赁的交通工具用于国际运输服务和港澳台运输服务，由出租方按规定申请适用增值税零税率。

（4）境内的单位和个人向境内单位或个人提供期租、湿租服务，如果承租方利用租赁的交通工具向其他单位或个人提供国际运输服务和港澳台运输服务，由承租方适用增值税零税率。境内的单位或个人向境外单位或个人提供期租、湿租服务，由出租方适用增值税零税率。

（5）境内单位和个人以无运输工具承运方式提供的国际运输服务，由境内实际承运人适用增值税零税率；无运输工具承运业务的经营者适用增值税免税政策。

（三）出口服务或者无形资产增值税退（免）税的计税依据

1. 实行免抵退税办法的零税率服务或者无形资产退（免）税的计税依据

（1）以铁路运输方式载运旅客的，为按照铁路合作组织清算规则清算后的实际运输收入。

（2）以铁路运输方式载运货物的，为按照铁路运输进款清算办法，对"发站"或"到站（局）"名称包含"境"字的货票上注明的运输费用以及直接相关的国际联运杂费清算后的实际运输收入。

（3）以航空运输方式载运货物或旅客的，如果国际运输或港澳台运输各航段由多个承运人承运的，为中国航空结算有限责任公司清算后的实际收入；如果国际运输或港澳台运输各航段由一个承运人承运的，为提供航空运输服务取得的收入。

（4）其他实行免抵退税办法的增值税零税率服务或者无形资产，为提供增值税零税率服务和无形资产取得的收入。

2. 实行免退税办法的零税率服务或者无形资产退（免）税的计税依据

（1）从境内单位或者个人购进出口零税率服务或者无形资产的，为取得提供方开具的增值税专用发票上注明的金额。

（2）从境外单位或者个人购进出口零税率服务或者无形资产的，为取得的解缴税款的完税凭证上注明的金额。

实行退（免）税办法的服务或者无形资产，如果主管税务机关认定出口价格偏高的，有权按照核定的出口价格计算退（免）税，核定的出口价格低于外贸企业购进价格的，低于部分对应的进项税额不予退税，转入成本。

（四）出口服务或者无形资产的增值税退税率

服务或者无形资产的退税率为其按照销售服务或者无形资产规定适用的增值税税率。

二、出口服务或者无形资产增值税免抵退税的计算

境内的单位和个人提供适用增值税零税率的服务或者无形资产，如果属于适用增值税一般计税方法的，生产企业实行免抵退税办法。外贸企业直接将服务或自行研发的无形资产出口，视同生产企业连同其出口货物统一实行免抵退税办法。

按照纳税人是否兼营货物出口，零税率服务或者无形资产增值税免抵退税纳税人分为专营零税率服务或者无形资产纳税人以及兼营货物出口的零税率服务或者无形资产纳税人。

（一）专营零税率服务或者无形资产纳税人免抵退增值税的计算

专营零税率服务或者无形资产免抵退税的计算程序和方法如下：

1. 零税率服务或者无形资产当期免抵退税额的计算

$$\begin{array}{l}\text{当期零税率服务和}\\\text{无形资产免抵退税额}\end{array} = \begin{array}{l}\text{当期零税率服务或者无形}\\\text{资产免抵退税计税价格}\end{array} \times \begin{array}{l}\text{外汇人民}\\\text{币牌价}\end{array} \times \begin{array}{l}\text{零税率服务或者无形}\\\text{资产增值税退税率}\end{array}$$

2. 当期应退税额和当期免抵税额的计算

（1）当期期末留抵税额≤当期免抵退税额时，

$$\text{当期应退税额} = \text{当期期末留抵税额}$$
$$\text{当期免抵税额} = \text{当期免抵退税额} - \text{当期应退税额}$$

（2）当期期末留抵税额＞当期免抵退税额时，

$$\text{当期应退税额} = \text{当期免抵退税额}$$
$$\text{当期免抵税额} = 0$$

"当期期末留抵税额"为当期《增值税纳税申报表》的"期末留抵税额"。

（3）当期应纳税额 = 当期销项税额 - 当期进项税额 - 上期留抵进项税额

工作实例3-6

山西甲设计公司为增值税一般纳税人，已办理了出口退（免）税认定手续，设计服务的征退税税率为6%，期初留抵税额为11 000元。2016年12月和2017年1月发生如

下业务：

（1）2016 年 12 月 10 日，为山东乙公司提供设计服务，开具增值税专用发票，专用发票注明的金额 200 万元，税额 12 万元，款项未收。

（2）2016 年 12 月 15 日，为法国的一家企业提供设计服务，《技术出口合同登记证》上的成交价格为 10 万欧元，12 月 1 日的人民币对欧元的汇率中间价为 8.0；12 月 18 日收到法国客户支付的全部设计费，该项设计服务的部分业务由山西的丙设计公司承担，当日甲设计公司就该设计服务支付丙设计公司设计费 26.5 万元人民币（含税），并取得丙公司开具的增值税专用发票，注明价款 25 万元，税金 1.5 万元。

（3）2016 年 12 月 12 日购进一台专用设备，取得增值税专用发票，专用发票注明的金额 50 万元，税额 8.5 万元，设备款转账付讫。

（4）2016 年 12 月 20 日，支付北京市某律师事务所（试点一般纳税人）法律顾问费，取得的增值税专用发票上注明的金额 70 万元，税额 4.2 万元，顾问费转账付讫 30 万元。

（5）2017 年 1 月 8 日，该公司向主管税务机关办理了免抵退申报，2017 年 1 月 25 日收到税务机关审批的汇总表。

（6）2017 年 1 月 27 日，收到退税款。

【工作要求】 计算甲公司上述业务的出口退税额。

【工作实施】 本期免抵退增值税的计算如下：

当期应纳税额＝120 000－（15 000＋85 000＋42 000）－11 000＝－33 000（元）

当期的期末留抵税额＝33 000（元）

当期免抵退税额＝100 000×8×6％＝48 000（元）

当期应退税额的计算如下：

由于当期期末留抵税额（33 000 元）小于当期免抵退税额（48 000 元），

当期应退税额＝33 000（元）

当期免抵税额＝48 000－33 000＝15 000（元）

工作实例 3-7

仍以［工作实例 3-6］为例，其他业务不变，假设 2016 年 12 月份的进项税额共 106 000 元，期初留抵税额为 11 000 元。

【工作要求】 计算甲公司下列业务的出口退税额。

【工作实施】 本期免抵退增值税的计算如下：

当期应纳税额＝120 000－106 000－11 000＝3 000（元）

当期的期末留抵税额＝0（元）

当期免抵退税额＝100 000×8×6％＝48 000（元）

当期应退税额的计算如下：

由于当期期末留抵税额（0）小于当期免抵退税额（48 000 元），故：

当期应退税额＝0

当期免抵税额＝48 000－0＝48 000（元）

（二）兼营货物出口的零税率服务或者无形资产纳税人免抵退增值税的计算

实行免抵退税办法的增值税零税率服务或者无形资产提供者如果同时出口货物劳务（劳务指对外加工修理修配劳务，下同）且未分别核算的，应一并计算免抵退税。税务机关在审批时，应按照增值税零税率服务或者无形资产、出口货物劳务免抵退税额的比例划分其退税额和免抵税额。

出口货物征税率和退税率不一致，产生免抵退税不得免征和抵扣税额，出口货物必须在出口业务单证齐全和系统信息齐全的条件下方可办理申报，两个因素共同影响出口退税免抵退增值税的计算。

兼营货物出口的零税率服务或者无形资产纳税人免抵退增值税计算公式调整如下：

（1）当期免抵退税额＝当期零税率服务或者无形资产免抵退税额＋当期出口货物免抵退税额＝当期零税率服务或者无形资产免抵退税计税价格×外汇人民币牌价×零税率服务或者无形资产退税率＋当期出口货物的离岸价格×外汇人民币牌价×出口货物退税率

（2）当期应纳税额＝当期内销货物劳务的销项税额－（当期进项税额－当期免抵退税不得免征和抵扣税额）－上期留抵进项税额

其中，当期免抵退税不得免征和抵扣税额＝当期出口货物离岸价×外汇人民币牌价×（出口货物征税税率－出口货物退税率）－免抵退税不得免征和抵扣税额抵减额

免抵退税不得免征和抵扣税额抵减额＝免税购进原材料价格×（出口货物征税率－出口货物退税率）

① 当期应纳税额＜0，且当期期末留抵税额≤当期免抵退税额时：

$$当期应退税额 = 当期期末留抵税额$$

$$当期免抵税额 = 当期免抵退税额 - 当期应退税额$$

② 当期应纳税额＜0，且当期期末留抵税额＞当期免抵退税额时：

$$当期应退税额 = 当期免抵退税额$$

$$当期免抵税额 = 0$$

当期期末留抵税额为当期《增值税纳税申报表》的"期末留抵税额"。

（3）当期有应纳税额时（即应纳税额＞0时）：当期免抵税额＝当期免抵退税额

工作实例3-8

山东甲物流公司，主要从事仓储、运输、港口以及货物销售等业务，为增值税一般纳税人，具有进出口经营权，并办理了出口退（免）税认定手续。2016年12月和2017年1月发生如下业务：

（1）2016年12月1日，接受日本一家国际货物运输代理公司的委托，从青岛承运一批重型设备到悉尼，承运合同的运费金额为120万美元，运输费用已全部收讫。

（2）2016年12月4~8日，共报关出口一批外协生产的A产品120万美元。

（3）2016年12月10日，支付联运方运输费用333万元，银行转账付讫，且收到对

名师精品·
高职高专会计系列
Gaozhigaozhuan Kuaiji Xilie

方开具的增值税专用发票,注明运费金额 300 万元,税金 33 万元。

(4) 2016 年 12 月 25 日,取得国内运输收入 250 万元,销项税额 27.5 万元,支付当月的油料费,取得增值税专用发票注明的金额 300 万元,税额 51 万元。

(5) 2016 年 12 月 30 日,当月出口产品中出口单证全部收齐并且信息齐全的只有 70 万美元,剩下 50 万美元的出口到 2017 年 1 月份才能收到出口报关单。

(6) 2017 年 1 月 25 日,收到主管税务机关审批的免抵退税申报汇总表。

(7) 2017 年 2 月 2 日,开户行通知收到退税款 423 800 元。

假设当月 1 日人民币对美元汇率中间价为 6.30,A 产品的征税率为 17%,退税率为 15%,运输服务征退税率为 11%,上期留抵税额为 12 000 元。

【工作要求】 计算甲公司下列业务的出口退税额。

【工作实施】

当期免抵退税不得免征和抵扣税额 $= 1\ 200\ 000 \times 6.3 \times (17\% - 15\%) = 151\ 200$(元)

当期应纳税额 $= 275\ 000 - (330\ 000 + 510\ 000 - 151\ 200) - 12\ 000$
$\qquad\qquad = -425\ 800$(元)

当期免抵退税额 $= 700\ 000 \times 6.3 \times 15\% + 1\ 200\ 000 \times 6.3 \times 11\% = 1\ 493\ 100$(元)

当期的期末留抵税额 $= 425\ 800$(元)

由于当期期末留抵税额(425 800 元)小于当期免抵退税额(1 493 100 元),

当期应退税额 = 当期期末留抵税额 $= 425\ 800$(元)

当期免抵税额 $= 1\ 493\ 100 - 425\ 800 = 1\ 067\ 300$(元)

三、出口服务或者无形资产增值税免退税的计算

外贸企业外购服务或者无形资产出口免退税,又称外贸企业兼营零税率服务或者无形资产出口免退税。

境内的单位和个人提供适用增值税零税率的服务或者无形资产,如果属于适用增值税一般计税方法的,外贸企业外购服务或者无形资产出口实行免退税办法。

外贸企业外购服务或者无形资产出口时,免征增值税,其对应的外购服务或者无形资产的进项税额予以退还。外贸企业外购服务或者无形资产出口免退税的计算公式为:

$$\begin{array}{l}\text{外贸企业外购服务或者} \\ \text{无形资产出口应退税额}\end{array} = \begin{array}{l}\text{外贸企业外购服务或者} \\ \text{无形资产出口免退税计税依据}\end{array} \times \begin{array}{l}\text{零税率服务或者} \\ \text{无形资产增值税退税率}\end{array}$$

工作实例 3-9

甲公司是一家外贸企业,2017 年 1 月从国内乙公司外购一批产品,该产品的购买价为 468 000 元(取得乙公司开具的增值税专用发票,注明价款 400 000 元,税额 68 000 元),然后甲公司以 600 000 元的价格出口给韩国丙公司。另外甲公司外购国内丁设计公司服务 106 000 元(取得丁设计公司开具的增值税专用发票,注明价款 100 000 元,税额 6 000 元),然后甲公司以 120 000 元的价格出口给日本戊公司。出口该产品的退税率为 13%。

【工作要求】　计算甲公司上述业务的出口退税额。

【工作实施】　外贸企业甲公司出口货物应退税额＝400 000×13％＝52 000(元)

外贸企业甲公司出口服务应退税额＝100 000×6％＝6 000(元)

任务9　营业税改征增值税的征收管理

一、营业税改征增值税的征收管理要求

(一) 营业税改征增值税的纳税义务发生时间

(1)纳税人发生应税行为并收讫销售款项或者取得索取销售款项凭据的当天;先开具发票的,为开具发票的当天。

收讫销售款项是指纳税人销售服务、无形资产、不动产过程中或者完成后收到款项。

取得索取销售款项凭据的当天是指书面合同确定的付款日期;未签订书面合同或者书面合同未确定付款日期的,为服务、无形资产转让完成的当天或者不动产权属变更的当天。

(2)纳税人提供建筑服务、租赁服务采取预收款方式的,其纳税义务发生时间为收到预收款的当天。

(3)纳税人提供建筑服务,被工程发包方从应支付的工程款中扣押的质押金、保证金,未开具发票的,以纳税人实际收到质押金、保证金的当天为纳税义务发生时间。

(4)纳税人从事金融商品转让的,为金融商品所有权转移的当天。

(5)证券公司、保险公司、金融租赁公司、证券基金管理公司、证券投资基金以及其他经人民银行、银监会、证监会、保监会批准成立且经营金融保险业务的机构发放贷款后,自结息日起90天内发生的应收未收利息按现行规定缴纳增值税,自结息日起90天后发生的应收未收利息暂不缴纳增值税,待实际收到利息时按规定缴纳增值税。

(6)纳税人发生视同销售服务、无形资产或者不动产行为的,其纳税义务发生时间为服务、无形资产转让完成的当天或者不动产权属变更的当天。

(7)增值税扣缴义务发生时间为纳税人增值税纳税义务发生的当天。

境内的单位和个人销售适用增值税零税率的服务或无形资产,按月向主管退税的税务机关申报办理增值税退(免)税手续。具体管理办法由国家税务总局商财政部另行制定。

知识释疑 3-9

单用途商业预付卡(以下简称"单用途卡")业务应当如何进行税务处理?

（二）营业税改征增值税的纳税期限

营业税改征增值税的纳税期限分别为 1 日、3 日、5 日、10 日、15 日、1 个月或者 1 个季度。纳税人的具体纳税期限，由主管税务机关根据纳税人应纳税额的大小分别核定。以 1 个季度为纳税期限的规定适用于小规模纳税人、银行、财务公司、信托投资公司、信用社，以及财政部和国家税务总局规定的其他纳税人。不能按照固定期限纳税的，可以按次纳税。

纳税人以 1 个月或者 1 个季度为 1 个纳税期的，自期满之日起 15 日内申报纳税；以 1 日、3 日、5 日、10 日或者 15 日为 1 个纳税期的，自期满之日起 5 日内预缴税款，于次月 1 日起 15 日内申报纳税并结清上月应纳税款。

扣缴义务人解缴税款的期限，按照上述规定执行。

（三）营业税改征增值税的纳税地点

营业税改征的增值税，由国家税务局负责征收。纳税人销售取得的不动产和其他个人出租不动产的增值税，国家税务局暂委托地方税务局代为征收。

（1）固定业户应当向其机构所在地或者居住地主管税务机关申报纳税。总机构和分支机构不在同一县（市）的，应当分别向各自所在地的主管税务机关申报纳税；经财政部和国家税务总局或者其授权的财政和税务机关批准，可以由总机构汇总向总机构所在地的主管税务机关申报纳税。

（2）非固定业户应当向应税行为发生地主管税务机关申报纳税；未申报纳税的，由其机构所在地或者居住地主管税务机关补征税款。

（3）原以地市一级机构汇总缴纳营业税的金融机构，"营改增"后继续以地市一级机构汇总缴纳增值税。

同一省（自治区、直辖市、计划单列市）范围内的金融机构，经省（自治区、直辖市、计划单列市）国家税务局和财政厅（局）批准，可以由总机构汇总向总机构所在地的主管国税机关申报缴纳增值税。

（4）其他个人提供建筑服务，销售或者租赁不动产，转让自然资源使用权，应向建筑服务发生地、不动产所在地、自然资源所在地主管税务机关申报纳税。

（5）扣缴义务人应当向其机构所在地或者居住地主管税务机关申报缴纳扣缴的税款。

实务释疑 3-6

我公司在本市跨区县从事的房地产开发项目，"营改增"后应在哪里申请办理防伪税控设备及领用发票？

二、营业税改征增值税的纳税申报

（一）营业税改征增值税一般纳税人的纳税申报

营业税改征增值税一般纳税人对增值税进行纳税申报时，应当填报"增值税纳税表申报表附列资料"（略）、"固定资产进项税额抵扣情况"（略）、"增值税纳税申报表（一般纳税人适用）"（见表 3-3）。

表 3-3

增值税纳税申报表

（一般纳税人适用）

根据国家税收法律法规及增值税相关规定制定本表。纳税人不论有无销售额，均应按税务机关核定的纳税期限填写本表，并向当地税务机关申报。

税款所属时间：自　　年　月　日至　　年　月　日　　　　填表日期：　年　月　日

金额单位：元至角分

纳税人识别号										所属行业：		

纳税人名称		法定代表人姓名		注册地址			生产经营地址		
开户银行及账号			登记注册类型				电话号码		

项　目		栏次	一般货物、劳务和应税服务		即征即退货物、劳务和应税服务	
			本月数	本年累计	本月数	本年累计
销售额	（一）按适用税率计税销售额	1				
	其中：应税货物销售额	2				
	应税劳务销售额	3				
	纳税检查调整的销售额	4				
	（二）按简易办法计税销售额	5				
	其中：纳税检查调整的销售额	6				
	（三）免、抵、退办法出口销售额	7			—	—
	（四）免税销售额	8			—	—
	其中：免税货物销售额	9			—	—
	免税劳务销售额	10			—	—
税款计算	销项税额	11				
	进项税额	12				
	上期留抵税额	13			—	
	进项税额转出	14				
	免、抵、退应退税额	15			—	
	按适用税率计算的纳税检查应补缴税额	16			—	
	应抵扣税额合计	17＝12＋13－14－15＋16			—	
	实际抵扣税额	18（如17＜11，则为17，否则为11）				
	应纳税额	19＝11－18				
	期末留抵税额	20＝17－18			—	
	简易计税办法计算的应纳税额	21				
	按简易计税办法计算的纳税检查应补缴税额	22			—	—
	应纳税额减征额	23				
	应纳税额合计	24＝19＋21－23				

项　目	栏次	一般货物、劳务和应税服务		即征即退货物、劳务和应税服务	
		本月数	本年累计	本月数	本年累计
税款缴纳 期初未缴税额（多缴为负数）	25				
实收出口开具专用缴款书退税额	26			—	—
本期已缴税额	27＝28＋29＋30＋31				
① 分次预缴税额	28			—	—
② 出口开具专用缴款书预缴税额	29			—	—
③ 本期缴纳上期应纳税额	30				
④ 本期缴纳欠缴税额	31				
期末未缴税额（多缴为负数）	32＝24＋25＋26－27				
其中：欠缴税额（≥0）	33＝25＋26－27			—	—
本期应补（退）税额	34＝24－28－29				
即征即退实际退税额	35				
期初未缴查补税额	36				
本期入库查补税额	37				
期末未缴查补税额	38＝16＋22＋36－37			—	—

授权声明	如果你已委托代理人申报,请填写下列资料: 为代理一切税务事宜,现授权 （地址）　　　　　为本纳税人的代理申报人,任何 与本申报表有关的往来文件,都可寄予此人。 　　　　　　　　　授权人签字:	申报人声明	本纳税申报表是根据国家税收法律法规及相关规定填报的,我确定它是真实的、可靠的、完整的。 　　　　声明人签字:

主管税务机关:　　　　　　　　接收人:　　　　　　　　接收日期:

（二）小规模纳税人营业税改征增值税的纳税申报

营业税改征增值税小规模纳税人对增值税进行纳税申报时,应当填报"增值税纳税申报表（小规模纳税人适用）附列资料"（略）、"增值税纳税申报表（小规模纳税人适用）"（见表3-4）。

表3-4　　　　　　　　　　　　增值税纳税申报表
（小规模纳税人适用）

纳税人识别号:

纳税人名称:　　　　　　　　　　　　　　　　　　　　金额单位:元至角分

税款所属期:　　年　月　日至　　年　月　日　　　　　填表日期:　　年　月　日

项　目	栏次	本期数		本年累计	
		货物及劳务	服务、不动产和无形资产	货物及劳务	服务、不动产和无形资产
计税依据 （一）应征增值税不含税销售额	1				
税务机关代开的增值税专用发票不含税销售额	2				
税控器具开具的普通发票不含税销售额	3				

(续表)

项 目		栏次	本期数		本年累计	
			货物及劳务	服务、不动产和无形资产	货物及劳务	服务、不动产和无形资产
计税依据	(二) 销售、出租不动产不含税销售额	4	—		—	
	税务机关代开的增值税专用发票不含税销售额	5	—		—	
	税控器具开具的普通发票不含税销售额	6		—		—
	(三) 销售使用过的固定资产不含税销售额	7(7≥8)		—		—
	其中:税控器具开具的普通发票不含税销售额	8		—		—
	(四) 免税销售额	9=10+11+12				
	其中:小微企业免税销售额	10				
	未达起征点销售额	11				
	其他免税销售额	12				
	(五) 出口免税销售额	13(13≥14)				
	其中:税控器具开具的普通发票销售额	14				
税款计算	本期应纳税额	15				
	本期应纳税额减征额	16				
	本期免税额	17				
	其中:小微企业免税额	18				
	未达起征点免税额	19				
	应纳税额合计	20=15-16				
	本期预缴税额	21				
	本期应补(退)税额	22=20-21		—		—

纳税人或代理人声明:　本纳税申报表是根据国家税收法律法规及相关规定填报的,我确定它是真实的、可靠的、完整的。	如纳税人填报,由纳税人填写以下各栏:	
	办税人员:	财务负责人:
	法定代表人:	联系电话:
	如委托代理人填报,由代理人填写以下各栏:	
	代理人名称(公章):	经办人:
		联系电话:

受理人:　　　　受理日期: 年 月 日　　　　受理税务机关(签章)

职业技能训练

一、单项选择题

1. 某广播影视公司为增值税一般纳税人,2017年2月提供广告设计服务取得不含税销售额80万元,提供广告发布服务取得不含税销售额250万元。当月接受旅客运输服务,支付不含税价款20

万元,则该广播影视公司 2017 年 2 月应缴纳增值税(   )万元。

    A. 15.5   B. 12.86   C. 19.8   D. 25.54

2. 试点纳税人向境外单位提供应税服务,退税率为 6%,则纳税人提供的服务不可能是(   )。

    A. 信息技术服务   B. 技术咨询服务   C. 有形动产租赁服务   D. 鉴证咨询服务

3. 下列"营改增"试点纳税人中,不得申请为一般纳税人的是(   )。

    A. 非企业性单位

    B. 不经常发生应税行为的企业

    C. 应税行为年销售额超过小规模标准的自然人

    D. 应税行为年销售额超过小规模标准的个体工商户

4. 试点一般纳税人既提供有形动产租赁服务,又提供不动产租赁服务,未分别核算的,应按(   )征税。

    A. 6%   B. 17%   C. 11%   D. 3%

5. 试点纳税人销售服务、无形资产或者不动产的年应税销售额达到(   )万元,应当申请认定为一般纳税人。

    A. 50   B. 80   C. 500   D. 400

二、多项选择题

1. 关于试点小规模纳税人的说法中,正确的有(   )。

    A. 全部实行简易征收计税方法   B. 不得申请代开专用发票

    C. 不得抵扣进项税额   D. 可以与一般纳税人身份互换

2. 境内的单位和个人销售的下列(   )服务免征增值税,但财政部和国家税务总局规定适用零税率的除外。

    A. 工程项目在境外的建筑服务

    B. 存储地点在境外的仓储服务

    C. 在境外提供的广播影视节目(作品)的播映服务

    D. 在境外提供的文化体育服务、教育医疗服务、旅游服务

3. 下列税目中,属于现代服务纳税范围的有(   )。

    A. 研发和技术服务   B. 文化体育服务

    C. 广播影视服务   D. 鉴证咨询服务

4. 下列项目中,进项税额不得抵扣的是(   )。

    A. 因管理不善造成的原材料变质

    B. 小规模纳税人从一般纳税人处接受包装设计服务,取得增值税专用发票

    C. 因发生泥石流而导致在途物资毁损

    D. 企业购入一栋房屋,既用于增值税应税项目,又用于增值税免税项目

5. 根据增值税法律制度的规定,一般纳税人提供的下列应税服务中,可以选择适用简易计税方法计税的有(   )。

    A. 仓储服务   B. 港口码头服务

    C. 融资租赁服务   D. 公共交通运输服务

6. 根据"营改增"的规定,下列项目免征增值税的有(   )。

    A. 个人转让著作权

    B. 残疾人个人提供应税服务

    C. 航空公司提供飞机播撒农药服务

D. 纳税人提供技术转让、技术开发和与之相关的技术咨询、技术服务

三、判断题

1. 一般纳税人提供财政部和国家税务总局规定的特定应税行为,可以选择适用简易计税方法计税,但一经选择,12个月内不得变更。　　　　　　　　　　　　　　　　　　　（　　）

2. 根据"营改增"的规定,非固定业户应当向应税服务发生地主管税务机关申报纳税;未申报纳税的,由其机构所在地或者居住地主管税务机关补征税款。　　　　　　　　　　　（　　）

3. 自2016年2月1日起,纳税人通过楼宇、隧道等室内通信分布系统,为电信企业提供的语音通话和移动互联网等无线信号室分系统传输服务,按照基础电信服务缴纳增值税。　（　　）

4. 试点纳税人中的一般纳税人提供管道运输服务,对其增值税实际税负超过3%的部分实行增值税即征即退政策。　　　　　　　　　　　　　　　　　　　　　　　　　（　　）

5. 境内的单位和个人销售适用增值税零税率的服务或无形资产的,可以放弃适用增值税零税率,选择免税或按规定缴纳增值税。放弃适用增值税零税率后,12个月内不得再申请适用增值税零税率。　　　　　　　　　　　　　　　　　　　　　　　　　　　　　　　　（　　）

6. 提供交通运输、邮政、基础电信、建筑、租赁服务,销售不动产,转让土地使用权,税率为11%。
　　　　　　　　　　　　　　　　　　　　　　　　　　　　　　　　　　　　（　　）

7. 纳税人兼营销售货物、劳务、服务、无形资产或者不动产,适用不同税率或者征收率的,应当分别核算适用不同税率或者征收率的销售额;未分别核算的,从高适用税率。　　　　（　　）

四、计算题

1. 甲广告公司为增值税一般纳税人。2017年1月,取得广告设计不含税价款86万元,奖励费收入3.18万元;支付设备租赁费,取得的增值税专用发票注明税额3万元。

要求:计算甲广告公司当月上述业务的应纳增值税。

2. 甲管道运输公司主要从事天然气输送服务,属于增值税一般纳税人。2017年1月该公司向客户运输天然气共取得不含税收入2 800万元,同时随同天然气输送向客户收取管道维护费52万元,当月发生可抵扣的增值税进项税额为150万元。

要求:计算该公司1月可申请办理即征即退的增值税。

职业能力实训

1. 甲运输企业为增值税一般纳税人,2017年1月发生下列经济业务:

(1) 购进运输用大卡车2辆,取得的增值税专用发票上注明价款40 000元。

(2) 销售2013年2月购进的小汽车1辆,取得销售收入10 300元。

(3) 提供货物运输服务,取得含增值税价款111 000元,另收取优质服务费2 220元。

(4) 提供货物装卸搬运服务,取得含增值税价款31 800元,因损坏所搬运货物,向客户支付赔偿款5 300元。

(5) 提供货物仓储服务,取得含增值税价款116 600元,另收取货物逾期保管费21 200元。

已知:甲企业提供的上述增值税应税服务均采用一般计税方法计算缴纳增值税;上期留抵增值税税额3 000元,取得的增值税专用发票抵扣联均已经过认证。

要求:

(1) 计算该企业当月应确认的增值税销项税额。

(2) 计算该企业当月应缴纳的增值税。

项目 4

消费税法

职业能力目标

（1）能理解消费税的基本原理。

（2）会界定消费税纳税人，会判断哪些产品应当缴纳消费税，会选择消费税适用税率，能确定不同类别的应税消费品的消费税纳税义务环节。

（3）能根据相关业务资料计算直接对外销售应税消费品的应纳税额，自产自用应税消费品的应纳税额，委托加工应税消费品的应纳税额，以及进口应税消费品的应纳税额。

（4）能判断哪些应税消费品出口业务能予以免税和予以退税并能计算退税额，能对发生退关或者国外退货的应税消费品进行处理。

（5）能确定消费税的纳税义务发生时间、纳税期限和纳税地点。

项目引例

消费税的计算

甲卷烟厂为增值税一般纳税人,主要生产S牌卷烟(不含税调拨价100元/标准条)及雪茄烟,2017年1月发生如下业务:

(1)从烟农手中购进烟叶,支付买价140万元并按规定支付了10%的价外补贴,将其运往A企业委托加工成烟丝;向A企业支付加工费,取得增值税专用发票,注明加工费10万元、增值税1.7万元,该批烟丝已收回入库,但本月未领用。A企业无同类烟丝销售价格。

(2)从乙企业购进烟丝,取得增值税专用发票,注明价款400万元、增值税68万元。

(3)从小规模纳税人购进烟丝,取得税务机关代开的增值税专用发票,注明价款280万元。

(4)进口一批烟丝,支付货价320万元、经纪费12万元,该批烟丝运抵我国输入地点起卸之后发生运费及保险费共计38万元,卷烟厂完税后,海关放行。

(5)以外购成本为350万元的特制自产烟丝生产雪茄烟。

(6)本月销售雪茄烟取得不含税收入600万元,并收取品牌专卖费11.7万元;领用外购烟丝生产S牌卷烟,销售S牌卷烟400标准箱。

(7)月初库存外购烟丝买价32万元,月末库存外购烟丝买价70万元。

其他条件:本月取得的相关凭证符合规定,并在本月认证抵扣,烟丝消费税税率为30%,烟丝关税税率10%。卷烟生产环节消费税税率为56%,150元/标准箱,雪茄烟消费税税率为36%。

工作要求

1. 当月A企业应代收代缴的消费税。
2. 当月该卷烟厂进口烟丝应缴纳进口环节税金合计。
3. 当月该卷烟厂领用特制自产烟丝应缴纳消费税。
4. 当月准予扣除外购烟丝已纳消费税。
5. 当月该卷烟厂国内销售环节应缴纳消费税(不含被代收代缴的消费税)。

项目引例解析

见本项目的任务5。

任务1 消费税的认知

一、消费税的含义

消费税是指对消费品或特定的消费行为按消费流转额征收的一种流转税。消费税可分为一般消费税和特别消费税,前者主要是指对所有消费品包括生活必需品和日用品普遍课税,后者主要是指对特定消费品或特定消费行为如奢侈品等课税。

我国现行消费税是对在我国境内从事生产、委托加工和进口应税消费品的单位和个人就其应税消费品征收的一种税。它选择部分消费品征税,因此属于特别消费税。

二、消费税的发展

消费税具有悠久的历史。早在公元前 81 年,汉昭帝为避免酒的专卖"与商人争市利",改酒专卖为普遍征税,允许各地地主、商人自行酿酒卖酒,每升酒缴税四文,纳税环节在酒销售之后,而不是在出坊(酒坊)时缴纳税款,这可以说是我国较早的消费税。

新中国成立后,1950 年统一全国税制,建立新税制,增开征了特种行为消费税,这一税种包含娱乐、筵席、冷食、旅馆 4 个税目,在发生特种消费行为时征收。其中"筵席、冷食、旅馆三种有关食住方面的消费行为,其消费额在一般日常生活水平限度以内者,不算特种消费,不应负税",即规定有起征点。至于娱乐方面的消费,则不是一般日常生活的绝对需要,所以不规定起征点。1988 年 9 月 22 日,国务院针对社会上存在的不合理消费现象开征了筵席税。1989 年 2 月 1 日,为缓解彩色电视机、小轿车的供求矛盾开征了彩色电视机特别消费税和小轿车特别消费税。此外,我国 1984 年 9 月 18 日颁布开征的产品税和增值税的课税范围涉及大部分消费品,也具有一定的消费税性质。

为适应建立社会主义市场经济体制的需要,配合新一轮税制改革主要是新增值税的推行,1993 年年底,国务院正式颁布了《中华人民共和国消费税暂行条例》,并于 1994 年 1 月 1 日起实施。决定在增值税进行普遍征收的基础上,再对部分消费品征收消费税,以贯彻国家产业政策和消费政策。

为适应社会经济形势的客观发展需要,进一步完善消费税制,经国务院批准,2006 年 3 月 20 日,财政部、国家税务总局发文,对消费税税目、税率及相关政策进行调整。新增高尔夫球及球具、高档手表、游艇、木制一次性筷子、实木地板 5 个税目;取消汽油、柴油税目,增列成品油税目;取消护肤护发品税目,将原属于护肤护发品征税范围的高档护肤类化妆品列入化妆品税目。调整后使消费税政策更加适合于我国的客观实际。

根据《关于调整消费税政策的通知》(财税〔2014〕93 号)的规定,将消费税政策调整事项通知如下:自 2014 年 12 月 1 日起,取消气缸容量 250 毫升(不含)以下的小排量摩托车消费税,气缸容量 250 毫升和 250 毫升(不含)以上的摩托车继续分别按 3% 和 10% 的税率征收消费税;取消汽车轮胎税目;取消车用含铅汽油消费税,汽油税目不再划分二级子目,统一按照无铅汽油税率征收消费税;取消酒精消费税,取消酒精消费税后,"酒及酒精"品目相应改为"酒",并继续按现行消费税政策执行。

根据《财政部 国家税务总局关于对电池 涂料征收消费税的通知》(财税〔2015〕16 号)的规定,自 2015 年 2 月 1 日起对电池和涂料征收消费税。

根据《财政部 国家税务总局 关于调整化妆品消费税政策的通知》(财税〔2016〕103 号)的规定,自 2016 年 10 月 1 日起,取消对普通美容、修饰类化妆品征收消费税,将"化妆品"税目名称更名为"高档化妆品"。征收范围包括高档美容、修饰类化妆品、高档护肤类化妆品和成套化妆品。税率调整为 15%。

根据《财政部 国家税务总局 关于对超豪华小汽车加征消费税有关事项的通知》

（财税〔2016〕129号）的规定，自2016年12月1日起，"小汽车"税目下增设"超豪华小汽车"子税目。对超豪华小汽车，在生产（进口）环节按现行税率征收消费税基础上，在零售环节加征消费税，税率为10%。

现行消费税法的基本规范，是2008年11月5日经国务院第34次常务会议修订通过并颁布，自2009年1月1日起实施的《中华人民共和国消费税暂行条例》（以下简称《消费税暂行条例》）以及2008年12月15日财政部、国家税务总局第51号令颁布的《中华人民共和国消费税暂行条例实施细则》（以下简称《消费税暂行条例实施细则》）。

三、消费税的特点

我国消费税具有以下特点。

（一）征收范围具有选择性

我国仅选择部分消费品征收消费税，而不是对所有消费品都征收消费税。

（二）征税环节具有单一性

消费税的最终负担人是消费者，但是，为了加强源泉控制，防止税款流失，消费税的纳税环节主要确定在生产环节、委托加工环节或进口环节（特殊情况有两种：一是金银首饰在零售环节而非生产环节征收消费税；二是卷烟除了在生产环节缴纳一道消费税之外，还在批发环节再缴纳一道消费税；三是超豪华小汽车除了在生产环节缴纳一道消费税外，还在零售环节再缴纳一道消费税）。

（三）平均税率水平比较高且税负差异大

消费税属于国家运用税收杠杆对某些消费品进行特殊调节的税种。为了有效体现国家政策，消费税的平均税率水平一般定得比较高，并且不同征税项目的税负差异较大，对需要限制或控制消费的消费品，通常税负较重。

（四）征收方法具有灵活性

消费税在征收方法上，既可以采用对消费品制定单位税额，依消费品的数量实行从量定额的征收方法，也可以采用对消费品制定比例税率，依消费品的价格实行从价定率的征收方法，还可以两者兼有。目前，我国对卷烟和白酒两类消费品既采用从价征收，又同时采用从量征收。

（五）税负具有转嫁性

消费税是对消费应税消费品的课税。因此，税负归宿应为消费者。但为了简化征收管理，我国消费税直接以应税消费品的生产经营者为纳税人，于生产销售环节、委托加工环节或进口环节缴纳税款（前文已述，金银首饰、卷烟、超豪华小汽车除外），并成为商品价格的一个组成部分而向购买者收取，消费者是消费税的最终负担者（即负税人）。

任务2　消费税纳税人和征税范围的确定

一、消费税纳税人的确定

凡在中华人民共和国境内生产、委托加工和进口《中华人民共和国消费税暂行条例》规定的应税消费品的单位和个人,以及国务院确定的销售(批发或零售)《消费税暂行条例》规定的某些应税消费品的单位和个人,均为消费税纳税义务人。"境内"是指生产、委托加工和进口应税消费品的起运地或所在地在境内。具体来说,"单位"是指企业、行政单位、事业单位、军事单位、社会团体及其他单位;"个人"是指个体工商户以及其他个人。

二、消费税征税范围的确定

(一) 征税范围的确定原则

(1) 一些过度消费会对人身健康、社会秩序、生态环境等方面造成危害的特殊消费品,如烟、酒、鞭炮、焰火等。

(2) 非生活必需品,如高档化妆品、贵重首饰、珠宝玉石等。

(3) 高能耗及高档消费品,如摩托车、小汽车等。

(4) 不可再生和替代的稀缺消费品,如汽油、柴油等。

消费税的征税范围不是一成不变的,随着我国经济的发展,可以根据国家的政策和经济状况及消费结构的变化进行适当的调整。

(二) 征税范围的具体规定

1. 烟

烟是指以烟叶为原料加工生产的产品。烟的征收范围包括卷烟(进口卷烟、白包卷烟、手工卷烟和未经国务院批准纳入计划的企业及个人生产的卷烟)、雪茄烟和烟丝。

2. 酒①

酒是酒精度在1度以上的各种酒类饮料。酒类包括粮食白酒、薯类白酒、黄酒、啤酒、果啤和其他酒。

3. 高档化妆品

高档化妆品包括高档美容、修饰类化妆品、高档护肤类化妆品和成套化妆品。高档美容、修饰类化妆品和高档护肤类化妆品是指生产(进口)环节销售(完税)价格(不含增值税)在10元/毫升(克)或15元/片(张)及以上的美容、修饰类化妆品和护肤类化妆品。

舞台、戏剧、影视演员化妆用的上妆油、卸装油、油彩,不属于本税目的征收范围。

4. 贵重首饰及珠宝玉石

贵重首饰及珠宝玉石包括以金、银、白金、宝石、珍珠、钻石、翡翠、珊瑚、玛瑙等高贵稀有物质以及其他金属、人造宝石等制作的各种纯金银首饰及镶嵌首饰和经采掘、打磨、加工的各种珠宝玉石。对出国人员免税商店销售的金银首饰也征收消费税。

5. 鞭炮、焰火

鞭炮、焰火包括各种类型的鞭炮、焰火。体育上用的发令纸、鞭炮药引线,不按本税目征收。

6. 成品油

成品油包括汽油、柴油、石脑油、溶剂油、航空煤油、润滑油、燃料油七个子目。

7. 小汽车

小汽车是指由动力驱动,具有 4 个或 4 个以上车轮的非轨道承载的车辆,电动车、沙滩车、雪地车、卡丁车、高尔夫车不属于消费税征税范围,不征收消费税。自 2016 年 12 月 1 日起,"小汽车"税目下增设"超豪华小汽车"子税目。征收范围为每辆零售价格 130 万元(不含增值税)及以上的乘用车和中轻型商用客车,即乘用车和中轻型商用客车子税目中的超豪华小汽车。

8. 摩托车

摩托车包括轻便摩托车和摩托车两种。对发动机气缸容量在 250ml(不含)以下的小排量摩托车不征收消费税。

9. 高尔夫球及球具

高尔夫球及球具是指从事高尔夫球运动所需的各种专用装备,包括高尔夫球、高尔夫球杆及高尔夫球包(袋)等。高尔夫球杆的杆头、杆身和握把属于本税目的征收范围。

10. 高档手表

高档手表是指销售价格(不含增值税)每只在 10 000 元(含)以上的各类手表。本税目征收范围包括符合以上标准的各类手表。

11. 游艇

游艇是指长度大于 8 米(含)小于 90 米(含),船体由玻璃钢、钢、铝合金、塑料等多种材料制作,可以在水上移动的水上浮载体。

12. 木制一次性筷子

木制一次性筷子,又称卫生筷子,是指以木材为原料经过锯段、浸泡、旋切、刨切、烘干、筛选、打磨、倒角、包装等环节加工而成的各类供一次性使用的筷子。

13. 实木地板

实木地板是指以木材为原料,经锯割、干燥、刨光、截断、开榫、涂漆等工序加工而成的块状或条状的地面装饰材料。

14. 电池

电池是一种将化学能、光能等直接转换为电能的装置,一般由电极、电解质、容器、极端,通常还有隔离层组成的基本功能单元,以及用一个或多个基本功能单元装配而成的电池组。其范围包括:原电池、蓄电池、燃料电池、太阳能电池和其他电池。

自 2015 年 2 月 1 日起对电池(铅蓄电池除外)征收消费税;对无汞原电池、金属氢化物镍蓄电池(又称"氢镍蓄电池"或"镍氢蓄电池")、锂原电池、锂离子蓄电池、太阳能电池、燃料电池、全钒液流电池免征消费税。2015 年 12 月 31 日前对铅蓄电池缓征消费税;自 2016 年 1 月 1 日起,对铅蓄电池按 4% 税率征收消费税。

15. 涂料

涂料是指涂于物体表面能形成具有保护、装饰或特殊性能的固态涂膜的一类液体或固体材料之总称。自2015年2月1日起对涂料消费税，施工状态下挥发性有机物（Volatile Organic Compounds，VOC）含量低于420克/升（含）的涂料免征消费税。

任务3　消费税税率的判定

消费税实行从价定率的比例税率、从量定额的定额税率和从价定率与从量定额相结合的复合计税三种形式，设置了不同的税率（税额）。多数消费品采用比例税率，最高税率为56%，最低税率为1%；对成品油和黄酒、啤酒等实行定额税率；对卷烟、粮食白酒、薯类白酒实行从价定率与从量定额相结合计算应纳税额复合计税。现行消费税税目税率（税额）如表4-1所示。

表4-1　　　　　　　消费税税目税率（税额）表

税　目	税　率
一、烟 　1. 卷烟 　　（1）甲类卷烟（生产环节） 　　（2）乙类卷烟（生产环节） 　　（3）甲类卷烟和乙类卷烟（批发环节） 　2. 雪茄烟（生产环节） 　3. 烟丝（生产环节）	 56%加0.003元/支（生产环节） 36%加0.003元/支（生产环节） 11%加0.005元/支（批发环节） 36%（生产环节） 30%（生产环节）
二、酒 　1. 白酒（含粮食白酒和薯类白酒） 　2. 黄酒 　3. 啤酒 　　（1）甲类啤酒 　　（2）乙类啤酒 　4. 其他酒	 20%加0.5元/500克（或者500毫升） 240元/吨 250元/吨 220元/吨 10%
三、高档化妆品	15%
四、贵重首饰及珠宝玉石 　1. 金银首饰、铂金首饰和钻石及钻石饰品（零售环节） 　2. 其他贵重首饰和珠宝玉石	 5%（零售环节） 10%
五、鞭炮、焰火	15%
六、成品油 　1. 汽油 　2. 柴油 　3. 航空煤油（暂缓征收） 　4. 石脑油 　5. 溶剂油 　6. 润滑油 　7. 燃料油	 1.52元/升 1.2元/升 1.2元/升 1.52元/升 1.52元/升 1.52元/升 1.2元/升

（续表）

税　目	税　率
七、摩托车 　1. 汽缸容量（排气量，下同）为 250 毫升的 　2. 汽缸容量为 250 毫升以上的	 3% 10%
八、小汽车 　1. 乘用车 　　（1）汽缸容量（排气量，下同）在 1.0 升（含）以下的 　　（2）汽缸容量在 1.0 升以上至 1.5 升（含）的 　　（3）汽缸容量在 1.5 升以上至 2.0 升（含）的 　　（4）汽缸容量在 2.0 升以上至 2.5 升（含）的 　　（5）汽缸容量在 2.5 升以上至 3.0 升（含）的 　　（6）汽缸容量在 3.0 升以上至 4.0 升（含）的 　　（7）汽缸容量在 4.0 升以上的 　2. 中轻型商用客车 　3. 超豪华小汽车	 1% 3% 5% 9% 12% 25% 40% 5% 10%（零售环节），生产环节同乘用车和中轻型商用客车
九、高尔夫球及球具	10%
十、高档手表	20%
十一、游艇	10%
十二、木制一次性筷子	5%
十三、实木地板	5%
十四、电池	4%
十五、涂料	4%

在消费税税率的运用中应注意以下几个具体问题。

（一）对兼营不同税率的应税消费品适用税目、税率的规定

对纳税人兼营不同税率的应税消费品，应当分别核算其销售额或销售数量。未分别核算销售额或销售数量的，或者将不同税率的应税消费品组成成套消费品销售的，从高适用税率征收。

（二）对卷烟适用税目、税率的具体规定

对白包卷烟、手工卷烟、自产自用没有同牌号规格调拨价格的卷烟、委托加工没有同牌号规格调拨价格的卷烟、未经国务院批准纳入计划的企业和个人生产的卷烟，除按定额税率征收外，一律按 56% 的比例税率征收。

（三）对卷烟、啤酒类别的具体规定

甲类卷烟，是指每标准条（200 支，下同）调拨价格在 70 元（不含增值税）以上（含 70 元）的卷烟；乙类卷烟，是指每标准条调拨价格在 70 元（不含增值税）以下的卷烟。

甲类啤酒，是指每吨出厂价（含包装物及包装物押金）在 3 000 元（不含增值税）以上（含）的啤酒；乙类啤酒，是指每吨出厂价（含包装物及包装物押金）在 3 000 元以下的啤酒。

（四）消费税税目、税率（税额）的调整

消费税税目、税率（税额）的调整由国务院确定，地方无权调整。

任务 4　消费税纳税义务环节的归类

消费税的纳税环节主要有：生产环节、委托加工环节、进口环节、批发环节（仅适用于卷烟）和零售环节（仅适用于超豪华小汽车、金银首饰等）。

一、消费税的基本纳税环节

纳税人生产的应税消费品，于纳税人销售（这里主要指出厂销售）时纳税。

纳税人自产自用的应税消费品，用于连续生产应税消费品的，不纳税；用于其他方面的，于移送使用时纳税。

委托加工的应税消费品，除受托方为个人外，由受托方在向委托方交货时代收代缴税款。

进口的应税消费品，于报关进口时纳税。

实务释疑 4-1

我公司进口小汽车的零部件，是否需要缴纳消费税？我公司使用进口的零件组装成小汽车，是否需要缴纳消费税？

二、金银首饰消费税的纳税环节

自 1995 年 1 月 1 日起，金银首饰消费税由生产销售环节征收改为零售环节征收。改在零售环节征收消费税的金银首饰仅限于金基、银基合金首饰以及金、银和金基、银基合金的镶嵌首饰。从 2002 年 1 月 1 日起，钻石及钻石饰品消费税改为零售环节征收。从 2003 年 5 月 1 日起，铂金首饰消费税改为零售环节征收。金银首饰消费税适用税率为 5%，在纳税人销售金银首饰、铂金首饰、钻石及钻石饰品时征收。其计税依据是不含增值税的销售额。

对既销售金银首饰，又销售非金银首饰的生产、经营单位，应将两类商品划分清楚，分别核算销售额。凡划分不清楚或不能分别核算的，在生产环节销售的，一律从高适用税率征收消费税；在零售环节销售的，一律按金银首饰征收消费税。金银首饰与其他产品组成成套消费品销售，应按销售额全额征收消费税。

金银首饰连同包装物销售的，无论包装物是否单独计价，也无论会计上如何核算，均应并入金银首饰的销售额，计征消费税。

带料加工的金银首饰，应按受托方销售同类金银首饰的销售价格确定计税依据征收消费税。没有同类金银首饰销售价格的，按照组成计税价格计算纳税。

纳税人采用以旧换新（含翻新改制）方式销售金银首饰的，应按实际收取的不含增值税的全部价款确定计税依据征收消费税。

三、卷烟消费税的纳税环节

卷烟消费税在生产和批发两个环节征收。自 2009 年 5 月 1 日起，在卷烟批发环节加征一道从价税,在中华人民共和国境内从事卷烟批发业务的单位和个人,批发销售的所有牌号规格的卷烟,按其销售额(不含增值税)征收5%的消费税。纳税人应将卷烟销售额与其他商品销售额分开核算,未分开核算的,一并征收消费税。纳税人销售给纳税人以外的单位和个人的卷烟于销售时纳税。纳税人之间销售的卷烟不缴纳消费税。卷烟批发企业的机构所在地,总机构与分支机构不在同一地区的,由总机构申报纳税。自2015年5月10日起,将卷烟批发环节从价税税率由5%提高至11%,并按0.005元/支加征从量税。纳税人兼营卷烟批发和零售业务的,应当分别核算批发和零售环节的销售额、销售数量;未分别核算批发和零售环节销售额、销售数量的,按照全部销售额、销售数量计征批发环节消费税。

实务释疑 4-2

我公司从事卷烟批发,按规定缴纳批发环节的消费税,请问在计算应纳消费税时能否扣除生产厂家已经缴纳的消费税?

四、"小汽车"税目下"超豪华小汽车"子税目的纳税环节

自2016年12月1日起,"小汽车"税目下增设"超豪华小汽车"子税目。征收范围为每辆零售价格130万元(不含增值税)及以上的乘用车和中轻型商用客车,即乘用车和中轻型商用客车子税目中的超豪华小汽车。对超豪华小汽车,在生产(进口)环节按现行税率征收消费税基础上,在零售环节加征消费税,税率为10%。将超豪华小汽车销售给消费者的单位和个人为超豪华小汽车零售环节纳税人。

超豪华小汽车零售环节消费税应纳税额计算公式:

$$应纳税额＝零售环节销售额(不含增值税,下同)×零售环节税率$$

国内汽车生产企业直接销售给消费者的超豪华小汽车,消费税税率按照生产环节税率和零售环节税率加总计算。消费税应纳税额计算公式:

$$应纳税额＝销售额×(生产环节税率＋零售环节税率)$$

对我国驻外使领馆工作人员、外国驻华机构及人员、非居民常住人员、政府间协议规定等应税(消费税)进口自用,且完税价格130万元及以上的超豪华小汽车消费税,按照生产(进口)环节税率和零售环节税率(10%)加总计算,由海关代征。

任务5 消费税应纳税额的计算

一、直接对外销售应税消费品应纳税额的计算

(一) 实行从价定率办法计算纳税的直接对外销售应税消费品应纳税额的计算

实行从价定率办法计算纳税的直接对外销售应税消费品应纳税额的基本计算公式为:

$$应纳税额 = 应税消费品销售额 \times 比例税率$$

应税消费品销售额的确定如下：

（1）销售额为纳税人销售应税消费品向购买方收取的全部价款和价外费用。其中价外费用，是指价外向购买方收取的手续费、补贴、基金、集资费、返还利润、奖励费、违约金、滞纳金、延期付款利息、赔偿金、代收款项、代垫款项、包装费、包装物租金、储备费、优质费、运输装卸费以及其他各种性质的价外收费。但下列项目不包括在内：

① 同时符合以下条件的代垫运输费用：承运部门的运输费用发票开具给购买方的；纳税人将该项发票转交给购买方的。

② 同时符合以下条件代为收取的政府性基金或者行政事业性收费：由国务院或者财政部批准设立的政府性基金，由国务院或者省级人民政府及其财政、价格主管部门批准设立的行政事业性收费；收取时开具省级以上财政部门印制的财政票据；所收款项全额上缴财政。

（2）由于应税消费品在缴纳消费税时与一般货物一样，还要缴纳增值税。因此，应税消费品的销售额，不包括应向购货方收取的增值税税额。如果纳税人应税消费品的销售额中未扣除增值税税款或者因不得开具增值税专用发票而导致价款和增值税税款合并收取的，在计算消费税时，应当换算为不含增值税税款的销售额。其换算公式为：

$$应税消费品的销售额 = 含增值税的销售额 \div (1 + 增值税税率或征收率)$$

（3）应税消费品连同包装物销售的，无论包装物是否单独计价以及在会计上如何核算，均应并入应税消费品的销售额中缴纳消费税。如果包装物不作价随同产品销售，而是收取押金，则此项押金不应并入应税消费品的销售额中征税。但对因逾期未收回的包装物不再退还的或者已收取的时间超过 12 个月的押金，应并入应税消费品的销售额，按照应税消费品的适用税率缴纳消费税。对既作价随同应税消费品销售，又另外收取押金的包装物，凡纳税人在规定的期限内没有退还的，其押金均应并入应税消费品的销售额，按照应税消费品的适用税率缴纳消费税。

值得注意的是，为了堵塞税收漏洞，财政部、国家税务总局联合下发了《关于酒类产品包装物押金征税问题的通知》（财税字〔1995〕53 号），规定从 1995 年 6 月 1 日起，对酒类（黄酒、啤酒除外）生产企业销售酒类产品而收取的包装物押金，无论押金是否返还及在会计上如何核算，均须并入酒类产品销售额中，依据酒类产品的适用税率计征消费税。

（4）纳税人销售的应税消费品，以人民币以外的货币结算销售额的，其销售额的人民币折合率可以选择销售额发生的当天或者当月 1 日的人民币汇率中间价。纳税人应在事先确定采用何种折合率，确定后 1 年内不得变更。

（5）纳税人通过自设非独立核算门市部销售自产应税消费品，应当按照门市部对外销售数额计算征收消费税。

知识释疑 4-1

纳税人通过自设独立核算门市部和非独立核算门市部销售自产应税消费品，应当如何分别计算征收消费税？

工作实例 4-1

　　甲化妆品厂为增值税一般纳税人,2017 年 1 月销售高档化妆品取得含税收入 46.8 万元,收取手续费 2 万元;另取得逾期包装物押金收入 1.51 万元。已知,增值税税率为 17%,消费税税率为 15%。

　　【工作要求】　计算甲化妆品厂本月的应纳消费税。

　　【工作实施】　价外收入和逾期包装物押金均视为含税(增值税)收入。甲化妆品厂本月应纳消费税＝(46.8＋2＋1.51)÷(1＋17%)×15%＝6.45(万元)。

　　(二) 实行从量定额办法计算纳税的直接对外销售应税消费品应纳税额的计算

　　实行从量定额办法计算纳税的直接对外销售应税消费品应纳税额的基本计算公式为:

$$应纳税额 ＝ 应税消费品的数量 × 定额税率$$

　　1. 应税消费品数量的确定

　　根据应税消费品的应税行为,应税消费品的数量具体规定为:

　　(1) 销售(一般是指出厂销售)应税消费品的,为应税消费品的销售数量。纳税人通过自设的非独立核算门市部销售自产应税消费品的,应当按照门市部对外销售数量征收消费税。

　　(2) 自产自用应税消费品的(用于连续生产应税消费品的除外①),为应税消费品的移送使用数量。

　　(3) 委托加工应税消费品的,为纳税人收回的应税消费品数量。

　　(4) 进口的应税消费品,为海关核定的应税消费品的进口征税数量。

　　2. 计量单位的换算标准

　　按照消费税规定,对黄酒、啤酒、成品油等应税消费品采取从量定额办法计算应纳税额。其计量单位的换算标准如表 4-2 所示。

表 4-2　　　　　　　　　　应税消费品计量单位的换算标准

序　号	名　　称	计量单位的换算单位
1	黄酒	1 吨＝962 升
2	啤酒	1 吨＝988 升
3	汽油	1 吨＝1 388 升
4	柴油	1 吨＝1 176 升
5	航空煤油	1 吨＝1 246 升
6	石脑油	1 吨＝1 385 升
7	溶剂油	1 吨＝1 282 升
8	润滑油	1 吨＝1 126 升
9	燃料油	1 吨＝1 015 升

---

　　① 注:将自产自用的应税消费品用于连续生产应税消费品,在此移送环节不纳税。

甲石化公司 6 月销售汽油 1 000 吨,柴油 900 吨,另向本公司在建工程车辆提供汽油 8 吨。已知汽油 1 吨＝1 388 升,柴油 1 吨＝1 176 升;汽油的定额税率为 1.52 元/升,柴油的定额税率为 1.2 元/升。

【工作要求】 计算甲公司当月的应纳消费税。

【工作实施】 应税消费品用于在建工程应当征收消费税。

(1)销售汽油应纳消费税＝1 000×1 388×1.52＝2 109 760(元)

(2)销售柴油应纳消费税＝900×1 176×1.2＝1 270 080(元)

(3)在建工程车辆使用汽油应纳消费税＝8×1 388×1.52＝16 878.08(元)

(三)实行从价定率和从量定额复合计税办法计算纳税的直接对外销售应税消费品应纳税额的计算

现行消费税的征税范围中,只有卷烟及白酒(粮食白酒和薯类白酒)采用复合计征方法。实行从价定率和从量定额复合计税办法计算纳税的直接对外销售应税消费品应纳税额的基本计算公式为:

应纳税额 ＝ 应税消费品的销售额×比例税率＋应税消费品的销售数量×定额税率

生产销售卷烟或白酒从量定额的计税依据为实际销售数量。进口、委托加工、自产自用卷烟或白酒从量定额的计税依据分别为海关核定的进口征税数量、委托方收回数量、移送使用数量。

1. 卷烟最低计税价格的核定

根据国家税务总局令第 26 号,自 2012 年 1 月 1 日起,卷烟消费税最低计税价格核定范围为卷烟生产企业在生产环节销售的所有牌号、规格的卷烟。

计税价格由国家税务总局按照卷烟批发环节销售价格扣除卷烟批发环节批发毛利核定并发布。计税价格的核定公式如下:

某牌号、规格卷烟计税价格＝批发环节销售价格×(1－适用批发毛利率)

卷烟批发环节销售价格,按照税务机关采集的所有卷烟批发企业在价格采集期内销售的该牌号、规格卷烟的数量、销售额进行加权平均计算。其计算公式如下:

$$批发环节销售价格 ＝ \frac{\sum 该牌号规格卷烟各采集点的销售额}{\sum 该牌号规格卷烟各采集点的销售数量}$$

实际销售价格高于核定计税价格的卷烟,按实际销售价格征收消费税;反之,按计税价格征税。

2. 白酒计税依据中从价定率部分的特殊规定

(1)白酒生产企业向商业销售单位收取的"品牌使用费"是随着应税白酒的销售而向购货方收取的,属于应税白酒销售价款的组成部分。因此,不论企业采取何种方式或以何种名义收取价款,均应并入白酒的销售额中缴纳消费税。

(2)白酒消费税最低计税价格的核定。

从 2009 年 8 月 1 日起,白酒生产企业销售给销售单位的白酒,生产企业消费税计税价格低于销售单位对外销售价格70%以下的,税务机关应核定消费税最低计税价格;白酒生产企业销售给销售单位的白酒,生产企业消费税计税价格高于销售单位对外销售价格70%(含)以上的,税务机关暂不核定消费税最低计税价格。

① 白酒生产企业销售给销售单位的白酒,生产企业消费税计税价格低于销售单位对外销售价格70%以下的,消费税最低计税价格由税务机关根据生产规模、白酒品牌、利润水平等情况,在销售单位对外销售价格50%至70%范围内自行核定。其中对于生产规模较大、利润水平较高的企业生产的需要核定消费税最低计税价格的白酒,税务机关核价幅度原则上应选择在销售单位对外销售价格60%至70%范围内。

② 已核定最低计税价格的白酒,生产企业实际销售价格高于消费税最低计税价格的,按实际销售价格申报纳税;实际销售价格低于消费税最低计税价格的,按最低计税价格申报纳税。

③ 已核定最低计税价格的白酒,销售单位对外销售价格持续上涨或下降时间达到3个月以上、累计上涨或下降幅度在20%(含)以上的白酒,税务机关重新核定最低计税价格。

白酒生产企业在办理消费税纳税申报时,应附已核定最低计税价格白酒清单。

④ 纳税人将委托加工收回的白酒销售给销售单位,消费税计税价格低于销售单位对外销售价格(不含增值税)70%以下,按照上述核价办法,核定消费税最低计税价格。

工作实例4-3

甲卷烟生产企业为增值税一般纳税人,2月销售乙类卷烟1 500标准条,取得含增值税销售额81 900元。已知乙类卷烟消费税比例税率为36%,定额税率为0.003元/支,每标准条有200支;增值税税率为17%。

【工作要求】 计算甲企业当月的应纳消费税。

【工作实施】

(1) 不含增值税销售额＝81 900÷(1＋17%)＝70 000(元)

(2) 从价定率应纳税额＝70 000×36%＝25 200(元)

(3) 从量定额应纳税额＝1 500×200×0.003＝900(元)

(4) 应纳消费税合计＝25 200＋900＝26 100(元)

4. 外购应税消费品已纳消费税扣除的计算

由于某些应税消费品是用外购已缴纳消费税的应税消费品连续生产出来的,在对这些连续生产出来的应税消费品计算征税时,税法规定应按当期生产领用数量计算准予扣除外购的应税消费品已纳的消费税税款。扣除范围包括:

(1) 外购已税烟丝生产的卷烟。

(2) 外购已税高档化妆品生产的高档化妆品。

(3) 外购已税珠宝玉石生产的贵重首饰及珠宝玉石。

(4) 外购已税鞭炮焰火生产的鞭炮焰火。

(5) 外购已税摩托车生产的摩托车(如用外购两轮摩托车改装三轮摩托车)。

(6) 外购已税杆头、杆身和握把为原料生产的高尔夫球杆。

(7) 外购已税木制一次性筷子为原料生产的木制一次性筷子。

(8) 外购已税实木地板为原料生产的实木地板。

(9) 外购已税汽油、柴油、石脑油、燃料油、润滑油生产的应税成品油。

上述当期准予扣除外购应税消费品已纳消费税税款的计算公式是：

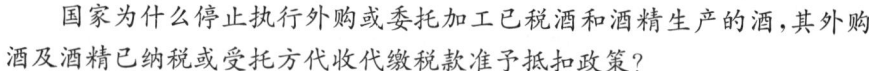

$$\begin{array}{c}\text{当期准予扣除外购} \\ \text{应税消费品已纳税款}\end{array} = \begin{array}{c}\text{当期准予扣除外购应税} \\ \text{消费品的买价(或数量)}\end{array} \times \begin{array}{c}\text{外购应税消费品适用比例} \\ \text{税率(或定额税率)}\end{array}$$

$$\begin{array}{c}\text{当期准予扣除外购应税} \\ \text{消费品的买价(或数量)}\end{array} = \begin{array}{c}\text{期初库存的外购应税} \\ \text{消费品的买价(或数量)}\end{array} + \begin{array}{c}\text{当期购进外购} \\ \text{消费品的买价(或数量)}\end{array} - \begin{array}{c}\text{期末库存的外购应税} \\ \text{消费品的买价(或数量)}\end{array}$$

其中，外购应税消费品的买价是指购货发票上注明的销售额（不含增值税）。需要说明的是，纳税人用外购已税珠宝玉石生产的改在零售环节征收消费税的金银首饰，在计税时一律不得扣除外购已税珠宝玉石的已纳税款。

知识释疑 4-2

国家为什么停止执行外购或委托加工已税酒和酒精生产的酒，其外购酒及酒精已纳税或受托方代收代缴税款准予抵扣政策？

工作实例 4-4

甲公司为增值税一般纳税人，外购香水精生产香水，3 月份生产销售香水取得不含税销售收入 100 万元。该公司 3 月初库存香水精 10 万元，3 月购进香水精 100 万元，3 月底库存香水精 40 万元。甲公司用于生产香水的原料香水精以及生产的香水均属于高档化妆品，已知高档化妆品适用的消费税税率为 15%。根据消费税法律制度的规定。

【工作要求】 计算甲公司当月的应纳消费税。

【工作实施】 3 月为生产香水领用香水精 = 10 + 100 - 40 = 70（万元），该公司当月应纳消费税 = 100 × 15% - 70 × 15% = 4.5（万元）。

二、自产自用应税消费品的计算

（一）自产自用应税消费品的确定

所谓自产自用，是指纳税人生产应税消费品后，不是用于直接对外销售，而是用于自己连续生产应税消费品，或用于其他方面。如果纳税人用于连续生产应税消费品，在自产自用环节不缴纳消费税；如果纳税人用于其他方面，一律于移送使用时，按视同销售缴纳消费税。用于其他方面包括用于本企业连续生产非应税消费品、在建工程、管理部门、非生产机构、提供劳务、馈赠、赞助、集资、广告、样品、职工福利、奖励等方面。[①]

（二）自产自用[②]应税消费品计税依据的确定

(1) 实行从价定率办法计算纳税的自产自用应税消费品计税依据的确定。

---

① 需要注意的是，纳税人用于换取生产资料和消费资料，投资入股和抵偿债务等方面的应税消费品，应当以纳税人同类应税消费品的平均销售价格作为计税依据计算消费税。

② 这里的"自产自用"指的是自产自用应税消费品用于其他方面的情况，用于其他方面包括用于本企业连续生产非应税消费品、在建工程、管理部门、非生产机构、提供劳务、馈赠、赞助、集资、广告、样品、职工福利、奖励等方面，下同。

实行从价定率办法计算纳税的自产自用应税消费品用于除了自己连续生产应税消费品以外的其他方面的,按照纳税人生产的同类消费品的销售价格计算纳税;没有同类消费品销售价格的,按照组成计税价格计算纳税。

实行从价定率办法计算纳税的组成计税价格计算公式:

$$组成计税价格=(成本+利润)÷(1-比例税率)$$
$$=成本(1+成本利润率)÷(1-比例税率)(下同)$$

(2)实行从量定额办法计算纳税的自产自用应税消费品计税依据的确定。

实行从量定额办法计算纳税的自产自用应税消费品计税依据为移送使用数量。

(3)实行复合计税办法计算纳税的自产自用应税消费品计税依据的确定。

从价部分按照纳税人生产的同类消费品的销售价格计算纳税;没有同类消费品销售价格的,按照组成计税价格计算纳税。从量部分按照纳税人自产自用应税消费品的移送使用数量作为计税依据计算纳税。

实行复合计税办法计算纳税的组成计税价格计算公式:

$$组成计税价格=(成本+利润+自产自用数量×定额税率)÷(1-比例税率)$$
$$=[成本×(1+成本利润率)+自产自用数量×定额税率]÷(1-比例税率)$$

其中,(1)和(3)中的"同类消费品的销售价格"是指纳税人当月销售的同类消费品的销售价格,如果当月同类消费品各个销售价格高低不同,应按销售数量加权平均计算。但销售的应税消费品有下列情况之一的,不得列入加权平均计算:

① 销售价格明显偏低且无正当理由的。

② 无销售价格的。

如果当月无销售或者当月未完结,应按照同类消费品上月或者最近月份的销售价格计算纳税。

上述公式中的"成本"是指应税消费品的产品生产成本。

上述公式中的"利润"是指根据应税消费品的全国平均成本利润率计算的利润。应税消费品全国平均成本利润率由国家税务总局确定。

应税消费品全国平均成本利润率(含新增和调整后的应税消费品)如表4-3所示。

表4-3　　　　　　　　　　　　应税消费品的平均成本利润率

消费品	全国平均成本利润率	消费品	全国平均成本利润率
甲类卷烟	10%	摩托车	6%
乙类卷烟	5%	高尔夫球及球具	10%
雪茄烟	5%	高档手表	20%
烟丝	5%	游艇	10%
粮食白酒	10%	木制一次性筷子	5%
薯类白酒	5%	实木地板	5%
其他酒	5%	乘用车	8%
高档化妆品	5%	中轻型商用客车	5%
鞭炮、焰火	5%	电池	4%
贵重首饰及珠宝玉石	6%	涂料	7%

名师精品·
高职高专会计系列
Gaozhigaozhuan Kuaiji Xilie

（三）自产自用应税消费品应纳税额的计算

（1）实行从价定率办法计算纳税的自产自用应税消费品应纳税额的计算公式：

① 有同类消费品销售价格的。

$$应纳税额 = 同类应税消费品单位销售价格 \times 自产自用数量 \times 比例税率$$

② 没有同类消费品销售价格的。

$$应纳税额 = 组成计税价格 \times 比例税率$$

（2）实行从量定额办法计算纳税的自产自用应税消费品应纳税额的计算公式：

$$应纳税额 = 自产自用数量 \times 定额税率$$

（3）实行复合计税办法计算纳税的自产自用应税消费品应纳税额的计算公式：

① 有同类消费品销售价格的。

$$应纳税额 = 同类应税消费品单位销售价格 \times 自产自用 \times 数量比例税率 + 自产自用数量 \times 定额税率$$

② 没有同类消费品销售价格的。

$$应纳税额 = 组成计税价格 \times 比例税率 + 自产自用数量 \times 定额税率$$

工作实例 4-5

甲企业为增值税一般纳税人，将 2 标准箱的自产卷烟无偿赠送给消费者，假设无同类产品的销售价格。已知该批卷烟的成本为 10 000 元，成本利润率为 5%；该批卷烟适用的消费税比例税率为 36%，定额税率为 150 元/标准箱。

【工作要求】 计算甲企业的应纳消费税和增值税。

【工作实施】

消费税组成计税价格 $= [10\,000 \times (1 + 5\%) + 150 \times 2] \div (1 - 36\%) = 16\,875(元)$

应纳消费税 $= 16\,875 \times 36\% + 150 \times 2 = 6\,375(元)$

增值税税额 $= 16\,875 \times 17\% = 2\,868.75(元)$

三、委托加工应税消费品应纳税额的计算

（一）委托加工应税消费品的确定

委托加工的应税消费品是指由委托方提供原料和主要材料，受托方只收取加工费和代垫部分辅助材料加工的应税消费品。对于由受托方提供原材料生产的应税消费品，或者受托方先将原材料卖给委托方，然后再接受加工的应税消费品，以及由受托方以委托方名义购进原材料生产的应税消费品，不论在财务上是否作销售处理，都不得作为委托加工应税消费品，而应当按照销售自制应税消费品缴纳消费税。

委托加工的应税消费品，除受托方为个人外，由受托方在向委托方交货时代收代缴税款。委托个人加工的应税消费品，由委托方收回后缴纳消费税。委托加工收回的应税消费品，委托方用于连续生产应税消费品的，所纳税款准予按规定抵扣。委托加工的应税消费品收回后直接出售的，不再缴纳消费税。委托方将收回的应税消费品，以不高

于受托方的计税价格出售的,为直接出售,不再缴纳消费税;委托方以高于受托方的计税价格出售的,不属于直接出售,需按照规定申报缴纳消费税,在计税时准予扣除受托方已代收代缴的消费税。

(二) 委托加工应税消费品计税依据的确定

(1) 实行从价定率办法计算纳税的委托加工应税消费品计税依据的确定。

实行从价定率办法计算纳税的委托加工应税消费品,按照受托方的同类消费品的销售价格计算纳税;没有同类消费品销售价格的,按照组成计税价格计算纳税。

实行从价定率办法计算纳税的组成计税价格计算公式如下:

$$组成计税价格 = (材料成本 + 加工费) \div (1 - 比例税率)$$

(2) 实行从量定额办法计算纳税的委托加工应税消费品计税依据的确定。

实行从量定额办法计算纳税的委托加工应税消费品计税依据为委托加工收回的应税消费品数量(委托加工数量)。

(3) 实行复合计税办法计算纳税的委托加工应税消费品计税依据的确定。

从价部分按照受托方的同类消费品的销售价格计算纳税;没有同类消费品销售价格的,按照组成计税价格计算纳税。从量部分按照纳税人委托加工数量作为计税依据计算纳税。

实行复合计税办法计算纳税的组成计税价格计算公式如下:

$$组成计税价格 = (材料成本 + 加工费 + 委托加工数量 \times 定额税率) \div (1 - 比例税率)$$

上述各组成计税价格公式中的"材料成本"是指委托方所提供加工的材料实际成本。委托加工应税消费品的纳税人,必须在委托加工合同上如实注明(或者以其他方式提供)材料成本,凡未提供材料成本的,受托方主管税务机关有权核定其材料成本。"加工费"是受托方加工应税消费品向委托方收取的全部费用(包括代垫的辅助材料实际成本)。

(三) 委托加工应税消费品应纳税额的计算

(1) 实行从价定率办法计算纳税的委托加工应税消费品应纳税额的计算公式如下:

受托方有同类消费品销售价格的

$$应纳税额 = 同类应税消费品单位销售价格 \times 委托加工数量 \times 比例税率$$

受托方没有同类消费品销售价格的

$$应纳税额 = 组成计税价格 \times 比例税率$$

(2) 实行从量定额办法计算纳税的委托加工应税消费品应纳税额的计算公式如下:

$$应纳税额 = 委托加工数量 \times 定额税率$$

(3) 实行复合计税办法计算纳税的委托加工应税消费品应纳税额的计算公式如下:

受托方有同类消费品销售价格的:

$$应纳税额 = 同类应税消费品单位销售价格 \times 委托加工数量 \times 比例税率 + 委托加工数量 \times 定额税率$$

受托方没有同类消费品销售价格的

$$应纳税额 = 组成计税价格 \times 比例税率 + 委托加工数量 \times 定额税率$$

知识释疑 4-3

委托加工的应税消费品,消费税与增值税的计算有什么不同?

工作实例 4-6

甲酒厂为增值税一般纳税人,2017 年 1 月提供 250 吨粮食(成本 20 万元),委托乙酒厂加工成粮食白酒 50 吨,乙酒厂收取加工费 5 万元(不含增值税),乙酒厂垫付辅助材料费 2 万元(不含增值税),甲酒厂均取得了乙酒厂开具的增值税专用发票,乙酒厂无同类产品售价。

【工作要求】 (1)计算甲酒厂委托乙酒厂加工的粮食白酒的组成计税价格。

(2)计算乙酒厂应代收代缴消费税额。

【工作实施】 (1)组成计税价格 = (20 + 5 + 2 + 50 × 2 000 × 0.5 ÷ 10 000) ÷ (1 − 20%) = 40(万元)

(2)乙酒厂应代收代缴消费税额 = 40 × 20% + 50 × 2 000 × 0.5 ÷ 10 000 = 13(万元)

(四)委托加工收回的应税消费品已纳税款的扣除

委托加工的应税消费品因为已由受托方代收代缴消费税,因此,委托方收回货物后用于连续生产应税消费品的,其已纳税款准予按照规定从连续生产的应税消费品应纳税额中扣除。扣除范围包括:

(1)以委托加工收回的已税烟丝为原料生产的卷烟。

(2)以委托加工收回的已税高档化妆品为原料生产的化妆品。

(3)以委托加工收回的已税珠宝玉石为原料生产的贵重首饰及珠宝玉石。

(4)以委托加工收回的已税鞭炮焰火为原料生产的鞭炮焰火。

(5)以委托加工收回的已税摩托车生产的摩托车。

(6)以委托加工收回的已税杆头、杆身和握把为原料生产的高尔夫球杆。

(7)以委托加工收回的已税木制一次性筷子为原料生产的木制一次性筷子。

(8)以委托加工收回的已税实木地板为原料生产的实木地板。

(9)以委托加工收回的已税汽油、柴油、石脑油、燃料油、润滑油为原料生产的应税成品油。

上述委托加工收回的应税消费品连续生产的应税消费品准予从应纳消费税税额中按当期生产领用数量计算扣除其已纳消费税款。当期准予扣除的委托加工应税消费品已纳税款的计算公式为:

$$当期准予扣除的委托加工应税消费品已纳税款 = 期初库存的委托加工应税消费品已纳税款 + 当期收回的委托加工应税消费品已纳税款 − 期末库存的委托加工应税消费品已纳税款$$

纳税人用委托加工收回的已税珠宝玉石生产的改在零售环节征收消费税的金银首饰,在计税时一律不得扣除已税珠宝玉石的已纳税款。

工作实例 4-7

甲实木地板厂为增值税一般纳税人,2016 年 11 月有关生产经营情况如下:

(1) 从油漆厂购进钢琴漆 240 吨,每吨不含税单价 1.25 万元,取得油漆厂开具的增值税专用发票,注明货款 300 万元、增值税 51 万元。

(2) 向农业生产者收购木材 40 吨,收购凭证上注明支付收购货款为 56 万元,另支付运输费用 5.55 万元(含税),取得运输公司(属于一般纳税人)开具的增值税专用发票,木材验收入库后,又将其运往乙地板厂加工成未上漆的实木地板,取得乙厂开具的增值税专用发票,注明支付加工费 10 万元、增值税 1.7 万元,甲厂收回实木地板时乙厂代收代缴了甲厂的消费税(受托方工厂没有同类应税消费品的价格)。

(3) 甲厂将委托加工收回的实木地板的一半领用连续生产高级实木地板,当月生产实木地板 2 000 箱,销售实木地板 1 500 箱,取得不含税销售额 450 万元。

(4) 当月将自产实木地板 200 箱用于本企业会议室装修。

(提示:实木地板消费税税率 5%;实木地板成本利润率 5%,所有应认证的发票均经过了认证。)

【工作要求】 (1) 计算甲厂当月应缴纳的增值税。

(2) 计算乙厂代收代缴的消费税。

(3) 计算甲厂当月销售应缴纳的消费税。

【工作实施】 (1) 应纳增值税。

① 外购油漆的进项税额 = 51(万元)

外购木材进项税额 = $56 \times 13\% + 5.55 \div (1 + 11\%) \times 11\% = 7.83$(万元)

委托加工业务的进项税额 = 1.7(万元)

② 当期进项税合计 = $51 + 7.83 + 1.7 = 60.53$(万元)

③ 销售和视同销售实木地板销项税额 = $450 \times 17\% + 450 \div 1\,500 \times 200 \times 17\% = 86.7$(万元)

④ 应缴纳增值税 = $86.7 - 60.53 = 26.17$(万元)

(2) 代收代缴的消费税。

委托加工实木地板组成计税价格 = $[56 \times (1 - 13\%) + 5.55 \div (1 + 11\%) + 10] \div (1 - 5\%) = 67.07$(万元)

委托加工实木地板应纳消费税 = $67.07 \times 5\% = 3.35$(万元)

因为没有同类价格,只能按组成计税价格计税;在计算组成计税价格时注意收购木材的 56 万元收购款中计算扣除了 13% 的进项税,剩余 $(1 - 13\%)$ 的部分计入了采购成本;支付 5.55 万元运费中有 0.55 万元作为进项税,剩余的 5 万元计入了采购成本。

(3) 当月销售应缴纳的消费税。

① 销售和视同销售实木地板应纳消费税 = $(450 + 450 \div 1\,500 \times 200) \times 5\% = 25.50$(万元)

② 生产领用已税实木地板应抵扣消费税＝3.35×50％＝1.675(万元)

③ 应缴纳消费税＝25.50－1.675＝23.825(万元)

四、进口应税消费品应纳税额的计算

(一) 进口应税消费品计税依据的确定

纳税人进口应税消费品,按照组成计税价格和规定的税率计算应纳税额。

(1) 实行从价定率办法计算纳税的进口应税消费品计税依据的确定。

实行从价定率办法计算纳税的进口应税消费品,按照组成计税价格计算纳税。

实行从价定率办法计算纳税的组成计税价格计算公式:

$$组成计税价格 ＝(关税完税价格＋关税)÷(1－比例税率)$$

(2) 实行从量定额办法计算纳税的进口应税消费品计税依据的确定。

实行从量定额办法计算纳税的进口应税消费品计税依据为海关核定的应税消费品的进口数量。

(3) 实行复合计税办法计算纳税的进口应税消费品计税依据的确定。

从价部分,按照组成计税价格计算纳税。从量部分,按照海关核定的应税消费品的进口数量作为计税依据计算纳税。

实行复合计税办法计算纳税的组成计税价格计算公式:

$$组成计税价格 ＝(关税完税价格＋关税＋海关核定的应税消费品的进口数量×定额税率)÷(1－比例税率)$$

公式中"关税完税价格"是指海关核定的关税计税价格。

(二) 进口应税消费品应纳税额的计算

(1) 实行从价定率办法计算纳税的进口应税消费品应纳税额的计算公式:

$$应纳税额 ＝组成计税价格×比例税率$$

(2) 实行从量定额办法计算纳税的进口应税消费品应纳税额的计算公式:

$$应纳税额 ＝海关核定的应税消费品的进口数量×定额税率$$

(3) 实行复合计税办法计算纳税的进口应税消费品应纳税额的计算公式:

$$应纳税额 ＝组成计税价格×比例税率＋海关核定的应税消费品的进口数量×定额税率$$

工作实例 4-8

甲烟草公司1月进口甲类卷烟100标准箱,海关核定的每箱卷烟关税完税价格为3万元。已知卷烟关税税率为25％,消费税比例税率为56％,定额税率为0.003元/支;每标准箱有250条,每条200支。

【工作要求】 计算甲公司进口卷烟的应纳消费税。

【工作实施】

(1) 应纳关税税额＝100×3×25％＝75(万元)

（2）组成计税价格＝（100×3＋75＋100×250×200×0.003÷10 000）÷（1－56％）＝855.681 8（万元）

（3）应纳消费税＝855.681 8×56％＋100×250×200×0.003÷10 000＝479.181 8＋1.5＝480.681 8（万元）

知识释疑 4-4

增值税与消费税的计税依据有何不同？

项目引例解析

（1）当月 A 企业应代收代缴的消费税＝［140×1.1×（1＋20％）×（1－13％）＋10］÷（1－30％）×30％＝73.19（万元）

（2）关税＝（320＋12）×10％＝33.2（万元）

进口烟丝应纳增值税＝（320＋12）×（1＋10％）÷（1－30％）×17％＝88.69（万元）

进口烟丝应缴纳的消费税＝（320＋12）×（1＋10％）÷（1－30％）×30％＝156.51（万元）

当月卷烟厂进口烟丝应缴纳税金合计＝33.2＋88.69＋156.51＝278.4（万元）

（3）领用烟丝生产烟叶，属于将外购的货物连续生产应税消费品，不征收消费税。

（4）当月准予扣除外购烟丝已纳消费税＝［32＋400＋280＋（320＋12）×（1＋10％）÷（1－30％）－70］×30％＝349.11（万元）

（5）当月该卷烟厂国内销售环节应缴纳消费税＝（600＋11.7÷1.17）×36％＋400×250×100÷10 000×56％＋150×400÷10 000－349.11＝436.49（万元）

任务 6　消费税出口退（免）税的计算

一、出口应税消费品的免税

出口应税消费品的免税主要适用于生产企业直接出口或委托外贸企业出口应税消费品。

对出口应税消费品予以免税的情况规定如下：生产企业直接出口应税消费品或委托外贸企业出口应税消费品，不予计算缴纳消费税。

二、出口应税消费品的退税

出口应税消费品的退税，主要适用于外贸企业自营出口或委托其他外贸企业代理出口应税消费品。

（一）出口应税消费品的企业

出口应税消费品的退税，原则上应将所征税款全部退还给出口企业，即采取先征后退办法。出口应税消费品退税的企业范围主要包括：

（1）有出口经营权的外贸、工贸公司。

（2）特定出口退税企业，如对外承包工程公司、外轮供应公司等。

（二）出口应税消费品退税的范围

（1）具备出口条件，给予退税的消费品。这类消费品必须具备四个条件：属于消费税征税范围的消费品；取得"消费税税收（出口货物专用）缴款书"、增值税专用发票（税款抵扣联）、出口货物报关单（出口退税联）、出口收汇核销单；必须报关离境；在财务上作出口销售处理。

（2）不具备出口条件，也给予退税的消费品。如对外承包工程公司运出境外用于对外承包项目的消费品、外轮供应公司、远洋运输供应公司销售给外轮、远洋货轮而收取外汇的消费品等。

（3）出口应税消费品退税税率。

计算出口应税消费品应退消费税的税率或单位税额，严格按照消费税暂行条例所附"消费税税目税率（税额）表"执行。当出口的货物是应税消费品时，其退还增值税要按规定的增值税退税率计算，而其退还消费税则按应税消费品所适用的消费税税率计算。企业应将不同消费税税率的出口应税消费品分开核算和申报，凡划分不清适用税率的，一律从低适用税率计算应退消费税税额。

（4）出口应税消费品退税的计算。

① 退税的计算依据。

A. 对采用比例税率征税的消费品，其退税依据是从工厂（生产企业）购进货物时，开始计算征收消费税的价格。对含增值税的购进金额，换算成不含增值税的金额来作为计算退税的依据。

B. 对采用定额税率征收消费税的消费品，其退税依据是出口报关的数量。

② 应退消费税的计算

外贸企业自营出口或委托其他外贸企业代理出口货物的应退消费税税额，应分别按上述计算依据和"消费税税目税率（税额）表"规定的税率计算应退税额。其计算公式为：

$$应退消费税额 = 出口消费品的工厂销售额（出口数量） × 比例税率（定额税率）$$

其中，出口消费品的工厂销售额实际上指的是外贸企业从工厂（生产企业）购进货物（应税消费品）时，计算征收消费税的价格。

三、消费税出口退（免）税的其他有关规定

外贸企业自营出口或委托其他外贸企业代理出口的应税消费品办理退税后，发生退关或者国外退货进口时予以免税的，报关出口者必须及时向其机构所在地或者居住地主管税务机关申报补缴已退的消费税税款。

生产企业出口或委托外贸企业代理出口的应税消费品办理免税后，发生退关或者国外退货，进口时已予以免税的，经机构所在地或者居住地主管税务机关批准，可暂不办理补税，待其转为国内实际销售时，再申报补缴消费税。

任务7　消费税的征收管理

一、消费税的征收管理要求

（一）消费税的纳税义务发生时间

（1）纳税人销售应税消费品的,按不同的销售结算方式,其纳税义务发生时间分别为:

① 采取赊销和分期收款结算方式的,为书面合同约定的收款日期的当天,书面合同没有约定收款日期或者无书面合同的,为发出应税消费品的当天。

② 采取预收货款结算方式的,为发出应税消费品的当天。

③ 采取托收承付和委托银行收款方式的,为发出应税消费品并办妥托收手续的当天。

④ 采取其他结算方式的,为收讫销售款或者取得索取销售款凭据的当天。

（2）纳税人自产自用应税消费品的,为移送使用的当天。

（3）纳税人委托加工应税消费品的,为纳税人提货的当天。

（4）纳税人进口应税消费品的,为报关进口的当天。

（二）消费税的纳税期限

消费税的纳税期限分别为 1 日、3 日、5 日、10 日、15 日、1 个月或者 1 个季度。纳税人的具体纳税期限,由主管税务机关根据纳税人应纳税额的大小分别核定;不能按照固定期限纳税的,可以按次纳税。

纳税人以 1 个月或者 1 个季度为一期纳税的,自期满之日起 15 日内申报纳税;以 1 日、3 日、5 日、10 日或者 15 日为一期纳税的,自期满之日起 5 日内预缴税款,于次月 1 日起至 15 日内申报纳税并结清上月应纳税款。

纳税人进口应税消费品,应当自海关填发海关进口消费税专用缴款书之日起 15 日内缴纳税款。

（三）消费税的纳税地点

（1）纳税人销售应税消费品及自产自用应税消费品,除国家另有规定外,应当向纳税人机构所在地或居住地的主管税务机关申报纳税。

（2）纳税人到外县（市）销售或者委托外县（市）代销自产应税消费品的,应于应税消费品销售后,向机构所在地或者居住地主管税务机关申报纳税。

（3）纳税人的总机构与分支机构不在同一县（市）的,应当分别向各自机构所在地的主管税务机关申报纳税;经财政部、国家税务总局或者其授权的财政、税务机关批准,可以由总机构汇总向总机构所在地的主管税务机关申报纳税。

（4）委托加工的应税消费品,除受托方为个人外,由受托方向机构所在地或居住地的主管税务机关解缴消费税税款。委托个人加工的应税消费品,由委托方向其机构所在地或居住地主管税务机关申报纳税。

（5）进口的应税消费品,由进口人或者其代理人向报关地海关申报纳税。

（6）出口的应税消费品办理退税后,发生的退关,或者国外退货进口时予以免税

名师精品 · 高职高专会计系列 Gaozhigaozhuan Kuaiji Xilie

的,报关出口者必须及时向其机构所在地或者居住地主管税务机关申报补缴已退的消费税税款。

(7)纳税人销售应税消费品,如果因质量等原因由购买者退回时,经机构所在地或者居住地主管税务机关审核批准后,可退还已缴纳的消费税税款。

实务释疑 4-3

总公司在青岛,在国税有消费税税种,近期在青岛不同区又设立了几家分支机构,请问分支机构的消费税可以由总公司汇总缴纳吗?

二、消费税的纳税申报

以烟类应税消费品为例,纳税人对消费税进行纳税申报时,应当填报"本期准予扣除税额计算表"(表 4-4)、"烟类应税消费品消费税纳税申报表"(略)。

表 4-4　　　　　　　　烟类应税消费品消费税纳税申报表

税款所属期:　　年　月　日至　　年　月　日
纳税人名称:
纳税人识别号:
填表日期:年　月　日　　单位:卷烟万支、雪茄烟支、烟丝千克　　　　金额单位:元(列至角分)

项目 应税消费品名称	适用税率		销售数量	销售额	应纳税额
	定额税率	比例税率			
卷烟	30 元/万支	56%			
卷烟	30 元/万支	36%			
雪茄烟	—	36%			
烟丝	—	30%			
合计	—	—	—		

本期准予扣除税额:	声明 　　此纳税申报表是根据国家税收法律的规定填报的,我确定它是真实的、可靠的、完整的。
本期减(免)税额:	经办人(签章): 　　财务负责人(签章): 　　联系电话:
期初未缴税额:	
本期缴纳前期应纳税额:	(如果你已委托代理人申报,请填写)
本期预缴税额:	授权声明 　　为代理一切税务事宜,现授权(地址)
本期应补(退)税额:	为本纳税人的代理申报人,任何与本申报表有关的往来文件,都可寄予此人。
期末未缴税额:	授权人签章:

以下由税务机关填写
受理人(签章):　　　　　　　受理日期:　　年　月　日　　　　　受理税务机(章):

职业技能训练

一、单项选择题

1. 根据消费税法律制度的规定,下列各项中,属于消费税征税范围的是(　　)。
   A. 汽车轮胎
   B. 食用酒精
   C. 铂金首饰
   D. 体育上用的发令纸

2. 我国消费税对不同应税消费品采用了不同的税率形式。下列应税消费品中,适用复合计税方法计征消费税的是(　　)。
   A. 白酒
   B. 啤酒
   C. 小汽车
   D. 摩托车

3. 某化妆品厂为增值税一般纳税人。2017年3月发生以下业务:6日销售高档化妆品300箱,每箱不含税价格500元;10日销售同类高档化妆品600箱,每箱不含税价格550元。当月以300箱同类高档化妆品与某公司换取精油。则该厂当月应纳消费税(　　)元。
   A. 86 750
   B. 96 750
   C. 97 750
   D. 96 765

4. 纳税人进口应税消费品,应于(　　)缴纳消费税税款。
   A. 海关填发海关进口消费税专用缴书次日起15日内
   B. 海关填发海关进口消费税专用缴款书之日起15日内
   C. 海关填发海关进口消费税专用缴款书次日起7日内
   D. 海关填发海关进口消费税专用缴款书之日起7日内

5. 下列关于从量计征消费税计税依据确定方法的表述中,错误的是(　　)。
   A. 销售应税消费品的,为应税消费品的销售数量
   B. 进口应税消费品的,为海关核定的应税消费品数量
   C. 以应税消费品投资入股的,为应税消费品移送使用数量
   D. 委托加工应税消费品,为加工完成的应税消费品数量

6. 根据消费税暂行条例的规定,下列关于消费税纳税义务发生时间表述中,正确的是(　　)。
   A. 分期收款结算方式下,消费税纳税义务发生时间为实际收款日期
   B. 赊销方式下,消费税纳税义务发生时间为收到货款的当天
   C. 预收货款结算方式下,消费税纳税义务发生时间为收到货款的当天
   D. 预收货款结算方式下,消费税纳税义务发生时间为发出应税消费品的当天

二、多项选择题

1. 根据消费税法律制度的规定,计算白酒的消费税时,应并入白酒计税销售额的有(　　)。
   A. 品牌使用费
   B. 包装费
   C. 包装物押金
   D. 包装物租金

2. 纳税人外购下列已税消费品生产应税消费品的,已纳消费税可以扣除的有(　　)。
   A. 外购已税卷烟贴商标、包装生产出售的卷烟
   B. 外购已税汽车轮胎生产的汽车
   C. 外购已税珠宝玉石为原料生产的贵重首饰及珠宝、玉石
   D. 以外购已税木制一次性筷子原料生产的木制一次性筷子

3. 下列选项中,应在移送环节缴纳消费税的有(　　)。
   A. 酒厂将自产白酒移送勾兑低度酒
   B. 小轿车厂将自产轿车赠送给拉力赛

C. 制药厂将自制酒精移送生产药膏　　　　　D. 卷烟厂将自制卷烟发给职工工作福利

4. 下列单位中,属于消费税纳税人的有(　　　)。

A. 生产销售应税消费品(金银首饰除外)的单位

B. 委托加工应税消费品并自用的单位

D. 受托加工应税消费品的单位

D. 进口应税消费品的单位

5. 根据消费税现行规定,下列属于消费税纳税人的有(　　　)。

A. 钻石的进口商　　　　　　　　　　　　B. 高档化妆品的生产商

C. 卷烟的批发商　　　　　　　　　　　　D. 金银首饰的零售商

6. 下列选项中,按规定适用 5% 的税率的消费税货物包括(　　　)。

A. 高档手表　　　　　　　　　　　　　　B. 实木地板

C. 木制一次性筷子　　　　　　　　　　　D. 烟丝

三、判断题

1. 纳税人销售的应税消费品,如因质量等原因由购买者退回时,经机构所在地或居住地主管税务机关审核批准后,可退还已缴纳的消费税税款。　　　　　　　　　　　　　　　　　　(　　　)

2. 金银首饰连同包装物销售的,无论包装物是否单独计价,也无论会计上如何核算,均应并入金银首饰的销售额,计征消费税。　　　　　　　　　　　　　　　　　　　　　　　(　　　)

3. 生产企业直接出口应税消费品或委托外贸企业出口应税消费品,应计算缴纳消费税。　(　　　)

4. 消费税的纳税人是指在中华人民共和国境内生产、委托加工和进口《消费税实施细则》规定的应税消费品的单位和个人。　　　　　　　　　　　　　　　　　　　　　　　　　(　　　)

5. 舞台、戏剧、影视演员化妆用的上妆油、卸妆油、油彩,属于消费税的征收范围。　(　　　)

6. 出口的应税消费品办理退税后,发生的退关,或者国外退货进口时予以免税的,报关出口者必须及时向其机构所在地或者居住地主管税务机关申报补缴已退的消费税税款。　　　　　(　　　)

四、计算题

1. 甲啤酒厂 10 月销售啤酒 420 吨,每吨出厂价格 3 200 元(含增值税),收取包装物及包装物押金 100 元。11 月销售啤酒 500 吨,每吨出厂价格 3 500 元(含增值税),收取包装物及包装物押金 100 元。

要求:计算甲酒厂 10 月、11 月应纳消费税税额。

2. 甲卷烟厂 2017 年 1 月外购烟丝价款 86 000 元,月初库存外购已税烟丝 75 000 元,月末库存外购已税烟丝 36 000 元;当月以外购烟丝生产卷烟的销售量为 30 个标准箱,每标准条调拨价格 62 元,共计 372 000 元。

要求:计算甲卷烟厂应纳消费税税额。

3. 甲白酒厂为增值税一般纳税人,本月特制一批粮食白酒作为样品,该批白酒该厂无市场销售价格。税务机关确定按组成计税价格计算税款。该批白酒成本为 50 000 元,共 2 000 斤。成本利润率为 10%,白酒的比例税率为 20%,白酒的定额税率为 0.5 元/斤。

要求:(1) 计算甲白酒厂自产粮食白酒的组成计税价格。

(2) 计算甲白酒厂该批粮食白酒应缴纳的消费税。

4. 某酒厂为增值税一般纳税人,3 月销售自己生产的粮食白酒 6 吨,开具增值税专用发票注明销售额 80 万元,另外向购买方收取优质费 35.1 万元。已知白酒的消费税税率为 20% 加 0.5 元/

500 克。

　　要求:计算该酒厂的应纳消费税和增值税销项税额。

职业能力实训

　　1. 甲酒厂为增值税一般纳税人,2017 年 2 月发生以下业务:

　　(1) 将上月委托加工收回的 5 吨白酒,其中 4 吨加工成药酒对外销售,取得不含税价款 30 万元;剩余 1 吨本企业招待客户使用,按同类白酒的不含税销售价折合为 6 万元。

　　(2) 向某商贸企业销售白酒 80 吨,取得不含税销售额 400 万元,并同时收取白酒品牌使用费 32.76 万元。

　　(3) 销售干红酒 20 吨,取得不含税销售额 200 万元。将 10 吨不同度数的粮食白酒组成礼品盒销售,取得不含税销售额 160 万元。

　　(4) 采用分期收款方式向乙企业销售白酒 16 吨,合同规定不含税销售额共计 80 万元,本月收取 50% 的货款,其余货款于下月 10 日收取,由于本月资金紧张,经协商,本月收取不含税货款 30 万元,甲企业按收到的货款开具防伪税控增值税专用发票。

　　(5) 接受乙企业提供的价值 8 万元原材料,委托加工散装药酒 1 000 公斤,交货时向乙企业收取不含增值税的加工费 1 万元,并代收代缴乙企业消费税。

　　要求:

　　(1) 计算该企业当月应纳消费税。

　　(2) 计算该企业当月应纳增值税。

　　(3) 计算代收代缴乙企业消费税。

项目 **5**

小税种税法（上）

职业能力目标

（1）能判定哪些业务应缴纳关税，能根据相关业务资料计算关税，能确定关税的纳税义务发生时间、纳税期限和纳税地点。

（2）能判定哪些业务应缴纳城市维护建设税、教育费附加和地方教育附加，能根据相关业务资料计算城市维护建设税、教育费附加和地方教育附加，能确定城市维护建设税、教育费附加和地方教育附加的纳税义务发生时间、纳税期限和纳税地点。

（3）能判定哪些业务应缴纳土地增值税，能根据相关业务资料计算土地增值税，能确定土地增值税的纳税义务发生时间、纳税期限和纳税地点。

（4）能判定哪些业务应缴纳房产税，能根据相关业务资料计算房产税，能确定房产税的纳税义务发生时间、纳税期限和纳税地点。

（5）能判定哪些业务应缴纳资源税，能根据相关业务资料计算资源税，能确定资源税的纳税义务发生时间、纳税期限和纳税地点。

项目引例

关税的计算

2017 年 1 月，甲电视台进口两台日本生产的电视摄像机，每台价格为 20 000 美元，原产于日本的电视摄像机适用最惠国税率：每台完税价格低于或等于 5 000 美元的，适用从价税，税率为 35%；每台完税价格高于 5 000 美元的，其税率为每台 13 280 元的从量税，加上 3%的从价税。海关填发缴款书之日人民币与美元兑换率为 6.5∶1。

工作要求

计算甲电视台上述进口业务应纳进口关税税额。

项目引例解析

见本项目的任务 1。

任务 1　关　税　法

一、关税的认知

(一) 关税的含义

关税是海关依法对进出境货物、物品征收的一种税。所谓"境"指关境，又称"海关境域"或"关税领域"，是国家《海关法》全面实施的领域。

在通常情况下，一国关境与国境是一致的，包括国家全部的领土、领海和领空。

在特殊情况下，一方面，当某一国家在国境内设立了自由港、自由贸易区等，这些区域就进出口关税而言处在关境之外，这时，该国家的关境小于国境；另一方面，当几个国家结成关税同盟，组成一个共同的关境，实施统一的关税法令和统一的对外税则，这些国家彼此之间货物进出国境不征收关税，只对来自或运往其他国家的货物进出共同关境时征收关税，这些国家的关境大于国境。

(二) 关税的发展

关税是一个历史悠久的税种。它是伴随国家之间经济联系的需要而产生和发展起来的。在古代，统治者在其领地内对流通中的商品征税，是取得财政收入的一种最方便的手段。近代国家出现后，关税成为国家税收中的一个单独税种，形成了近代关税。其后，又发展成为现代各国所通行的现代关税。

我国关税历史悠久，西周就有"关市之征"的记载，征税的目的是"关市之赋，以待王之膳服"。随着国际贸易往来的逐渐增多，陆地边境关卡的征税和沿海港口市舶机构的征税具有国境关税的特征。清初时设立江、浙、闽、粤四处海关，其后在不平等条约下增开对外通商口岸设立海关，征收关税。但国内各地关卡林立，常关税、厘金税、子口税、转口税等国内关税与国境关税同时并存。至 1931 年以后才逐步撤销了内地关税，只在国境征收进出口关税。新中国成立后，国家组建了海关总署，统一管理全国海关业务。1950 年 1 月政务院颁布了《关于关税政策和海关工作的决定》，同年 5 月颁布了《中华人民共和国暂行海关法》《中华人民共和国进出口税则》和《中华人民共和国进出口税则暂行实施条例》，统一了新中国的关税政策，建立了完全独立自主的保护关税制度。

现行关税法律规范以全国人民代表大会于 2000 年 7 月修正颁布的《中华人民共和国海关法》（以下简称《海关法》）为法律依据，以国务院于 2003 年 11 月发布的《中华人民共和国进出口关税条例》，以及由国务院关税税则委员会审定并报国务院批准，作为条例组成部分的《中华人民共和国海关进出口税则》和《中华人民共和国海关入境旅客行李物品和个人邮递物品征收进口税办法》为基本法规，由负责关税政策制定和征收管理的主管部门依据基本法规拟定的管理办法和实施细则为主要内容。

二、关税征税对象和纳税人的确定及税则、税目的划分

（一）关税征税对象的确定

关税的征税对象是指准许进出我国关境的货物和物品。货物是指贸易性商品；物品指入境旅客随身携带的行李物品、个人邮递物品、各种运输工具上的服务人员携带进口的自用物品、馈赠物品以及其他方式进境的个人物品。

（二）关税纳税人的确定

进口货物的收货人、出口货物的发货人、进出境物品的所有人，都是关税的纳税义务人。进出口货物的收、发货人是依法取得对外贸易经营权，并进口或出口货物的法人或其他社会团体。进出境物品的所有人包括该物品的所有人和推定为所有人的人。一般情况下，对于携带进境的物品，推定其携带人为所有人；对分离运输的行李，推定相应的进出境旅客为所有人；对以邮递方式进境的物品，推定其收件人为所有人；以邮递或其他运输方式出境的物品，推定其寄件人或托运人为所有人。

（三）关税的税则、税目的划分

关税税则是一国对进出口商品计征关税的规章和对进出口的应税与免税商品加以系统分类的一览表。海关凭以征收关税，是关税政策的具体体现。《中华人民共和国海关进出口税则》是确定商品归类、适用税率的法律文件。现行关税税则包括两个部分：一部分是海关计征关税的规章条例及说明；另一部分是关税税目、税则列号和税率。

《中华人民共和国海关进出口税则》是以《商品名称及编码协调制度》为基础，结合我国进出口商品的实际而编排的。全部应税商品共分为 21 大类。

在 21 类商品之下，分为 97 章，每章商品又被细分为若干商品项数。这些商品项数分别用 8 位数字组成的代码表示，或称为税则号列。每个税则号列之后还要有对商品进行的基本描述，或称为货品名称，以及该税则号列商品适用的税率等等。上述每条税则号列、货品名称和税率记录统称为一个税目。我国 2016 年版进出口税则税目总数为 8 294 个。

三、关税税率的判定

（一）进口关税税率的判定

（1）税率设置与适用

我国进口税则设有最惠国税率、协定税率、特惠税率、普通税率、关税配额税率等税

率。对进口货物在一定期限内可以实行暂定税率。进口税率的选择适用是根据货物的不同原产地而确定的,原产地不明的货物实行普通税率。

知识释疑 5-1

　　最惠国税率、协定税率、特惠税率、普通税率、关税配额税率适用于什么情况?

　　(2) 税率计征办法

　　我国对进口商品基本上都实行从价税,即以进口货物的完税价格作为计税依据,以应征税额占货物完税价格的百分比作为税率。我国对部分产品实行从量税、复合税、选择税和滑准税。

　　从量税是以进口商品的重量、长度、容量、面积等计量单位为计税依据。从量税是每一种进口商品的单位应税额固定,不受该商品进口价格的影响,因此,这种计税方法的特点是税额计算简便,通关手续快捷,并能起到抑制质次价廉商品或故意低瞒价格商品的进口的作用。目前我国对原油、部分鸡产品、啤酒、胶卷进口分别以重量、容量、面积计征从量税。

　　复合税是对某种进口商品同时使用从价和从量计征的一种计征关税的方法,如现行进口税则中磁带放像机的税率:完税价格低于 2 000 美元/台的,税率为 30%;完税价格高于 2 000 美元/台的,税率为 3%,另加 2 383 元。复合税既可发挥从量税抑制低价商品进口的特点,又可发挥从价税税负合理、稳定的特点。目前我国对录像机、放像机、摄像机、数字照相机和摄录一体机实行复合税。

　　选择税是对于一种进口商品同时定有从价税和从量税两种税率,在征税时选择其税额较高的一种征税。但有时为了鼓励某种商品进口,也会选择其中的税额低者征收。实行选择税多根据产品价格高低而定。

　　滑准税是一种关税税率随进口商品价格由高到低而由低到高设置计征关税的方法,可以使进口商品价格越高,其进口关税税率越低,进口商品的价格越低,其进口关税税率越高。其主要特点是可保持滑准税商品的国内市场价格的相对稳定,尽可能减少国际市场价格波动的影响。目前我国对新闻纸实行滑准税。

　　(二) 出口关税税率的判定

　　征收出口关税的货物项目很少,主要为少数资源性产品及易于竞相杀价、盲目进口、需要规范出口秩序的半制成品。出口关税税率包括出口税率和年度暂定税率两类。出口税率实行差别比例税率(分为 20%、25%、30%、40% 和 50%);年度暂定税率包括差别比例税率(分为 0、3%、5%、10%、15% 和 25%)和从量定额税率。

　　(三) 特别关税的判定

　　特别关税包括报复性关税、反倾销税与反补贴税、保障性关税。

　　报复性关税是指为报复他国对本国出口货物的关税歧视,而对相关国家的进口货物征收的一种进口附加税。任何国家或者地区对其进口的原产于我国的货物征收歧视性关税或者给予其他歧视性待遇的,我国对原产于该国家或者地区的进口货物征收报复性关税。税率视具体情况而定。

反倾销税就是对倾销商品所征收的进口附加税。当进口国因外国倾销某种产品，国内产业受到损害时，征收相当于出口国国内市场价格与倾销价格之间差额的进口税。

反补贴税是指对进口商品使用的一种超过正常关税的特殊关税，目的在于为了抵消国外竞争者得到奖励和补助产生的影响，保护进口国的制造商。

保障性关税指当某类商品进口量剧增，对我国相关产业带来巨大威胁或损害时，按照WTO有关规则。可以启动一般保障措施，即在与有实质利益的国家或地区进行磋商后，在一定时期内提高该项商品的进口关税或采取数量限制措施，以保护国内相关产业不受损害。

（四）关税税率的运用

关税税率的运用规则如下：

（1）进出口货物，应按纳税义务人申报进口或者出口之日实施的税率征税。

（2）进口货物到达之前，经海关核准先行申报的，应该按照装载此货物的运输工具申报进境之日实施的税率征税。

（3）进出口货物的补税和退税，应按该进出口货物原申报进口或出口之日所实施的税率，但也有特例情况。特例情况略。

四、关税优惠政策的运用

关税的减免分为法定减免、特定减免和临时减免。

（一）关税的法定减免

法定减免税是税法中明确列出的减税或免税。符合税法规定可予减免税的进出口货物，纳税义务人无需提出申请，海关可按规定直接予以减免税。海关对法定减免税货物一般不进行后续管理。

我国《海关法》和《进出口条例》明确规定，下列货物、物品予以减免关税：

（1）关税税额在人民币50元以下的一票货物，可免征关税。

（2）无商业价值的广告品和货样，可免征关税。

（3）外国政府、国际组织无偿赠送的物资，可免征关税。

（4）进出境运输工具装载的途中必需的燃料、物料和饮食用品，可予免税。

（5）经海关核准暂时进境或者暂时出境，并在6个月内复运出境或者复运进境的货样、展览品、施工机械、工程车辆、工程船舶、供安装设备时使用的仪器和工具、电视或者电影摄制器械、盛装货物的容器以及剧团服装道具，在货物收发货人向海关缴纳相当于税款的保证金或者提供担保后，可予暂时免税。

（6）为境外厂商加工、装配成品和为制造外销产品而进口的原材料、辅料、零件、部件、配套件和包装物料，海关按照实际加工出口的成品数量免征进口关税；或者对进口料件先征进口关税，再按照实际加工出口的成品数量予以退税。

（7）因故退还的中国出口货物，经海关审查属实，可予免征进口关税，但已征收的出口关税不予退还。

（8）因故退还的境外进口货物，经海关审查属实，可予免征出口关税，但已征收的进口关税不予退还。

（9）进口货物如有以下情形,经海关查明属实,可酌情减免进口关税:

① 在境外运输途中或者在起卸时,遭受损坏或者损失的。

② 起卸后海关放行前,因不可抗力遭受损坏或者损失的。

③ 海关查验时已经破漏、损坏或者腐烂,经证明不是保管不慎造成的。

（10）无代价抵偿货物,即进口货物在征税放行后,发现货物残损、短少或品质不良,而由国外承运人、发货人或保险公司免费补偿或更换的同类货物,可以免税。但有残损或质量问题的原进口货物如未退运国外,其进口的无代价抵偿货物应照章征税。

（11）我国缔结或者参加的国际条约规定减征、免征关税的货物、物品,按照规定予以减免关税。

（12）法律规定减征、免征的其他货物。

（二）关税的特定减免

特定减免是指在关税基本法规确定的法定减免以外,国家按国际通行规则和我国实际情况,制定发布的特定或政策性减免税。包括:科教用品;残疾人专用品;扶贫、慈善性捐赠物资;加工贸易产品;边境贸易进口物资;保税区进出口货物;出口加工区进出口货物;进口设备;特定行业或用途的减免税政策。

知识释疑 5-2

什么是出口加工区?什么是保税区?

（三）关税的临时减免

临时减免是指在以上两项减免税以外,由国务院运用"一案一批"原则,针对某个纳税人、某类商品、某个项目或某批货物的特殊情况,特别照顾,临时给予的减免。

五、关税应纳税额的计算

（一）关税完税价格的确定

1. 一般进口货物的完税价格

（1）成交价格为基础的完税价格。

进口货物的完税价格是指进口货物的计税价格。正常情况下,进口货物采用以成交价格为基础的完税价格。进口货物的完税价格包括货物的货价、货物运抵我国输入地点起卸前的运输及相关费用、保险费。

对进口成交价格而言,交易应是真实的;价格应是能确定的、完整的、不扭曲的。

（2）对实付或应付价格调整的有关规定。

进口货物的完税价格中的计算因素有:货价应该是完整的,包括应由买方负担、支付的佣金、经纪费、包装费用、容器费用和其他经济利益,但不包括买方向自己采购代理人支付的购货佣金和劳务费用,也不包括货物进口后发生的安装、运输费用。

为了方便理解,我们可把进口货物的完税价格简单归纳为正常的 CIF,其中 C 是完整的货价,包含支付的佣金(支付给自己采购代理人的购货佣金除外);I 是保险费,包含在出口国和进口途中的保险费;F 是运费和其他费用,包含在出口国和进口途中的运费和其他费用。计算进口货物关税的完税价格,CIF 三项缺一不可,如果价格不正常或不完整,则需要进行调整。

（3）进口货物的海关估价方法。

对于价格不符合成交条件或成交价格不能确定的进口货物,由海关估价确定。海关估价依次使用的方法包括:

① 相同或类似货物成交价格方法。

② 倒扣价格方法。

③ 计算价格方法。

④ 其他合理的方法。

使用其他合理方法时,应当根据《完税价格办法》规定的估价原则,以在境内获得的数据资料为基础估定完税价格。但不得使用以下价格:

① 境内生产的货物在境内的销售价格。

② 可供选择的价格中较高的价格。

③ 货物在出口地市场的销售价格。

④ 以计算价格方法规定的有关各项之外的价值或费用计算的价格。

⑤ 出口到第三国或地区的货物的销售价格。

⑥ 最低限价或武断虚构的价格。

2. 特殊进口货物的完税价格

特殊进口货物的完税价格涉及加工贸易进口料件及其制成品、保税区及出口加工区货物、运往境外修理、加工的货物、暂时进境的货物、租赁方式进口的货物、留购的进口货样、予以补税的进口货样、其他特殊方式进口货物等,还有其他特别的规定。特别的规定略。

减税或免税进口的货物需予补税时,应当以海关审定的该货物原进口时的价格,扣除折旧部分价值作为完税价格,其计算公式如下:

$$\text{完税价格} = \text{海关审定的该货物原进口时的价格} \times \left[1 - \frac{\text{申请补税时实际已使用的时间（月）}}{\text{（监管年限} \times 12\text{）}} \right]$$

减免税货物转让或改变成不免税用途的,适用海关接受纳税人再次填写报关单申报办理纳税及有关手续之日实施的税率。

工作实例 5-1

2017 年 6 月 1 日,甲公司经批准进口一台符合国家特定免征关税的科研设备用于研发项目,设备进口时经海关审定的完税价格折合人民币 800 万元,海关规定的监管年限为 5 年;2017 年 5 月 31 日,公司研发项目完成后,将已计提折旧 200 万元的免税设备转售给国内另一家企业。设备原进口时关税税率为 12%,设备转售时关税税率降为 10%。

【工作要求】 计算甲公司应补缴的关税税额。

【工作实施】 该公司完税价格＝800×（1－2÷5）＝480（万元）

该公司应补缴的关税税额＝480×10%＝48（万元）

3. 出口货物的完税价格

出口货物的完税价格是以成交价格为基础的完税价格,不含出口关税和单独列明的支付给境外的佣金。

$$完税价格 = (离岸价格 - 单独列明的支付给境外的佣金) \div (1 + 出口税率)$$

出口货物的成交价格不能确定时,完税价格由海关依次使用下列方法估定:

(1) 同时或大约同时向同一国家或地区出口的相同货物的成交价格。

(2) 同时或大约同时向同一国家或地区出口的类似货物的成交价格。

(3) 根据境内生产相同或类似货物的成本、利润和一般费用、境内发生的运输及其相关费用、保险费计算所得的价格。

(4) 按照合理方法估定的价格。

4. 进出口货物完税价格中运输及相关费用、保险费的计算

(1) 一般进口。

海运进口的算至运抵境内的卸货口岸;陆运进口的算至运抵关境的第一口岸或目的口岸;空运进口的算至进入境内的第一口岸或目的口岸。

一般进口方式进口货物,完税价格中包括货价C,抵达口岸前的运费F和保险费I。无法确定实际运保费的,按照同期同行业运费率计算运费,按照(货价+运费)×3‰计算保险费,将计算出的运保费计入完税价格。

(2) 其他方式进口。

邮运进口的按邮费作为运输及其相关费用保险费;境外口岸成交的依货价1%计算;自驾进口的运输工具不另行计入运费。

(3) 出口货物的完税价格中不包括离境口岸至境外口岸之间的运保费。

进出口货物完税价格的确定归纳如表5-1所示。

表5-1　　　　　　　　　进出口货物完税价格的确定

进出口运载或成交方式		运费的确定	保险费的确定
一般方式进口	海运进口	运抵境内的卸货口岸	
	陆运进口	运抵关境的第一口岸或目的口岸	
	空运进口	进入境内的第一口岸或目的口岸	
	无法确定实际运保费	同期同行业运费率	货价加运费两者总额的3‰
其他方式进口	邮运进口	邮费	
	境外边境口岸成交的铁路公路进口货物	货价的1%	
	自驾进口的运输工具	无运费	—
出口货物		最多算至离境口岸	

(二) 关税应纳税额的计算

关税应纳税额计算公式如下:

（1）从价计税应纳税额。

$$关税税额 = 进（出）口应税货物的数量 \times 单位完税价格 \times 适用税率$$

（2）从量计税应纳税额。

$$关税税额 = 应税进（出）口货物数量 \times 单位货物税额$$

（3）复合计税应纳税额。

$$关税税额 = 应税进（出）口货物数量 \times 单位完税价格 \times 税率 + 应税进（出）口货物数量 \times 单位货物税额$$

（4）滑准税应纳税额。

$$关税税额 = 应税进（出）口货物数量 \times 单位完税价格 \times 滑准税税率$$

项目引例解析

单价高于每台 5 000 美元，故应当适用复合税。

$$完税价格 = 20\ 000 \times 6.5 = 130\ 000（元）$$
$$从量部分关税 = 13\ 280 \times 2 = 26\ 560（元）$$
$$从价部分关税 = 130\ 000 \times 3\% \times 2 = 7\ 800（元）$$
$$应纳进口关税税额 = 26\ 560 + 7\ 800 = 34\ 360（元）$$

六、关税的征收管理

（一）进出口货物的报关

1. 报关时间

进口货物的纳税人应当自运输工具申报进境之日起 14 日内，向货物的进境地海关申报，如实填写海关进口货物报关单，并提交进口货物的发票、装箱清单、进口货物提货单或运单、关税免税或免予查验的证明文件等。

出口货物的发货人除海关特准外，应当在装货的 24 小时以前，填报出口货物报关单，交验出口许可证和其他证件，申报出口，由海关放行，否则货物不得离境出口。

2. 报关应提交的相关材料

进出口货物时应当提交以下材料：

（1）进出口货物报关单（略）。

（2）合同。

（3）发票。

（4）装箱清单。

（5）载货清单（舱单）。

（6）提（运）单。

（7）代理报关授权委托协议。

（8）进出口许可证件。

（9）海关要求的加工贸易手册（纸质或电子数据的）及其他进出口有关单证。

（二）关税的申报与缴纳

1. 关税的纳税申报

进口货物自运输工具申报进境之日起 14 日内,出口货物在货物运抵海关监管区后装货的 24 小时以前,应由进出口货物的纳税义务人向货物进(出)境地海关申报,海关根据税则归类和完税价格计算应缴纳的关税和进口环节代征税款,并填发税款缴款书。

2. 关税的缴纳

纳税义务人应当自海关填发税款缴款书之日起 15 日内,向指定银行缴纳税款。纳税义务人因不可抗力或者在国家税收政策调整的情形下,不能按期缴纳税款的,经海关总署批准,可以延期缴纳税款,但最长不得超过 6 个月。

（三）关税的强制执行

关税的强制执行措施,包括加收关税滞纳金和强制征收。

1. 征收关税滞纳金

滞纳金自关税缴纳期限届满滞纳之日起,至纳税义务人缴纳关税之日止,按滞纳税款额万分之五的比例按日征收,周末或法定节假日不予扣除。具体计算公式为:

$$关税滞纳金金额 = 滞纳关税税额 \times 滞纳金征收比率 \times 滞纳天数$$

2. 强制征收

如果纳税义务人自海关填发缴款书之日起 3 个月仍未缴纳税款,经海关关长批准,海关可以采取强制扣缴、变价抵缴等强制措施。强制扣缴,即海关从纳税义务人在开户银行或者其他金融机构的存款中直接扣缴税款。变价抵缴,即海关将应税货物依法变卖,以变卖所得抵缴税款。

 **实务释疑 5-1**

我公司进口一批货物,海关于 2016 年 10 月 1 日填发税款缴款书,但本公司迟至 10 月 27 日才缴纳 500 万元的关税。请问:海关应征收的关税滞纳金是多少?

（四）关税的退还

关税退还是关税纳税义务人按海关核定的税额缴纳关税后,因某种原因的出现,海关将实际征收多余应当征收的税额(称为溢征关税)退还给原纳税义务人的一种行政行为。对于溢征关税,海关发现应立即退还;申请退税时限为缴纳税款之日起 1 年内,并加算银行同期存款利息。

（五）关税的补征和追征

关税的补征和追征,是指海关在纳税义务人按海关核定的税额缴纳关税后,发现实际征收税额少于应征税额(短征关税)时,责令纳税义务人补缴所差税款的一种行政行为。

海关法根据短征关税的原因,将海关征收原短征关税的行为分为补征和追征两种。由于纳税人违反海关规定造成短征关税的,称为追征;非因纳税人违反海关规定造成短征关税的,称为补征。补征和追征概念的差异在于少纳税款责任的不同,责任的不同也带来补征与追征时限的不同。

关税的溢征和补征、追征归纳如表 5-2 所示。

表 5-2

表 5-2 关税的溢征和补征、追征

情况	关 税 规 定
溢征	海关发现应立即退回；纳税人发现自纳税之日起 1 年内，书面申请退税并加算银行同期存款利息
补征	海关发现自缴纳税款或货物放行之日起 1 年内补征
追征	海关发现在 3 年内追征，按日加收万分之五的滞纳金

任务 2　城市维护建设税法

一、城市维护建设税的认知

（一）城市维护建设税的含义

城市维护建设税是对从事工商经营，缴纳增值税、消费税的单位和个人征收的一种税。

（二）城市维护建设税的发展

新中国成立以来，我国城市建设和维护在不同时期都取得了较大的成绩，但国家在城市建设方面一直资金不足。在 1979 年以前，我国用于城市维护建设的资金来源由当时的工商税附加、城市公用事业附加和国家下拨城市维护费组成。1979 年国家开始在部分大中城市试行从上年工商利润中提取 5% 用于城市维护和建设的办法，但未能从根本上解决问题。1981 年国务院在批转财政部关于改革工商税制的设想中提出："根据城市建设的需要，开征城市维护建设税，作为县以上城市和工矿区市政建设的专项资金"。现行城市维护建设税的基本规范，是 1985 年 2 月 8 日国务院发布并于同年 1 月 1 日实施的《中华人民共和国城市维护建设税暂行条例》。

（三）城市维护建设税的特点

我国城市维护建设税具有以下特点：

（1）税费款专款专用。

（2）属于一种附加税费。

（3）城市维护建设税根据城镇规模设计不同的比例税率。

（4）征收范围较广。

二、城市维护建设税纳税人和征税对象的确定

（一）城市维护建设税纳税人的确定

城市维护建设税（简称城建税）的纳税义务人，是指负有缴纳增值税和消费税（以下简称"两税"）义务的单位和个人。

单位包括国有企业、集体企业、私营企业、股份制企业、其他企业和行政单位、事业

单位、军事单位、社会团体、其他单位；个人包括个体工商户以及其他个人。

自 2010 年 12 月 1 日起，对外商投资企业、外国企业及外籍个人征收城市维护建设税。

（二）城市维护建设税征税对象的确定

城市维护建设税是以纳税人实际缴纳的增值税、消费税税额为计税依据，随"两税"同时征收，其本身没有特定的课税对象，其征管方法也完全比照"两税"的有关规定办理。

三、城市维护建设税应纳税额的计算

（一）城市维护建设税计税依据的确定

城市维护建设税的计税依据，是指纳税人实际缴纳的"两税"税额和出口已批准免抵的增值税。纳税人违反"两税"有关税法而加收的滞纳金和罚款，是税务机关对纳税人违法行为的经济制裁，不作为城市维护建设税的计税依据，但纳税人在被查补"两税"和被处以罚款时，应同时对其偷（逃）漏的城市维护建设税进行补税、征收滞纳金和罚款。

城市维护建设税以"两税"税额为计税依据并同时征收，如果要免征或者减征"两税"，也就要同时免征或者减征城市维护建设税。

实务释疑 5-2

我公司为增值税一般纳税人，只缴纳增值税，不缴纳消费税，这个月的应交增值税 5 000 元，但上个月还有 7 000 元的进项税尚未抵扣，也就是说本月应缴的增值税也为 0，请问本月我公司是否要计算缴纳城市维护建设税？

（二）城市维护建设税税率的判定

城市维护建设税采用比例税率。按纳税人所在地的不同设置三档差别比例税率，如表 5-3 所示。

表 5-3　　　　　　　　城市维护建设税税率表

纳税人所在地	税　率
市区	7%
县城和镇	5%
市区、县城和镇以外的其他地区	1%

城市维护建设的适用税率，应当按照纳税人所在地的规定税率执行。但是，对下列两种情况，可按缴纳"两税"所在地的规定税率就地缴纳城市维护建设税：

（1）由受托方代扣代缴、代收代缴"两税"的单位和个人，其代扣代缴、代收代缴的城市维护建设税按受托方所在地适用税率执行。

（2）流动经营等无固定纳税地点的单位和个人，在经营地缴纳"两税"的，其城市维护建设税的缴纳按经营地适用税率执行。

（三）城市维护建设税优惠政策的运用

城市维护建设税原则上不单独减免，但因城市维护建设税又具附加税性质，当主税发生减免时，城市维护建设税相应发生税收减免。城市维护建设税的税收减免具体有以下几种情况：

（1）城市维护建设税按减免后实际缴纳的"两税"税额计征，即随"两税"的减免而减免。

（2）对于因减免税而需进行"两税"退库的，城市维护建设税也可同时退库。

（3）对海关进口的产品征收的增值税、消费税，不征收城市维护建设税。

（4）对"两税"实行先征后返、先征后退、即征即退办法的，除另有规定外，对随"两税"附征的城市维护建设税，一律不退（返）还。

（5）对出口产品退还增值税、消费税的，不退还已缴纳的城市维护建设税。

（6）对国家重大水利工程建设基金免征城市维护建设税。

（四）城市维护建设税应纳税额的计算

城市维护建设税纳税人的应纳税额大小是由纳税人实际缴纳的"两税"税额决定的，其计算公式为：

$$应纳税额 = 纳税人实际缴纳的增值税、消费税税额 \times 适用税率$$

工作实例5-2

甲公司为国有企业，位于县城，2017年1月应缴增值税130 000元，实际缴纳增值税120 000元；应缴消费税70 000元，实际缴纳消费税80 000元。

【工作要求】 计算甲公司当月应缴纳的城市维护建设税。

【工作实施】 应纳城市维护建设税＝（120 000＋80 000）×5％＝200 000×5％＝10 000（元）

四、城市维护建设税的征收管理

（一）城市维护建设税的征收管理要求

1. 城市维护建设税的纳税环节

城市维护建设税的纳税环节，是指《城市维护建设税暂行条例》规定的纳税人应当缴纳城市维护建设税的环节。城市维护建设税的纳税环节，实际上就是纳税人缴纳"两税"的环节。纳税人只要发生"两税"的纳税义务，就要在同样的环节，计算缴纳城市维护建设税。

2. 城市维护建设税的纳税期限

由于城市维护建设税是由纳税人在缴纳"两税"时同时缴纳的，因此其纳税期限分别与"两税"的纳税期限一致。增值税的纳税期限分别为1日、3日、5日、10日、15日、1个月或者1个季度；消费税的纳税期限也分别为1日、3日、5日、10日、15日、1个月或者1个季度。增值税、消费税的纳税人的具体纳税期限，由主管税务机关根据纳税人应纳税额大小分别核定。不能按照固定期限纳税的，可以按次纳税，因此，在这种情况下城市维护建设税也按次缴纳。

3. 城市维护建设税的纳税地点

城市维护建设税以纳税人实际缴纳的增值税、消费税税额为计税依据,分别与"两税"同时缴纳。因此,纳税人缴纳"两税"的地点,就是该纳税人缴纳城市维护建设税的地点。但是属于下列情况的,纳税地点为:

(1) 代扣代缴、代收代缴"两税"的单位和个人,同时也是城市维护建设税的代扣代缴、代收代缴义务人,其城市维护建设税的纳税地点在代扣代收地。

(2) 跨省开采的油田,下属生产单位与核算单位不在一个省内的,其生产的原油,在油井所在地缴纳增值税,其应纳税款由核算单位按照各油井的产量和规定税率,计算汇拨各油井所在地缴纳。因此,各油井应缴纳的城市维护建设税,应由核算单位计算,随同增值税一并汇拨油井所在地,由油井在缴纳增值税的同时,一并缴纳城市维护建设税。

(3) 对流动经营等无固定纳税地点的单位和个人,城市维护建设税应随同"两税"在经营地按适用税率缴纳。

(二) 城市维护建设税的纳税申报

纳税人对城市维护建设税进行纳税申报时,应当填报"城市维护建设税纳税申报表"(见表 5-4)。

表 5-4　　　　　　　　　　　城市维护建设税纳税申报表

纳税识别号					
纳税人名称		税款所属期	年　月　日至　年　月　日		
序号	计税项目	税率(%)	本期计税金额	本期应缴税额	上期多缴税额
序号	本期已扣缴税额	本期已预缴税额	本期减免税额	本期缓缴税额	本期实缴税额
					合计:
会计主管签字:	代理申报人签字:		纳税人盖章:		
收到日期:	接收人:		审核日期:		
审核记录:			主管税务机关盖章:　主管税务官员签字:		
	申报日期:　年　月　日				

附：教育费附加和地方教育附加

一、教育费附加和地方教育附加的认知

（一）教育费附加和地方教育附加征收范围的确定

教育费附加和地方教育附加对缴纳增值税、消费税的单位和个人征收，以其实际缴纳的增值税、消费税为计征依据，分别与增值税、消费税同时缴纳。

自 2010 年 12 月 1 日起，对外商投资企业、外国企业及外籍个人征收教育费附加。

（二）教育费附加和地方教育附加计征对象的确定

教育费附加和地方教育附加以纳税人实际缴纳的增值税、消费税税额为计征依据，随"两税"同时征收，其本身没有特定的课征对象，其征管方法也完全比照"两税"的有关规定办理。

二、教育费附加的计算

（一）教育费附加和地方教育附加计征依据的确定

教育费附加和地方教育附加的计征依据，是指纳税人实际缴纳的"两税"税额和出口已批准免抵的增值税。纳税人违反"两税"有关税法而加收的滞纳金和罚款，是税务机关对纳税人违法行为的经济制裁，不作为教育费附加和地方教育附加的计征依据。

教育费附加和地方教育附加以"两税"税额为计征依据并同时征收，如果要免征或者减征"两税"，也就要同时免征或者减征教育费附加和地方教育附加。

（二）教育费附加和地方教育附加的征收率

现行教育费附加征收率为 3%。地方教育附加的征收率统一为 2%。

（三）教育费附加和地方教育附加优惠政策的运用

（1）对海关进口的产品征收的增值税、消费税，不征收教育费附加和地方教育附加。

（2）对由于减免增值税、消费税而发生退税的，可同时退还已征收的教育费附加。但对出口产品退还增值税、消费税的，不退还已征的教育费附加和地方教育附加。

（3）对国家重大水利工程建设基金免征教育费附加和地方教育附加。

（四）教育费附加和地方教育附加计征额的计算

教育费附加和地方教育附加的计算公式为：

$$应纳教育费附加 = 实际缴纳的增值税、消费税 \times 征收率(3\%)$$
$$应纳地方教育费附加 = 实际缴纳的增值税、消费税 \times 征收率(2\%)$$

工作实例 5-3

同【工作实例 5-2】。

【工作要求】 计算甲公司当月应缴纳的教育费附加和地方教育费附加。

【工作实施】 应纳教育费附加＝(120 000＋80 000)×3%＝200 000×3%＝6 000(元)

应纳地方教育费附加＝(120 000＋80 000)×2%＝200 000×2%＝4 000(元)

三、教育费附加和地方教育附加的征收管理

（一）教育费附加和地方教育附加的征纳环节

教育费附加和地方教育附加的征纳环节，实际上就是纳税人缴纳"两税"的环节。纳税人只要发生"两税"的纳税义务，就要在同样的环节，计算缴纳教育费附加和地方教育附加。

（二）教育费附加和地方教育附加的征纳期限

由于教育费附加和地方教育附加是由纳税人在缴纳"两税"时同时缴纳的，因此其征纳期限与"两税"的纳税期限一致。增值税的纳税期限分别为 1 日、3 日、5 日、10 日、15 日、1 个月或者 1 个季度；消费税的纳税期限也分别为 1 日、3 日、5 日、10 日、15 日、1 个月或者 1 个季度。增值税、消费税的纳税人的具体纳税期限，由主管税务机关根据纳税人应纳税额大小分别核定。不能按照固定期限纳税的，可以按次纳税，因此，在这种情况下教育费附加和地方教育附加也按次缴纳。

（三）教育费附加和地方教育附加的征纳地点

纳税人缴纳"两税"的地点，就是该纳税人缴纳教育费附加和地方教育附加的地点。但是属于下列情况的，纳税地点有所差异：

（1）代扣代缴、代收代缴"两税"的单位和个人，同时也是城市维护建设税的代扣代缴、代收代缴义务人，其教育费附加和地方教育附加的征纳地点在代扣代收地。

（2）跨省开采的油田，下属生产单位与核算单位不在一个省内的，其生产的原油，在油井所在地缴纳增值税，其应纳税款由核算单位按照各油井的产量和规定税率，计算汇拨各油井所在地缴纳。因此，各油井应纳的城市维护建设税，应由核算单位计算，随同增值税一并汇拨油井所在地，由油井在缴纳增值税的同时，一并缴纳教育费附加和地方教育附加。

（3）对流动经营等无固定纳税地点的单位和个人，教育费附加和地方教育附加应随同"两税"在经营地缴纳。

（四）教育费附加和地方教育附加的申报实务

纳税人对教育费附加和地方教育附加进行申报时，应当填报"教育费附加申报表"（见表 5-5）和"地方教育附加申报表"（见表 5-6）。

表 5-5　　　　　　　　　　　　　　教育费附加申报表

纳税识别号						
纳税人名称			税款所属期	年　月　日至　年　月　日		
序号	计税项目	税率(%)	本期计税金额		本期应缴税额	上期多缴税额

序号	本期已扣缴税额	本期已预缴税额	本期减免税额	本期缓缴税额	本期实缴税额
				合计：	

会计主管签字：	代理申报人签字：	纳税人盖章：
收到日期：	接收人：	审核日期：
审核记录：		主管税务机关盖章： 主管税务官员签字：
	申报日期：　　年　　月　　日	

表 5-6　　　　　　　　　　　　　地方教育附加申报表

纳税识别号					
纳税人名称			税款所属期	年　月　日至　年　月　日	
序号	计税项目	税率（％）	本期计税金额	本期应缴税额	上期多缴税额

序号	本期已扣缴税额	本期已预缴税额	本期减免税额	本期缓缴税额	本期实缴税额
1					
2					
				合计：	

会计主管签字：	代理申报人签字：	纳税人盖章：
收到日期：	接收人：	审核日期：
审核记录：		主管税务机关盖章： 主管税务官员签字：
	申报日期：　　年　　月　　日	

任务3　土地增值税法

一、土地增值税的认知

(一) 土地增值税的含义

土地增值税是对有偿转让国有土地使用权及地上建筑物和其他附着物产权,取得增值收入的单位和个人征收的一种税。

(二) 土地增值税的发展

自 1949 年中华人民共和国成立以来,我国对土地、房屋等不动产的征税制度比较薄弱,先后开征过的税种如契税、城市房地产税、房产税、城镇土地使用税等,但这些税种都不属于对土地增值额或土地收益额的征税。1993 年 12 月 13 日国务院发布了《中华人民共和国土地增值税暂行条例》(以下简称《土地增值税暂行条例》),从 1994 年 1 月 1 日起开征土地增值税。1995 年 1 月 27 日财政部又颁布《土地增值税暂行条例实施细则》,进一步细化了土地增值税征收管理办法。

现行土地增值税的基本规范,是 1993 年 12 月 13 日国务院颁布的《中华人民共和国土地增值税暂行条例》(以下简称《土地增值税暂行条例》),以及 1995 年 1 月 27 日财政部颁布的《土地增值税暂行条例实施细则》。

(三) 土地增值税的特点

我国的土地增值税具有以下特点:

(1) 以转让房地产的增值额为计税依据。

(2) 征税面比较广。

(3) 实行超率累进税率。

(4) 实行按次征收。

二、土地增值税纳税人和征税范围的确定

(一) 土地增值税纳税人的确定

土地增值税的纳税人是指转让国有土地使用权、地上建筑物及其附着物并取得收入的单位和个人。单位包括各类企业、事业单位、国家机关和社会团体及其他组织。个人包括个体经营者。土地增值税也适用于外商投资企业、外国企业及外籍纳税人。

(二) 土地增值税征税范围的确定

土地增值税的基本征税范围包括:转让国有土地使用权;地上建筑物及其附着物连同国有土地使用权一并转让;存量房地产的买卖。转让非国有土地使用权以及国有土地出让均不征收土地增值税。

1. 属于土地增值税的征税范围的情况(应征)

(1) 转让国有土地使用权(指以出售方式转让国有土地使用权)。

(2) 地上建筑物及其附着物连同国有土地使用权一并转让。

项目
5

（3）存量房地产买卖。

（4）抵押期满以房地产抵债(发生权属转让)。

（5）单位之间交换房地产(有实物形态收入)。

（6）投资方或接受方属于房地产开发企业的房地产投资。

（7）投资联营后将投入的房地产再转让的。

（8）合作建房建成后转让的。

2. 不属于土地增值税的征税范围情况如下(不征)

（1）房地产继承(无收入)。

（2）房地产赠与(有范围限制无收入)。

（3）房地产出租(权属未变)。

（4）房地产抵押期内(权属未变)。

（5）房地产的代建房行为(权属未变)。

（6）房地产评估增值。

知识释疑 5-3

什么叫做房地产的代建房行为？什么叫做房地产的重新评估？

3. 免征土地增值税的情况如下(免征或暂免征收)

（1）个人互换自有居住用房地产。

（2）合作建房建成后按比例分房自用。

（3）与房地产开发企业无关的投资联营,将房地产转让到投资企业。

（4）企业兼并,被兼并企业将房地产转让到兼并企业中。

（5）因国家建设需要依法征用、收回的房地产。

（6）个人转让居住满五年以上的房地产。

（7）建造普通标准住宅出售,增值额未超过扣除项目金额20％的。

（8）因城市实施规划、国家建设的需要而搬迁,由纳税人自行转让原房地产的,免征土地增值税。

三、土地增值税应纳税额的计算

（一）土地增值税计税依据的确定

土地增值税的计税依据是纳税人转让房地产所取得的土地增值额。而土地增值额为纳税人转让房地产所取得的收入减除《土地增值税暂行条例》规定扣除项目金额后的余额。

1. 应税收入的确定

纳税人转让房地产取得的应税收入,包括转让房地产取得的全部价款及有关的经济利益,从形式上看包括货币收入、实物收入和其他收入。非货币收入要折合货币金额计入收入总额。

营业税改征增值税后,土地增值税纳税人转让房地产取得的收入为不含增值税收入。适用增值税一般计税方法的纳税人,其转让房地产的土地增值税应税收入不含增

小税种税法（上）

151

值税销项税额;适用简易计税方法的纳税人,其转让房地产的土地增值税应税收入不含增值税应纳税额。免征增值税的,确定计税依据时,转让房地产取得的收入不扣减增值税额。

为方便纳税人,简化土地增值税预征税款计算,房地产开发企业采取预收款方式销售自行开发的房地产项目的,可按照以下方法计算土地增值税预征计征依据:

$$土地增值税预征的计征依据=预收款-应预缴增值税税款$$

房地产开发企业在"营改增"后进行房地产开发项目土地增值税清算时,按以下方法确定应税收入:

$$土地增值税应税收入 = "营改增"前转让房地产取得的收入 + "营改增"后转让房地产取得的不含增值税收入$$

实务释疑 5-3

　　我公司为一家房地产开发企业,销售地下车位使用权,与业主签订合同约定使用年限为 20 年,使用费一次性收取,请问该业务是否应当缴纳土地增值税?

2. 纳税人从转让收入中减除的扣除项目

纳税人从转让收入中减除的扣除项目包括以下几方面内容。

(1) 取得土地使用权所支付的金额(适用新建房转让和存量房地产转让),包括地价款和取得土地使用权时按国家规定缴纳的费用。

(2) 房地产开发成本(适用新建房转让)。包括土地征用及拆迁补偿费、前期工程费、建筑安装工程费、基础设施费、公共配套设施费、开发间接费用。

(3) 房地产开发费用(适用新建房转让)。包括:

① 纳税人能按转让房地产项目分摊利息支出并能提供金融机构贷款证明的,最多允许扣除的房地产开发费用在利息+(取得土地使用权所支付的金额+房地产开发成本)×5%以内。

② 纳税人不能按转让房地产项目分摊利息支出或不能提供金融机构贷款证明的(也包含全部使用自有资金的无借款的情况),最多允许扣除的房地产开发费用在(取得土地使用权所支付的金额+房地产开发成本)×10%以内。

③ 房地产开发企业既向金融机构借款,又有其他借款的,其房地产开发费用计算扣除时不能同时适用上述①项、②项所述两种办法。

(4) 与转让房地产有关的税金(适用新建房转让和存量房地产转让)。

"营改增"后,与转让房地产有关的税金包括城市维护建设税、印花税。教育费附加视同税金扣除。"营改增"后,计算土地增值税增值额的扣除项目中"与转让房地产有关的税金"不包括增值税。土地增值税扣除项目涉及的增值税进项税额,允许在销项税额中计算抵扣的,不计入扣除项目,不允许在销项税额中计算抵扣的,可以计入扣除项目。

"营改增"后,房地产开发企业实际缴纳的城市维护建设税、教育费附加,凡能够按清算项目准确计算的,允许据实扣除。凡不能按清算项目准确计算的,则按该清算项目预缴增值税时实际缴纳的城建税、教育费附加扣除。其他转让房地产行为的城建税、教育费附加扣除比照上述规定执行。

房地产开发企业在"营改增"后进行房地产开发项目土地增值税清算时,按以下方法确定与转让房地产有关的税金:

$$\substack{\text{与转让房地产}\\\text{有关的税金}} = \substack{\text{"营改增"前实际缴纳的营业税、}\\\text{城建税、教育费附加}} + \substack{\text{"营改增"后允许扣除的}\\\text{城建税、教育费附加}}$$

知识释疑 5-4

为什么"与转让房地产有关的税金"中对非房地产企业来说,包含印花税;而对于房地产开发企业来说,不包含印花税?

(5)财政部规定的其他扣除项目(适用新建房转让)。

从事房地产开发的纳税人可加计扣除=(取得土地使用权所支付的金额+房地产开发成本)×20%。

需要注意的是,此项加计扣除金额对房地产开发企业有效,非房地产开发企业不享受此项政策;取得土地使用权后未经开发就转让的,不得加计扣除。

(6)旧房及建筑物的评估价格(适用存量房地产转让)。

税法规定,转让旧房的,应按房屋及建筑物的评估价格、取得土地使用权所支付的地价款和按国家统一规定缴纳的有关费用以及在转让环节缴纳的税金作为扣除项目金额计征土地增值税。

① "旧房及建筑物的评估价格"是指转让已使用过的房屋及建筑物时,由政府批准设立的房地产评估机构评定的重置成本价乘以成新折扣率后的价格。评估价格须经当地税务机关确认。

$$\text{评估价格} = \text{重置成本价} \times \text{成新度折扣率}$$

纳税人转让旧房及建筑物,凡不能取得评估价格,但能提供购房发票的,经当地税务部门确认,根据取得土地使用权所支付的金额、新建房及配套设施的成本、费用,或者旧房及建筑物的评估价格,可按发票所载金额并从购买年度起至转让年度止每年加计5%计算扣除。计算扣除项目时"每年"按购房发票所载日期起至售房发票开具之日止,每满12个月计一年;超过一年,未满12个月但超过6个月的,可以视同为一年。

"营改增"后,纳税人转让旧房及建筑物,凡不能取得评估价格,但能提供购房发票的,《中华人民共和国土地增值税暂行条例》第六条第一、三项规定的扣除项目的金额按照下列方法计算:

a. 提供的购房凭据为"营改增"前取得的营业税发票的,按照发票所载金额(不扣减营业税)并从购买年度起至转让年度止每年加计5%计算。

b. 提供的购房凭据为"营改增"后取得的增值税普通发票的,按照发票所载价税合计金额从购买年度起至转让年度止每年加计5%计算。

c. 提供的购房发票为"营改增"后取得的增值税专用发票的,按照发票所载不含增值税金额加上不允许抵扣的增值税进项税额之和,并从购买年度起至转让年度止每年加计 5％计算。

对纳税人购房时缴纳的契税,凡能提供契税完税凭证的,准予作为"与转让房地产有关的税金"予以扣除,但不作为加计 5％的基数。

对于转让旧房及建筑物,既没有评估价格,又不能提供购房发票的,地方税务机关可以根据《税收征管法》第 35 条的规定,实行核定征收。

② 对取得土地使用权时未支付地价款或不能提供已支付的地价款凭据的,不允许扣除取得土地使用权时所支付的金额。

(二) 土地增值税税率的判定

土地增值税采用四级超率累进税率。与超额累进税率相比,超额累进税率累进依据为绝对数;超率累进税率累进依据为相对数,本税种的累进依据为增值额与扣除项目金额之间的比率。土地增值税税率表如表 5-7 所示。

表 5-7　　　　　　　　　　　　土地增值税税率表

级数	增值额与扣除项目金额的比率	税率	速算扣除系数
1	不超过 50％的部分	30％	0
2	超过 50％至 100％的部分	40％	5％
3	超过 100％至 200％的部分	50％	15％
4	超过 200％的部分	60％	35％

(三) 土地增值税优惠政策的运用

(1) 建造普通标准住宅出售,增值额未超过扣除项目金额 20％的免税。

普通标准住宅与其他住宅的具体划分界限,在 2005 年 5 月 31 日以前由各省、自治区、直辖市人民政府规定。从 2005 年 6 月 1 日起,普通标准住宅应同时满足:住宅小区建筑容积率在 1.0 以上;单套建筑面积在 120 平方米以下;实际成交价格低于同级别土地上住房平均交易价格 1.2 倍以下。各省、自治区、直辖市要根据实际情况,制定本地区享受优惠政策住房具体标准。允许单套建筑面积和价格标准适当浮动,但向上浮动的比例不得超过上述标准的 20％。

(2) 因国家建设需要依法征用、收回的房地产,免征土地增值税。

(3) 因城市实施规划、国家建设的需要而搬迁,由纳税人自行转让原房地产的,免征土地增值税。

(4) 个人因工作调动或改善居住条件转让原自用房的,依原房产使用时间长短确定免税或减半征税:

① 居住年限未满 3 年按规定计征。

② 居住年限满 3 年未满 5 年的,减半征税。

③ 居住年限满 5 年或 5 年以上的,免予征收土地增值税。从 2008 年 11 月 1 日起,对个人销售住房暂免征收土地增值税。

(四) 土地增值税应纳税额的计算

计算土地增值税的步骤和公式如下：

第一步，计算收入总额；

第二步，计算扣除项目金额；

第三步，用收入总额减除扣除项目金额计算增值额；

$$土地增值额 = 转让房地产收入 - 规定扣除项目金额$$

第四步，计算增值额与扣除项目金额之间的比例，以确定适用税率和速算扣除系数；

第五步，套用公式计算税额。公式为：

$$应纳税额 = 增值额 \times 税率 - 扣除项目金额 \times 速算扣除系数$$

工作实例 5-4

甲公司为房地产开发企业，2017 年 1 月整体转让一栋普通住宅（该项目为新项目），转让取得含税收入为 15 000 万元，扣除项目中，土地出让金 3 000 万元，房地产开发成本假设只有建筑安装工程费，包括购买的建筑材料 3 000 万元（含增值税，取得增值税专用发票，税率 17%），支付给建筑公司建设工程款 1 000 万元（含增值税，取得增值税专用发票，税率 11%），房地产开发费用中的利息支出为 1 200 万元（不能按转让房地产项目计算分摊利息支出，也不能提供金融机构证明），房地产开发费用的计算扣除比例为 10%。假设只考虑城建税和教育费附加，不考虑地方教育附加。

【工作要求】 计算甲公司应缴纳的土地增值税。

【工作实施】 (1) 销售房地产应纳增值税 =（全部价款和价外费用 - 当期允许扣除的土地价款）÷（1+11%）×11% - 进项税 =（150 000 000 - 30 000 000）÷（1+11%）×11% - 30 000 000 ÷（1+17%）×17% - 10 000 000 ÷（1+11%）×11% = 6 541 926.54（元）。

营业税改征增值税后，土地增值税纳税人转让房地产取得的收入为不含增值税收入。转让房地产的收入（不含增值税收入）= 150 000 000 ÷（1+11%）= 135 135 135.14（元）。

(2) 取得土地使用权所支付的金额（土地价款）= 30 000 000（元）

房地产开发成本 = 30 000 000 ÷（1+17%）+ 10 000 000 ÷（1+11%）= 25 641 025.64 + 9 009 009.01 = 34 650 034.65（元）

房地产开发费用 =（取得土地使用权所支付的金额 + 房地产开发成本）×10% =（30 000 000 + 34 650 034.65）×10% = 6 465 003.47（元）

与转让房地产有关的税金 = 城市维护建设税 + 教育费附加 = 6 541 926.54 ×（7% + 3%）= 654 192.65（元）

加计扣除 =（取得土地使用权所支付的金额 + 房地产开发成本）×20% =（30 000 000 + 34 650 034.65）×20% = 12 930 006.93（元）

转让房地产的扣除项目金额合计 = 30 000 000 + 34 650 034.65 + 6 465 003.47 +

654 192.65＋12 930 006.93＝84 699 237.7(元)

(3) 转让房地产的增值额＝135 135 135.14－84 699 237.7＝50 435 897.44(元)

(4) 增值额与扣除项目金额的比率(增值率)＝50 435 897.44÷84 699 237.7×100%＝59.55%

适用税率为40%,速算扣除数为5%。

应纳土地增值税＝50 435 897.44×40%－84 699 237.7×5%＝15 939 397.09(元)

(五) 房地产开发企业土地增值税的清算

1. 土地增值税的清算单位

土地增值税以国家有关部门审批的房地产开发项目为单位进行清算,对于分期开发的项目,以分期项目为单位清算。

开发项目中同时包含普通住宅和非普通住宅的,应分别计算增值额。

2. 土地增值税的清算条件

(1) 符合下列情形之一的,纳税人应进行土地增值税的清算:

① 房地产开发项目全部竣工、完成销售的。

② 整体转让未竣工决算房地产开发项目的。

③ 直接转让土地使用权的。

(2) 符合下列情形之一的,主管税务机关可要求纳税人进行土地增值税清算:

① 已竣工验收的房地产开发项目,已转让的房地产建筑面积占整个项目可售建筑面积的比例在85%以上,或该比例虽未超过85%,但剩余的可售建筑面积已经出租或自用的。

② 取得销售(预售)许可证满3年仍未销售完毕的。

③ 纳税人申请注销税务登记但未办理土地增值税清算手续的。

④ 省税务机关规定的其他情况。

3. 非直接销售和自用房地产的收入确定

(1) 房地产开发企业将开发产品用于职工福利、奖励、对外投资、分配给股东或投资人、抵偿债务、换取其他单位和个人的非货币性资产等,发生所有权转移时应视同销售房地产,其收入按下列方法和顺序确认:

① 按本企业在同一地区、同一年度销售的同类房地产的平均价格确定。

② 由主管税务机关参照当地当年、同类房地产的市场价格或评估价值确定。

(2) 房地产开发企业将开发的部分房地产转为企业自用或用于出租等商业用途时,如果产权未发生转移,不征收土地增值税,在税款清算时不列收入,不扣除相应的成本和费用。

(3) 土地增值税清算时,已全额开具商品房销售发票的,按照发票所载金额确认收入;未开具发票或未全额开具发票的,以交易双方签订的销售合同所载的售房金额及其他收益确认收入。销售合同所载商品房面积与有关部门实际测量面积不一致的,在清算前已发生补、退房款的,应在计算土地增值税时予以调整。

4. 土地增值税的核定征收

房地产开发企业有下列情形之一的,税务机关可以参照与其开发规模和收入水平

相近的当地企业的土地增值税税负情况,按不低于预征率的征收率核定征收土地增值税:

(1)依照法律、行政法规的规定应当设置但未设置账簿的。

(2)擅自销毁账簿或者拒不提供纳税资料的。

(3)虽设置账簿,但账目混乱或者成本资料、收入凭证、费用凭证残缺不全,难以确定转让收入或扣除项目金额的。

(4)符合土地增值税清算条件,未按照规定的期限办理清算手续,经税务机关责令限期清算,逾期仍不清算的。

(5)申报的计税依据明显偏低,又无正当理由的。

核定征收必须严格依照税收法律法规规定的条件进行,任何单位和个人不得擅自扩大核定征收范围,严禁在清算中出现"以核定为主、一核了之""求快图省"的做法。凡擅自将核定征收作为本地区土地增值税清算主要方式的,必须立即纠正。对确需核定征收的,要严格按照税收法律法规的要求,从严、从高确定核定征收率。为了规范核定工作,核定征收率原则上不得低于 5%,各省级税务机关要结合本地实际,区分不同房地产类型制定核定征收率。

5. 清算后再转让房地产的处理

在土地增值税清算时未转让的房地产,清算后销售或有偿转让的,纳税人应按规定进行土地增值税的纳税申报,扣除项目金额按清算时的单位建筑面积成本费用乘以销售或转让面积计算。

$$单位建筑面积成本费用 = 清算时的扣除项目总金额 ÷ 清算的总建筑面积$$

实务释疑 5-4

我公司是一家房地产开发企业,在清算时补缴的土地增值税,是否需要缴纳滞纳金?

四、土地增值税的征收管理

(一)土地增值税的征收管理要求

1. 土地增值税的纳税期限

土地增值税的纳税人应在转让房地产合同签订后的 7 日内,到房地产所在地主管税务机关办理纳税申报,并向税务机关提交房屋及建筑物产权、土地使用权证书,土地转让、房产买卖合同,房地产评估报告及其他与转让房地产有关的资料。纳税人因经常发生房地产转让而难以在每次转让后申报的,经税务机关审核同意后,可以定期进行纳税申报,具体期限由税务机关根据情况确定。

2. 土地增值税的纳税地点

土地增值税的纳税人应向房地产所在地主管税务机关办理纳税申报,并在税务机关核定的期限内缴纳土地增值税。

这里所说的"房地产所在地",是指房地产的坐落地。纳税人转让的房地产坐落在两个或两个以上地区的,应按房地产所在地分别申报纳税。

税　法

表5-8

土地增值税纳税申报表
（从事房地产开发的纳税人清算适用）

填表日期：　年　月　日

税款所属时间：　年　月　日至　年　月　日
金额单位:元至角分　　面积单位:平方米

纳税人名称		项目名称		项目编号		项目地址	
所属行业		登记注册类型		纳税人地址		邮政编码	
开户银行		银行账号		主管部门		电　话	

| 总可售面积 | | 自用和出租面积 | |
| 已售面积 | 其中:普通住宅已售面积 | 其中:非普通住宅已售面积 | 其中:其他类型房地产已售面积 |

项　　目	行次	金　　额			
		普通住宅	非普通住宅	其他类型房地产	合计
一、转让房地产收入总额　1=2+3+4	1				
其中　货币收入	2				
实物收入及其他收入	3				
视同销售收入	4				
二、扣除项目金额合计　5=6+7+14+17+21+22	5				
1.取得土地使用权所支付的金额	6				
2.房地产开发成本　7=8+9+10+11+12+13	7				
其中　土地征用及拆迁补偿费	8				
前期工程费	9				
建筑安装工程费	10				
基础设施费	11				
公共配套设施费	12				
开发间接费用	13				
3.房地产开发费用　14=15+16	14				

项　　目		行次	金　额			合计
			普通住宅	非普通住宅	其他类型房地产	
其中	利息支出	15				
	其他房地产开发费用等	16				
4. 与转让房地产有关的税金　17＝18＋19＋20		17				
其中	营业税	18				
	城市维护建设税	19				
	教育费附加	20				
5. 财政部规定的其他扣除项目		21				
代收费用		22				
三、增值额　23＝1－5		23				
四、增值额与扣除项目金额之比（%）　24＝23÷5		24				
五、适用税率（%）		25				
六、速算扣除系数（%）		26				
七、应缴土地增值税税额　27＝23×25－5×26		27				
八、减免税额　28＝30＋32＋34		28				
其中	减免税(1)　减免性质代码(1)	29				
	减免税额(1)	30				
	减免税(2)　减免性质代码(2)	31				
	减免税额(2)	32				
	减免税(3)　减免性质代码(3)	33				
	减免税额(3)	34				
九、已缴土地增值税税额		35				
十、应补(退)土地增值税额　36＝27－28－35		36				

以下由纳税人填写：

纳税人声明	此纳税申报表是根据《中华人民共和国土地增值税暂行条例》及其实施细则和国家有关税收规定定填报的，是真实的、可靠的、完整的。	
纳税人签章	代理人签章	代理人身份证号
受理人	受理日期　　年　月　日	受理税务机关签章

以下由税务机关填写：

本表一式两份，一份纳税人留存，一份税务机关留存。

在实际工作中,纳税地点的确定又可分为以下两种情况:

(1) 纳税人是法人的。当转让的房地产坐落地与其机构所在地或经营所在地一致时,则在办理税务登记的原管辖税务机关申报纳税即可;如果转让的房地产坐落地与其机构所在地或经营所在地不一致时,则应在房地产坐落地所管辖的税务机关申报纳税。

(2) 纳税人是自然人的。当转让的房地产坐落地与其居住所在地一致时,则在住所所在地税务机关申报纳税;当转让的房地产坐落地与其居住所在地不一致时,在办理过户手续所在地的税务机关申报纳税。

(二) 土地增值税的纳税申报

从事房地产开发的纳税人对土地增值税进行清算时,应当填报"土地增值税纳税申报表(从事房地产开发的纳税人清算适用)"(表5-8)。

任务4 房 产 税 法

一、房产税的认知

(一) 房产税的含义

房产税是以房屋为征税对象,按照房屋的计税余值或租金收入向产权所有人征收的一种税。

(二) 房产税的发展

房产税在我国是一个古老的税种,最早始于周代。新中国成立后,在政务院颁布的《全国税政实施要则》中,把房产税列为全国开征的一个独立税种。1973年进行税制改革,在简化税制的原则下,把试行工商税的企业缴纳的城市房地产税并入了工商税,但保留城市房地产税这一税种,只对居民个人和房产管理部门以及外侨的房屋继续征收。

1984年我国进行工商税制全面改革,重新恢复对房产征税。1986年9月15日,国务院正式发布了《中华人民共和国房产税暂行条例》(以下简称《房产税暂行条例》),从当年10月1日开始施行。各省、自治区、直辖市人民政府根据暂行条例规定,先后制定了施行细则。至此,房产税又在全国范围内全面征收。

(三) 房产税的特点

我国房产税具有以下特点:

(1) 房产税属于财产税中的个别财产税。

(2) 征税范围限于城镇的经营性房屋。

(3) 区别房屋的经营使用方式规定征税办法。

二、房产税纳税人和征税范围的确定

(一) 房产税纳税人的确定

房产税的纳税人是指在我国城市、县城、建制镇和工矿区(不包括农村)内拥有房屋产权的单位和个人,具体包括产权所有人、承典人、房产代管人或者使用人。

（1）产权属于国家的，其经营管理的单位为纳税人。

（2）产权属于集体和个人的，集体单位和个人为纳税人。

（3）产权出典的，承典人为纳税人。

产权出典是指产权所有人为了某种需要，将自己的房屋在一定的期限内转让给他人使用，以押金形式换取一定数额的现金（或者实物），并立有某种合同（契约）的行为。在此，房屋所有人称为房屋"出典人"，支付现金（或者实物）的人称为房屋的"承典人"。

（4）产权所有人、承典人均不在房产所在地的，房产代管人或者使用人为纳税人。

（5）产权未确定以及租典（租赁、出典）纠纷未解决的，房产代管人或者使用人为纳税人。

（6）纳税单位和个人无租使用房产管理部门、免税单位及纳税单位的房产，由使用人代为缴纳房产税。

（7）房地产开发企业建造的商品房，在出售前，不征收房产税，但对出售前房地产开发企业已使用或出租、出借的商品房应按规定征收房产税。

实务释疑 5-5

我公司（甲企业）与乙企业合作建房，在建工程的成本仅在甲企业账上反映，工程尚未竣工，产权证也没有办理。现甲、乙两企业已将房产投入使用，请问房产税由哪方缴纳？

（二）房产税征税范围的确定

房产税的征税对象是房产，即有屋面和围护结构（有墙或两边有柱），能够遮风避雨，可提供人们在其中生产、学习、工作、娱乐、居住或储藏物资的场所。

房产税的征税范围是城市、县城、建制镇和工矿区的房屋，不包括农村。

三、房产税应纳税额的计算

（一）房产税计税依据的确定及税率的判定

1. 从价计征的计税依据及税率

从价计征的计税依据为按照房产原值一次减除10%～30%损耗后的余值（扣除比例由省、自治区、直辖市人民政府确定）。从价计征的年税率为1.2%。

对于房产原值的规定主要有以下几点：

（1）房产原值是指纳税人按照会计制度规定，在账簿"固定资产"科目中记载的房屋原价。因此，凡按会计制度规定在账簿中记载有房屋原价的，应以房屋原价按规定减除一定比例后作为房产余值计征房产税；没有记载房屋原价的，按照上述原则，并参照同类房屋确定房产原值，按规定计征房产税。

值得注意的是，自2009年1月1日起，对依照房产原值计税的房产，不论是否记载在会计账簿固定资产科目中，均应按照房屋原价计算缴纳房产税。房屋原价应根据国家有关会计制度规定进行核算。对纳税人未按国家会计制度规定核算并记载的，应按规定予以调整或重新评估。

名师精品·
Gaozhigaozhuan Kuaiji Xilie
高职高专会计系列

实务释疑 5-6

　　我公司按揭买房产生了利息支出,请问该利息支出是否计入房屋原值计征房产税?

　　(2) 房产原值应包括与房屋不可分割的各种附属设备或一般不单独计算价值的配套设施。主要有:暖气、卫生、通风、照明、煤气等设备;各种管线,如蒸汽、压缩空气、石油、给水排水等管道及电力、电讯、电缆导线;电梯、升降机、过道、晒台等。属于房屋附属设备的水管、下水道、暖气管、煤气管等应从最近的探视井或三通管起,计算原值;电灯网、照明线从进线盒连接管起,计算原值。

　　(3) 纳税人对原有房屋进行改建、扩施,要相应增加房屋的原值。

　　2. 从租计征的计税依据及税率

　　从租计征的计税依据为租金收入(包括实物收入和货币收入)。以劳务或其他形式抵付房租收入的,按当地同类房产租金水平确定。从租计征的税率为 12%。营业税改征增值税后,房产出租的,计征房产税的租金收入不含增值税。免征增值税的,确定计税依据时,租金收入不扣减增值税额。

　　从 2001 年 1 月 1 日起个人按市场价格出租的居民用房(出租后用于居住的居民住房),税率为 4%,但根据《关于廉租住房、经济适用房和住房租赁有关税收政策的通知》(财税〔2008〕24 号)的规定,对个人出租住房,不区分用途,按 4% 的税率征收房产税;对企事业单位、社会团体以及其他组织按市场价格向个人出租用于居住的住房,减按 4% 的税率征收房产税。

　　(二) 房产税优惠政策的运用

　　房产税的税收优惠政策主要有以下几项:

　　(1) 国家机关、人民团体、军队自用的房产免征房产税。但对出租房产以及非自身业务使用的生产、营业用房,不属于免税范围。

　　(2) 由国家财政部门拨付事业经费的单位(全额或差额预算管理的事业单位),本身业务范围内使用的房产免征房产税。对于其所属的附属工厂、商店、招待所等不属单位公务、业务的用房,应照章纳税。

　　(3) 宗教寺庙、公园、名胜古迹自用的房产免征房产税。但宗教寺庙、公园、名胜古迹中附设的营业单位,如影剧院、饮食部、茶社、照相馆等所使用的房产及出租的房产,不属于免税范围,应照章纳税。

　　(4) 个人所有非营业用的房产免征房产税。对个人拥有的营业用房或者出租的房产,不属于免税房产,应照章纳税。

　　(5) 央行(含外管局)所属分支机构自用的房产,免征房产税。

　　(6) 在基建工地为基建工地服务的各种工棚、材料棚、休息棚和办公室、食堂、茶炉房、汽车房等临时性房屋,在施工期间,一律免征房产税。但工程结束后,施工企业将这种临时性房屋交还或估价转让给基建单位的,应从基建单位接收的次月起,照章纳税。

　　(7) 经财政部批准免税的其他房产。

（三）房产税应纳税额的计算

（1）从价计征房产税的：

$$应纳税额 = 房产原值 \times (1 - 扣除比例) \times 1.2\%$$

由此公式计算出来的房产税税额是年税额。

（2）从租计征房产税的：

$$应纳税额 = 租金收入 \times 12\%（或 4\%）$$

工作实例 5-5

甲公司的办公大楼原值 30 000 万元，2017 年 2 月 28 日将其中部分闲置房间出租，租期 2 年。出租部分房产原值 6 000 万元，租金每年 1 000 万元（不含增值税）。当地规定房产税原值减除比例为 20%。

【工作要求】 计算 2017 年该公司应缴纳的房产税。

【工作实施】 2017 年 1~2 月从价计征的房产税：30 000 × (1－20%) × 1.2% ÷ 12 × 2 = 48（万元）

2017 年 3~12 月从价计征的房产税：(30 000－6 000) × (1－20%) × 1.2% ÷ 12 × 10 = 192（万元）

2017 年 3~12 月从租计征的房产税：1 000 × 12% ÷ 12 × 10 = 100（万元）

合计应纳房产税 = 48 + 192 + 100 = 340（万元）

四、房产税的征收管理

（一）房产税的征收管理要求

1. 房产税的纳税义务发生时间

（1）纳税人将原有房产用于生产经营，从生产经营之月起，缴纳房产税。

（2）纳税人自行新建房屋用于生产经营，从建成之日的次月起，缴纳房产税。

（3）纳税人委托施工企业建设的房屋，从办理验收手续的次月起，缴纳房产税。

（4）纳税人购置新建商品房，自房屋交付使用之次月起，缴纳房产税。

（5）纳税人购置存量房，自办理房屋权属转移、变更登记手续，房地产权属登记机关签发房屋权属证书之次月起，缴纳房产税。

（6）纳税人出租、出借房产，自交付出租、出借房产之次月起，缴纳房产税。

（7）房地产开发企业自用、出租、出借本企业建造的商品房，自房屋使用或交付之次月起，缴纳房产税。

（8）自 2009 年起，纳税人因房产的实物或权利状态发生变化而依法终止房产税的纳税义务的，其应纳税款的计算应截止到房产的实物或权利发生变化的当月月末。

2. 房产税的纳税期限

房产税实行按年计算，分期缴纳的征收办法。具体纳税期限由省、自治区、直辖市人民政府规定。一般可采取按季或半年缴纳，按季缴纳的可在 1 月份、4 月份、7 月份、

表5-9

房产税纳税申报表

税款所属期：自　　年　　月　　日至　　年　　月　　日

填表日期：　　年　　月　　日　　　金额单位：元至角分；　　面积单位：平方米

纳税人识别号：

纳税人信息	名称				
	登记注册类型				纳税人分类　单位□　个人□
	身份证件类型　身份证□　护照□　其他□				所属行业
	身份证件号码　×××				身份证件号码　×××
	联系人				联系方式

一、从价计征房产税

房产编号	房产原值	其中:出租房产原值	计税比例	税率	所属期起	所属期止	本期应纳税额	本期减免税额	本期已缴税额	本期应补(退)税额
1	×××									
2	×××									
3	×××									
4	×××									
5	×××									
6	×××									
7	×××									
8	×××									
9	×××									
10	×××									
合计	×××	×××	×××	×××						

二、从租计征房产税

	本期申报租金收入	税率	本期应纳税额	本期减免税额	本期已缴税额	本期应补(退)税额
1						
2						
3		×××				
合计		×××				

以下由纳税人填写：

纳税人声明	此纳税申报表是根据《中华人民共和国房产税暂行条例》和国家有关税收规定填报的，是真实的、可靠的、完整的。		
纳税人签章		代理人签章	代理人身份证号

以下由税务机关填写：

受理人	受理日期　　年　　月　　日	受理税务机关签章

本表一式两份，一份纳税人留存，一份税务机关留存。

10 月份缴纳;按半年缴纳的可在 1 月份、7 月份缴纳;税额比较大的,可按月缴纳;个人出租房产的可按次缴纳。

3. **房产税的纳税地点**

房产税在房产所在地缴纳。对房产不在同一地方的纳税人,应按房产的坐落地点分别向房产所在地的税务机关缴纳。

（二）房产税的纳税申报

纳税人对从价计征房产税进行纳税申报时,应当填报"房产税纳税申报表"(见表5-9)及其税源明细表(略)。

任务5　资　源　税　法

一、资源税的认知

（一）资源税的含义

资源税是对在我国境内从事应税矿产品开采和生产盐的单位和个人课征的一种税。它属于对自然资源占用课税的范畴。

（二）资源税的发展

对资源占用行为课税不仅被当今许多国家广泛采用,而且具有十分悠久的历史。我国对资源占用课税的历史至少可以追溯到周代,当时的"山泽之赋"就是对伐木、采矿、狩猎、捕鱼、煮盐等开发、利用自然资源的生产活动课征的赋税。此后,我国历代政府一直延续了对矿冶资源、盐业资源等自然资源开发利用课税的制度。

新中国成立后,我国颁布了《全国税政实施要则》(以下简称《要则》),《要则》明确了对盐的生产、运销征收盐税。但是,对矿产资源的开采如何课税并没有规定,所以在长达 30 多年的时间里我国实行的是资源无偿开采的制度。

1984 年 10 月 1 日,《资源税条例草案》施行,我国开始对自然资源征税,征收范围仅为原油、天然气、煤炭和铁矿石。资源税法律制度建立的初衷仅仅是调节级差收益,只要没有获得 12% 以上的利润,企业和个人就可以无偿开采国有矿产资源。

1986 年 10 月 1 日,《矿产资源法》施行,该法第五条进一步明确:国家对矿产资源施行有偿开采。开采矿产资源,必须按照国家有关规定缴纳资源税和资源补偿费。"税费并存"的制度从此以法律的形式确立下来。1993 年的全国财税体制改革对 1984 年第一次资源税法律制度做了重大修改,形成了第二代资源税制度。

1993 年 12 月国务院发布的《资源税暂行条例》及《资源税暂行条例实施明细》,把盐税并到资源税中,并将资源税征收范围扩大为原油、天然气、煤炭、其他非金属矿原矿、黑色金属矿原矿、有色金属矿原矿和盐 7 种,于 1994 年 1 月 1 日起不再按超额利润征税,而是按矿产品销售量征税,按照"普遍征收、级差调节"的原则,就资源赋税情况、开采条件、资源等级、地理位置等客观条件的差异规定了幅度税额,为每一个课税矿区规定了适用税率。这一规定考虑了资源条件优劣的差别,对级差收益进行了有效调节。

2011年9月21日国务院第173次常务会议决议通过《中华人民共和国资源税暂行条例》修订方案,并于2011年9月30日公布,自2011年11月1日起施行修订后的《中华人民共和国资源税暂行条例》(以下简称《资源税暂行条例》);2011年10月28日财政部、国家税务总局公布,自2011年11月1日起施行修订后的《中华人民共和国资源税暂行条例实施细则》(以下简称《资源税实施细则》)。其中将原油、天然气由原来的从量征收变为从价征收是这次修订的重点内容之一。

2014年10月9日财政部和国家税务总局发布《关于调整原油、天然气资源税有关政策的通知》(财税〔2014〕73号),规定自2014年12月1日起,将原油、天然气矿产资源补偿费费率降为零,相应将资源税适用税率由5%提高至6%。同时,发布《关于实施煤炭资源税改革的通知》(财税〔2014〕72号),规定自2014年12月1日起在全国范围内实施煤炭资源税从价计征改革,同时清理相关收费基金。

2016年5月9日财政部和国家税务总局发布《关于全面推进资源税改革的通知》(财税〔2016〕53号),规定自2016年7月1日起实行资源税从价计征改革及水资源税改革试点。

二、资源税纳税人和征税对象的确定

(一) 资源税纳税人的确定

资源税的纳税人,是指在中华人民共和国领域及管辖海域开采或生产税法规定的原矿、精矿(或原矿加工品,下同)、金锭、氯化钠初级产品(以下称开采或者生产应税产品)的单位和个人。

对资源税纳税义务人的理解,应注意以下三点:

(1) 资源税规定仅对在中国领域及管辖海域从事应税产品开采或生产的单位和个人征收,进口的相关产品不征收资源税。

(2) 资源税纳税义务人不仅包括符合规定的中国企业和个人,还包括外商投资企业和外国企业。

(3) 独立矿山、联合企业和其他收购未税矿产品的单位为资源税的扣缴义务人。

实务释疑 5-7

我公司是一家生产建材产品的企业,在当地主管税务机关没有书面资料委托或者口头通知的情况下,我公司在收购未税矿产品时应该代扣代缴资源税吗?

(二) 资源税征税对象的确定

资源税各税目的征税对象包括:原矿、精矿(或原矿加工品,下同)、金锭、氯化钠初级产品。具体来说,包括:铁矿、金矿、铜矿、铝土矿、铅锌矿、镍矿、锡矿、稀土矿、钨、钼、未列举名称的其他金属矿产品、原油、天然气、煤炭、石墨、硅藻土、高岭土、萤石、石灰石、硫铁矿磷矿、氯化钾、硫酸钾、井矿盐、湖盐、提取地下卤水晒制的盐、煤层(成)气、黏

土及砂石、未列举名称的其他非金属矿产品、海盐。

其中,原油是指开采的天然原油,不包括人造原油。天然气是指专门开采的天然气和与原油同时开采的天然气。煤矿生产的天然气暂不征税。煤炭包括原煤和以未税原煤加工的洗煤、选煤(以下简称洗选煤)。

三、资源税应纳税额的计算

(一) 资源税计税依据的确定

资源税的计税依据为应税产品的销售额或销售量。

对《资源税税目税率幅度表》中列举名称的 21 种资源品目和未列举名称的其他金属矿实行从价计征,计税依据由原矿销售量调整为原矿、精矿(或原矿加工品)、氯化钠初级产品或金锭的销售额。列举名称的 21 种资源品目包括:铁矿、金矿、铜矿、铝土矿、铅锌矿、镍矿、锡矿、石墨、硅藻土、高岭土、萤石、石灰石、硫铁矿、磷矿、氯化钾、硫酸钾、井矿盐、湖盐、提取地下卤水晒制的盐、煤层(成)气、海盐。已实施从价计征的原油、天然气、煤炭、稀土、钨、钼 6 个资源品目资源税政策暂不调整,仍按原办法执行。

对经营分散、多为现金交易且难以控管的黏土、砂石,按照便利征管原则,仍实行从量定额计征。对《资源税税目税率幅度表》中未列举名称的其他非金属矿产品,按照从价计征为主、从量计征为辅的原则,由省级人民政府确定计征方式。

1. 关于销售额的认定

销售额是指纳税人销售应税产品向购买方收取的全部价款和价外费用,不包括增值税销项税额和运杂费用。

运杂费用是指应税产品从坑口或洗选(加工)地到车站、码头或购买方指定地点的运输费用、建设基金以及随运销产生的装卸、仓储、港杂费用。运杂费用应与销售额分别核算,凡未取得相应凭据或不能与销售额分别核算的,应当一并计征资源税。

2. 原矿销售额与精矿销售额的换算或折算

为公平原矿与精矿之间的税负,对同一种应税产品,征税对象为精矿的,纳税人销售原矿时,应将原矿销售额换算为精矿销售额缴纳资源税;征税对象为原矿的,纳税人销售自采原矿加工的精矿,应将精矿销售额折算为原矿销售额缴纳资源税。换算比或折算率原则上应通过原矿售价、精矿售价和选矿比计算,也可通过原矿销售额、加工环节平均成本和利润计算。

金矿以标准金锭为征税对象,纳税人销售金原矿、金精矿的,应比照上述规定将其销售额换算为金锭销售额缴纳资源税。

换算比或折算率应按简便可行、公平合理的原则,由省级财税部门确定,并报财政部、国家税务总局备案。

纳税人将其开采的原矿加工为精矿销售的,按精矿销售额(不含增值税)和适用税率计算缴纳资源税。纳税人开采并销售原矿的,将原矿销售额(不含增值税)换算为精矿销售额计算缴纳资源税。精矿销售额不包括从洗选厂到车站、码头或用户指定运达地点的运输费用。

纳税人销售(或者视同销售)其自采原矿的,可采用成本法或市场法将原矿销售额换算为精矿销售额计算缴纳资源税。

其中成本法公式为:

$$精矿销售额 = 原矿销售额 + 原矿加工为精矿的成本 \times (1 + 成本利润率)$$

市场法公式为:

$$精矿销售额 = 原矿销售额 \times 换算比$$
$$换算比 = 同类精矿单位价格 \div (原矿单位价格 \times 选矿比)$$
$$选矿比 = 加工精矿耗用的原矿数量 \div 精矿数量$$

原矿销售额不包括从矿区到车站、码头或用户指定运达地点的运输费用。

3. 特殊规定

(1) 纳税人将其开采的原煤加工为洗选煤销售的,以洗选煤销售额乘以折算率作为应税煤炭销售额计算缴纳资源税。

$$洗选煤应纳税额 = 洗选煤销售额 \times 折算率 \times 适用税率$$

洗选煤销售额包括洗选副产品的销售额,不包括洗选煤从洗选煤厂到车站、码头等的运输费用。

折算率可通过洗选煤销售额扣除洗选环节成本、利润计算,也可通过洗选煤市场价格与其所用同类原煤市场价格的差额及综合回收率计算。折算率由省、自治区、直辖市财税部门或其授权地市级财税部门确定。

(2) 对于从量征收的黏土、砂石等非金属矿产品原矿,因无法准确掌握纳税人移送使用原矿数量的,可将其精矿按选矿比折算成原矿数量,以此作为课税数量。

$$选矿比 = 精矿数量 \div 耗用原矿数量$$
$$原矿课税数量 = 精矿数量 \div 选矿比$$

(3) 纳税人以自产的液体盐加工固体盐,按固体盐税额征税,以加工的固体盐数量为课税数量。纳税人以外购的液体盐加工成固体盐,其加工固体盐所耗用液体盐的已纳税额准予抵扣。

(二) 资源税税率的判定

资源税税目税率表,如表 5-10 所示。

表 5-10　资源税税目税率表

序号	税目		征税对象	税率幅度
1	金属矿	铁矿	精矿	1%～6%
2		金矿	金锭	1%～4%
3		铜矿	精矿	2%～8%

（续表）

序号	税目		征税对象	税率幅度
4	金属矿	铝土矿	原矿	3%～9%
5		铅锌矿	精矿	2%～6%
6		镍矿	精矿	2%～6%
7		锡矿	精矿	2%～6%
8		稀土矿	原矿	轻稀土按地区执行不同的适用税率，其中，内蒙古为11.5%、四川为9.5%、山东为7.5%；中重稀土资源税适用税率为27%
9		钨	原矿	6.5%
10		钼	原矿	11%
11		未列举名称的其他金属矿产品	原矿或精矿	税率不超过20%
12	非金属矿	原油	原矿	6%～10%
13		天然气	原矿	6%～10%
14		煤炭	原矿	2%～10%
15		石墨	精矿	3%～10%
16		硅藻土	精矿	1%～6%
17		高岭土	原矿	1%～6%
18		萤石	精矿	1%～6%
19		石灰石	原矿	1%～6%
20		硫铁矿	精矿	1%～6%
21		磷矿	原矿	3%～8%
22		氯化钾	精矿	3%～8%
23		硫酸钾	精矿	6%～12%
24		井矿盐	氯化钠初级产品	1%～6%
25		湖盐	氯化钠初级产品	1%～6%
26		提取地下卤水晒制的盐	氯化钠初级产品	3%～15%
27		煤层（成）气	原矿	1%～2%
28		黏土、砂石	原矿	每吨或立方米0.1～5元
29		未列举名称的其他非金属矿产品	原矿或精矿	从量税率每吨或立方米不超过30元；从价税率不超过20%
30		海盐	氯化钠初级产品	1%～5%

各省级人民政府应当按《财政部 国家税务总局关于全面推进资源税改革的通知》（财税〔2016〕53号）要求提出或确定本地区资源税适用税率。测算具体适用税率时，要充分考虑本地区资源禀赋、企业承受能力和清理收费基金等因素，按照改革前后税费平移原则，以近几年企业缴纳资源税、矿产资源补偿费金额（铁矿石开采企业缴纳资源税金额按40%税额标准测算）和矿产品市场价格水平为依据确定。一个矿种原则上设定一档税率，少数资源条件差异较大的矿种可按不同资源条件、不同地区设定两档税率。

因为扣缴义务人自身情况不同，所以使用扣缴税率情况也不同。独立矿山、联合企业收购未税矿产品的单位，按照本单位应税产品的税额、税率标准。其他收购单位收购的未税矿产品,按税务机关核定的应税产品税额、税率标准。

(三) 资源税优惠政策的运用

(1) 对依法在建筑物下、铁路下、水体下通过充填开采方式采出的矿产资源,资源税减征 50%。

充填开采是指随着回采工作面的推进,向采空区或离层带等空间充填废石、尾矿、废渣、建筑废料以及专用充填合格材料等采出矿产品的开采方法。

(2) 对实际开采年限在 15 年以上的衰竭期矿山开采的矿产资源,资源税减征 30%。

衰竭期矿山是指剩余可采储量下降到原设计可采储量的 20%(含)以下或剩余服务年限不超过 5 年的矿山,以开采企业下属的单个矿山为单位确定。

(3) 对鼓励利用的低品位矿、废石、尾矿、废渣、废水、废气等提取的矿产品,由省级人民政府根据实际情况确定是否给予减税或免税。

(4) 为促进共伴生矿的综合利用,纳税人开采销售共伴生矿,共伴生矿与主矿产品销售额分开核算的,对共伴生矿暂不计征资源税;没有分开核算的,共伴生矿按主矿产品的税目和适用税率计征资源税。财政部、国家税务总局另有规定的,从其规定。

纳税人的减税、免税项目,应当单独核算销售额或者销售数量;未单独核算或者不能准确提供销售额或者销售数量的,不予减税或者免税。

(四) 资源税应纳税额的计算

资源税的应纳税额,按照从价定率或者从量定额的办法,分别以应税产品的销售额乘以纳税人具体适用的比例税率或者以应税产品的销售数量乘以纳税人具体适用的定额税率计算。

纳税人开采或者生产不同税目应税产品的,应当分别核算不同税目应税产品的销售额或者销售数量;未分别核算或者不能准确提供不同税目应税产品的销售额或者销售数量的,从高适用税率。

(1) 采用从价定率办法应纳税额的计算公式:

$$应纳税额 = 应税产品的销售额 \times 比例税率$$

工作实例 5-6

甲煤矿 2017 年 1 月开采原煤 100 万吨,当月对外销售 90 万吨;为职工宿舍供暖,使用本月开采的原煤 1 万吨;向洗煤车间移送本月开采的原煤 6 万吨加工洗煤,尚未对外销售;其余 3 万吨原煤待售。已知该煤矿每吨原煤不含增值税售价为 400 元(不含从坑口到车站、码头等的运输费用),适用的资源税税率为 5%。

【工作要求】 计算甲煤矿 2017 年 1 月应缴纳的资源税税额。

【工作实施】 甲煤矿 2017 年 1 月应缴纳的资源税=$(90+1) \times 400 \times 5\% = 1\,820$(万元)。

(2) 采用从量定额办法应纳税额的计算公式:

$$应纳税额 = 应税产品的销售数量 \times 定额税率$$

纳税人开采或者生产应税产品,自用于连续生产应税产品的,不缴纳资源税;自用于其他方面的,视同销售,缴纳资源税。

四、资源税的征收管理

(一) 资源税的征收管理要求

1. 资源税的纳税义务发生时间

资源税在应税产品的销售或自用环节计算缴纳。具体来说：

(1) 纳税人销售应税产品采取分期收款结算方式的,其纳税义务发生时间为销售合同规定的收款日期的当天。

(2) 纳税人销售应税产品采取预收货款结算方式的,其纳税义务发生时间为发出应税产品的当天。

(3) 纳税人销售应税产品采取其他结算方式的,其纳税义务发生时间为收讫销售款或者取得索取销售款凭据的当天。

(4) 纳税人自产自用应税产品的纳税义务发生时间为移送使用应税产品的当天。

(5) 扣缴义务人代扣代缴税款的纳税义务发生时间为支付首笔货款或者首次开具支付货款凭据的当天。

(6) 以自采原矿加工精矿产品的,在原矿移送使用时不缴纳资源税,在精矿销售或自用时缴纳资源税。

(7) 纳税人以自采原矿加工金锭的,在金锭销售或自用时缴纳资源税。纳税人销售自采原矿或者自采原矿加工的金精矿、粗金,在原矿或者金精矿、粗金销售时缴纳资源税,在移送使用时不缴纳资源税。

(8) 以应税产品投资、分配、抵债、赠与、以物易物等,视同销售,依照税法有关规定计算缴纳资源税。

2. 资源税的纳税期限

资源税的纳税期限为 1 日、3 日、5 日、10 日、15 日或者 1 个月,由主管税务机关根据实际情况具体核定。不能按固定期限计算纳税的,可以按次进行纳税。

纳税人以 1 个月为一期纳税的,自期满之日起 10 日内申报纳税;以 1 日、3 日、5 日、10 日或者 15 日为一期纳税的,自期满之日起 5 日内预缴税款,于次月 1 日起 10 日内申报纳税并结清上月税款。扣缴义务人的解缴税款期限,比照上述规定执行。

3. 资源税的纳税地点

(1) 纳税人应当向矿产品的开采地或盐的生产地缴纳资源税。

(2) 纳税人在本省、自治区、直辖市范围开采或者生产应税产品,其纳税地点需要调整的,由省级地方税务机关决定。

(3) 纳税人跨省开采资源税应税产品,其下属生产单位与核算单位不在同一省、自治区、直辖市的,对其开采的矿产品一律在开采地纳税,其应纳税款由独立核算、自负盈亏的单位,按照开采地的实际销售(或者自用)额或数量及适用的税率计算划拨。

(4) 扣缴义务人代扣代缴的资源税,应当向收购地主管税务机关纳税。

(二) 资源税的纳税申报

纳税人对资源税进行纳税申报时,应当填报"资源税纳税申报表"(见表 5-11)和"资源税纳税申报表附表"(略)。

表5-11

资源税纳税申报表

根据国家税收法律法规及资源税有关规定制定本表。纳税人不论有无销售额，均应按照税务机关核定的纳税期限填写本表，并向当地税务机关申报。

税款所属时间：自 年 月 日 至 年 月 日　　填表日期： 年 月 日　　金额单位：元至角分

纳税人识别号：□□□□□□□□□□□□□□□

纳税人名称		法定代表人姓名		注册地址		电话号码		生产经营地址	
开户银行及账号				登记注册类型					

税目	子目	折算率或换算比	计量单位	计税销售量	计税销售额	适用税率	本期应纳税额	本期减免税额	本期已缴税额	本期应补（退）税额
1	2	3	4	5	6	7	8①=6×7；8②=5×7	9	10	11=8−9−10
合 计	—	—	—	—			—			

授权声明

如果你已委托代理人申报，请填写下列资料：

为本纳税人的代理申报人，任何与本申报有关的往来文件，都可寄予此人。

授权人签字：

为代理一切税务事宜，现授权 （地址）

申报人声明

本纳税申报表是根据国家税收法律法规及相关规定填写的，我确定它是真实的、可靠的、完整的。

声明人签字：

接收人： 接收日期： 年 月 日

主管税务机关：

本表一式两份，一份纳税人留存，一份税务机关留存。

职业技能训练

一、单项选择题

1. 根据房产税法律制度的规定,下列关于房产税计税依据的表述中,正确的是( )。
   A. 经营租赁的房产,以租金收入为计税依据,由承租方来缴纳房产税
   B. 经营租赁的房产,以房产余值为计税依据,由出租方来缴纳房产税
   C. 融资租赁的房产,以租金收入为计税依据,由出租方来缴纳房产税
   D. 融资租赁的房产,以房产余值为计税依据,由承租方来缴纳房产税

2. 根据土地增值税法律制度的规定,下列情形中,免于缴纳土地增值税的是( )。
   A. 因城市实施规划、国家建设的需要而搬迁,由纳税人自行转让原房地产
   B. 纳税人建造高级公寓出售,增值额未超过扣除项目金额的20%
   C. 企事业单位转让旧房作为经济适用住房房源,且增值额为扣除项目金额的30%
   D. 房屋交换

3. 某大型油田2017年2月份生产原油20万吨,其中出售15万吨,取得不含税销售额30 000万元;用于修井耗用原油5万吨。当月在采油过程中回收并销售伴生天然气500万立方米,取得不含税销售额300万元。已知原油适用的税率为8%,天然气适用税率6%。则该油田2月份应缴资源税( )万元。
   A. 2 400   B. 2 418   C. 3 200   D. 3 218

4. 某生产企业为增值税一般纳税人(位于市区),主要经营内销和出口业务,2017年2月实际向税务机关缴纳增值税40万元,出口货物免抵税额4万元。另外,进口货物缴纳增值税17万元,缴纳消费税30万元。该企业2017年2月应缴纳城市维护建设税( )万元。
   A. 2.8   B. 3.08   C. 2.52   D. 5.81

5. 某公司大楼原值30 000万元,2017年2月28日将其中闲置房间出租,租期2年。出租部分房产原值5 000万元,租金每年1 000万元(不含增值税)。当地规定房产原值减除比例为20%,2017年该公司应缴纳房产税( )万元。
   A. 348   B. 388   C. 340   D. 368

6. 下列各项中,应当征收土地增值税的是( )。
   A. 公司与公司之间互换房产   B. 房地产开发公司为客户代建房产
   C. 兼并企业从被兼并企业取得房地产   D. 房地产的出租

7. 下列各项中,属于资源税征税范围的是( )。
   A. 液体盐   B. 煤矿生产的天然气
   C. 以已税原煤加工成的洗煤、选煤   D. 人造石油

二、多项选择题

1. 下列关于城建税计税依据的说法中,正确的有( )。
   A. 城建税的计税依据为纳税人应缴纳的增值税、消费税税额
   B. 纳税人因违反增值税有关规定而加收的滞纳金和罚款,应作为城建税的计税依据
   C. 纳税人在被查补消费税时,应同时对其城建税进行补税、征收滞纳金和罚款
   D. 纳税人在被处以增值税罚款时,应同时对其城建税进行补税、征收滞纳金和罚款

2. 根据资源税法律制度的规定,关于资源税纳税义务发生时间的下列表述中,正确的有( )。
   A. 采用分期收款结算方式销售应税产品的,为发出应税产品的当天

  B. 采用预收货款结算方式销售应税产品的,为收到货款的当天

  C. 自产自用应税产品的,为移送使用应税产品的当天

  D. 扣缴义务人代扣代缴税款的纳税义务发生时间,为支付首笔货款的当天

3. 根据土地增值税法律制度的规定,下列各项中,可以免征土地增值税的有(　　)。

  A. 国家机关转让自用房产

  B. 工业企业之间在改制重组时以不动产作价入股进行投资

  C. 房地产开发公司在改制重组时以不动产作价入股进行投资

  D. 某商场因城市实施规则、国家建设的需要而自行转让原房产

4. 关于城市维护建设税的适用税率,下列表述正确的有(　　)。

  A. 按纳税人所在地区的不同,设置了三档地区差别比例税率

  B. 由受托方代收、代扣增值税、消费税的,可按纳税人所在地的规定税率就地缴纳城市维护建设税

  C. 流动经营等无固定纳税地点的纳税人应随同增值税、消费税在经营地按适用税率缴纳城建税

  D. 城市维护建设税的税率是指纳税人应缴纳的城建税税额与纳税人实际缴纳的增值税、消费税税额之间的比率

5. 下列表述符合资源税纳税义务发生时间规定的有(　　)。

  A. 扣缴义务人代扣代缴税款的,其纳税义务发生时间为支付首笔货款或者首次开具支付货款凭据的当天

  B. 纳税人自产自用应税产品的,其纳税义务发生时间为移送使用应税产品的当天

  C. 纳税人采用预收货款方式销售应税产品的,其纳税义务发生时间为收到预收款的当天

  D. 纳税人采用分期收款方式销售应税产品的,其纳税义务发生时间为发出应税产品当天

6. 下列行为中,需要缴纳城建税的有(　　)。

  A. 政府机关出租房屋行为

  B. 企业购买房屋行为

  C. 油田开采天然原油并销售的行为

  D. 企业将土地使用权转让给农业生产者用于农业生产的行为

7. 下列关于房产税的说法正确的有(　　)。

  A. 融资租赁房屋的,以租金总额计征房产税

  B. 以房产投资联营,参与投资利润分红,共担投资风险的,以房产余值计征房产税

  C. 出租的房产,由出租方以租金计征

  D. 出租的房产,由承租方以租金计征

三、判断题

1. 个人出租商业用房,房产税税率为4%。 (　　)

2. 对于以房屋作为载体,不可以随意移动的附属设备和配套设施,无论在会计核算中是否单独记账与核算,都是无需要缴纳房产税的。 (　　)

3. 纳税人隐瞒、虚报房地产成交价格的,按照房产的购置原价计算征收土地增值税。 (　　)

4. 纳税人按规定预缴土地增值税后,清算补缴的土地增值税,在主管税务机关规定的期限内补缴的,不加收滞纳金。 (　　)

5. 房产税从价计征的年税率为12%。 (　　)

6. 个人所有非营业用的房产免征房产税。 (　　)

7. 资源税的纳税期限为1日、3日、5日、10日、15日、1个月或者1个季度,由主管税务机关根据实

际情况具体核定。不能按固定期限计算纳税的,可以按次进行纳税。（ ）

8. 城市维护建设税是以纳税人实际缴纳的增值税、消费税税额为计税依据的。（ ）

9. 土地增值税不适用于外商投资企业、外国企业及外籍纳税人。（ ）

10. 资源税各税目的征税对象包括原矿、精矿(或原矿加工品,下同)、金锭、氯化钠初级产品。（ ）

四、计算题

1. 甲企业位于市区,3月份销售应税货物缴纳增值税8万元、消费税6万元、土地增值税1万元。已知该企业所在地使用的城市维护建设税税率为7%。

要求:计算甲企业3月份应缴纳的城市维护建设税。

2. 甲公司为一家化妆品生产企业,8月从美国进口一批香水(属于高档化妆品),已知香水的离岸价格为198万元,运抵我国境内输入地点起卸前的运费、保险费合计为2万元,香水的关税税率为20%,消费税税率为15%,增值税税率为17%。

要求:计算甲公司进口环节的应纳关税、增值税、消费税合计额。

3. 某煤矿为增值税一般纳税人,2017年3月发生下列业务:

(1) 开采原煤40 000吨。

(2) 采取托收承付方式销售原煤500吨,每吨不含税售价为150 180元,货物已经发出,已办妥托收手续,货款尚未收到。

(3) 销售未税原煤加工的选煤6 050吨,每吨不含税售价300元(含每吨收取50元装卸费,能够取得相应的凭证);当月还将生产的部分选煤5吨用于职工宿舍取暖,该煤矿原煤与选煤的折算率为60%;当月将17吨选煤赠送给某关联单位。

(4) 销售开采原煤过程中生产的天然气45 000立方米,取得不含税销售额6 700 087 000元,并收取优质费1 017元。

已知:该煤矿原煤资源税税率为5%;天然气资源税税率为6%。

要求:

① 计算业务(1)应缴纳的资源税。

② 计算业务(2)应缴纳的资源税。

③ 计算业务(3)应缴纳的资源税。

④ 计算当月共计应缴纳的资源税。

4. 甲企业2017年度共计拥有土地26 000平方米,其中子弟学校占地3 000平方米、幼儿园占地1 600平方米、企业内部绿化占地2 000平方米。2017年度的上半年企业共有房产原值890万元,7月1日起企业将原值90万元、占地面积400平方米的一栋仓库出租给某商场存放货物,租期1年,每月租金收入1.5万元(不含增值税)。8月10日对委托施工单位建设的生产车间办理验收手续,由在建工程转入固定资产原值500万元(房产税计算余值的扣除比例20%)。

要求:计算甲企业2017年应缴纳的房产税。

职业能力实训

1. 某市具有进出口经营权的甲化妆品生产企业系增值税一般纳税人,2017年2月进口一批高档化妆品,成交价格为80万元(折合人民币,下同),支付境外技术培训费计2万元。运抵我国境内输入地点起卸前的运保费无法确定,海关按同类货物同期运输费估定运费为5万元。缴纳进口税金后海关放行,甲企业将此批高档化妆品从海关运往企业,支付运输公司(一般纳税人)不含税运费3万元,并取得增值税专用发票。当月将此批高档化妆品全部销售,取得含税销售额351万元。

　　已知：该批高档化妆品进口关税税率为15％，消费税税率为30％；本月取得的票据均能在当月认证并允许抵扣。

　　要求：

（1）计算其关税完税价格。

（2）计算其进口环节应纳关税。

（3）计算其进口环节应纳的税金合计。

（4）计算内销环节实际应缴纳的各项税金及附加合计。

项目 **6**

小税种税法（下）

职业能力目标

（1）能判定哪些业务应缴纳城镇土地使用税，能根据相关业务资料计算城镇土地使用税，能确定城镇土地使用税的纳税义务发生时间、纳税期限和纳税地点。

（2）能判定哪些业务应缴纳印花税，能根据相关业务资料计算印花税，能确定印花税的纳税义务发生时间、纳税期限和纳税地点。

（3）能判定哪些业务应缴纳契税，能根据相关业务资料计算契税，能确定契税的纳税义务发生时间、纳税期限和纳税地点。

（4）能判定哪些业务应缴纳车船税，能根据相关业务资料计算车船税，能确定车船税的纳税义务发生时间、纳税期限和纳税地点。

（5）能判定哪些业务应缴纳车辆购置税，能根据相关业务资料计算车辆购置税，能确定车辆购置税的纳税义务发生时间、纳税期限和纳税地点。

项目引例

印花税的计算

甲公司于 2017 年 1 月开业,当月发生如下交易或事项:领取工商营业执照正副本各 1 件,房屋产权证 2 件,商标注册证 1 件;公司注册资本为 5 000 000 元;其他营业账簿 11 本;签订财产保险合同 1 份,投保金额为 3 000 000 元,交保险费 50 000 元;签订货物买卖合同 1 份,合同金额为 400 000 元。

工作要求

计算甲公司 2017 年 1 月应缴纳的印花税。

项目引例解析

见本项目的任务 2。

任务 1　城镇土地使用税法

一、城镇土地使用税的认知

(一) 城镇土地使用税的含义

城镇土地使用税是以城镇土地为征税对象,对拥有土地使用权的单位和个人征收的一种税。

(二) 城镇土地使用税的发展

国务院于 1988 年 9 月发布《中华人民共和国城镇土地使用税暂行条例》,从当年 11 月 1 日起施行。到目前为止,城镇土地使用税已征收了近 20 年。2006 年 12 月,国务院发布了《国务院关于修改〈中华人民共和国城镇土地使用税暂行条例〉的决定》,对条例内容作了部分修订。现行城镇土地使用税法的基本规范,是 2006 年 12 月 31 日国务院修改并颁布的《中华人民共和国城镇土地使用税暂行条例》(以下简称《城镇土地使用税暂行条例》)。

(三) 城镇土地使用税的特点

我国城镇土地使用税具有以下特点:
(1) 征税对象是国有土地。
(2) 征税范围较广。
(3) 实行差别幅度税额。

二、城镇土地使用税纳税人和征税范围的确定

(一) 城镇土地使用税纳税人的确定

城镇土地使用税的纳税人是指在城市、县城、建制镇、工矿区范围内使用土地的单位和个人。单位包括国有企业、集体企业、私营企业、股份制企业、外商投资企业、外国企业及其他企业和事业单位、社会团体、国家机关、军队及其他单位。个人包括个体工

商户及其他个人。

其具体规定如下：

（1）拥有土地使用权的单位和个人，为纳税义务人。

（2）拥有土地使用权的单位和个人不在土地所在地的，其土地的实际使用人和代理人为纳税义务人。

（3）土地使用权未确定或权属纠纷未解决的，其实际使用人为纳税义务人。

（4）土地使用权共有的，共有各方都是纳税义务人，以共有各方实际使用土地的面积占总面积的比例，分别计算城镇土地使用税，由共有各方分别缴纳。

（二）城镇土地使用税征税范围的确定

城镇土地使用税的征税范围是税法规定的纳税区域内的土地。根据《城镇土地使用税暂行条例》的规定，凡在城市、县城、建制镇、工矿区范围内的土地，不论是属于国家所有的土地，还是集体所有的土地，都属于城镇土地使用税的征税范围。建立在城市、县城、建制镇和工矿区以外的工矿企业则不需缴纳城镇土地使用税。

知识释疑 6-1

什么是城市、县城、建制镇、工矿区？

自 2009 年 1 月 1 日起，公园、名胜古迹内的索道公司经营用地，应按规定缴纳城镇土地使用税。

三、城镇土地使用税应纳税额的计算

（一）城镇土地使用税计税依据的确定

城镇土地使用税以纳税人实际占用的土地面积为计税依据，土地面积计量标准为每平方米。即税务机关根据纳税人实际占用的土地面积，按照规定的税额计算应纳税额向纳税人征收城镇土地使用税。

纳税人实际占用的土地面积按下列方法确定：

（1）由省、自治区、直辖市人民政府确定的单位组织测定土地面积的，以测定的面积为准。

（2）尚未组织测量，但纳税人持有政府部门核发的土地使用证书的，以证书确认的土地面积为准。

（3）尚未核发土地使用证书的，应由纳税人申报土地面积，据以纳税，待核发土地使用证以后再作调整。

（二）城镇土地使用税税率的判定

城镇土地使用税采用定额税率，即采用有幅度的差别税额，按大、中、小城市和县城、建制镇、工矿区分别规定每平方米城镇土地使用税年应纳税额。

大、中、小城市以公安部门登记在册的非农业正式户口人数为依据，按照国务院颁布的《城市规划条例》中规定的标准划分。人口在 50 万以上者为大城市；人口在 20 万至 50 万之间者为中等城市；人口在 20 万以下者为小城市。城镇土地使用税税率如表 6-1 所示。

表 6-1 城镇土地使用税税率

级　别	人口（人）	每平方米税额（元）
大城市	50 万以上	1.5～30
中等城市	20 万～50 万	1.2～24
小城市	20 万以下	0.9～18
县城、建制镇、工矿区		0.6～12

经济落后地区,城镇土地使用税的适用税额标准可适当降低,但降低幅度不得超过上述规定最低税额的 30%。

（三）城镇土地使用税优惠政策的运用

1. 城镇土地使用税减免的一般规定

（1）国家机关、人民团体、军队自用的土地（仅指这些单位的办公用地和公务用地）,免征城镇土地使用税。

（2）由国家财政部门拨付事业经费的单位自用的土地,免征城镇土地使用税。

（3）宗教寺庙、公园、名胜古迹自用的土地,免征城镇土地使用税（公园、名胜古迹中附设的营业单位、影剧院、饮食部、茶社、照相馆、索道公司经营用地等均应按规定缴纳城镇土地使用税）。

（4）市政街道、广场、绿化地带等公共用地,免征城镇土地使用税。

（5）直接用于农、林、牧、渔业的生产用地,免征城镇土地使用税。

（6）经批准开山填海整治的土地和改造的废弃土地,从使用的月份起免缴城镇土地使用税 5 年至 10 年。

（7）由财政部另行规定免税的能源、交通、水利设施用地和其他用地,免征城镇土地使用税。

（8）企业办的学校、医院、托儿所、幼儿园,其用地能与企业其他用地明确区分的,免征城镇土地使用税,免征城镇土地使用税。

（9）对机场飞行区（包括跑道、滑行道、停机坪、安全带、夜航灯光区）用地,场内外通讯导航设施用地和飞行区四周排水防洪设施用地,免征城镇土地使用税。机场道路,区分为场内、场外道路,场内道路用地,免征城镇土地使用税。

（10）对盐场的盐滩、盐矿的矿井用地,暂免征收城镇土地使用税。

实务释疑 6-1

我公司有一块地属于用于经营采摘、观光农业的用地,请问该用地是否需要缴纳城镇土地使用税?

2. 城镇土地使用税减免的特殊规定（包括但不限于）

（1）对免税单位无偿使用纳税单位的土地（如公安、海关等单位使用铁路、民航等单位的土地）,免征城镇土地使用税;对纳税单位无偿使用免税单位的土地,纳税单位应照章缴纳城镇土地使用税。

（2）房地产开发公司开发建造商品房的用地,除经批准开发建设经济适用房的用地外,对各类房地产开发用地一律不得减免城镇土地使用税。

(3) 老年服务机构自用的土地,免征城镇土地使用税。

(4) 对于各类危险品仓库、厂房所需的防火、防爆、防毒等安全防范用地,可由各省、自治区、直辖市地方税务局确定,暂免征收城镇土地使用税。

(5) 经贸仓库、冷库均属于征税范围,因此不宜一律免征城镇土地使用税。对纳税确有困难的企业,可根据《城镇土地使用税暂行条例》第七条的规定,向企业所在地的地方税务机关提出减免税申请,由省、自治区、直辖市地方税务局审核后,报国家税务总局批准,享受减免城镇土地使用税的照顾。

实务释疑 6-2

我公司有一批地下建筑用地,请问其城镇土地使用税如何征收?

(四) 城镇土地使用税应纳税额的计算

城镇土地使用税应纳税额可以通过纳税人实际占用的土地面积乘以该土地所在地段的适用税率求得。其计算公式为:

$$全年应纳税额 = 实际占用应税土地面积(平方米) \times 适用税率$$

工作实例 6-1

2017 年甲盐场占地面积为 300 000 平方米,其中办公用地 45 000 平方米,生活区用地 15 000 平方米,盐滩用地 240 000 平方米,已知当地规定的城镇土地使用税每平方米年税额为 0.8 元。

【工作要求】 计算甲盐场当年应缴纳的城镇土地使用税。

【工作实施】 (1)对盐场、盐矿的生产厂房、办公、生活区用地,应照章征收城镇土地使用税;(2)盐场的盐滩、盐矿的矿井用地,暂免征收城镇土地使用税;(3)甲盐场应纳城镇土地使用税 = (45 000 + 15 000) × 0.8 = 48 000(元)。

四、城镇土地使用税的征收管理

(一) 城镇土地使用税的征收管理要求

1. 城镇土地使用税的纳税义务发生时间

(1) 纳税人购置新建商品房,自房屋交付使用之次月起,缴纳城镇土地使用税。

(2) 纳税人购置存量房,自办理房屋权属转移、变更登记手续,房地产权属登记机关签发房屋权属证书之次月起,缴纳城镇土地使用税。

(3) 纳税人出租、出借房产(由房产所有人缴纳),自交付出租、出借房产之次月起,缴纳城镇土地使用税。

(4) 以出让或转让方式有偿取得土地使用权的,应由受让方从合同约定交付土地时间的次月起缴纳城镇土地使用税;合同未约定交付时间的,由受让方从合同签订的次月起缴纳城镇土地使用税。

(5) 纳税人新征用的耕地,自批准征用之日起满 1 年时开始缴纳城镇土地使用税。

(6) 纳税人新征用的非耕地,自批准征用次月起缴纳城镇土地使用税。

表6-2

城镇土地使用税纳税申报表

税款所属期：自　年　月　日至　年　月　日　　填表日期：　年　月　日

金额单位：元至角分；面积单位：平方米

纳税人识别号 □□□□□□□□□□□□□□□

纳税人信息	名称				纳税人分类	单位□ 个人□	
	登记注册类型				所属行业		
	身份证件类型	身份证□ 护照□ 其他□			身份证件号码		
	联系人				联系方式		

申报纳税信息	土地编号	宗地的地号	土地等级	税额标准	土地总面积	所属期起	所属期止	本期应纳税额	本期减免税额	本期已缴税额	本期应补（退）税额
	*										
	*										
	*										
	*										
	*										
	合计				*			*		*	*

以下由纳税人填写：

纳税人声明	此纳税申报表是根据《中华人民共和国城镇土地使用税暂行条例》和国家有关税收规定填报的，是真实的、可靠的、完整的。	
纳税人签章	代理人签章	代理人身份证号

以下由税务机关填写：

受理人	受理日期　年　月　日	受理税务机关签章

本表一式两份，一份纳税人留存，一份税务机关留存。

（7）自 2009 年 1 月 1 日起，纳税人因土地的权利发生变化而依法终止城镇土地使用税纳税义务的，其应纳税款的计算应截止到土地权利发生变化的当月末。

2. 城镇土地使用税的纳税期限

城镇土地使用税适用按年计算、分期缴纳的征收方法，具体纳税期限由省、自治区、直辖市人民政府确定。

3. 城镇土地使用税的纳税地点

城镇土地使用税在土地所在地缴纳。

纳税人使用的土地不属于同一省、自治区、直辖市管辖的，由纳税人分别向土地所在地的税务机关缴纳城镇土地使用税；在同一省、自治区、直辖市管辖范围内，纳税人跨地区使用的土地，其纳税地点由各省、自治区、直辖市地方税务局确定。

（二）城镇土地使用税的纳税申报

纳税人对城镇土地使用税进行纳税申报时，应当填报"城镇土地使用税纳税申报表"（见表 6-2）及其明细表（略）。

任务 2 印 花 税 法

一、印花税的认知

（一）印花税的含义

印花税是以经济活动和经济交往中，书立、领受应税凭证的行为为征税对象征收的一种税。印花税因其采用在应税凭证上粘贴印花税票的方法缴纳税款而得名。

（二）印花税的发展

印花税最早产生于 1624 年的荷兰，现在已是世界各国普遍开征的一个税种。中国在北洋政府和国民党统治时期也先后颁布过《印花税法》，开征过印花税。新中国成立以后，中央人民政府政务院于 1950 年发布了《印花税暂行条例》，在全国范围内开征印花税；1958 年我国简化税制时，经全国人民代表大会常务委员会通过，将印花税并入工商统一税，印花税不再单设税种征收，直至经济体制改革以前。

改革开放后，我国的商品经济得以迅速发展。为适应商品经济发展的要求，我国先后颁了经济合同法、商标法、工商企业登记管理条例等一系列经济法规，在经济活动中依法书立、领受各种经济凭证成为了普遍现象，重新开征印花税不仅是必要的，也具备了一定的条件。因此，国务院于 1988 年 8 月发布了《中华人民共和国印花税暂行条例》（以下简称《印花税暂行条例》），自同年 10 月 1 日起施行。随着我国经济体制由计划经济向社会主义市场经济体制转变，印花税的征收在规范书立、领受经济凭证行为方面起着更加重要的作用。为进一步规范印花税管理，便利纳税人，国家税务总局于 2016 年 11 月 29 日发布了《印花税管理规程（试行）》，自 2017 年 1 月 1 日起施行。

现行印花税法的基本规范，是 1988 年 8 月 6 日国务院发布并于同年 10 月 1 日实施的《中华人民共和国印花税暂行条例》。

（三）印花税的特点

我国印花税具有以下的特点：

（1）征税范围广。

（2）税负较轻。

（3）自行贴花纳税。

（4）多缴不退不抵。

二、印花税纳税人和征税范围的确定

（一）印花税纳税人的确定

（1）印花税的纳税人，是指在中国境内书立、领受、使用税法所列凭证的单位和个人，主要包括：立合同人、立账簿人、立据人、领受人和使用人。

（2）签订合同的各方当事人都是印花税的纳税人，但不包括合同的担保人、证人和鉴定人。

（3）在国外书立、领受，但在国内使用的应税凭证，其使用人为纳税人。

（二）印花税征税范围的确定

印花税共 13 个税目。其中包括 10 类经济合同，分别是：购销合同、加工承揽合同、建设工程勘察设计合同、建筑安装工程承包合同、财产租赁合同、货物运输合同、仓储保管合同、借款合同、财产保险合同、技术合同。除合同之外的征税项目还包括产权转移书据，营业账簿，权利、许可证照。

 **实务释疑6-3**

　　我公司下属分公司（非独立法人单位）之间签订的合同需要交纳印花税吗？

这里所说的合同不仅指具有正规格式的合同，也包括具有合同性质的单据、凭证。不同合同、凭证的项目范围存在着差异。

（1）出版单位与发行单位之间订立的书刊、音像制品的应税凭证如订购单、订数单等属于购销合同。

（2）融资租赁合同属于借款合同，不属于财产租赁合同。

（3）一般的法律、会计、审计等方面的咨询不属于技术咨询，此类咨询合同不贴印花。

（4）财产所有权、版权、商标专用权、专利权、专有技术使用权、土地使用权出让合同、土地使用权转让合同、商品房销售合同、个人无偿赠与不动产登记表都按照产权转移书据征收。

（5）技术合同和产权转移书据中都有与专利有关的项目，二者适用税率不同。

技术转让合同中与专利有关的项目有专利申请权转让和非专利技术转让。

产权转移书据中与专利有关的项目有专利权转让、专利实施许可和专有技术使用权等的转移。

（6）营业账簿，是指单位或者个人记载生产经营活动的财务会计核算账簿。营业账簿按其反映内容的不同,可分为记载资金的营业账簿和其他账簿。

记载资金的营业账簿,是指反映生产经营的单位资本金数额增减变化的账簿。其他账簿,是指除上述账簿以外的有关其他生产经营活动内容的账簿,包括日记账簿和各明细分类账簿。

(7)权利、许可证照,包括政府部门发给的房屋产权证、工商营业执照、商标注册证、专利证、土地使用证。

实务释疑 6-4

我公司与某劳务输出单位签订用工合同,请问该合同需缴纳印花税吗?

三、印花税应纳税额的计算

(一)印花税计税依据的确定及税率的判定

印花税计税依据的确定及税率的一般规定如表6-3所示,借款合同的具体计税依据如表6-4所示。

表 6-3 印花税计税依据的确定及税率的选择的一般规定

合同或凭证	计税依据	税率
购销合同	购销金额	万分之三
加工承揽合同	受托方提供原材料的加工、定做合同,材料和加工费分别按照购销合同和加工承揽合同贴花,未分别记载材料费和加工费的,应就全部金额依照加工承揽合同计税贴花; 委托方提供主要材料或原料的加工合同,按照合同中规定的受托方收取的加工费收入和提供的辅助材料金额之和依照加工承揽合同贴花,对委托方提供的主要材料或原料金额不计税贴花	万分之五
建设工程勘察设计合同	收取的费用	万分之五
建筑安装工程承包合同	承包金额	万分之三
财产租赁合同	租赁金额。如果经计算,税额不足1元的,按1元贴花	千分之一
货物运输合同	运输费用,但不包括所运货物的金额以及装卸费用和保险费用等	万分之五
仓储保管合同	仓储保管费用,但不包括所保财产金额	千分之一
借款合同	一般情况下以借款合同所载金额为依据计税贴花	万分之零点五
财产保险合同	保险费收入	千分之一
技术合同	合同所载金额	万分之三
产权转移书据	所载金额	万分之五
营业账簿	记载资金的账簿的计税依据为"实收资本"与"资本公积"两项合计金额	万分之五
	其他账簿按件计税	五元
权利许可证照	按件计税	五元

表 6-4　　　　　　　　　　借款合同的具体计税依据

具体形式	计税方法
(1) 一项信贷业务既鉴定整体借款合同,又一次或分次填开借据的	以借款合同所载金额为依据计税贴花
(2) 一项信贷业务只填开借据作为合同使用的	以借据所载金额为依据计税贴花
(3) 流动资金周转性借款合同,规定最高限额,借款人在规定期限和最高限额内随借随还,该合同一般按年(期)签订	以其规定的最高限额为依据,在签订时贴花一次;在期限及限额内不签订新合同的,不再另贴印花
(4) 借款方以财产作抵押取得抵押贷款的合同	按借款合同贴花
(5) 借款方因无力偿还借款而将抵押财产转移给贷款方时	就双方签订的产权转移书据,按产权转移书据的规定计税贴花
(6) 银行及其他金融组织融资租赁业务签订的融资租赁合同	按合同所载租金总额,暂按借款合同计税贴花
(7) 银团借款	各方分别在所执合同正本上,按各自的借款金额计税贴花
(8) 基建贷款按年度用款计划分年签订借款合同,最后一年签订包含分合同的总借款合同	按分合同分别贴花,最后签订的总合同只就借款总额扣除分合同借款金额后的余额计税贴花

(二) 印花税计税依据的特殊规定

(1) 作为计税依据的凭证金额不能随意做扣除。

(2) 同一凭证记载两个或两个以上不同税率经济事项的,分别记载金额的,应分别计算税额加总贴花,未分别记载金额的,按税率高的计税贴花。

(3) 未标明金额的应税凭证按凭证所载数量及国家牌价(无国家牌价的按市场牌价)计算金额,然后按规定税率计税贴花。

(4) 外币折算人民币金额的汇率采用凭证书立日国家外汇管理局公布的汇率。

(5) 应纳税额不足 1 角的免纳印花税;1 角以上的分位四舍五入。

(6) 签订时无法确定金额的合同先定额贴花 5 元,待结算实际金额时补贴印花税票。

(7) 订立合同不论是否兑现均应依合同金额贴花。

(8) 对有经营收入的事业单位,凡属由国家财政拨付事业经费,实行差额预算管理的单位,其记载经营业务的账簿,按其他账簿定额贴花,不记载经营业务的账簿不贴花;凡属经费来源实行自收自支的单位,其营业账簿,应对记载资金的账簿和其他账簿分别计算应纳税额。

(9) 商品购销中以货易货,交易双方既购又销,均应按其购、销合计金额贴花。

(10) 施工单位将自己承包的建设项目分包或转包给其他施工单位的,所签订的分包转包合同还要计税贴花。

(11) 股票交易的转让书据,依书立时证券市场当日实际成交价格计算的金额为计税金额。

（12）国内货物联运，结算单据（合同）所列运费的结算方式不同而计税依据不同，即起运地全程结算运费的，按全程运费为计税依据；分程结算运费的，应以分程运费为计税依据。

（13）国际货运，托运方全程计税。承运方为我国运输企业的按本程运费计算贴花，承运方为外国运输企业的免纳印花税。

（三）印花税优惠政策的运用

（1）应税合同凭证的正本贴花之后，副本、抄本不再贴花。

（2）将财产赠给政府、社会福利单位、学校所立的书据免税。

（3）国家指定的收购部门与村民委员会、农民个人书立的农副产品收购合同免税。

（4）无息、贴息贷款合同免税。

（5）外国政府或国际金融组织向我国政府及国家金融机构提供优惠贷款所书立的合同免税。

（6）房地产管理部门与个人签订的用于生活居住的租赁合同免税。

（7）农牧业保险合同免税。

（8）军事、救灾、新铁路施工运料等特殊运输合同免税。

（9）对与高校学生签订的高校学生公寓租赁合同，免征印花税。"高校学生公寓"是指为高校学生提供住宿服务，按照国家规定的收费标准收取住宿费的学生公寓。

（10）自 2014 年 1 月 1 日起至 2018 年 12 月 31 日止，暂免征收飞机租赁企业购机环节购销合同印花税。

实务释疑 6-5

我出租房屋签订的租赁合同需要缴纳印花税吗？

（四）印花税应纳税额的计算

（1）按比例税率计算应纳税额的公式：

$$应纳税额＝计税金额×适用税率$$

（2）按件定额计算应纳税额的公式：

$$应纳税额＝应税凭证数量×单位税额$$

工作实例 6-2

甲电厂与乙运输公司签订了两份运输保管合同：第一份合同载明的金额合计 60 万元（运费和保管费并未分别记载）；第二份合同中注明运费 30 万元、保管费 20 万元。已知：运输合同印花税税率 0.5‰；保管合同印花税税率 1‰。

【工作要求】 计算甲电厂签订两份合同应缴纳的印花税税额。

【工作实施】

（1）第一份合同应缴纳印花税税额＝600 000×1‰＝600（元）

（2）第二份合同应缴纳印花税税额＝300 000×0.5‰＋200 000×1‰＝350（元），合计＝600＋350＝950（元）。

项目引例解析

权利许可证照应纳税额＝(1＋2＋1)×5＝20(元)

记载资金账簿应纳税额＝5 000 000×0.5‰＝2 500(元)

其他营业账簿应纳税额＝11×5＝55(元)

财产保险合同应纳税额＝50 000×1‰＝50(元)

购销合同应纳税额＝400 000×0.3‰＝120(元)

应缴纳的印花税额合计＝20＋2 500＋55＋50＋120＝2 745(元)

四、印花税的征收管理

(一)印花税的征收管理要求

1. 印花税的纳税要求与方法

纳税人应当如实提供、妥善保存印花税应纳税凭证(以下简称"应纳税凭证")等有关纳税资料,统一设置、登记和保管《印花税应纳税凭证登记簿》(以下简称《登记簿》),及时、准确、完整记录应纳税凭证的书立、领受情况。《登记簿》的内容包括:应纳税凭证种类、应纳税凭证编号、凭证书立各方(或领受人)名称、书立(领受)时间、应纳税凭证金额、件数等。纳税人应按规定据实计算、缴纳印花税。根据税额大小、贴花次数以及税收征收管理的需要,印花税采用以下申报方法:

(1)自行贴花。

所谓"自行贴花"是指,纳税人书立、领受或者使用应纳税凭证和经财政部确定征税的其他凭证时,即发生纳税义务,应当根据应纳税凭证的性质和对应的税目、税率,自行计算应纳税额,购买并一次贴足印花税票(以下简称"贴花")并加以注销或划销,纳税义务才算全部履行完毕。该方法一般适用于应税凭证较少或者贴花次数较少的纳税人。

对已贴花的凭证,修改后所记载金额增加的,其增加部分应当补贴印花税票。凡多贴印花税票者,不得申请退税或者抵用。

(2)汇贴或汇缴。

该办法一般适用于应纳税额较大或者贴花次数频繁的纳税人。

一份凭证应纳税额超过500元的,纳税人可以采取将税收缴款书、完税证明其中一联粘贴在凭证上或者由地方税务机关在凭证上加注完税标记代替贴花。这就是所谓的"汇贴"。

同一种类应纳税凭证,需频繁贴花的,可由纳税人根据实际情况自行决定是否采用按期汇总申报缴纳印花税的方式。汇总申报缴纳的期限不得超过一个月。这就是所谓的"汇缴"。

采用按期汇总申报缴纳方式的,一年内不得改变。

(3)核定征收。

税务机关可以根据《税收征管法》及相关规定核定纳税人应纳税额。实行核定征收印花税的,纳税期限为一个月,税额较小的,纳税期限可为一个季度,具体由主管税务机关确定。纳税人应当自纳税期满之日起 15 日内,填写国家税务总局统一制定的纳税申报表申报缴纳核定征收的印花税。

（4）委托代征。

税务机关根据印花税征收管理的需要,本着既加强源泉控管,又方便纳税人的原则,按照《国家税务总局关于发布〈委托代征管理办法〉的公告》(国家税务总局公告 2013 年第 24 号)有关规定,可委托银行、保险、工商、房地产管理等有关部门,代征借款合同、财产保险合同、权利许可证照、产权转移书据、建设工程承包合同等的印花税。

2. 印花税的违章处理

印花税纳税人有下列行为之一的,由税务机关根据情节轻重予以处罚:

（1）在应纳税凭证上未贴或者少贴印花税票的或者已粘贴在应税凭证上的印花税票未注销或者未划销的,由税务机关追缴其不缴或者少缴的税款、滞纳金,并处不缴或者少缴的税款 50% 以上 5 倍以下的罚款。

（2）已贴用的印花税票揭下重用造成未缴或少缴印花税的,由税务机关追缴其不缴或者少缴的税款、滞纳金,并处不缴或者少缴的税款 50% 以上 5 倍以下的罚款;构成犯罪的,依法追究刑事责任。

（3）伪造印花税票的,由税务机关责令改正,处以 2 000 元以上 1 万元以下的罚款;情节严重的,处以 1 万元以上 5 万元以下的罚款;构成犯罪的,依法追究刑事责任。

（4）按期汇总缴纳印花税的纳税人,超过税务机关核定的纳税期限,未缴或少缴印花税款的,由税务机关追缴其不缴或者少缴的税款、滞纳金,并处不缴或者少缴的税款 50% 以上 5 倍以下的罚款;情节严重的,同时撤销其汇缴许可证;构成犯罪的,依法追究刑事责任。

（5）纳税人违反以下规定的,由税务机关责令限期改正,可处以 2 000 元以下的罚款;情节严重的,处以 2 000 元以上 1 万元以下的罚款:

① 凡汇总缴纳印花税的凭证,应加注税务机关指定的汇缴戳记,编号并装订成册后,将已贴印花或者缴款书的一联黏附册后,盖章注销,保存备查。

② 纳税人对纳税凭证应妥善保存。凭证的保存期限,凡国家已有明确规定的,按规定办;没有明确规定的其余凭证均应在履行完毕后保存 1 年。

（6）代售户对取得的税款逾期不缴或者挪作他用,或者违反合同将所领印花税票转托他人代售或者转至其他地区销售,或者未按规定详细提供领、售印花税票情况的,税务机关视其情节轻重,给予警告或者取消其代售资格的处罚。

3. 印花税的纳税地点

印花税一般实行就地纳税。对于全国性商品物资订货会(包括展销会、交易会等)上所签订合同应纳的印花税,由纳税人回其所在地后及时办理贴花完税手续;对地方主办、不涉及省际关系的订货会、展销会上所签合同的印花税,其纳税地点由各省、自治区、直辖市人民政府自行确定。

(二)印花税的纳税申报

纳税人对印花税进行纳税申报时,应当填报"印花税纳税申报表"(见表 6-5)。

表6-5

印花税纳税申报(报告)表

税款所属期限:自　年　月　日　至　年　月　日

纳税人识别号 □□□□□□□□□□□□□□□

填表日期:　年　月　日　　　　　金额单位:元至角分

纳税人信息	名称							
	登记注册类型			所属行业				
	身份证件类型			身份证件号码				
	联系方式			□单位　□个人				

应税凭证	计税金额或件数 1	核定征收		适用税率 4	本期应纳税额 5＝1×4＋2×3×4	本期已缴税额 6	本期减免税额		本期应补(退)税额 9＝5-6-8
		核定依据 2	核定比例 3				减免性质代码 7	减免税额 8	
购销合同				0.3‰					
加工承揽合同				0.5‰					
建设工程勘察设计合同				0.5‰					
建筑安装工程承包合同				0.3‰					
财产租赁合同				1‰					
货物运输合同				0.5‰					
仓储保管合同				1‰					
借款合同				0.05‰					
财产保险合同				1‰					
技术合同				0.3‰					
产权转移书据				0.5‰					
营业账簿(记载资金的账簿)				0.5‰					
营业账簿(其他账簿)		—	—	5					
权利、许可证照		—	—	5					
合计		—	—	—					

以下由纳税人填写:

纳税人声明：此纳税申报表是根据《中华人民共和国印花税暂行条例》和国家有关税收规定填报的,是真实的、可靠的、完整的。

纳税人签章

代理人签章　　　　代理人身份证号

以下由税务机关填写:

受理人　　受理日期　年　月　日　　受理税务机关签章

本表一式两份,一份纳税人留存,一份税务机关留存。

任务3 契 税 法

一、契税的认知

(一) 契税的含义

契税是以在我国境内转移土地、房屋权属为征税对象,向产权承受人征收的一种财产税。

(二) 契税的发展

契税在我国有着悠久的历史。它起源于东晋的"估税",至今已有 1 600 多年的历史。新中国成立以后,政务院于 1950 年 3 月 31 日第 26 次政务会议通过并公布了《契税暂行条例》,废除了旧的契税法制,建立了新的契税制度,取消了契税附加验税、注册等杂费,降低了税率,减轻了人民的负担。该暂行条例规定,凡土地、房屋的买卖、典当、赠与或交换,均应凭土地房屋所有证,由当事人双方订立契约,并由承受人申报缴纳契税。税率分两种:买卖、赠与税税率 6%,典当税税率 3%。对交换房屋双方价值相等的,免征;不相等的,就其超过价值部分按 6% 缴纳契税。

1954 年,财政部对《契税暂行条例》进行修改。修改的主要内容是:对公有制单位的买卖、典当、承受赠与和交换土地、房屋的行为,免征契税。社会主义"三大改造"完成后,国家禁止土地买卖和转让,征收土地契税自然停止。契税的征税范围只限于非公有制单位的房屋产权转移行为,契税收入甚微。"文化大革命"期间,有的地方甚至明令停止办理契税征收业务。1978 年新宪法公布后,逐步落实了房产政策。随着改革开放的不断深入,城乡房屋买卖又重新活跃起来。为此,财政部于 1981 年和 1990 年分别发出了《关于改进和加强契税征收管理工作的通知》和《关于加强契税工作的通知》,对契税政策进行了一些补充和调整,契税征收工作全面恢复。

1997 年 7 月 7 日,国务院重新颁布了《中华人民共和国契税暂行条例》,并于 1997 年 10 月 1 日起施行。

现行契税法的基本规范,是 1997 年 7 月 7 日国务院发布并于同年 10 月 1 日开始施行的《中华人民共和国契税暂行条例》(以下简称《契税暂行条例》)。

(三) 契税的特点

我国的契税具有以下特点:

(1) 契税属于财产转移税,它以权属发生转移的土地和房屋为征税对象,具有对财产转移课税性质。

(2) 契税由财产承受人纳税。

二、契税纳税人和征税范围的确定

(一) 契税纳税人的确定

契税的纳税人是在我国境内承受土地、房屋权属转移的单位和个人。境内是指在中华人民共和国实际税收行政管辖范围内。土地、房屋权属是指土地使用权和房屋所有权。单位是指企业单位、事业单位、国家机关、军事单位和社会团体以及其他组织。个人是指个体经营者及其他个人,包括中国公民和外籍人员。

(二) 契税征税范围的确定

契税征税范围包括:

(1) 国有土地使用权出让。

(2) 土地使用权转让(包括出售、赠与、交换)。

(3) 房屋买卖、赠与、交换。

对于契税征税范围,需要注意以下几点:

(1) 土地使用权的转让不包括农村集体土地承包经营权的转移。

(2) 土地、房屋权属的典当、继承、分拆(分割)、出租、抵押,不属于契税的征税范围。

(3) 视同转移应当缴纳契税的特殊情况:

① 以土地、房屋权属作价投资、入股。

② 以土地房屋权属抵债。

③ 以获奖方式承受土地、房屋权属。

④ 以预购方式或者预付集资建房款方式承受土地、房屋权属。

知识释疑6-2

购房者在向房地产开发公司退房时,对已缴纳的契税是否可办理退税?

实务释疑6-6

张三将个人拥有的房地产投入自己投资的个人独资企业,请问是否需要缴纳契税?

三、契税应纳税额的计算

(一) 契税计税依据的确定

1. 只有一个价格的情况

国有土地使用权出让、土地使用权出售、房屋买卖,以成交价格作为计税依据。

营业税改征增值税后计征契税的成交价格不含增值税。免征增值税的,确定计税依据时,成交价格不扣减增值税额。

2. 无价格的情况

土地使用权赠与、房屋赠与,由征收机关参照土地使用权出售、房屋买卖的市场价格确定。

3. 有两个价格的情况

土地使用权交换、房屋交换,为所交换土地使用权、房屋的"价格差额";交换价格不相等的,由多交付货币的一方缴纳契税;交换价格相等的,免征契税。

4. 补交契税的情况

以划拨方式取得的土地使用权,经批准转让房地产时,以补交的土地使用权出让费用或者土地收益为计税依据。

（二）契税税率的判定

契税采用比例税率，并实行3％～5％的幅度税率。具体税率由各省、自治区、直辖市人民政府在幅度税率规定范围内，按照本地区的实际情况确定，以适应不同地区纳税人的负担水平和调控房地产交易的市场价格。

（三）契税优惠政策的运用

1. 契税优惠的一般规定

（1）个人购买住房有不同的契税优惠政策。

① 对个人购买家庭唯一住房（家庭成员范围包括购房人、配偶以及未成年子女，下同），面积为90平方米及以下的，减按1％的税率征收契税；面积为90平方米以上的，减按1.5％的税率征收契税。

② 对个人购买家庭第二套改善性住房，面积为90平方米及以下的，减按1％的税率征收契税；面积为90平方米以上的，减按2％的税率征收契税。本条对于北京市、上海市、广州市、深圳市暂不实施。

家庭第二套改善性住房是指已拥有一套住房的家庭，购买的家庭第二套住房。

（2）国家机关、事业单位、社会团体、军事单位承受土地、房屋用于办公、教学、医疗、科研和军事设施，免征契税。

（3）因不可抗力灭失住房而重新购买住房的，酌情减免。不可抗力是指自然灾害、战争等不能预见、不可避免并不能克服的客观情况。

（4）土地、房屋被县级以上人民政府征用、占用后，重新承受土地、房屋权属的，由省级人民政府确定是否免税。

（5）承受荒山、荒沟、荒丘、荒滩土地使用权，并用于农、林、牧、渔业生产的，免征契税。

（6）经外交部确认，依照我国有关法律规定以及我国缔结或参加的双边和多边条约或协议，应当予以免税的外国驻华使馆、领事馆、联合国驻华机构及其外交代表、领事官员和其他外交人员承受土地、房屋权属，免征契税。

2. 企业事业单位改制重组的契税优惠政策

（1）企业改制。

企业按照《中华人民共和国公司法》有关规定整体改制，包括非公司制企业改制为有限责任公司或股份有限公司，有限责任公司变更为股份有限公司，股份有限公司变更为有限责任公司，原企业投资主体存续并在改制（变更）后的公司中所持股权（股份）比例超过75％，且改制（变更）后公司承继原企业权利、义务的，对改制（变更）后公司承受原企业土地、房屋权属，免征契税。

（2）事业单位改制。

事业单位按照国家有关规定改制为企业，原投资主体存续并在改制后企业中出资（股权、股份）比例超过50％的，对改制后企业承受原事业单位土地、房屋权属，免征契税。

（3）公司合并。

两个或两个以上的公司，依照法律规定、合同约定，合并为一个公司，且原投资主体存续的,对合并后公司承受原合并各方土地、房屋权属,免征契税。

(4) 公司分立。

公司依照法律规定、合同约定分立为两个或两个以上与原公司投资主体相同的公司,对分立后公司承受原公司土地、房屋权属,免征契税。

(5) 企业破产。

企业依照有关法律法规规定实施破产,债权人(包括破产企业职工)承受破产企业抵偿债务的土地、房屋权属,免征契税;对非债权人承受破产企业土地、房屋权属,凡按照《中华人民共和国劳动法》等国家有关法律、法规、政策妥善安置原企业全部职工,与原企业全部职工签订服务年限不少于三年的劳动用工合同的,对其承受所购企业土地、房屋权属,免征契税;与原企业超过30%的职工签订服务年限不少于三年的劳动用工合同的,减半征收契税。

(6) 资产划转。

对承受县级以上人民政府或国有资产管理部门按规定进行行政性调整,划转国有土地、房屋权属的单位,免征契税。

同一投资主体内部所属企业之间土地、房屋权属的划转,包括母公司与其全资子公司之间,同一公司所属全资子公司之间,同一自然人与其设立的个人独资企业、一人有限公司之间土地、房屋权属的划转,免征契税。

(7) 债权转股权。

经国务院批准实施债权转股权的企业,对债权转股权后新设立的公司承受原企业的土地、房屋权属,免征契税。

(8) 划拨用地出让或作价出资。

以出让方式或国家作价出资(入股)方式承受原改制重组企业、事业单位划拨用地的,不属上述规定的免税范围,对承受方应按规定征收契税。

(9) 公司股权(股份)转让。

在股权(股份)转让中,单位、个人承受公司股权(股份),公司土地、房屋权属不发生转移,不征收契税。

(四) 契税应纳税额的计算

契税应纳税额依照省、自治区、直辖市人民政府确定的适用税率和税法规定的计税依据计算征收。其计算公式为:

$$应纳税额＝计税依据×税率$$

工作实例 6-3

甲公司出售一处位于郊区的仓库,取得收入 120 万元,又以 150 万元购入一处位于市区繁华地区的门面房,已知当地政府规定的契税税率为 3%。以上价格均为不含增值税价格。

【工作要求】 计算甲公司应缴纳的契税。

【工作实施】 (1) 甲公司出售仓库不缴纳契税。

(2) 甲公司购入门面房应纳契税＝150×3%＝4.5(万元)。

四、契税的征收管理

(一) 契税的征收管理要求

1. 契税的纳税义务发生时间

契税的纳税义务发生时间是纳税人签订土地、房屋权属转移合同的当天,或者纳税人取得其他具有土地、房屋权属转移合同性质凭证的当天。

2. 契税的纳税期限

纳税人应当自纳税义务发生之日起 10 日内,向土地、房屋所在地的税务机关办理纳税申报,并在税务机关核定的期限内缴纳税款。

3. 契税的纳税地点

契税实行属地征收管理。纳税人发生契税纳税义务时,应向土地、房屋所在地的税务机关申报纳税。

(二) 契税的纳税申报

纳税人对契税进行纳税申报时,应当填报"契税纳税申报表"(见表 6-6)。

表 6-6　　　　　　　　　　　契税纳税申报表

填表日期:　　年　　月　　日　　　　　　　　金额单位:元至角分;面积单位:平方米

纳税人识别号 ☐☐☐☐☐☐☐☐☐☐☐☐☐☐☐

承受方信息	名　称		☐单位　☐个人		
	登记注册类型		所属行业		
	身份证件类型	身份证☐　护照☐　其他☐	身份证件号码		
	联系人		联系方式		
转让方信息	名　称		☐单位　☐个人		
	纳税人识别号		登记注册类型	所属行业	
	身份证件类型		身份证件号码	联系方式	
土地房屋权属转移信息	合同签订日期		土地房屋坐落地址	权属转移对象	
	权属转移方式		用途	家庭唯一普通住房	☐90 平方米以上 ☐90 平方米及以下
	权属转移面积		成交价格	成交单价	
税款征收信息	评估价格		计税价格	税率	
	计征税额	减免性质代码	减免税额	应纳税额	
以下由纳税人填写:					
纳税人声明	此纳税申报表是根据《中华人民共和国契税暂行条例》和国家有关税收规定填报的,是真实的、可靠的、完整的。				
纳税人签章		代理人签章		代理人身份证号	
以下由税务机关填写:					
受理人		受理日期	年 月 日	受理税务机关签章	

本表一式两份,一份纳税人留存,一份税务机关留存。

任务 4 车 船 税 法

一、车船税的认知

(一) 车船税的含义

车船税是以车船为征税对象,向拥有车船的单位和个人征收的一种税。

(二) 车船税的发展

我国对车船课税历史悠久。早在公元前 129 年(汉武帝元光六年),我国就开征了算商车。1945 年 6 月,国民党政府公布了《使用牌照税法》,在全国统一开征车船使用牌照税。新中国成立后,中央人民政府政务院于 1951 年 9 月颁布了《车船使用牌照税暂行条例》,在全国部分地区开征。1973 年简化税制、合并税种时,把对国有企业和集体企业征收的车船使用牌照税并入工商税。从那时起,车船使用牌照税只对不缴纳工商税的单位、个人及外侨征收,征税范围大大缩小。1984 年 10 月国务院决定恢复对车船征税,因原税名"车船使用牌照税"不太确定,实际工作中往往误认为是对牌照征税,因此,改名为车船使用税。1986 年 9 月 15 日,国务院发布了《中华人民共和国车船使用税暂行条例》,决定从 1986 年 10 月 1 日起在全国施行。各省、自治区、直辖市人民政府根据《车船使用税暂行条例》规定,先后制定了施行细则。2006 年 12 月 29 日国务院颁布了《中华人民共和国车船税暂行条例》(以下简称《车船税暂行条例》),并于 2007 年 1 月 1 日实施,同时将"车船使用税"改名为"车船税"。

现行车船税法的基本规范,是 2011 年 2 月 25 日,由中华人民共和国第十一届全国人民代表大会常务委员会第十九次会议通过的、自 2012 年 1 月 1 日起施行的《中华人民共和国车船税法》(以下简称车船税法),以及于 2011 年 11 月 23 日经国务院常务会议审议通过的、自 2012 年 1 月 1 日起施行的《中华人民共和国车船税法实施条例》。

二、车船税纳税人和征税范围的确定

(一) 车船税纳税人的确定

车船的所有人或者管理人是车船税的纳税义务人。其中,所有人是指在我国境内拥有车船的单位和个人,对于私家车来说,也就是我们通常所说的车主;管理人是指对车船具有管理权或者使用权,不具有所有权的单位。外商投资企业、外国企业、华侨、外籍人员和港、澳、台同胞,也属于车船税的纳税人。境内单位和个人租入外国籍船舶的,不征收车船税。境内单位和个人将船舶出租到境外的,应依法征收车船税。

(二) 车船税征税范围的确定

"车辆、船舶"是指依法在车船登记管理部门登记的机动车辆和船舶,以及依法不需要在车船登记管理部门登记的在单位内部场所行驶或者作业的机动车辆和船舶。具体来说:

(1) 车辆包括:

① 乘用车。

② 商用车客车(包括电车)。

③ 商用货车(包括半挂牵引车、三轮汽车和低速载货汽车等)。

④ 挂车。

⑤ 摩托车。

⑥ 其他车辆(不包括拖拉机)。

(2) 船舶(包括机动船舶、游艇)。

三、车船税应纳税额的计算

(一)车船税计税依据的确定

1. 车船税计税依据的一般规定

(1) 乘用车、商用车客车、摩托车:以辆为计税依据。

(2) 商用车货车、挂车、其他车辆:按整备质量每吨为计税依据。

(3) 机动船舶:按净吨位每吨为计税依据。

(4) 游艇:按艇身长度为计税依据。

2. 车船税计税依据的特殊规定

(1) 拖船按照发动机功率每 1 千瓦折合净吨位 0.67 吨计算征收车船税。

(2) 车船税法及其实施条例涉及的整备质量、净吨位、艇身长度等计税单位,有尾数的一律按照含尾数的计税单位据实计算车船税应纳税额。计算得出的应纳税额小数点后超过两位的可四舍五入保留两位小数。

(3) 乘用车以车辆登记管理部门核发的机动车登记证书或者行驶证书所载的排气量毫升数确定税额区间。

(二)车船税税率的判定

车船税采用定额税率,又称固定税额。省、自治区、直辖市人民政府根据车船税法所附《车船税税目税额表》确定车辆具体适用税额时,应当遵循以下原则:

(1) 乘用车依排气量从小到大递增税额。

(2) 客车按照核定载客人数 20 人以下和 20 人(含)以上两档划分,递增税额。

省、自治区、直辖市人民政府确定的车辆具体适用税额,应当报国务院备案。车船税税目税额表,如表 6-7 所示。

表 6-7 车船税税目税额表

税 目		计税单位	年基准税额	备 注
乘用车[按发动机汽缸容量(排气量)分档]	1.0 升(含)以下	每辆	60～360 元	核定载客人数 9 人(含)以下
	1.0 升以上至 1.6 升(含)		300～540 元	
	1.6 升以上至 2.0 升(含)		360～660 元	
	2.0 升以上至 2.5 升(含)		660～1 200 元	
	2.5 升以上至 3.0 升(含)		1 200～2 400 元	
	3.0 升以上至 4.0 升(含)		2 400～3 600 元	
	4.0 升以上		3 600～5 400 元	

（续表）

税　目		计税单位	年基准税额	备　注
商用车	客车	每辆	480～1 440元	核定载客人数9人以上,包括电车
	货车	整备质量每吨	16～120元	包括半挂牵引车、三轮汽车和低速载货汽车等
挂车			按照货车税额的50%计算	
其他车辆	专用作业车		16～120元	不包括拖拉机
	轮式专用机械车		16～120元	
摩托车		每辆	36～180元	
机动船舶	净吨位不超过200吨	净吨位每吨	3元	拖船、非机动驳船分别按照机动船舶税额的50%计算
	净吨位超过200吨但不超过2 000吨		4元	
	净吨位超过2 000吨但不超过10 000吨		5元	
	净吨位超过10 000吨		6元	
游艇	艇身长度不超过10米	艇身长度每米	600元	
	艇身长度超过10米但不超过18米		900元	
	艇身长度超过18米但不超过30米		1 300元	
	艇身长度超过30米		2 000元	
辅助动力帆艇			600元	

其中,对于在设计和技术特性上用于特殊工作,并装置有专用设备或器具的汽车,应认定为专用作业车,如汽车起重机、消防车、混凝土泵车、清障车、高空作业车、洒水车、扫路车等。以载运人员或货物为主要目的的专用汽车,如救护车,不属于专用作业车。

客货两用车,又称多用途货车,是指在设计和结构上主要用于载运货物,但在驾驶员座椅后带有固定或折叠式座椅,可运载3人以上乘客的货车。客货两用车依照货车的计税单位和年基准税额计征车船税。

（三）车船税优惠政策的运用

1. **法定减免**

（1）捕捞、养殖渔船。

（2）军队、武警专用的车船。

（3）警用车船。

（4）对节约能源、使用新能源的车船可以减征或者免征车船税;对受严重自然灾害影响纳税困难以及有其他特殊原因确需减税、免税的,可以减征或者免征车船税。节约能源、使用新能源的车辆包括纯电动汽车、燃料电池汽车和混合动力汽车。纯电动汽车、燃料电池汽车和插电式混合动力汽车免征车船税,其他混合动力汽车按照同类车辆适用税额减半征税。

（5）各地根据法律授权,对城乡公共交通车船、农村居民拥有并主要在农村地区使用的摩托车、三轮汽车和低速货车基本都给予定期减免车船税的税收优惠。

（6）依照我国有关法律和我国缔结或者参加的国际条约的规定应当予以免税的外国驻华使馆、领事馆和国际组织驻华机构及其有关人员的车船。

2. 特定减免

（1）临时入境的外国车船和香港特别行政区、澳门特别行政区、台湾地区的车船,不征收车船税。

（2）按照规定缴纳船舶吨税的机动船舶,自车船税法实施之日起 5 年内免征车船税。

（3）依法不需要在车船登记管理部门登记的机场、港口、铁路站场内部行驶或者作业的车船,自车船税法实施之日起 5 年内免征车船税。

（四）车船税应纳税额的计算

购置的新车船,购置当年的应纳税额自纳税义务发生的当月起按月计算。其计算公式为:

$$应纳税额＝年应纳税额÷12×应纳税月份数$$

工作实例 6-4

甲公司 2017 年 5 月 12 日购买了 1 艘净吨位为 200 吨的拖船,已知机动船舶净吨位每吨的年基准税额为 6 元。

【工作要求】 计算甲公司 2017 年应缴纳的车船税。

【工作实施】 购置的新车船,购置当年的应纳税额白纳税义务发生的当月起按月计算。拖船按机动船舶年基准税额的 50% 计算,甲公司 2017 年应纳车船税＝200×6×50%×8÷12＝400(元)。

四、车船税的征收管理

（一）车船税的征收管理要求

1. 车船税的申报缴纳方式

（1）自行申报方式:纳税人自行向主管税务机关申报缴纳车船税。

（2）代收代缴方式:纳税人在办理机动车交通事故责任强制保险时由保险机构作为扣缴义务人代收代缴车船税。

2. 车船税的纳税义务发生时间

（1）车船税纳税义务发生时间为取得车船所有权或管理权的当月。

纳税人在首次购买机动车交通事故责任强制保险时缴纳车船税或者自行申报缴纳车船税的,应当提供购车发票及反映排气量、整备质量、核定载客人数等与纳税相关的信息及其相应凭证。

购置的新车船,购置当年的应纳税额自纳税义务发生的当月起按月计算。应纳税额为年应纳税额除以 12,再乘以应纳税月份数。

（2）在一个纳税年度内，已完税的车船被盗抢、报废、灭失的，纳税人可以凭有关管理机关出具的证明和完税证明，向纳税所在地的主管税务机关申请退还自被盗抢、报废、灭失月份起至该纳税年度终了期间的税款。

已办理退税的被盗抢车船，失而复得的，纳税人应当从公安机关出具相关证明的当月起计算缴纳车船税。

已经缴纳车船税的车船，因质量原因，车船被退回生产企业或者经销商的，纳税人可以向纳税所在地的主管税务机关申请退还自退货月份起至该纳税年度终了期间的税款。退货月份以退货发票所载日期的当月为准。

保险机构作为车船税扣缴义务人，在代收车船税并开具增值税发票时，应在增值税发票备注栏中注明代收车船税税款信息。具体包括：保险单号、税款所属期（详细至月）、代收车船税金额、滞纳金金额、金额合计等。该增值税发票可作为纳税人缴纳车船税及滞纳金的会计核算原始凭证。车船税已经由保险机构代收代缴的，车辆登记地的主管税务机关不再征收该纳税年度的车船税。再次征收的，车辆登记地主管税务机关应予退还。

实务释疑 6-7

我公司将使用了 2 年的车辆出售给丰华公司，但是今年的车船税在出售之前则已经缴纳，请问能否申请退税，然后由购买方履行纳税义务？

3. 车船税的纳税期限

车船税是按年申报，分月计算，一次性缴纳。纳税年度自公历 1 月 1 日起至 12 月 31 日止。具体申报纳税期限由各省、自治区、直辖市人民政府规定。但下列情形的纳税期限按规定执行：

（1）机动车辆在投保交强险时尚未缴纳当年度车船税的，应当在投保的同时向保险机构缴纳。

（2）新购置的机动车辆，应当在办理缴纳车辆购置税手续的同时缴纳。

（3）新购置的船舶，应当在取得船舶登记证书的当月缴纳。其他应税船舶，应当在办理船舶年度检验之前缴纳。

（4）在申请车船转籍、转让交易、报废时尚未缴纳当年度车船税的，应当在办理相关手续之前缴纳。

4. 车船税的纳税地点

纳税人自行向主管税务机关申报缴纳车船税的，纳税地点为车船登记地；依法不需要办理登记的车船，纳税地点为车船的所有人或者管理人的所在地。由保险机构代收代缴车船税的，纳税地点为保险机构所在地。需要注意的是，由于从事机动车交通事故责任强制保险业务的保险机构为机动车车船税扣缴义务人，因此，纳税人在办理机动车交通事故责任强制保险业务时，应当一并缴纳车船税；如果已经自行申报缴纳了车船税，应当提供机动车的完税证明。

（二）车船税的纳税申报

纳税人对车船税进行纳税申报时，应当填报"车船税纳税申报表"（见表 6-8）。

表6-8

管理代码:

税款所属期限:自 年 月 日至 年 月 日

纳税人识别号 ☐☐☐☐☐☐☐☐☐☐☐☐☐☐☐

车船税纳税申报表

填表日期: 年 月 日　　　　　　　金额单位:元至角分

纳税人名称													
纳税人身份证照号码							纳税人身份证照类型						
联系人							居住(单位)地址						
							联系方式						

序号	(车辆)号牌号码/(船舶)登记号码	车船识别代码(车架号/船舶识别号)	征收品目	计税单位	计税单位的数量	单位税额	年应缴税额	本年减免税额	减免性质代码	减免税证明号	当年应缴税额	本年已缴税额	本期年应补(退)税额
1	2		3	4	5	6	7=5*6	8	9	10	11=7-8	12	13=11-12

申报车辆总数(辆): 　　　　　　　申报船舶总数(艘):

以下由申报人填写:

纳税人声明	此纳税申报表是根据《中华人民共和国车船税法》和国家有关税收规定填报的,是真实的、可靠的、完整的。	
纳税人签章	代理人签章	代理人身份证号

以下由税务机关填写:

受理人	受理日期	受理税务机关(签章)

本表一式两份,一份纳税人留存,一份税务机关留存。

(十) 小税种税法

任务 5　车辆购置税法

一、车辆购置税的认知

(一) 车辆购置税的含义

车辆购置税是以在中国境内购置规定车辆为课税对象、在特定的环节向车辆购置者征收的一种税。就其性质而言,属于直接税的范畴。

车辆购置税是 2001 年 1 月 1 日在我国开征的新税种,是在原交通部门收取的车辆购置附加费的基础上,通过"费改税"方式改革而来的。车辆购置税基本保留了原车辆附加费的特点。

(二) 车辆购置税的特点

我国车辆购置税具有以下特点:

(1) 征收范围单一。

(2) 征收环节单一。

(3) 税率单一。

(4) 征收方法单一。

(5) 征税具有特定目的。

(6) 税负不发生转嫁。

二、车辆购置税纳税人和征税范围的确定

(一) 车辆购置税纳税人的确定

车辆购置税的纳税人是指在我国境内购置应税车辆的单位和个人。所谓"购置"是指购买使用行为、进口使用行为、受赠使用行为、自产自用行为、获奖使用行为以及以拍卖、抵债、走私、罚没等方式取得并使用的行为,这些行为都属于车辆购置税的应税行为。

单位包括国有企业、集体企业、私营企业、股份制企业、外商投资企业、外国企业以及其他企业,事业单位、社会团体、国家机关、部队以及其他单位。个人包括个体工商户及其他个人,既包括中国公民又包括外国公民。

(二) 车辆购置税征税范围的确定

车辆购置税以列举的车辆作为征税对象,未列举的车辆不纳税。其征税范围包括汽车、摩托车、电车、挂车、农用运输车。具体规定如下:

(1) 汽车:包括各类汽车。

(2) 摩托车。

① 轻便摩托车:最高设计时速不大于 50 km/h,发动机气缸总排量不大于 50 cm^3 的两个或三个车轮的机动车。

② 二轮摩托车:最高设计车速大于 50 km/h,或发动机气缸总排量大于 50 cm^3 的两个车轮的机动车。

名师精品 · 高职高专会计系列 Gaozhigaozhuan Kuaiji Xilie

③ 三轮摩托车:最高设计车速大于 50 km/h,发动机气缸总排量大于 50 cm³,空车质量不大于 400 kg 的三个车轮的机动车。

(3) 电车。

① 无轨电车:以电能为动力,由专用输电电缆供电的轮式公共车辆。

② 有轨电车:以电能为动力,在轨道上行驶的公共车辆。

(4) 挂车。

① 全挂车:无动力设备,独立承载,由牵引车辆牵引行驶的车辆。

② 半挂车:无动力设备,与牵引车共同承载,由牵引车辆牵引行驶的车辆。

(5) 农用运输车。

① 三轮农用运输车:柴油发动机,功率不大于 7.4 kW,载重量不大于 500 kg,最高车速不大于 40 km/h 的三个车轮的机动车。

② 四轮农用运输车:柴油发动机,功率不大于 28 kW,载重量不大于 1 500 kg,最高车速不大于 50 km/h 的四个车轮的机动车。

为了体现税法的统一性、固定性、强制性和法律的严肃性特征,车辆购置税征收范围的调整,由国务院决定,其他任何部门、单位和个人无权擅自扩大或缩小车辆购置税的征税范围。

三、车辆购置税应纳税额的计算

(一) 车辆购置税计税依据的确定

1. 计税依据的基本规定

车辆购置税计税依据的基本规定如表 6-9 所示。

表 6-9 车辆购置税计税依据的基本规定

应税行为	计 税 依 据
购买自用应税车辆	以不含增值税价格作为计税价格: 计税价格＝含增值税的销售价格÷(1＋增值税税率或征收率) 　　　　　＝(含增值税价款＋价外费用)÷(1＋增值税税率或征收率) 购买自用应税车辆计征车辆购置税的计税依据,与销售方计算增值税的计税依据一致
进口自用应税车辆	以组成计税价格作为计税价格 如果进口车辆是属于消费税征税范围的小汽车、摩托车等,则组成计税价格为: 计税价格＝关税完税价格＋关税＋消费税 　　　　　＝(关税完税价格＋关税)÷(1－消费税税率) 进口自用应税车辆计征车辆购置税的计税依据,与进口方计算增值税的计税依据一致 如果进口车辆是不属于消费税征税范围的大卡车、大客车等,则组成计税价格公式简化为:计税价格＝关税完税价格＋关税
其他自用应税车辆	按购置该型号车辆的价格确认。如果不能准确提供车辆价格的,则由主管税务机关参照国家税务总局核定相同类型应税车辆的最低计税价格确定

2. 以最低计税价格为计税依据的确定

纳税人购买自用或者进口自用应税车辆,申报的计税价格低于同类型应税车辆的最低计税价格,又无正当理由的,按照最低计税价格征收车辆购置税。

最低计税价格是由国家税务总局依据车辆生产企业提供的车辆价格信息并参照市

场平均交易价格核定的车辆购置税计税价格。

根据纳税人购置应税车辆的不同情况,国家税务总局对以下几种特殊情形应税车辆的最低计税价格规定如表 6-10 所示。

表 6-10 　　　　　　　　　　几种特殊情形应税车辆的最低计税价格规定

特殊情形的应税车辆	计 税 依 据
底盘(车架)和发动机发生更换的车辆	计税依据为最新核发的同类型车辆最低计税价格的 70% 此政策只适用于已交过车辆购置税的已税车辆底盘和发动机发生更换的情况
免税、减税条件消失的车辆	最低计税价格＝同类型新车最低计税价格×[1-(已使用年限÷规定使用年限)]×100% (1) 未满一年的应税车辆计税依据为最新核发的同类型车辆最低计税价格 (2) 其中规定使用年限,国产车辆按 10 年计算;进口车辆按 15 年计算 (3) 超过规定使用年限的,计税依据为零
非贸易渠道进口的车辆	同类型新车最低计税价格

(二) 车辆购置税的税率

车辆购置税实行统一比例税率,税率为 10%。

(三) 车辆购置税优惠政策的运用

1. 法定减免税规定

(1) 外国驻华使馆、领事馆和国际组织驻华机构及其外交人员自用车辆免税。

(2) 中国人民解放军和中国人民武装警察部队列入军队武器装备订货计划的车辆免税。

(3) 设有固定装置的非运输车辆免税。

(4) 防汛部门和森林消防部门购置的由指定厂家生产的指定型号的用于指挥、检查、调度、报汛(警)、联络的设有固定装置的专用车辆。

(5) 回国服务的留学人员用现汇购买 1 辆自用国产小汽车。

(6) 长期来华定居专家进口 1 辆自用小汽车。

(7) 有国务院规定予以免税或者减税的其他情形的,按照规定免税或者减税。

(8) 自 2014 年 9 月 1 日至 2017 年 12 月 31 日,对购置的新能源汽车免征车辆购置税。

2. 车辆购置税的退税

(1) 公安机关车辆管理机构不予办理车辆登记注册手续的,凭公安机关车辆管理机构出具的证明办理退税手续。

(2) 因质量等原因发生退回所购车辆的,凭经销商的退货证明办理退税手续。

(四) 车辆购置税应纳税额的计算

车辆购置税实行从价定率的方法计算应纳税额,计算公式为:

$$应纳税额＝计税依据×税率$$

由于应税车辆的来源、应税行为的发生以及计税依据组成的不同,因而车辆购置税应纳税额的计算方法也有区别。

1. 购买自用应税车辆应纳税额的计算

在应纳税额的计算当中,应注意以下费用的计税规定:

(1)购买者随购买车辆支付的工具件和零部件价款应作为购车价款的一部分,并入计税依据中征收车辆购置税。

(2)支付的车辆装饰费应作为价外费用并入计税依据中计税。

(3)代收款项应区别征税。凡使用代收单位(受托方)票据收取的款项,应视作代收单位价外收费,购买者支付的价费款,应并入计税依据中一并征税;凡使用委托方票据收取,受托方只履行代收义务和收取代收手续费的款项,应按其他税收政策规定征税。

(4)销售单位开给购买者的各种发票金额中包含增值税税款,因此,计算车辆购置税时,应换算为不含增值税的计税价格。

(5)购买者支付的控购费,是政府部门的行政性收费,不属于销售者的价外费用范围,不应并入计税价格计税。

(6)销售单位开展优质销售活动所开票收取的有关费用,应属于经营性收入,企业在代理过程中按规定支付给有关部门的费用,企业已作经营性支出列支核算,其收取的各项费用并在一张发票上难以划分的,应作为价外收入计算征税。

2. 进口自用应税车辆应纳税额的计算

纳税人进口自用的应税车辆应纳税额的计算公式分为两种情况:

如果进口车辆是属于消费税征税范围的小汽车、摩托车等,则其应纳税额的计算公式为:

$$应纳税额=(关税完税价格+关税+消费税)×税率$$
$$=(关税完税价格+关税)÷(1-消费税税率)×税率$$

如果进口车辆是不属于消费税征税范围的大卡车、大客车等,则其应纳税额的计算公式为:

$$应纳税额=(关税完税价格+关税)×税率$$

工作实例 6-5

甲汽车贸易公司 2017 年 3 月进口 20 辆小轿车,海关审定的关税完税价格为 25 万元/辆,当月销售 12 辆,取得含税销售收入 200 万元;8 辆公司自用,已知:小轿车关税税率 28%,消费税税率为 9%,车辆购置税税率为 10%。

【工作要求】 计算甲公司应缴纳的车辆购置税。

【工作实施】 只有甲公司自用的 8 辆车需要缴纳车辆购置税。组成计税价格 $=25×8×(1+28\%)÷(1-9\%)=281.32$(万元),应纳车辆购置税 $=281.32×10\%=28.13$(万元)

3. 其他自用应税车辆应纳税额的计算

纳税人自产自用、受赠使用、获奖使用和以其他方式取得并自用应税车辆的,凡不能取得该型车辆的购置价格,或者低于最低计税价格的,以国家税务总局核定的最低计税价格作为计税依据计算征收车辆购置税,其计算公式为:

$$应纳税额＝最低计税价格×税率$$

工作实例6-6

2017年4月,王某在某房地产公司举办的有奖购房活动中中奖获得一辆小汽车,房地产公司提供的机动车销售统一发票上注明价税合计金额为80 000元,国家税务总局核定该类型车辆的车辆购置税最低计税价格为78 000元。

【工作要求】　计算王某应缴纳的车辆购置税。

【工作实施】　不含税价格＝80 000÷(1＋17％)＝68 376.07(元)＜78 000元,王某应纳车辆购置税＝78 000×10％＝7 800(元)。

4. 特殊情形下自用应税车辆应纳税额的计算

(1) 减税、免税条件消失车辆应纳税额的计算。

对减税、免税条件消失的车辆,纳税人应按现行规定,在办理车辆过户手续前或者办理变更车辆登记注册手续前向税务机关缴纳车辆购置税,其计算公式为:

$$应纳税额＝同类型新车最低计税价格×[1－(已使用年限÷规定使用年限)]×100％×税率$$

(2) 对已缴纳并办理了登记注册手续的车辆,其底盘发生更换,其最低计税价格按同类型新车最低计税价格的70％计算。

(3) 非贸易渠道进口车辆的最低计税价格,为同类型新车最低计税价格。

四、车辆购置税的征收管理

(一) 车辆购置税的征收管理要求

1. 车辆购置税的纳税方法

车辆购置税缴纳税款的方法主要有以下几种:

(1) 自报核缴。

(2) 集中征收缴纳。

(3) 代征、代扣、代收。

2. 车辆购置税的纳税环节

车辆购置税是对应税车辆的购置行为课征,选择单一环节,实行一次课征制度。征税环节选择在使用环节(即最终消费环节)。具体而言,车辆购置税是在应税车辆上牌登记注册前的使用环节征收。

购置已征车辆购置税的车辆,不再征收车辆购置税。但减税、免税条件消失的车辆,应按规定缴纳车辆购置税。

 **知识释疑6-3**

我公司购买车辆,取得了机动车销售发票,其中一联次为报税联,请问该联发票应该由哪方留存? 有什么用途?

3. 车辆购置税的纳税期限

纳税人购买自用的应税车辆,自购买之日起60日内申报纳税;进口自用的应税车辆,应当自进口之日起 60 日内申报纳税;自产、受赠、获奖和以其他方式取得并自用应税车辆的,应当自取得之日起 60 日内申报纳税。

车辆购置税税款于纳税人办理纳税申报时一次缴清。纳税人应在向公安机关车辆管理机构办理车辆登记注册前,缴纳车辆购置税。缴税后,主管税务机关应给纳税人开具"车辆购置税完税证明"纳税人需持"车辆购置税完税证明"到公安机关办理车辆登记注册手续;"车辆购置税完税证明"每车一证,随车携带,以备检查。

这里的"购买之日"是指纳税人购车发票上注明的销售日期;"进口之日"是指纳税人报关进口的当天。

4. 车辆购置税的纳税地点

纳税人购置应税车辆,应当向车辆登记注册地的主管税务机关申报纳税;购置不需办理车辆登记注册手续的应税车辆,应当向纳税人所在地的主管税务机关申报纳税。车辆登记注册地是指车辆的上牌落籍地或落户地。

(二)车辆购置税的纳税申报

纳税人对车辆购置税进行纳税申报时,应当填报"车辆购置税纳税申报表"(见表6-11)。

表 6-11　　　　　　　　　车辆购置税纳税申报表

填表日期:　　年　　月　　日　　　　　　　　　　　　金额单位:元

纳税人名称			证件名称	
纳税人名称			证件号码	
行业代码			注册类型代码	
联系电话			地　　址	
车辆类别代码		生产企业名称		
合格证编号(或货物进口证明书号)			厂牌型号	
车辆识别代号(车架号)			发动机号	
座位		吨位		排量(cc)
机动车销售统一发票	代码		机动车销售统一发票价格		价外费用合计
机动车销售统一发票	号码		机动车销售统一发票价格		价外费用合计
其他有效凭证名称		其他有效凭证号码	其他有效凭证价格	价外费用合计
进口自用车辆纳税人填写右侧项目	海关进口关税专用缴款书(或进出口货物征免税证明)号码			
进口自用车辆纳税人填写右侧项目	关税完税价格		关税	消费税
购置日期		申报计税价格		

(续表)

委托代办授权声明	申报人声明
为办理车辆购置税涉税事宜,现授权(　　)为代理申报人,提供的凭证、资料是真实、可靠、完整的。任何与本申报表有关的往来文件,都可交予此人。 　　授权人(签名或盖章):	此纳税申报表是根据《中华人民共和国车辆购置税暂行条例》《车辆购置税征收管理办法》的规定填报的,提供的凭证、资料是真实、可靠、完整的。 　　声明人(签名或盖章):

如属委托代办的,应填写以下内容		代理人(签名或盖章)
代理人名称		
经办人姓名		
经办人证件名称		
经办人证件号码		

核定计税价格	税率	应纳税额	免(减)税额	实纳税额	滞纳金金额
	10%				

接收人: 　　接收日期:　年　月　日	主管税务机关(章):

备注:
车辆类别代码为:1.汽车;2.拖车;3.车;4.挂车;5.农用运输车。

职业技能训练

一、单项选择题

1. 甲乙两单位互换经营性用房,甲换入的房屋价格为 490 万元,乙换入的房屋价格为 600 万元,当地契税税率为 3%,则对契税的缴纳的说法中,正确的是(　　)。
   A. 甲应缴纳契税 14.7 万元　　　　B. 甲应缴纳契税 3.3 万元
   C. 乙应缴纳契税 18 万元　　　　　D. 乙应缴纳契税 3.3 万元

2. 下列各项中,应缴纳城镇土地使用税的是(　　)。
   A. 军队用于出租的土地
   B. 寺庙内宗教人员的宿舍用地
   C. 财政拨付事业经费单位的员工食堂用地
   D. 市人民政府办公用地

3. 在同一省、自治区、直辖市管辖范围内,纳税人跨区域使用土地,下列关于城镇土地使用税的纳税地点表述中,正确的是(　　)。
   A. 在纳税人注册地纳税
   B. 在土地所在地纳税
   C. 纳税人选择纳税地点
   D. 由省、自治区、直辖市地方税务局确定纳税地点

4. 根据车船税法律制度的规定,下列车船,不免征车船税的是(　　)。

A. 捕捞、养殖渔船

B. 军队专用车船

C. 依法不需要在车船登记管理部门登记的,在加工厂内行驶的车船

D. 经批准临时入境的外国车船

5. 甲公司系增值税一般纳税人,2017 年 6 月经批准从境外进口 1 辆汽车自用,成交价格 580 万元。另外支付运抵我国关境内输入地点起卸前的运输费 20 万元,保险费 11 万元,缴纳了进口环节税金后海关放行,国家税务总局核定的同类型汽车的最低计税价格为 1 000 万元/辆。已知,汽车的消费税税率是 12%,关税税率是 40%。则甲公司应缴纳车辆购置税( )万元。

A. 97.2   B. 100

C. 85.54   D. 69.43

6. 下列各项中,关于印花税计税依据的说法不正确的是( )。

A. 购销合同中记载的购销金额

B. 财产租赁合同中的租赁金额

C. 货物运输合同中的运输费用

D. 借款合同中的借款本利合计金额

7. 对同一类应税凭证贴花次数频繁的纳税人,适用印花税的纳税办法是( )。

A. 汇贴纳税   B. 自行贴花

C. 汇缴纳税   D. 委托代征

8. 甲乙双方发生房屋交换行为,当交换价格相等时,契税( )。

A. 由甲方缴纳   B. 由乙方缴纳

C. 由甲乙双方各缴纳一半   D. 甲乙双方都不缴纳

9. 按照《车辆购置税暂行条例》的规定,下列车辆免征车辆购置税的是( )。

A. 挂车   B. 电车

C. 农产品运输车   D. 设有固定装置的非运输车辆

10. 下列行为中,应缴纳契税的是( )。

A. 以抵债方式取得土地使用权

B. 以相等价格交换房屋

C. 以划拨方式取得土地使用权

D. 转移农村集体土地承包经营权

11. 纳税人进口自用应税车辆,自进口之日起 60 日内申报缴纳车辆购置税,"进口之日"是指( )。

A. 成交的当天   B. 报关进口的当天

C. 发票上注明的销售日期   D. 登记注册的当天

二、多项选择题

1. 下列可以成为城镇土地使用税纳税人的有( )。

A. 拥有土地使用权的单位或个人   B. 土地的实际使用人

C. 土地的代管人   D. 共有土地使用权的各方

2. 2017 年 2 月甲企业用自产的价值 80 万元的原材料换取乙企业的厂房,并因此用现金补给乙企业 40 万元差价;当月甲企业又将一套价值 100 万元的厂房与丙企业的办公楼交换,并用自产的价值 50 万元的商品补给丙企业差价。以上价格均为不含增值税价格。已知当地契税税率为 3%,则关于甲企业应缴纳契税的下列计算中,正确的有( )。

A. 甲企业用原材料换取乙企业厂房应纳契税＝40×3%＝1.2(万元)

B. 甲企业用原材料换取乙企业厂房应纳契税＝(80＋40)×3%＝3.6(万元)

C. 甲企业用厂房换取丙企业办公楼应纳契税＝50×3%＝1.5(万元)

D. 甲企业用厂房换取丙企业办公楼应纳契税＝(100＋50)×3%＝4.5(万元)

3. 根据印花税法律制度的相关规定,下列各项中,按定额5元征收印花税的有(　　)。

A. 税务登记证　　　　　　　　　　B. 商标注册证

C. 专利证　　　　　　　　　　　　D. 土地使用证

4. 根据《车辆购置税暂行条例》的规定,属于车辆购置税征税范围的有(　　)。

A. 购买使用国产应税车辆　　　　　B. 购买使用进口应税车辆

C. 直接进口使用应税车辆　　　　　D. 受赠使用行为

5. 下列关于印花税的说法中,正确的有(　　)。

A. 对多贴花的凭证,不予退税

B. 印花税应当在书立或领受时贴花

C. 对财产租赁合同的应纳税额超过一角但不足一元的,按一元贴花

D. 伪造印花税票,由税务机关责令改正,处以2 000元以上5 000元以下的罚款

6. 王某以自有房产投资于乙企业,其房屋产权变为乙企业所有,则下列有关契税缴纳情况表述中,不正确的有(　　)。

A. 王某按房产原账面价值计算缴纳

B. 王某按入股房产现值计算缴纳

C. 乙企业按原账面价值计算缴纳

D. 乙企业按入股房产现值计算缴纳

7. 单位或个人购置的下列车辆,应当征收车辆购置税的有(　　)。

A. 小轿车　　　　　　　　　　　　B. 无轨电车

C. 二轮摩托车　　　　　　　　　　D. 四轮农用运输车

8. 以下适用万分之三印花税税率的有(　　)。

A. 加工承揽合同　　　　　　　　　B. 运输合同

C. 建筑安装工程承包合同　　　　　D. 技术合同

9. 车辆购置税税款的缴纳方法主要有(　　)。

A. 查账征收　　　　　　　　　　　B. 自报核缴

C. 集中征收缴纳　　　　　　　　　D. 代征、代扣、代收

10. 根据车船税法律制度的规定,下列各项中,符合车船税有关规定的有(　　)。

A. 摩托车,以"辆数"为计税依据

B. 游艇,以"净吨位数"为计税依据

C. 载货汽车,以"整备质量吨位数"为计税依据

D. 船舶,以"净吨位数"为计税依据

三、判断题

1. 城镇土地使用税的纳税人,是指在城市、县城、建制镇、工矿区范围内使用土地的单位。　(　　)

2. 电网与用户之间签订的供用电合同不征印花税。　(　　)

3. 融资租赁合同属于财产租赁合同。　(　　)

4. 同一凭证记载两个或两个以上不同税率经济事项的,分别记载金额的,应分别计算税额加总贴花,未分别记载金额的,按税率低的计税贴花。　(　　)

5. 土地使用权赠与、房屋赠与,由征收机关参照土地使用权出售、房屋买卖的市场价格确定契税的

计税依据。 （　　）

6. 公安机关车辆管理机构不予办理车辆登记注册手续的，凭公安机关车辆管理机构出具的证明办理车辆购置税退税手续。 （　　）

7. 签订合同的各方当事人都是印花税的纳税人，但不包括合同的担保人、证人和鉴定人。 （　　）

8. 土地、房屋权属的典当、继承、分拆（分割）、出租、抵押，属于契税的征税范围。 （　　）

9. 外商投资企业、外国企业不属于车船税的纳税人。 （　　）

10. 以拍卖、抵债、走私、罚没等方式取得车辆并使用的行为，都属于车辆购置税的应税行为。 （　　）

11. 车船税的纳税义务发生时间，为车船管理部门核发的车船登记证书或者行驶证书所记载日期的次月。 （　　）

四、计算题

1. 2017 年，光明公司生产经营占地面积为 20 000 平方米，其中幼儿园占地 2 000 平方米，厂区绿化占地 3 000 平方米。该土地为一级土地，城镇土地使用税的单位税额为每平方米 24 元。该企业按年计算、半年预缴城镇土地使用税。

要求：计算光明公司 2017 年 7 月 1 日至 12 月 31 日应该缴纳的城镇土地使用税。

2. 居民甲有两套住房，将一套出售给居民乙，成交价格为 180 000 元；将另一套两室住房与居民丙交换成两处一室住房，并支付给丙换房差价款 48 000 元（假定税率为 3%）。

要求：（1）计算居民甲应缴纳的契税。

（2）计算居民乙应缴纳的契税。

（3）计算居民丙应缴纳的契税。

3. 周某向谢某借款 60 万元，后因谢某急需资金，周某以一套价值 70 万元的房产抵偿所欠谢某债务，谢某取得该房产产权的同时支付周某差价款 10 万元。已知契税税率为 3%。以上价格均为不含增值税价格。

要求：计算此次房屋交易应缴纳的契税。

4. 甲公司 2017 年 4 月购买一辆汽车自用，支付含增值税价款 117 000 元。已知，车辆购置税的税率为 10%。

要求：计算甲公司应缴纳的车辆购置税。

5. 甲货运公司 2017 年年初拥有载货汽车 8 辆、挂车 5 辆，整备质量均为 20 吨/辆；拥有乘用车 6 辆。该公司所在省规定载货汽车年基准税额每吨 40 元，乘用车年基准税额为每辆 360 元。

要求：计算甲公司 2017 年应缴纳的车船税。

6. 甲企业 2017 年年初拥有小轿车 3 辆。2017 年 4 月 10 日，1 辆小轿车被盗，已按照规定办理退税。通过公安机关的侦查，9 月 20 日被盗车辆失而复得，并取得公安机关的相关证明。已知当地小轿车车船税年税额为 480 元/辆。

要求：计算甲企业 2017 年实际应缴纳的车船税。

7. 2017 年 1 月，甲公司与乙公司签订一份加工承揽合同，合同载明由甲公司提供原材料 200 万元，支付乙公司加工费 25 万元；又与丙公司签订了一份财产保险合同，保险金额 1 000 万元，支付保险费 2 万元。已知加工承揽合同印花税税率为 0.5‰，财产保险合同印花税税率为 1‰。

要求：计算甲公司签订的上述两份合同应缴纳的印花税。

8. 甲企业 2017 年初实际占地面积为 960 平方米，2017 年 4 月该企业为扩大生产，根据有关部门的批准，新征用非耕地 1 200 平方米。该企业所处地段适用年税额 5 元/平方米。

要求：计算甲企业 2017 年应缴纳的城镇土地使用税。

职业能力实训

1. 甲外贸进出口公司 2017 年 1 月 12 日从国外进口 10 辆宝马公司生产的某型小轿车。该公司报关进口这批小轿车时,经报关地口岸海关对有关报关资料的审查,确定关税计税价格为 160 000 元/辆(人民币),海关按关税政策规定课征关税 16 000 元/辆,并按消费税、增值税有关规定分别代征进口消费税 176 000 元/辆,增值税 59 840 元/辆。由于业务工作的需要,该公司将两辆小轿车用于本单位使用。

要求:计算应缴纳的车辆购置税。

项目 **7**

企业所得税法

职业能力目标

(1) 能理解企业所得税的基本原理。

(2) 会界定企业所得税纳税人,会判断哪些业务应当缴纳企业所得税,会选择企业所得税适用税率,能充分运用企业所得税优惠政策。

(3) 能确定企业所得税的计税依据,能根据相关业务资料确定企业所得税的收入总额,确定不征税收入和免税收入,确定企业所得税准予扣除的项目,确定企业所得税不得扣除的项目,能根据相关业务资料进行亏损弥补。

(4) 能根据相关业务资料对固定资产、生物资产、无形资产、长期待摊费用、存货和投资资产的涉税业务进行税务处理。

(5) 会识别哪些经济业务属于企业重组,能把握企业重组的一般性税务处理和特殊性税务处理的条件,并能根据相关业务资料进行企业重组的一般性税务处理和特殊性税务处理。

(6) 能根据相关业务资料计算居民企业和非居民企业的应纳税额,能根据相关业务资料计算境外所得的抵扣税额。

(7) 会判断哪些业务可能被税务机关进行特别纳税调整,能明确税务机关进行特别纳税调整的方法和税务机关进行核定征收的方法,会计算因特别纳税调整而加收的利息,识记追溯时限。

(8) 能确定企业所得税的纳税义务发生时间、纳税期限和纳税地点。

项目引例

企业所得税的计算

甲公司为一家生产化工产品的企业,2017年全年主营业务收入2 100万元,其他业务收入1 300万元,营业外收入240万元,主营业务成本600万元,其他业务成本460万元,营业外支出210万元,营业税金及附加240万元,销售费用120万元,管理费用130万元,财务费用105万元;取得投资收益282万元,其中,来自境内非上市居民企业分得的股息收入100万元。

当年发生的部分业务如下:

(1) 签订一份委托贷款合同,合同约定两年后合同到期时一次收取利息。2017年已将其中40万元利息收入计入其他业务收入。

年初签订一项商标使用权合同,合同约定商标使用期限为4年,使用费总额为240万元,每两年收费一次,2017年第一次收取使用费,实际收取120万元,已将60万元计入其他业务收入。

(2) 将自发行者购进的一笔三年期国债售出,取得收入117万元。售出时持有该国债恰满两年,该笔国债的买入价为100万元,年利率5%,利息到期一次支付。该公司已将17万元计入投资收益。

(3) 将100%持股的某子公司股权全部转让,取得股权对价238.5万元,取得现金对价26.5万元。该笔股权的历史成本为180万元,转让时的公允价值为280万元。该子公司的留存收益为50万元。此项重组业务已办理了特殊重组备案手续。

(4) 撤回对某公司的股权投资取得85万元,其中含原投资成本50万元,另含相当于被投资公司累计未分配利润和累计盈余公积按减少实收资本比例计算的部分15万元。

(5) 当年发生广告支出480万元,以前年度累计结转广告费扣除额65万元。当年发生业务招待费30万元,其中20万元未取得合法票据。当年实际发放职工工资280万元;职工福利费总额为64.7万元,拨缴工会经费5万元,职工教育经费支出9万元。

(6) 当年自境内关联企业借款1 500万元,年利率7%(金融企业同期同类贷款利率为5%),支付利息105万元。关联企业在该公司的权益性投资金额为500万元。该公司不能证明此笔交易符合独立交易原则,也不能证明实际税负不高于关联企业。

(7) 当年转让一项账面价值为300万元的专利技术,转让收入为900万元,该项转让已经省科技部门认定登记。

(8) 该企业是当地污水排放大户,为治理排放,当年购置500万元的污水处理设备投入使用,同时为其他排污企业处理污水,当年取得收入30万元,相应的成本为17万元。该设备属于《环境保护专用设备企业所得税优惠目录》所列设备,为其他企业处理污水属于公共污水处理。(其他相关资料:该公司注册资本为800万元。除非特别说明,各扣除项目均已取得有效凭证,相关优惠已办必要手续。)

工作要求

1. 计算业务(1)应调整的应纳税所得额并简要说明理由。

2. 计算业务(2)应调整的应纳税所得额。

3. 计算业务(3)应调整的应纳税所得额。

4. 计算业务(4)应调整的应纳税所得额。

5. 计算业务(5)应调整的应纳税所得额。

6. 计算业务(6)应调整的应纳税所得额。

7. 计算业务(7)应调整的应纳税所得额。

8. 计算业务(8)应调整的应纳税所得额和应纳税额。

9. 计算该公司 2017 年应纳企业所得税额。

项目引例解析

见本项目的任务 8。

任务 1 企业所得税的认知

一、企业所得税的含义

企业所得税是对我国境内的企业和其他取得收入的组织的生产经营所得和其他所得征收的所得税。

二、企业所得税的发展

在 1949 年首届全国税务会议上,通过了统一全国税收政策的基本方案,其中包括对企业所得税和个人所得征税的办法。1950 年,政务院发布了《全国税政实施要则》,规定全国设置 14 种税收,其中涉及对所得征税的有工商业税(所得税部分)、存款利息所得税和薪给报酬所得税 3 种税收。

改革开放以后,为适应引进国外资金、技术和人才,开展对外经济技术合作的需要,根据党中央统一部署,税制改革工作在"七五"计划期间逐步推开。1980 年 9 月,第五届全国人民代表大会第三次会议通过了《中华人民共和国中外合资经营企业所得税法》并公布施行。企业所得税税率确定为 30%,另按应纳所得税额附征 10% 的地方所得税。1981 年 12 月,第五届全国人民代表大会第四次会议通过了《中华人民共和国外国企业所得税法》,实行 20%～40% 的 5 级超额累进税率,另按应纳税的所得额附征 10% 的地方所得税。

作为企业改革和城市改革的一项重大措施,1983 年国务院决定在全国试行国有企业"利改税",即将新中国成立后实行了 30 多年的国有企业向国家上缴利润的制度改为缴纳企业所得税的制度。

1991 年 4 月,第七届全国人民代表大会将《中华人民共和国中外合资经营企业所得税法》与《中华人民共和国外国企业所得税法》合并,制定了《中华人民共和国外商投资企业和外国企业所得税法》,并于同年 7 月 1 日起施行。

1993 年 12 月 13 日,国务院将《中华人民共和国国有企业所得税条例(草案)》《国有企业调节税征收办法》《中华人民共和国集体企业所得税暂行条例》和《中华人民共和国私营企业所得税暂行条例》进行整合制定了《中华人民共和国企业所得税暂行条例》，自 1994 年 1 月 1 日起施行。上述改革标志着中国的所得税制度改革向着法制化、科学化和规范化的方向迈出了重要的步伐。

2007 年 3 月 16 日，全国人民代表大会通过了《中华人民共和国企业所得税法》，并于 2008 年 1 月 1 日开始施行。从此内外资企业实行统一的企业所得税法。

现行企业所得税法的基本规范，是 2007 年 3 月 16 日第十届全国人民代表大会第五次全体会议通过的《中华人民共和国企业所得税法》和 2007 年 11 月 28 日国务院第197 次常务会议通过的《中华人民共和国企业所得税实施条例》。

三、企业所得税的特点

企业所得税具有以下特点：
(1) 通常以纯所得为征税对象。
(2) 通常以经过计算得出的应纳税所得额为计税依据。
(3) 纳税人和实际负担人通常是一致的，因此，可以直接调节纳税人的收入。

任务 2   企业所得税纳税人的确定

一、企业所得税的纳税义务人

在中华人民共和国境内，企业和其他取得收入的组织（以下统称企业）为企业所得税的纳税人。个人独资企业、合伙企业不是企业所得税的纳税人。缴纳企业所得税的企业分为居民企业和非居民企业，分别承担不同的纳税责任。

居民企业是指依法在中国境内成立，或者依照外国（地区）法律成立但实际管理机构在中国境内的企业，包括除个人独资企业和合伙企业以外的公司、企业、事业单位、社会团体、民办非企业单位、基金会、外国商会、农民专业合作社以及取得收入的其他组织。

非居民企业是指依照外国（地区）法律成立且实际管理机构不在中国境内，但在中国境内设立机构、场所的，或者在中国境内未设立机构、场所，但有来源于中国境内所得的企业。

实际管理机构是指对企业的生产经营、人员、账务、财产等实施实质性全面管理和控制的机构。机构、场所是指在中国境内从事生产经营活动的机构、场所，包括：
(1) 管理机构、营业机构、办事机构。
(2) 工厂、农场、开采自然资源的场所。
(3) 提供劳务的场所。
(4) 从事建筑、安装、装配、修理、勘探等工程作业的场所。
(5) 其他从事生产经营活动的机构、场所。

非居民企业委托营业代理人在中国境内从事生产经营活动的，包括委托单位或者个人经常代其签订合同，或者储存、交付货物等，该营业代理人视为非居民企业在中国境内设立的机构、场所。

二、企业所得税的扣缴义务人

（1）支付人为扣缴义务人。

非居民企业在中国境内未设立机构、场所的，或者虽设立机构、场所但取得的所得与其所设机构、场所没有实际联系的，其来源于中国境内的所得应缴纳的所得税，实行源泉扣缴，以支付人为扣缴义务人。税款由扣缴义务人在每次支付或者到期应支付时，从支付或者到期应支付的款项中扣缴。

支付人是指依照有关法律规定或者合同约定对非居民企业直接负有支付相关款项义务的单位或者个人。支付包括现金支付、汇拨支付、转账支付和权益兑价支付等货币支付和非货币支付。到期应支付的款项是指支付人按照权责发生制原则应当计入相关成本、费用的应付款项。

（2）指定扣缴义务人。

对非居民企业在中国境内取得工程作业和劳务所得应缴纳的所得税，税务机关可以指定工程价款或者劳务费的支付人为扣缴义务人。

税法规定的可以指定扣缴义务人的情形包括：

① 预计工程作业或提供劳务期限不足一个纳税年度，且有证据表明不履行纳税义务的；

② 没有办理税务登记或者临时税务登记，且未委托中国境内的代理人履行纳税义务的；

③ 未按照规定期限办理企业所得税纳税申报或者预缴申报的。

④ 其他规定情形。

扣缴义务人由县级以上税务机关指定，并同时告知扣缴义务人所扣税款的计算依据、计算方法、扣缴期限。

（3）扣缴义务人每次代扣的税款，应当自代扣之日起 7 日内缴入国库，并向所在地的税务机关报送扣缴企业所得税报告表。

（4）扣缴义务人未依法扣缴或者无法履行扣缴义务的，由纳税人在所得发生地缴纳。在中国境内存在多处所得发生地的，由纳税人选择其中一地申报缴纳企业所得税。

纳税人未依法缴纳的，税务机关可以从该纳税人在中国境内其他收入项目（指该纳税人在中国境内取得的其他各种来源的收入）的支付人应付的款项中，追缴该纳税人的应纳税款。

税务机关在追缴该纳税人应纳税款时，应当将追款理由、追缴数额、扣缴期限和缴纳方式等告知该纳税人。

任务3　企业所得税征税对象的确定

一、居民企业的征税对象

居民企业应当就其来源于中国境内、境外的所得缴纳企业所得税。所得包括销售货物所得、提供劳务所得、转让财产所得、股息红利等权益性投资所得、利息所得、租金所得、特许权使用费所得、接受捐赠所得和其他所得。

二、非居民企业的征税对象

非居民企业在中国境内设立机构、场所的,应当就其所设机构、场所取得的来源于中国境内的所得,以及发生在中国境外但与其所设机构、场所有实际联系的所得,缴纳企业所得税。其中"实际联系"是指非居民企业在中国境内设立的机构、场所拥有据以取得所得的股权、债券,以及拥有、管理、控制据以取得所得的财产等。

非居民企业在中国境内未设立机构、场所的,或者虽设立机构、场所但取得的所得与其所设机构、场所没有实际联系的,应当就其来源于中国境内的所得缴纳企业所得税。

来源于中国境内、境外的所得,按照以下原则确定:

(1) 销售货物所得,按照交易活动发生地确定。

(2) 提供劳务所得,按照劳务发生地确定。

(3) 转让财产所得,不动产转让所得按照不动产所在地确定,动产转让所得按照转让动产的企业或者机构、场所所在地确定,权益性投资资产转让所得按照被投资企业所在地确定。

(4) 股息、红利等权益性投资所得,按照分配所得的企业所在地确定。

(5) 利息所得、租金所得、特许权使用费所得,按照负担、支付所得的企业或者机构、场所所在地确定,或者按照负担、支付所得的个人住所地确定。

(6) 其他所得,由国务院财政、税务主管部门确定。

任务4　企业所得税税率的判定

企业所得税税率是体现国家与企业分配关系的核心要素。税率设计的原则是兼顾国家、企业、职工个人三者间的利益,既要保证财政收入的稳定增长,又要使企业在发展生产、经营方面有一定的财力保证;既要考虑到企业的实际情况和负担能力,又要维护税率的统一性。

企业所得税实行比例税率。比例税率简便易行,透明度高,不会因征税而改变企业间收入分配比例,有利于促进效率的提高。现行规定如下:

(1) 基本税率为25%。适用于居民企业和在中国境内设有机构、场所且取得的所得与机构、场所有联系的非居民企业。

(2) 低税率为20%。适用于在中国境内未设立机构、场所的,或者虽设立机构、场所但取得的所得与其所设机构、场所没有实际联系的非居民企业。但实际征税时适用10%的税率。

任务5　企业所得税优惠政策的运用

税收优惠是指国家运用税收政策在税收法律、行政法规中规定对某一部分特定企业和课税对象给予减轻或免除税收负担的一种措施。税法规定的企业所得税的税收优惠方式包括免税、减税、加计扣除、加速折旧、减计收入、税额抵免等。

一、免税与减税优惠

1. 从事农、林、牧、渔业项目的所得

企业(包括"公司＋农户"经营模式的企业)从事农、林、牧、渔业项目的所得,包括免征和减征两部分。

(1) 企业从事下列项目的所得,免征企业所得税:

① 蔬菜、谷物、薯类、油料、豆类、棉花、麻类、糖料、水果、坚果的种植。

② 农作物新品种的选育。

③ 中药材的种植。

④ 林木的培育和种植。

⑤ 牲畜、家禽的饲养等。

⑥ 林产品的采集。

⑦ 灌溉、农产品初加工、兽医、农技推广、农机作业和维修等农、林、牧、渔服务业项目。

⑧ 远洋捕捞。

(2) 企业从事下列项目的所得,减半征收企业所得税:

① 花卉、茶以及其他饮料作物和香料作物的种植。

② 海水养殖、内陆养殖等。

2. 从事国家重点扶持的公共基础设施项目投资经营的所得

税法所称国家重点扶持的公共基础设施项目,是指《公共基础设施项目企业所得税优惠目录》规定的港口码头、机场、铁路、公路、城市公共交通、电力、水利等项目。

企业从事国家重点扶持的公共基础设施项目的投资经营的所得,自项目取得第一笔生产经营收入所属纳税年度起,第一年至第三年免征企业所得税,第四年至第六年减半征收企业所得税。

企业承包经营、承包建设和内部自建自用上述规定的项目,不得享受上述企业所得税优惠。

3. 从事符合条件的环境保护、节能节水项目的所得

符合条件的环境保护、节能节水项目,包括公共污水处理、公共垃圾处理、沼气综合开发利用、节能减排技术改造、海水淡化等。

企业从事符合条件的环境保护、节能节水项目的所得,自项目取得第一笔生产经营收入所属纳税年度起,第一年至第三年免征企业所得税,第四年至第六年减半征收企业所得税。

依照规定享受减免税优惠的项目,在减免税期限内转让的,受让方自受让之日起,可以在剩余期限内享受规定的减免税优惠;减免税期限届满后转让的,受让方不得就该项目重复享受减免税优惠。

4. 符合条件的技术转让所得

(1) 符合条件的技术转让所得免征、减征企业所得税,是指一个纳税年度内,居民企业转让技术所有权所得不超过 500 万元的部分,免征企业所得税;超过 500 万元的部分,减半征收企业所得税。

(2) 技术转让的范围,包括居民企业转让专利技术、计算机软件著作权、集成电路布图设计权、植物新品种、生物医药新品种,以及财政部和国家税务总局确定的其他技术。

(3) 技术转让应签订技术转让合同。其中,境内的技术转让须经省级以上(含省级)科技部门认定登记,跨境的技术转让须经省级以上(含省级)商务部门认定登记,涉及财政经费支持产生技术的转让,需省级以上(含省级)科技部门审批。

(4) 居民企业技术出口应由有关部门按照商务部、科技部发布的《中国禁止出口限制出口技术目录》(商务部、科技部令 2008 年第 12 号)进行审查。居民企业取得禁止出口和限制出口技术转让所得,不享受技术转让减免企业所得税优惠政策。

(5) 居民企业从直接或间接持有股权之和达到 100% 的关联方取得的技术转让所得,不享受技术转让减免企业所得税优惠政策。

二、高新技术企业优惠

国家需要重点扶持的高新技术企业减按 15% 的税率征收企业所得税。国家需要重点扶持的高新技术企业,是指同时符合下列六方面条件的企业:

(1) 拥有核心自主知识产权是指在中国境内(不含港、澳、台地区)注册的企业,近 3 年内通过自主研发、受让、受赠、并购等方式,或通过 5 年以上的独占许可方式,对其主要产品(服务)的核心技术拥有自主知识产权。

(2) 产品(服务)属于《国家重点支持的高新技术领域》规定的范围。

(3) 研究开发费用占销售收入的比例不低于规定比例是指企业为获得科学技术(不包括人文、社会科学)新知识,创造性运用科学技术新知识,或实质性改进技术、产品(服务)而持续进行了研究开发活动,且近 3 个会计年度的研究开发费用总额占销售收入总额的比例符合如下要求:

① 最近一年销售收入小于 5 000 万元的企业,比例不低于 6%。

② 最近一年销售收入在 5 000 万元至 20 000 万元的企业,比例不低于 4%。

③ 最近一年销售收入在 20 000 万元以上的企业,比例不低于 3%。

其中,企业在中国境内发生的研究开发费用总额占全部研究开发费用总额的比例不低于 60%。企业注册成立时间不足 3 年的,按实际经营年限计算。

(4) 高新技术产品(服务)收入占企业总收入的比例不低于规定比例是指高新技术产品(服务)收入占企业当年总收入的 60% 以上。

(5) 科技人员占企业职工总数的比例不低于规定比例是指具有大学专科以上学历

的科技人员占企业当年职工总数的 30％以上,其中研发人员占企业当年职工总数的 10％以上。

(6) 高新技术企业认定管理办法规定的其他条件。《国家重点支持的高新技术领域》和高新技术企业认定管理办法由国务院科技、财政、税务主管部门商国务院有关部门制订,报国务院批准后公布施行。

三、小型微利企业优惠

符合条件的小型微利企业减按 20％的税率征收企业所得税。符合条件的小型微利企业是指从事国家非限制和禁止行业,并符合下列条件的企业:

(1) 工业企业,年度应纳税所得额不超过 30 万元,从业人数不超过 100 人,资产总额不超过 3 000 万元。

(2) 其他企业,年度应纳税所得额不超过 30 万元,从业人数不超过 80 人,资产总额不超过 1 000 万元。

上述"从业人数"按企业全年平均从业人数计算,"资产总额"按企业年初和年末的资产总额平均计算。

小型微利企业是指企业的全部生产经营活动产生的所得均负有我国企业所得税纳税义务的企业。仅就来源于我国所得负有我国纳税义务的非居民企业,不适用上述规定。

自 2015 年 1 月 1 日至 2017 年 12 月 31 日,对年应纳税所得额低于 20 万元(含 20 万元)的小型微利企业,其所得减按 50％计入应纳税所得额,按 20％的税率缴纳企业所得税。自 2015 年 10 月 1 日起至 2017 年 12 月 31 日,对年应纳税所得额在 20 万元到 30 万元(含 30 万元)之间的小型微利企业,其所得减按 50％计入应纳税所得额,按 20％的税率缴纳企业所得税。符合规定条件的小型微利企业(包括采取查账征收和核定征收方式的企业),均可按照规定享受小型微利企业所得税优惠政策。

知识释疑 7-1

为什么对于"仅就来源于我国所得负有我国纳税义务的非居民企业",不适用上述规定?

四、加计扣除优惠

(1) 研究开发费是指企业为开发新技术、新产品和新工艺所发生的研究开发费用,未形成无形资产计入当期损益的,在按照规定据实扣除的基础上,按照研究开发费用的 50％加计扣除;形成无形资产的,按照无形资产成本的 150％摊销。

知识释疑 7-2

哪些研发费用允许在税前加计扣除?

(2) 企业安置残疾人员所支付的工资是指企业安置残疾人员的,在按照支付给残疾职工工资据实扣除的基础上,按照支付给残疾职工工资的 100％加计扣除。

五、创业投资企业优惠

创业投资企业从事国家需要重点扶持和鼓励的创业投资,可以按投资额的一定比例抵扣应纳税所得额。

知识释疑 7-3

创业投资企业需具备哪些条件?

创业投资企业优惠是指创业投资企业采取股权投资方式投资于未上市的中小高新技术企业 2 年以上的,可以按照其投资额的 70% 在股权持有满 2 年的当年抵扣该创业投资企业的应纳税所得额;当年不足抵扣的,可以在以后纳税年度结转抵扣。例如:甲企业 2016 年 1 月 1 日向乙企业(未上市的中小高新技术企业)投资 100 万元,股权持到 2017 年 12 月 31 日。则甲企业 2017 年度可抵扣的应纳税所得额为 70 万元。

六、加速折旧优惠

企业的固定资产由于技术进步等原因,确需加速折旧的,可以缩短折旧年限或者采取加速折旧的方法。可采用以上折旧方法的固定资产是指:

(1) 由于技术进步,产品更新换代较快的固定资产。

(2) 常年处于强震动、高腐蚀状态的固定资产。

采取缩短折旧年限方法的,最低折旧年限不得低于规定折旧年限的 60%;若为购置已使用过的固定资产,其最低折旧年限不得低于税法规定最低折旧年限减去已使用年限后剩余年限的 60%。最低折旧年限一经确定,一般不得变更。采取加速折旧方法的,可以采取双倍余额递减法或者年数总和法。

依据财税〔2014〕75 号文件,有关固定资产加速折旧企业所得税政策问题规定如下:

(1) 对生物药品制造业,专用设备制造业,铁路、船舶、航空航天和其他运输设备制造业,计算机、通信和其他电子设备制造业,仪器仪表制造业,信息传输、软件和信息技术服务业等 6 个行业的企业 2014 年 1 月 1 日后新购进的固定资产,可缩短折旧年限或采取加速折旧的方法。

对上述 6 个行业的小型微利企业 2014 年 1 月 1 日后新购进的研发和生产经营共用的仪器、设备,单位价值不超过 100 万元的,允许一次性计入当期成本费用在计算应纳税所得额时扣除,不再分年度计算折旧;单位价值超过 100 万元的,可缩短折旧年限或采取加速折旧的方法。

(2) 对所有行业企业的 2014 年 1 月 1 日后新购进的专门用于研发的仪器、设备,单位价值不超过 100 万元的,允许一次性计入当期成本费用在计算应纳税所得额时扣除,不再分年度计算折旧;单位价值超过 100 万元的,可缩短折旧年限或采取加速折旧的方法。

(3) 对所有行业企业持有的单位价值不超过 5 000 元的固定资产,允许一次性计入当期成本费用在计算应纳税所得额时扣除,不再分年度计算折旧。

(4) 企业按上述规定缩短折旧年限的,最低折旧年限不得低于企业所得税法实施条例第六十条规定折旧年限的 60%;采取加速折旧方法的,可采取双倍余额递减法或者年数总和法。上述规定之外的企业固定资产加速折旧所得税处理问题,继续按照企业所得税法及其实施条例和现行税收政策规定执行。

另外,依据财税〔2015〕106 号文件,对有关固定资产加速折旧企业所得税政策问题补充规定如下:

(1) 对轻工、纺织、机械、汽车等四个领域重点行业的企业 2015 年 1 月 1 日后新购进的固定资产,可由企业选择缩短折旧年限或采取加速折旧的方法。

(2) 对上述行业的小型微利企业 2015 年 1 月 1 日后新购进的研发和生产经营共用的仪器、设备,单位价值不超过 100 万元的,允许一次性计入当期成本费用在计算应纳税所得额时扣除,不再分年度计算折旧;单位价值超过 100 万元的,可由企业选择缩短折旧年限或采取加速折旧的方法。

(3) 企业按上述规定缩短折旧年限的,最低折旧年限不得低于企业所得税法实施条例规定折旧年限的 60%;采取加速折旧方法的,可采取双倍余额递减法或者年数总和法。

按照企业所得税法及其实施条例的有关规定,企业根据自身生产经营需要,也可选择不实行加速折旧政策。

知识释疑 7-4

进行固定资产加速折旧是否需要税务机关审批?

七、减计收入优惠

企业以《资源综合利用企业所得税优惠目录》规定的资源作为主要原材料,生产国家非限制和禁止并符合国家和行业相关标准的产品取得的收入,减按 90% 计入收入总额。

八、税额抵免优惠

税额抵免是指企业购置并实际使用《环境保护专用设备企业所得税优惠目录》《节能节水专用设备企业所得税优惠目录》和《安全生产专用设备企业所得税优惠目录》规定的环境保护、节能节水、安全生产等专用设备的,该专用设备的投资额的 10% 可以从企业当年的应纳税额中抵免;当年不足抵免的,可以在以后的 5 个纳税年度结转抵免。

享受上述规定的企业所得税优惠的企业,应当实际购置并自身实际投入使用上述规定中的专用设备;企业购置上述专用设备在 5 年内转让、出租的,应当停止享受企业所得税优惠,并补缴已经抵免的企业所得税税款。转让的受让方可以按照该专用设备投资额的 10% 抵免当年企业所得税应纳税额;当年应纳税额不足抵免的,可以在以后 5 个纳税年度结转抵免。

企业同时从事适用不同企业所得税待遇的项目的,其优惠项目应当单独计算所得,并合理分摊企业的期间费用;没有单独计算的,不得享受企业所得税优惠。

自2009年1月1日起,增值税一般纳税人购进生产用固定资产发生的进项税额可从其销项税额中抵扣。如果增值税进项税额允许抵扣,其专用设备投资额不再包括增值税进项税额;如果增值税进项税额不允许抵扣,其专用设备投资额应为增值税专用发票上注明的价税合计金额,企业购买专用设备取得普通发票的,其专用设备投资额为普通发票上注明的金额。

九、民族自治地方企业的税收优惠

民族自治地方的自治机关对本民族自治地方的企业应缴纳的企业所得税中属于地方分享的部分,可以决定减征或者免征。自治州、自治县决定减征或者免征的,须报省、自治区、直辖市人民政府批准。但对民族自治地方内国家限制和禁止行业的企业,不得减征或者免征企业所得税。

十、非居民企业优惠

在中国境内未设立机构、场所,或者虽设立机构、场所但取得的所得与其所设机构、场所没有实际联系的非居民企业减按10%的税率征收企业所得税。该类非居民企业取得下列所得免征企业所得税:

(1)外国政府向中国政府提供贷款取得的利息所得。

(2)国际金融组织向中国政府和居民企业提供优惠贷款取得的利息所得。

(3)经国务院批准的其他所得。

十一、其他有关行业的优惠

(一) 关于鼓励软件产业和集成电路产业发展的优惠政策

(1)软件生产企业实行增值税即征即退政策所退还的税款,由企业用于研究开发软件产品和扩大再生产,不作为企业所得税应税收入,不予征收企业所得税。

(2)我国境内新办软件生产企业经认定后,自获利年度起,第一年和第二年免征企业所得税,第三年至第五年减半征收企业所得税(即"两免三减半")。

(3)国家规划布局内的重点软件生产企业,当年未享受免税优惠的,减按10%的税率征收企业所得税。

(4)软件生产企业的职工培训费用,可按实际发生额在计算应纳税所得额时扣除。

(5)企事业单位购进软件,凡符合固定资产或无形资产确认条件的,可以按照固定资产或无形资产进行核算,经主管税务机关核准,其折旧或摊销年限可以适当缩短,最短可为2年。

(6)集成电路设计企业视同软件企业,享受上述软件企业的有关企业所得税政策。

(7)集成电路生产企业的生产性设备,经主管税务机关核准,其折旧年限可以适当缩短,最短可为3年。

(8)投资额超过80亿元、产品符合小于0.25微米条件的集成电路企业,减按15%的税率计征所得税,经营期15年以上的,从开始获利的年度起,企业所得税实行"五免五减半"。

（9）小于 0.8 微米（含 0.8 微米）条件的集成电路生产企业，从开始获利的年度起，企业所得税实行"两免三减半"。

（10）集成电路企业和封装企业的再投资退税优惠政策如表 7-1 所示。

表 7-1　　　　　　集成电路企业和封装企业的再投资退税优惠政策

再投资退税条件			可享受退税
投出方	被投方	投资期限	
集成电路生产企业、封装企业的投资者	本企业	不少于 5 年	再投资部分已纳税款的 40%
	其他集成电路生产企业、封装企业		
国内外经济组织	西部地区集成电路生产企业、封装企业、软件生产企业	不少于 5 年	再投资部分已纳税款的 80%

注：再投资不满 5 年撤出投资的，追缴已退的企业所得税税款。

（二）关于鼓励证券投资基金发展的优惠政策

（1）对证券投资基金从证券市场中取得的收入，包括买卖股票、债券的差价收入，股权的股息、红利收入。债券的利息收入及其他收入，暂不征收企业所得税。

（2）对投资者从证券投资基金分配中取得的收入，暂不征收企业所得税。

（3）对证券投资基金管理人运用基金买卖股票、债券的差价收入，暂不征收企业所得税。

十二、西部大开发的税收优惠

（1）对设在西部地区国家鼓励类产业的企业，在 2011 年 1 月 1 日至 2020 年 12 月 31 日期间，减按 15% 的税率征收企业所得税。

（2）经省级人民政府批准，民族自治地方的内资企业可以定期减征或免征企业所得税；凡减免税款涉及中央收入 100 万元（含 100 万元）以上的，需报国家税务总局批准。

任务 6　企业所得税应纳税所得额的计算

一、企业所得税计税依据确定的基本方法

应纳税额的多少，取决于应纳税所得额和适用税率两个因素。在实际过程中，应纳税所得额的计算一般有两种方法。

（一）间接计算法

在间接计算法下，在会计利润的基础上加上或减去按照税法规定调整的项目金额后，即为应纳税所得额。其计算公式为：

$$应纳税所得额＝会计利润总额±纳税调整项目金额$$

纳税调整项目金额包括两方面的内容,一是企业的财务会计处理和税法规定不一致的应予以调整的金额;二是企业按税法规定准予扣除的金额。

(二) 直接计算法

在直接计算法下,企业每一纳税年度的收入总额减除不征税收入、免税收入、各项扣除以及允许弥补的以前年度亏损后的余额为应纳税所得额。其计算公式为:

$$应纳税所得额＝收入总额－不征税收入－免税收入－各项扣除金额－弥补亏损$$

二、收入总额的确定

企业的收入总额包括以货币形式和非货币形式从各种来源取得的收入。企业取得收入的货币形式包括现金、银行存款、应收账款、应收票据、准备持有至到期的债券投资以及债务的豁免等;企业以非货币形式取得的收入,包括固定资产、生物资产、无形资产、股权投资、存货、不准备持有至到期的债券投资、劳务以及有关权益等,这些非货币资产应当按照公允价值确定收入额,公允价值是指按照市场价格确定的价值。收入的具体构成如下。

(一) 一般收入的确认

(1) 销售货物收入是指企业销售商品、产品、原材料、包装物、低值易耗品以及其他存货取得的收入。

企业销售商品同时满足下列条件的,应确认收入的实现:

① 商品销售合同已经签订,企业已将商品所有权相关的主要风险和报酬转移给购货方。

② 企业对已售出的商品既没有保留通常与所有权相联系的继续管理权,也没有实施有效控制。

③ 收入的金额能够可靠地计量。

④ 已发生或将发生的销售方的成本能够可靠地核算。

符合上款收入确认条件,采取下列商品销售方式的,应按以下规定确认收入实现时间:

① 销售商品采用托收承付方式的,在办妥托收手续时确认收入。

② 销售商品采取预收款方式的,在发出商品时确认收入。

③ 销售商品需要安装和检验的,在购买方接受商品以及安装和检验完毕时确认收入。如果安装程序比较简单,可在发出商品时确认收入。

④ 销售商品采用支付手续费方式委托代销的,在收到代销清单时确认收入。

(2) 提供劳务收入是指企业从事建筑安装、修理修配、交通运输、仓储租赁、金融保险、邮电通信、咨询经纪、文化体育、科学研究、技术服务、教育培训、餐饮住宿、中介代理、卫生保健、社区服务、旅游、娱乐、加工以及其他劳务服务活动取得的收入。

企业在各个纳税期末,提供劳务交易的结果能够可靠估计的,应采用完工进度(完工百分比)法确认提供劳务收入。

提供劳务交易的结果能够可靠估计,是指同时满足下列条件:

① 收入的金额能够可靠地计量。

② 交易的完工进度能够可靠地确定。

③ 交易中已发生和将发生的成本能够可靠地核算。

企业提供劳务完工进度的确定,可选用下列方法:

① 已完工作的测量。

② 已提供劳务占劳务总量的比例。

③ 发生成本占总成本的比例。

企业应按照从接受劳务方已收或应收的合同或协议价款确定劳务收入总额,根据纳税期末提供劳务收入总额乘以完工进度扣除以前纳税年度累计已确认提供劳务收入后的金额,确认为当期劳务收入;同时,按照提供劳务估计总成本乘以完工进度扣除以前纳税期间累计已确认劳务成本后的金额,结转为当期劳务成本。

下列提供劳务满足收入确认条件的,应按规定确认收入:

① 安装费。应根据安装完工进度确认收入。安装工作是商品销售附带条件的,安装费在确认商品销售实现时确认收入。

② 宣传媒介的收费。应在相关的广告或商业行为出现于公众面前时确认收入。广告的制作费,应根据制作广告的完工进度确认收入。

③ 软件费。为特定客户开发软件的收费,应根据开发的完工进度确认收入。

④ 服务费。包含在商品售价内可区分的服务费,在提供服务的期间分期确认收入。

⑤ 艺术表演、招待宴会和其他特殊活动的收费。在相关活动发生时确认收入。收费涉及几项活动的,预收的款项应合理分配给每项活动,分别确认收入。

⑥ 会员费。申请入会或加入会员,只允许取得会籍,所有其他服务或商品都要另行收费的,在取得该会员费时确认收入。申请入会或加入会员后,会员在会员期内不再付费就可得到各种服务或商品,或者以低于非会员的价格销售商品或提供服务的,该会员费应在整个受益期内分期确认收入。

⑦ 特许权费。属于提供设备和其他有形资产的特许权费,在交付资产或转移资产所有权时确认收入;属于提供初始及后续服务的特许权费,在提供服务时确认收入。

⑧ 劳务费。长期为客户提供重复的劳务收取的劳务费,在相关劳务活动发生时确认收入。

(3)转让财产收入是指企业转让固定资产、生物资产、无形资产、股权、债权等财产取得的收入。

(4)股息、红利等权益性投资收益是指企业因权益性投资从被投资方取得的收入。股息、红利等权益性投资收益,除国务院财政、税务主管部门另有规定外,按照被投资方作出利润分配决定的日期确认收入的实现。

(5)利息收入是指企业将资金提供给他人使用但不构成权益性投资,或者因他人占用本企业资金取得的收入,包括存款利息、贷款利息、债券利息、欠款利息等收入。利息收入应按照合同约定的债务人应付利息的日期确认收入的实现。

（6）租金收入是指企业提供固定资产、包装物或者其他有形资产的使用权取得的收入。租金收入应按照合同约定的承租人应付租金的日期确认收入的实现。

（7）特许权使用费收入是指企业提供专利权、非专利技术、商标权、著作权以及其他特许使用权取得的收入。特许权使用费收入应按照合同约定的特许权使用人应付特许权使用费的日期确认收入的实现。

（8）接受捐赠收入是指企业接受的来自其他企业、组织或者个人无偿给予的货币性资产、非货币性资产。接受捐赠收入按照实际收到捐赠资产的日期确认收入的实现。

（9）其他收入是指企业取得的除以上收入外的其他收入，包括企业资产溢余收入、逾期未退包装物押金收入、确实无法偿付的应付款项、已经作坏账损失处理后又收回的应收款项、债务重组收入、补贴收入、违约金收入、汇兑收益等。

企业取得财产（包括各类资产、股权、债权等）转让收入、债务重组收入、接受捐赠收入、无法偿付的应付款收入等，不论是以货币形式出现，还是非货币形式体现，除另有规定外，均应一次性计入确认收入的年度计算缴纳企业所得税。

实务释疑 7-1

我单位是一家合伙企业，合伙人转让股权所得如何缴纳所得税？

知识释疑 7-5

盘盈的存货是否应缴纳企业所得税？

（二）特殊收入的确认

（1）采取分期收款方式销售货物按照合同约定的收款日期确认收入的实现。

（2）采用售后回购方式销售商品的，销售的商品按售价确认收入，回购的商品作为购进商品处理。有证据表明不符合销售收入确认条件的，如以销售商品方式进行融资，收到的款项应确认为负债。回购价格大于原售价的，差额应在回购期间确认为利息费用。

（3）采取以旧换新方式销售商品的，应当按照销售商品收入的确认条件确认收入，回收的商品作为购进商品处理。

（4）采取商业折扣（折扣销售）条件销售商品：企业为促进商品销售而在商品价格上给予的价格扣除属于商业折扣，商品销售涉及商业折扣的，应当按照扣除商业折扣后的金额确定销售商品收入金额。

（5）采取现金折扣（销售折扣）条件销售商品：债权人为鼓励债务人在规定的期限内付款而向债务人提供的债务扣除属于现金折扣，销售商品涉及现金折扣的，应当按扣除现金折扣前的金额确定销售商品收入金额，现金折扣在实际发生时作为财务费用扣除。

（6）采取折让方式销售商品：企业因售出商品的质量不合格等原因而在售价上给予的减让属于销售折让；企业因售出商品质量、品种不符合要求等原因而发生的退货属于销售退回。企业已经确认销售收入的售出商品发生销售折让和销售退回，应当在发生当期冲减当期销售商品收入。

（7）采取买一赠一等方式组合销售本企业商品的，不属于捐赠，应将总的销售金额按各项商品的公允价值的比例来分摊确认各项的销售收入。

工作实例 7-1

甲服装企业采用买一赠一的方式销售本企业商品，规定以每套 900 元的价格（不含增值税价，下同）购买 A 西服的客户可获赠一条 B 领带，A 西服正常出厂价格 900 元，B 领带正常出厂价格 100 元，当期该服装企业销售西服领带组合共计 100 套，共取得收入 90 000 元。

【工作要求】 计算甲服装企业买一赠一销售方式下西服和领带各自的销售收入。

【工作实施】 企业以买一赠一等方式组合销售本企业商品的，不属于捐赠，应将总的销售金额按各项商品的公允价值的比例来分摊确认各项的销售收入；分摊到 A 西服上的收入＝买一赠一整体收入×A÷（A＋B）；分摊到 B 领带上的收入＝买一赠一整体收入×B÷（A＋B）。

A 西服销售收入总额＝90 000×900÷（900＋100）＝81 000（元）

B 领带销售收入总额＝90 000×100÷（900＋100）＝9 000（元）

（8）企业受托加工制造大型机械设备、船舶、飞机等，以及从事建筑、安装、装配业务或者提供劳务等持续时间超过 12 个月的，按照纳税年度内完工进度或者完成的工作量确认收入的实现。

（9）采取产品分成方式取得收入的，以企业分得产品的时间确认收入的实现，其收入额按照产品的公允价值确定。

（10）企业发生非货币性资产交换，以及将货物、财产、劳务用于捐赠、偿债、赞助、集资、广告、样品、职工福利和进行利润分配等用途，应当视同销售货物、转让财产和提供劳务，但国务院财政、税务主管部门另有规定的除外。

（三）处置资产收入的确认

根据《中华人民共和国企业所得税法实施条例》第二十五条的规定，企业处置资产的所得税处理按以下规定执行（该规定自 2008 年 1 月 1 日起执行，对 2008 年 1 月 1 日以前发生的处置资产，2008 年 1 月 1 日以后尚未进行税务处理的，也按该规定执行）：

（1）企业发生下列情形的处置资产，除将资产转移至境外以外，由于资产所有权属在形式和实质上均不发生改变，可作为内部处置资产，不视同销售确认收入，相关资产的计税基础延续计算：

① 将资产用于生产、制造、加工另一产品。

② 改变资产形状、结构或性能。

③ 改变资产用途（如，自建商品房转为自用或经营）。

④ 将资产在总机构及其分支机构之间转移。

⑤ 上述两种或两种以上情形的混合。

⑥ 其他不改变资产所有权属的用途。

（2）企业将资产移送他人的下列情形，因资产所有权属已发生改变而不属于内部

处置资产,应按规定视同销售确定收入:

①用于市场推广或销售。

②用于交际应酬。

③用于职工奖励或福利。

④用于股息分配。

⑤用于对外捐赠。

⑥其他改变资产所有权属的用途。

（3）企业发生第（2）条规定之情形时,属于企业自制的资产,应按企业同类资产同期对外销售价格确定销售收入;属于外购的资产,可按照购入时的价格确定销售收入。

 知识释疑 7-6

对于视同销售问题,增值税、企业所得税及财务会计的处理上有什么不同?

三、不征税收入和免税收入的确定

国家为了扶持和鼓励某些特殊的纳税人和特定的项目,或者避免因征税影响企业的正常经营,对企业取得的某些收入实行不征税或免税的特殊政策,以减轻企业的负担,促进经济的协调发展。

（一）不征税收入

收入总额中的下列收入为不征税收入:

（1）财政拨款。财政拨款是指各级人民政府对纳入预算管理的事业单位、社会团体等组织拨付的财政资金,但国务院和国务院财政、税务主管部门另有规定的除外。

（2）依法收取并纳入财政管理的行政事业性收费、政府性基金。行政事业性收费是指依照法律法规等有关规定,按照国务院规定程序批准,在实施社会公共管理,以及在向公民、法人或者其他组织提供特定公共服务过程中,向特定对象收取并纳入财政管理的费用。政府性基金是指企业依照法律、行政法规等有关规定,代政府收取的具有专项用途的财政资金。

（3）国务院规定的其他不征税收入。国务院规定的其他不征税收入是指企业取得的,由国务院财政、税务主管部门规定专项用途并经国务院批准的财政性资金。

财政性资金,是指企业取得的来源于政府及其有关部门的财政补助、补贴、贷款贴息,以及其他各类财政专项资金,包括直接减免的增值税和即征即退、先征后退、先征后返的各种税收,但不包括企业按规定取得的出口退税款。

需要注意的是:

①企业的不征税收入用于支出所形成的费用,不得在计算应纳税所得额时扣除。

②企业的不征税收入用于支出所形成的资产,其计算的折旧、摊销不得在计算应纳税所得额时扣除。

（二）免税收入

企业的下列收入为免税收入：

（1）国债利息收入。

（2）符合条件的居民企业之间的股息、红利等权益性投资收益（该收益是指居民企业直接投资于其他居民企业取得的投资收益，且该收益不包括连续持有居民企业公开发行并上市流通的股票不足 12 个月取得的投资收益）。

（3）在中国境内设立机构、场所的非居民企业从居民企业取得与该机构、场所有实际联系的股息、红利等权益性投资收益（该收益不包括连续持有居民企业公开发行并上市流通的股票不足 12 个月取得的投资收益）。

（4）符合条件的非营利组织的收入。

（5）非营利组织其他免税收入。具体包括：接受其他单位或者个人捐赠的收入；除《中华人民共和国企业所得税法》第七条规定的财政拨款以外的其他政府补助收入，但不包括因政府购买服务取得的收入；按照省级以上民政、财政部门规定收取的会费；不征税收入和免税收入孳生的银行存款利息收入；财政部、国家税务总局规定的其他收入。

实务释疑 7-2

我公司取得的各项免税收入所对应的各项成本费用，能否在企业所得税税前扣除？

四、准予扣除的项目的确定

（一）税前扣除项目的原则

企业申报的扣除项目和金额要真实、合法。所谓真实是指能提供证明有关支出确属已经实际发生；合法是指符合国家税法的规定，若其他法规规定与税收法规规定不一致，应以税收法规的规定为标准。除税收法规另有规定外，税前扣除一般应遵循以下原则：

（1）权责发生制原则，是指企业费用应在发生的所属期扣除，而不是在实际支付时确认扣除。

（2）配比原则，是指企业发生的费用应当与收入配比扣除。除特殊规定外，企业发生的费用不得提前或滞后申报扣除。

（3）相关性原则，企业可扣除的费用从性质和根源上必须与取得应税收入直接相关。

（4）确定性原则，即企业可扣除的费用不论何时支付，其金额必须是确定的。

（5）合理性原则，符合生产经营活动常规，应当计入当期损益或者有关资产成本的必要和正常的支出。

（二）准予扣除项目的基本范围

（1）税前扣除项目包括成本、费用、税金、损失和其他支出。

① 成本是指企业在生产经营活动中发生的销售成本、销货成本、业务支出以及其他耗费。

② 费用是指企业在生产经营活动中发生的销售费用、管理费用和财务费用，已经

计入成本的有关费用除外。

③ 税金是指企业发生的除企业所得税和允许抵扣的增值税以外的各项税金及其附加。

④ 损失是指企业在生产经营活动中发生的固定资产和存货的盘亏、毁损、报废损失，转让财产损失，呆账损失，坏账损失，自然灾害等不可抗力因素造成的损失以及其他损失。企业发生的损失，减除责任人赔偿和保险赔款后的余额，依照国务院财政、税务主管部门的规定扣除。企业已经作为损失处理的资产，在以后纳税年度又全部收回或者部分收回时，应当计入当期收入。

⑤ 其他支出是指除成本、费用、税金、损失外，企业在生产经营活动中发生的与生产经营活动有关的、合理的支出。

实务释疑 7-3

由于车棚电线老化失火导致职工个人的电动车被烧毁，我公司支付给职工的赔偿款是否可以在企业所得税税前扣除？

（2）在计算应纳税所得额时，下列项目可按照实际发生额或者规定的标准扣除。

① 工资、薪金支出。它是指企业每一纳税年度支付给在本企业任职或者受雇的员工的所有现金形式或者非现金形式的劳动报酬，包括基本工资、奖金、津贴、补贴、年终加薪、加班工资，以及与员工任职或者受雇有关的其他支出。企业发生的合理的工资、薪金支出，准予扣除。

实务释疑 7-4

我公司接受外部劳务派遣用工，发生的支出如何在税前扣除？

知识释疑 7-7

列入企业工资薪金制度且与工资薪金一起发放的福利性补贴，符合《国家税务总局关于企业工资薪金及职工福利费扣除问题的通知》（国税函〔2009〕3 号）规定，该如何在税前扣除？

实务释疑 7-5

我公司 12 月份计提年终奖到次年一月份发放是否要做调整？

知识释疑 7-8

职工住房补贴能否计入工资总额在税前扣除？

② 职工福利费、工会经费、职工教育经费。

a. 企业发生的职工福利费支出，不超过工资薪金总额 14% 的部分准予扣除。

b. 企业拨缴的工会经费，不超过工资薪金总额 2% 的部分准予扣除。

c. 除国务院财政、税务主管部门或者省级人民政府规定外，企业发生的职工教育经费支出,不超过工资薪金总额 2.5% 的部分准予扣除,超过部分准予结转以后纳税年度扣除。

d. 软件企业职工培训费可以全额扣除,扣除职工培训费后的职工教育经费的余额应按照工资、薪金的 2.5% 的比例扣除。

知识释疑 7-9

离退休人员的工资和福利费可以在企业所得税前扣除吗?

工作实例 7-2

甲居民企业,2017 年计入成本、费用的实发工资总额为 300 万元,拨缴职工工会经费 5 万元,支出职工福利费 45 万元、职工教育经费 6 万元。

【工作要求】 计算甲企业 2017 年应纳税所得额时准予在税前扣除的工资和三项经费合计。

【工作实施】

福利费扣除限额为 $300 \times 14\% = 42$(万元),实际发生 45 万元,准予扣除 42 万元;

工会经费扣除限额 $= 300 \times 2\% = 6$(万元),实际发生 5 万元,可以据实扣除;

职工教育经费扣除限额 $= 300 \times 2.5\% = 7.5$(万元),实际发生 6 万元,可以据实扣除;

税前准予扣除的工资和三项经费合计 $= 300 + 42 + 5 + 6 = 353$(万元)。

③ 社会保险费。

a. 企业依照国务院有关主管部门或者省级人民政府规定的范围和标准为职工缴纳的"五险一金",即基本养老保险费、基本医疗保险费、失业保险费、工伤保险费、生育保险费等基本社会保险费和住房公积金,准予扣除。

b. 企业为投资者或者职工支付的补充养老保险费、补充医疗保险费,在国务院财政、税务主管部门规定的范围和标准内,准予扣除。企业依照国家有关规定为特殊工种职工支付的人身安全保险费和符合国务院财政、税务主管部门规定可以扣除的商业保险费准予扣除。

c. 企业参加财产保险,按照规定缴纳的保险费,准予扣除,企业为投资者或者职工支付的商业保险费,不得扣除。

知识释疑 7-10

为员工支付的团体意外伤害保险能否税前扣除?

实务释疑 7-6

我公司替员工承担应由个人缴纳的三险一金,汇算清缴时能否在企业所得税税前扣除?

④ 利息费用。

企业在生产、经营活动中发生的利息费用,按下列规定扣除:

a. 非金融企业向金融企业借款的利息支出、金融企业的各项存款利息支出和同业拆借利息支出、企业经批准发行债券的利息支出可据实扣除。

b. 非金融企业向非金融企业借款的利息支出,不超过按照金融企业同期同类贷款利率计算的数额的部分可据实扣除,超过部分不许扣除。

工作实例 7-3

2017 年 5 月,甲公司向非关联企业乙公司借款 100 万元用于生产经营,期限为半年,双方约定年利率为 10%,已知甲、乙公司都是非金融企业,金融企业同期同类贷款年利率为 6%。

【工作要求】 计算甲公司在当年企业所得税应纳税所得额中准予扣除的利息费用。

【工作实施】 税前扣除限额 $=100×6\%×6÷12=3$(万元),实际发生利息费用支出 $=100×10\%×6÷12=5$(万元),超过了扣除限额,税前准予扣除 3 万元。

⑤ 借款费用。

a. 企业在生产经营活动中发生的合理的不需要资本化的借款费用,准予扣除。

b. 企业为购置、建造固定资产、无形资产和经过 12 个月以上的建造才能达到预定可销售状态的存货发生借款的,在有关资产购置、建造期间发生的合理的借款费用,应予以资本化,作为资本性支出计入有关资产的成本;有关资产交付使用后发生的借款利息,可在发生当期扣除。

⑥ 汇兑损失。企业在货币交易中以及纳税年度终了时将人民币以外的货币性资产、负债按照期末即期人民币汇率中间价折算为人民币时产生的汇兑损失,除已经计入有关资产成本以及向所有者进行利润分配外,准予扣除。

⑦ 业务招待费。

企业发生的与生产经营活动有关的业务招待费支出,按照发生额的 60% 扣除,但最高不得超过当年销售(营业)收入的 5‰。

作为业务招待费限额的计算基数的收入范围,是当年销售(营业)收入,销售(营业)收入包括销售货物收入、让渡资产使用权(收取资产租金或使用费)收入、提供劳务收入等主营业务收入,还包括其他业务收入、视同销售收入等。但是不含营业外收入、转让固定资产或无形资产所有权收入(转让固定资产或无形资产所有权收入实际上在会计上计入营业外收入)、投资收益(从事股权投资业务的企业除外)。

对从事股权投资业务的企业(包括集团公司总部、创业投资企业等),其从被投资企业所分配的股息、红利以及股权转让收入时起,可以按规定的比例计算业务招待费扣除限额。

实务释疑 7-7

我公司取得代扣代缴个税手续费返还的收入是否可以作为业务招待费扣除限额的计算基数?

工作实例 7-4

甲企业 2017 年度销售收入为 800 万元,发生业务招待费 10 万元,根据企业所得税法律的规定,企业发生的与生产经营活动有关的业务招待费支出,按照发生额的 60%扣除,但最高不得超过当年销售(营业)收入的 5‰。

【工作要求】 计算甲企业当年可以在税前扣除的业务招待费最高金额。

【工作实施】 扣除限额①＝10×60%＝6(万元)＞扣除限额②＝800×5‰＝4(万元),因此该企业当年可以在税前扣除的业务招待费最高为 4 万元。

⑧ 广告费和业务宣传费。

企业发生的符合条件的广告费和业务宣传费支出,除国务院财政、税务主管部门另有规定外,不超过当年销售(营业)收入 15%的部分,准予扣除;超过部分,准予结转以后纳税年度扣除。

工作实例 7-5

2017 年甲企业取得销售收入 3 000 万元,广告费支出 400 万元,上年结转广告费 100 万元。

【工作要求】 计算甲企业 2017 年税前准予扣除的广告费。

【工作实施】 甲企业广告费税前扣除限额＝3 000×15%＝450(万元)＜当年实际发生额(400 万元)＋上年结转广告费(100 万元)＝500(万元),甲企业税前准予扣除的广告费为 450 万元。

⑨ 环境保护专项资金。

企业依照法律、行政法规有关规定提取的用于环境保护、生态恢复等方面的专项资金,准予扣除。专项资金提取后改变用途的,不得扣除。

⑩ 租赁费。

企业根据生产经营活动的需要租入固定资产支付的租赁费,按照下列方法扣除:

a. 以经营租赁方式租入固定资产发生的租赁费支出,按照租赁期限均匀扣除。所谓经营租赁,是指所有权不转移的租赁。

b. 以融资租赁方式租入固定资产发生的租赁费支出,按照规定构成融资租入固定资产价值的部分应当提取折旧费,分期扣除。所谓融资租赁,是指实质上转移了与资产所有权有关的全部风险和报酬的租赁。

⑪ 劳动保护费。企业发生的合理的劳动保护支出,准予扣除。

知识释疑 7-11

什么是劳动保护支出?

⑫ 公益性捐赠支出。公益性捐赠,是指企业通过公益性社会团体或者县级以上(含县级)人民政府及其部门,用于《中华人民共和国公益事业捐赠法》规定的公益事业的捐赠。企业发生的公益性捐赠支出,在年度利润总额 12%以内的部分,准予在计算应纳税所得额时扣除。

知识释疑 7-12

我公司怎样才能税前扣除公益性捐赠支出?

工作实例 7-6

甲企业 2017 年度利润总额 150 万元,通过公益性社会团体向某灾区捐赠 15 万元,直接向某学校捐款 10 万元。

【工作要求】 计算甲企业可以扣除的捐赠支出。

【工作实施】 (1) 该企业公益性捐赠支出税前扣除限额=150×12%=18(万元),实际捐赠支出 15 万元没有超过该限额,可以全额扣除。

(2) 该企业直接向某学校的捐款 10 万元不能在税前扣除。

⑬ 有关资产的费用。企业转让各类固定资产发生的费用,允许扣除。企业按规定计算的固定资产折旧费、无形资产和递延资产的摊销费,准予扣除。

⑭ 总机构分摊的费用。非居民企业在中国境内设立的机构、场所,就其中国境外总机构发生的与该机构、场所生产经营有关的费用,能够提供总机构出具的费用汇集范围、定额、分配依据和方法等证明文件,并合理分摊的,准予扣除。

⑮ 资产损失。企业当期发生的固定资产和流动资产盘亏、毁损净损失,由其提供清查盘存资料,经主管税务机关审核后,准予扣除;企业因存货盘亏、毁损、报废等原因不得从销项税中抵扣的进项税,应视同企业财产损失,准予与存货损失一起在所得税前按规定扣除。

⑯ 手续费及佣金支出。

a. 企业发生的与生产经营有关的手续费及佣金支出,不超过以下规定计算限额以内的部分,准予扣除;超过的部分,不得扣除。

保险企业:财产保险企业按当年全部保费收入扣除退保金等后余额的 15%(含本数,下同)计算限额;人身保险企业按当年全部保费收入扣除退保金等后余额的 10%计算限额。

其他企业:按与具有合法经营资格中介服务机构或个人(不含交易双方及其雇员、代理人和代表人等)所签订服务协议或合同确认的收入金额的 5%计算限额。

b. 企业应与具有合法经营资格中介服务企业或个人签订代办协议或合同,并按国家有关规定支付手续费及佣金。除委托个人代理外,企业以现金等非转账方式支付的手续费及佣金不得在税前扣除。企业为发行权益性证券支付给有关证券承销机构的手续费及佣金不得在税前扣除。

c. 企业不得将手续费及佣金支出计入回扣、业务提成、返利、进场费等费用。

d. 企业已计入固定资产、无形资产等相关资产的手续费及佣金支出,应当通过折旧、摊销等方式分期扣除,不得在发生当期直接扣除。

e. 企业支付的手续费及佣金不得直接冲减服务协议或合同金额,并如实入账。

f. 企业应当如实向当地主管税务机关提供当年手续费及佣金计算分配表和其他相关资料,并依法取得合法真实凭证。

⑰ 依照有关法律、行政法规和国家有关税法规定准予扣除的其他项目,如会员费、合理的会议费、差旅费、违约金、诉讼费用等。

五、不得扣除的项目的确定

在计算应纳税所得额时,下列支出不得扣除:

（1）向投资者支付的股息、红利等权益性投资收益款项。

（2）企业所得税税款。

（3）税收滞纳金是指纳税人违反税收法规，被税务机关处以的滞纳金。

（4）罚金、罚款和被没收财物的损失是指纳税人违反国家有关法律、法规规定，被有关部门处以的罚款，以及被司法机关处以的罚金和被没收财物的损失。

（5）超过规定标准的捐赠支出。

（6）赞助支出是指企业发生的与生产经营活动无关的各种非广告性质支出。

（7）未经核定的准备金支出是指不符合国务院财政、税务主管部门规定的各项资产减值准备、风险准备等准备金支出。

（8）企业之间支付的管理费、企业内营业机构之间支付的租金和特许权使用费以及非银行企业内营业机构之间支付的利息，不得扣除。

（9）企业以其取得的不征税收入用于支出所形成的费用或资产（包括对资产计提的折旧、摊销）不得在税前扣除，但企业取得的各项免税收入所对应的各项成本费用除另有规定者外，可以在计算企业应纳税所得额时扣除。

（10）与取得收入无关的其他支出。

知识释疑 7-13

企业投资支出是否可以税前扣除？

六、亏损弥补

亏损是指企业依照企业所得税法的规定，将每一纳税年度的收入总额减除不征税收入、免税收入和各项扣除后小于零的数额。企业某一纳税年度发生的亏损可以用下一年度的所得弥补，下一年度的所得不足以弥补的，可以逐年延续弥补，但最长不得超过 5 年。企业在汇总计算缴纳所得税时，其境外营业机构的亏损不得抵减境内营业机构的盈利。

工作实例 7-7

表 7-3 为经税务机关审定的甲企业 7 年应纳税所得额情况，假设该企业一直执行5 年亏损弥补规定。

表 7-3　　　　　　　经税务机关审定的甲企业 7 年应纳税所得额情况　　　　　　单位：万元

年度	2010	2011	2012	2013	2014	2015	2016
应纳税所得额的情况	−100	10	−20	30	20	30	80

【工作要求】　计算甲企业 7 年间应缴纳的企业所得税。

【工作实施】　关于 2010 年的亏损，要用 2011 年至 2015 年的所得弥补，尽管其间2012 年亏损，也要占用 5 年抵亏期的一个抵扣年度，且先亏先补，2012 年的亏损需在2010 年的亏损问题解决之后才能考虑。到了 2015 年，2010 年的亏损未弥补完但已到

5 年抵亏期满,还有 10 万元亏损不得在所得税前弥补;

2012 年之后的 2013 年至 2015 年之间的所得,已被用于弥补 2010 年的亏损,2012 年的亏损只能用 2016 年所得弥补,在弥补 2012 年亏损后,2016 年所得＝80－20＝60(万元),要计算纳税,应纳税额＝60×25％＝15(万元)。

任务 7　资产的企业所得税税务处理

资产是由资本投资而形成的财产,对于资本性支出以及无形资产受让、开办、开发费用,不允许作为成本、费用从纳税人的收入总额中作一次性扣除,只能采取分次计提折旧或分次摊销的方式予以扣除,即纳税人经营活动中使用的固定资产的折旧费用、无形资产和长期待摊费用的摊销费用可以扣除。税法规定,纳入税务处理范围的资产形式主要有固定资产、生物资产、无形资产、长期待摊费用、投资资产、存货等,均以历史成本为计税基础。历史成本是指企业取得该项资产时实际发生的支出。企业持有各项资产期间资产增值或者减值,除国务院财政、税务主管部门规定可以确认损益外,不得调整该资产的计税基础。

一、固定资产的企业所得税税务处理

固定资产是指企业为生产产品、提供劳务、出租或者经营管理而持有的、使用时间超过 12 个月的非货币性资产,包括房屋、建筑物、机器、机械、运输工具以及其他与生产经营活动有关的设备、器具、工具等。

(一) 固定资产计税基础

(1) 外购的固定资产,以购买价款和支付的相关税费以及直接归属于使该资产达到预定用途发生的其他支出为计税基础。

(2) 自行建造的固定资产,以竣工结算前发生的支出为计税基础。

(3) 融资租入的固定资产,以租赁合同约定的付款总额和承租人在签订租赁合同过程中发生的相关费用为计税基础,租赁合同未约定付款总额的,以该资产的公允价值和承租人在签订租赁合同过程中发生的相关费用为计税基础。

(4) 盘盈的固定资产,以同类固定资产的重置完全价值为计税基础。

(5) 通过捐赠、投资、非货币性资产交换、债务重组等方式取得的固定资产,以该资产的公允价值和支付的相关税费为计税基础。

(6) 改建的固定资产,除已足额提取折旧的固定资产和租入的固定资产以外的其他固定资产,以改建过程中发生的改建支出增加计税基础。

 **实务释疑 7-8**

我公司以机器设备投资于一公司,被投资公司以评估报告及验资报告作为资产的计税基础。被投资公司取得该设备由于未取得发票是否可以

正常计提折旧并税前列支?

(二)固定资产折旧的范围

在计算应纳税所得额时,企业按照规定计算的固定资产折旧,准予扣除。下列固定资产不得计算折旧扣除:

(1)房屋、建筑物以外未投入使用的固定资产。

(2)以经营租赁方式租入的固定资产。

(3)以融资租赁方式租出的固定资产。

(4)已足额提取折旧仍继续使用的固定资产。

(5)与经营活动无关的固定资产。

(6)单独估价作为固定资产入账的土地。

(7)其他不得计算折旧扣除的固定资产。

(三)固定资产折旧的计提方法

(1)企业应当自固定资产投入使用月份的次月起计算折旧;停止使用的固定资产,应当自停止使用月份的次月起停止计算折旧。

(2)企业应当根据固定资产的性质和使用情况,合理确定固定资产的预计净残值。固定资产的预计净残值一经确定,不得变更。

(3)固定资产按照直线法计算的折旧,准予扣除。

(四)固定资产折旧的计提年限

除国务院财政、税务主管部门另有规定外,固定资产计算折旧的最低年限如下:

(1)房屋、建筑物,为 20 年。

(2)飞机、火车、轮船、机器、机械和其他生产设备,为 10 年。

(3)与生产经营活动有关的器具、工具、家具等,为 5 年。

(4)飞机、火车、轮船以外的运输工具,为 4 年。

(5)电子设备,为 3 年。

从事开采石油、天然气等矿产资源的企业,在开始商业性生产前发生的费用和有关固定资产的折耗、折旧方法,由国务院财政、税务主管部门另行规定。

工作实例 7-8

甲生产企业(增值税一般纳税人)2016 年 10 月 5 日为其销售部门购进 1 辆轿车,取得增值税专用发票,注明价款 20 万元,税额 3.4 万元,企业发生运杂费及上牌照税费 4 万元,该轿车于当月投入使用。假定该企业固定资产预计净残值率 5%,该企业按照轿车的最低折旧年限采用直线法计提折旧。

【工作要求】 计算甲企业购买的轿车在当年企业所得税税前扣除的折旧额。

【工作实施】 从 2013 年 8 月 1 日起,企业购入轿车的进项税可以抵扣。轿车折旧年限最低为 4 年。

由于 2016 年 10 月 5 日购买,因此从 2016 年 11 月起开始计提折旧。

该轿车账面成本=20+4=24(万元)

当年依照税法规定可扣除的折旧额=$24\times(1-5\%)\div(4\times12)\times2=0.95$(万元)。

二、生物资产的企业所得税税务处理

生物资产是指有生命的动物和植物。生物资产分为消耗性生物资产、生产性生物资产和公益性生物资产。在上述3类生物资产中,只有生产性生物资产可以计提折旧。消耗性生物资产是指为出售而持有的,或在将来收获为农产品的生物资产,包括生长中的农田作物、蔬菜、用材林以及存栏待售的牲畜等。生产性生物资产是指为产出农产品、提供劳务或出租等目的而持有的生物资产,包括经济林、薪炭林、产畜和役畜等。公益性生物资产是指以防护、环境保护为主要目的的生物资产,包括防风固沙林、水土保持林和水源涵养林等。

(一) 生物资产的计税基础

生产性生物资产按照以下方法确定计税基础:

(1) 外购的生产性生物资产,以购买价款和支付的相关税费为计税基础。

(2) 通过捐赠、投资、非货币性资产交换、债务重组等方式取得的生产性生物资产,以该资产的公允价值和支付的相关税费为计税基础。

(二) 生物资产的折旧方法和折旧年限

生产性生物资产按照直线法计算的折旧,准予扣除。企业应当自生产性生物资产投入使用月份的次月起计算折旧;停止使用的生产性生物资产,应当自停止使用月份的次月起停止计算折旧。

企业应当根据生产性生物资产的性质和使用情况,合理确定生产性生物资产的预计净残值。生产性生物资产的预计净残值一经确定,不得变更。

生产性生物资产计算折旧的最低年限如下:

(1) 林木类生产性生物资产,为10年。

(2) 畜类生产性生物资产,为3年。

三、无形资产的企业所得税税务处理

无形资产是指企业长期使用、但没有实物形态的资产,包括专利权、商标权、著作权、土地使用权、非专利技术、商誉等。

(一) 无形资产的计税基础

无形资产按照以下方法确定计税基础:

(1) 外购的无形资产,以购买价款和支付的相关税费以及直接归属于使该资产达到预定用途发生的其他支出为计税基础。

(2) 自行开发的无形资产,以开发过程中该资产符合资本化条件后至达到预定用途前发生的支出为计税基础。

(3) 通过捐赠、投资、非货币性资产交换、债务重组等方式取得的无形资产,以该资产的公允价值和支付的相关税费为计税基础。

(二) 无形资产摊销的范围

在计算应纳税所得额时,企业按照规定计算的无形资产摊销费用,准予扣除。

下列无形资产不得计算摊销费用扣除:

（1）自行开发的支出已在计算应纳税所得额时扣除的无形资产。

（2）自创商誉。

（3）与经营活动无关的无形资产。

（4）其他不得计算摊销费用扣除的无形资产。

（三）无形资产的摊销方法及年限

无形资产的摊销采取直线法计算。无形资产的摊销年限不得低于 10 年。作为投资或者受让的无形资产，有关法律规定或者合同约定了使用年限的，可以按照规定或者约定的使用年限分期摊销。外购商誉的支出，在企业整体转让或者清算时，准予扣除。

四、长期待摊费用的企业所得税税务处理

长期待摊费用是指企业发生的应在 1 个年度以上或几个年度进行摊销的费用。在计算应纳税所得额时，企业发生的下列支出作为长期待摊费用，按照规定摊销的，准予扣除。

（1）已足额提取折旧的固定资产的改建支出。

（2）租入固定资产的改建支出。

（3）固定资产的大修理支出。

（4）其他应当作为长期待摊费用的支出。

企业的固定资产修理支出（非固定资产大修理支出）可在发生当期直接扣除。企业的固定资产改良支出，如果有关固定资产尚未提足折旧，可增加固定资产价值；如有关固定资产已提足折旧，可作为长期待摊费用，在规定的期间内平均摊销。

固定资产的改建支出是指改变房屋或者建筑物结构、延长使用年限等发生的支出。已足额提取折旧的固定资产的改建支出，按照固定资产预计尚可使用年限分期摊销；租入固定资产的改建支出，按照合同约定的剩余租赁期限分期摊销；改建的固定资产延长使用年限的，除已足额提取折旧的固定资产、租入固定资产的改建支出外，其他的固定资产发生改建支出，应当适当延长折旧年限。

大修理支出，按照固定资产尚可使用年限分期摊销。

企业所得税法所指固定资产的大修理支出，是指同时符合下列条件的支出：

① 修理支出达到取得固定资产时的计税基础 50％以上。

② 修理后固定资产的使用年限延长 2 年以上。

其他应当作为长期待摊费用的支出，自支出发生月份的次月起，分期摊销，摊销年限不得低于 3 年。

五、存货的企业所得税税务处理

存货是指企业持有以备出售的产品或者商品、处在生产过程中的在产品、在生产或者提供劳务过程中耗用的材料和物料等。

（一）存货的计税基础

存货按照以下方法确定成本：

（1）通过支付现金方式取得的存货，以购买价款和支付的相关税费为成本。

（2）通过支付现金以外的方式取得的存货，以该存货的公允价值和支付的相关税

费为成本。

（3）生产性生物资产收获的农产品，以产出或者采收过程中发生的材料费、人工费和分摊的间接费用等必要支出为成本。

（二）存货的成本计算方法

企业使用或者销售的存货的成本计算方法，可以在先进先出法、加权平均法、个别计价法中选用一种。计价方法一经选用，不得随意变更。

企业转让以上资产，在计算企业应纳税所得额时，资产的净值允许扣除。其中，资产的净值是指有关资产、财产的计税基础减除已经按照规定扣除的折旧、折耗、摊销、准备金等后的余额。

除国务院财政、税务主管部门另有规定外，企业在重组过程中，应当在交易发生时确认有关资产的转让所得或者损失，相关资产应当按照交易价格重新确定计税基础。

六、投资资产的企业所得税税务处理

投资资产是指企业对外进行权益性投资和债权性投资而形成的资产。

（一）投资资产的成本

投资资产按以下方法确定投资成本：

① 通过支付现金方式取得的投资资产，以购买价款为成本。

② 通过支付现金以外的方式取得的投资资产，以该资产的公允价值和支付的相关税费为成本。

（二）投资资产成本的扣除方法

企业对外投资期间，投资资产的成本在计算应纳税所得额时不得扣除，企业在转让或者处置投资资产时，投资资产的成本准予扣除。

 知识释疑 7-14

税法规定与会计规定有差异的情况企业应如何处理？

任务8　企业所得税应纳税额的计算

一、居民企业以及在中国境内设立机构、场所的，且取得所得与该机构、场所有实际联系的非居民企业应纳税额的计算

居民企业以及在中国境内设立机构、场所的，且取得所得与该机构、场所有实际联系的非居民企业应纳所得税额等于应纳税所得额乘以适用税率，其基本计算公式为：

应纳税额＝应纳税所得额×适用税率－减免税额－抵免税额

根据计算公式可以看出，应纳税额的多少，取决于应纳税所得额和适用税率两个因素。在实际过程中，应纳税所得额的计算一般有两种方法。

（一）直接计算法

在直接计算法下，企业每一纳税年度的收入总额减除不征税收入、免税收入、各项扣除以及允许弥补的以前年度亏损后的余额为应纳税所得额。其计算公式为：

$$应纳税所得额＝收入总额－不征税收入－免税收入－各项扣除金额－弥补亏损$$

（二）间接计算法

在间接计算法下，在会计利润总额的基础上加或减按照税法规定调整的项目金额后，即为应纳税所得额。其计算公式为：

$$应纳税所得额＝会计利润总额±纳税调整项目金额$$

纳税调整项目金额包括两方面的内容，一是企业的财务会计处理和税收规定不一致的应予以调整的金额；二是企业按税法规定准予扣除的税收金额。

工作实例 7-9

甲工业企业为居民企业，2017 年发生经营业务如下：

全年取得产品销售收入为 5 600 万元，发生产品销售成本 4 000 万元；取得其他业务收入 800 万元，其他业务成本 694 万元；取得购买国债的利息收入 50 万元；缴纳非增值税销售税金及附加 300 万元；发生管理费用 760 万元，其中新技术的研究开发费用为 60 万元、业务招待费用 70 万元；发生财务费用 200 万元；取得直接投资其他居民企业的权益性收益 34 万元（已在投资方所在地按 15% 的税率缴纳了所得税）；取得营业外收入 100 万元，发生营业外支出 250 万元（其中含公益捐赠 38 万元）。

【工作要求】 计算甲企业 2017 年度实际应纳的企业所得税。

【工作实施】 （1）利润总额＝5 600＋800＋40＋34＋100－4 000－694－300－760－200－250＝370（万元）。

（2）国债利息收入免征企业所得税，应调减所得额 50 万元。

（3）技术开发费调减所得额＝60×50%＝30（万元）。

（4）实际发生业务招待费的 60%＝70×60%＝42（万元）。

销售（营业）收入的 5‰＝（5 600＋800）×5‰＝32（万元）。

按照规定业务招待费税前扣除限额应为 32 万元，实际应调增应纳税所得额＝70－32＝38（万元）。

（5）取得直接投资其他居民企业的权益性收益属于免税收入，应调减应纳税所得额 34 万元。

（6）捐赠扣除标准＝370×12%＝44.4（万元）。

实际捐赠额 38 万元小于扣除标准 44.4 万元，可按实捐数扣除，不作纳税调整。

（7）应纳税所得额＝370－50－30＋38－34＝294（万元）。

（8）甲企业 2017 年应纳企业所得税＝294×25%＝73.5（万元）。

二、境外所得抵扣税额的计算

企业取得的下列所得已在境外缴纳的所得税税额，可以从其当期应纳税额中抵免，抵免限额为该项所得依照《企业所得税法》规定计算的应纳税额；超过抵免限额的部分，可以在以后 5 个年度内，用每年度抵免限额抵免当年应抵税额后的余额进行抵补：

(1) 居民企业来源于中国境外的应税所得。

(2) 非居民企业在中国境内设立机构、场所，取得发生在中国境外但与该机构、场所有实际联系的应税所得。

居民企业从其直接或间接控制的外国企业分得的来源于中国境外的股息、红利等权益性投资收益，外国企业在境外实际缴纳的所得税税额中属于该项所得负担的部分，可以作为该居民企业的可抵免境外所得税税额，在企业所得税税法规定的抵免限额内抵免。

直接控制，是指居民企业直接持有外国企业 20％以上股份。

间接控制，是指居民企业以间接持股方式持有外国企业 20％以上股份，具体认定办法由国务院财政、税务主管部门另行制定。

已在境外缴纳的所得税税额，是指企业来源于中国境外的所得依照中国境外税收法律以及相关规定应当缴纳并已经实际缴纳的企业所得税性质的税款。

抵免限额，是指企业来源于中国境外的所得，依照企业所得税法和实施条例的规定计算的应纳税额。除国务院财政、税务主管部门另有规定外，该抵免限额应当分国（地区）不分项计算，计算公式如下：

$$抵免限额＝中国境内、境外所得依照企业所得税法和实施条例的规定计算的应纳税总额×$$
$$来源于某国（地区）的应纳税所得额÷中国境内、境外应纳税所得总额$$

该公式可以简化成：

$$抵免限额＝来源于某国（地区）的应纳税所得额×我国法定税率$$

工作实例 7-10

甲居民企业 2017 年度境内所得应纳税所得额为 200 万元，在全年已预缴税款 50 万元，来源于境外某国税前所得 100 万元，境外实纳税款 15 万元，该企业在我国适用的企业所得税税率是 25％。

【工作要求】　计算甲企业当年汇总纳税应补(退)的税款。

【工作实施】　甲企业汇总应纳税额＝(200＋100)×25％＝75(万元)，境外已纳税款扣除限额＝100×25％＝25(万元)，境外实缴税额 15 万元，可全额扣除。境内已预缴 50 万元，则汇总纳税应补缴所得税额＝75－15－50＝10(万元)。

三、居民企业核定征收应纳税额的计算

为了加强企业所得税的征收管理，对部分中小企业采取核定征收的办法计算其应纳税额，根据《税收征收管理法》，核定征收企业所得税的有关规定如下：

(一) 确定所得税核定征收的范围

本办法适用于居民企业纳税人，纳税人具有下列情形之一的，核定征收企业所得税：

（1）依照法律、行政法规的规定可以不设置账簿的。

（2）依照法律、行政法规的规定应当设置但未设置账簿的。

（3）擅自销毁账簿或者拒不提供纳税资料的。

（4）虽设置账簿，但账目混乱或者成本资料、收入凭证、费用凭证残缺不全，难以查账的。

（5）发生纳税义务，未按照规定的期限办理纳税申报，经税务机关责令限期申报，逾期仍不申报的。

（6）申报的计税依据明显偏低，又无正当理由的。

特殊行业、特殊类型的纳税人和一定规模以上的纳税人不适用本办法。上述特定纳税人由国家税务总局另行明确。

（二）核定征收办法的有关规定

（1）纳税人具有下列情形之一的，核定其应税所得率：

① 能正确核算（查实）收入总额，但不能正确核算（查实）成本费用总额的。

② 能正确核算（查实）成本费用总额，但不能正确核算（查实）收入总额的。

③ 通过合理方法，能计算和推定纳税人收入总额或成本费用总额的。

（2）纳税人不属于以上情形的，核定其应纳所得税税额。

（3）税务机关采用下列方法核定征收企业所得税：

① 参照当地同类行业或者类似行业中经营规模和收入水平相近的纳税人的税负水平核定。

② 按照应税收入额或成本费用支出额定率核定。

③ 按照耗用的原材料、燃料、动力等推算或测算核定。

④ 按照其他合理方法核定。

采用一种方法不足以正确核定应纳税所得额或应纳税额的，可以同时采用两种以上的方法核定。采用两种以上方法测算的应纳税额不一致时，可按测算的应纳税额从高核定。

（4）采用应税所得率方式核定征收企业所得税的，应纳所得税税额计算公式如下：

$$应纳所得税税额 = 应纳税所得额 \times 适用税率$$
$$应纳税所得额 = 应税收入额 \times 应税所得率$$
$$= 成本（费用）支出额 \div （1 - 应税所得率）\times 应税所得率$$

应税所得率的范围如表 7-4 所示。

表 7-4　　　　　　　　应税所得率表

行　业	应税所得率
农、林、牧、渔业	3%～10%
制造业	5%～15%
批发和零售贸易业	4%～15%
交通运输业	7%～15%

（续表）

行 业	应税所得率
建筑业	8%～20%
饮食业	8%～25%
娱乐业	15%～30%
其他行业	10%～30%

四、在中国境内未设立机构、场所的，或者虽设立机构、场所但取得的所得与其所设机构、场所没有实际联系的非居民企业应纳税额的计算

对于在中国境内未设立机构、场所的，或者虽设立机构、场所但取得的所得与其所设机构、场所没有实际联系的非居民企业的所得，其来源于中国境内的所得按照下列方法计算应纳税所得额：

（1）股息、红利等权益性投资收益和利息、租金、特许权使用费所得，以收入全额为应纳税所得额。

（2）转让财产所得，以收入全额减除财产净值后的余额为应纳税所得额。

（3）其他所得，参照前两项规定的办法计算应纳税所得额。

财产净值是指财产的计税基础减除已经按照规定扣除的折旧、折耗、摊销、准备金等后的余额。

对于在中国境内未设立机构、场所的，或者虽设立机构、场所但取得的所得与其所设机构、场所没有实际联系的非居民企业的应纳税额计算公式为：

$$应纳税额＝年应纳税所得额×税率（减按10\%）$$

工作实例 7-11

A 国的甲企业在中国境内未设立机构、场所，但在 2017 年度从中国境内取得了下列所得：股息 50 万元、利息 30 万元、特许权使用费 90 万元，同时，该企业转让了其在中国境内的财产，转让收入为 180 万元，该财产的净值为 140 万元。

【工作要求】 计算甲企业 2017 年度在中国境内应纳的企业所得税税额。

【工作实施】 该企业取得的股息、利息和特许权使用费的应纳税所得额＝50＋30＋90＝170（万元）

该企业取得财产转让所得的应纳税所得额＝180－140＝40（万元）

该企业在 2017 年度应纳所得税税额＝（170＋40）×10%＝21（万元）

五、非居民企业核定征收应纳税额的计算

非居民企业因会计账簿不健全，资料残缺难以查账，或者其他原因不能准确计算并据实申报其应纳税所得额的，税务机关有权采取以下方法核定其应纳税所得额。

（1）按收入总额核定应纳税所得额：适用于能够正确核算收入或通过合理方法推定收入总额，但不能正确核算成本费用的非居民企业。计算公式如下：

应纳税所得额＝收入总额×经税务机关核定的利润率

（2）按成本费用核定应纳税所得额：适用于能够正确核算成本费用,但不能正确核算收入总额的非居民企业。计算公式如下：

应纳税所得额＝成本费用总额÷（1－经税务机关核定的利润率）×经税务机关核定的利润率

（3）按经费支出换算收入核定应纳税所得额：适用于能够正确核算经费支出总额,但不能正确核算收入总额和成本费用的非居民企业。计算公式如下：

应纳税所得额＝经费支出总额÷（1－经税务机关核定的利润率）×经税务机关核定的利润率

（4）税务机关可按照以下标准确定非居民企业的利润率：

① 从事承包工程作业、设计和咨询劳务的,利润率为 15％～30％。

② 从事管理服务的,利润率为 30％～50％。

③ 从事其他劳务或劳务以外经营活动的,利润率不低于 15％。

税务机关有根据认为非居民企业的实际利润率明显高于上述标准的,可以按照比上述标准更高的利润率核定其应纳税所得额。

（5）非居民企业与中国居民企业签订机器设备或货物销售合同,同时提供设备安装、装配、技术培训、指导、监督服务等劳务,其销售货物合同中未列明提供上述劳务服务收费金额,或者计价不合理的,主管税务机关可以根据实际情况,参照相同或相近业务的计价标准核定劳务收入。无参照标准的,以不低于销售货物合同总价款的 10％为原则,确定非居民企业的劳务收入。

（6）非居民企业为中国境内客户提供劳务取得的收入,凡其提供的服务全部发生在中国境内的,应全额在中国境内申报缴纳企业所得税。凡其提供的服务同时发生在中国境内外的,应以劳务发生地为原则划分其境内外收入,并就其在中国境内取得的劳务收入申报缴纳企业所得税。税务机关对其境内外收入划分的合理性和真实性有疑义的,可以要求非居民企业提供真实有效的证明,并根据工作量、工作时间、成本费用等因素合理划分其境内外收入；如非居民企业不能提供真实有效的证明,税务机关可视同其提供的服务全部发生在中国境内,确定其劳务收入并据以征收企业所得税。

（7）采取核定征收方式征收企业所得税的非居民企业,在中国境内从事适用不同核定利润率的经营活动,并取得应税所得的,应分别核算并适用相应的利润率计算缴纳企业所得税；凡不能分别核算的,应从高适用利润率,计算缴纳企业所得税。

（8）拟采取核定征收方式的非居民企业应填写"非居民企业所得税征收方式鉴定表",报送主管税务机关。主管税务机关应对企业报送的《非居民所得税征收方式鉴定表》的适用行业及所适用的利润率进行审核,并签注意见。

对经审核不符合核定征收条件的非居民企业,主管税务机关应自收到企业提交的《鉴定表》后 15 个工作日内向其下达"税务事项通知书",将鉴定结果告知企业。非居民企业未在上述期限内收到"税务事项通知书"的,其征收方式视同已被认可。

（9）税务机关发现非居民企业采用核定征收方式计算申报的应纳税所得额不真实,或者明显与其承担的功能风险不相匹配的,有权予以调整。

项目引例解析

（1）利息收入应调减应纳税所得额 40 万元。

对利息收入，应按照合同约定的债务人应付利息的日期确认收入的实现。

商标使用权收入应调增应纳税所得额 60 万元。

对特许权使用费收入，应按照合同约定的特许权使用人应付特许权使用费的日期确认收入的实现。

（2）国债利息收入免税，应予调减。

调减的应纳税所得额＝100×（5‰÷365）×365×2＝10（万元）。

（3）非股权支付对应的资产转让所得＝（280－180）×（26.5÷265）＝10（万元）

应调减应纳税所得额＝（280－180）－10＝90（万元）。

（4）应调减应纳税所得额＝15（万元）。

（5）计算广告费和业务宣传费扣除的基数＝2 100＋1 300＝3 400（万元）

可以扣除的广告费限额＝3 400×15％＝510（万元）

当年发生的 480 万元广告费可全额扣除，并可扣除上年结转的广告费 65 万，广告费应调减应纳税所得额 65 万元

可以扣除的招待费限额＝3 400×5‰＝17（万元）

实际可以扣除的招待费＝（30－20）×60％＝6（万元）

招待费应调增应纳税所得额＝30－6＝24（万元）

可以扣除的福利费限额＝280×14％＝39.2（万元）

应调增应纳税所得额＝64.7－39.2＝25.5（万元）

可以扣除的工会经费限额＝280×2％＝5.6（万元）

工会经费可全额扣除

可以扣除的教育经费限额＝280×2.5％＝7（万元）

应调增应纳税所得额＝9－7＝2（万元）。

（6）可扣除的借款利息＝500×2×5％＝50（万元）

应调增应纳税所得额＝105－50＝55（万元）。

（7）技术转让所得＝900－300＝600（万元）

应调减应纳税所得额＝500＋（600－500）÷2＝500＋50＝550（万元）。

（8）可以抵减的应纳所得税额＝500×10％＝50（万元）

可以免税的所得额＝30－17＝13（万元）

应调减应纳税所得额 13 万元。

（9）会计利润＝2 100＋1 300＋240－600－460－210－240－120－130－105＋282＝2 057（万元）

应纳税所得额＝2 057－40＋60－10－90－15－65＋24＋25.5＋2＋55－550－13－100＝1 340.5（万元）

应纳所得税税额＝1 340.5×25％－50＝285.13（万元）。

任务 9　企业所得税的特别纳税调整

一、调整范围

企业与其关联方之间的业务往来,不符合独立交易原则而减少企业或者其关联方应纳税收入或者所得额的,税务机关有权按照合理方法调整。

(一) 关联方

关联方,是指与企业有下列关联关系之一的企业、其他组织或者个人。具体指:

(1) 在资金、经营、购销等方面存在直接或者间接的控制关系。

(2) 直接或者间接地同为第三者控制。

(3) 在利益上具有相关联的其他关系。

(二) 关联企业之间关联业务的税务处理

(1) 企业与其关联方共同开发、受让无形资产,或者共同提供、接受劳务发生的成本,在计算应纳税所得额时应当按照独立交易原则进行分摊。

(2) 企业与其关联方分摊成本时,应当按照成本与预期收益相配比的原则进行分摊,并在税务机关规定的期限内,按照税务机关的要求报送有关资料。

(3) 企业与其关联方分摊成本时违反以上第(1)项、第(2)项规定的,其自行分摊的成本不得在计算应纳税所得额时扣除。

(4) 企业可以向税务机关提出与其关联方之间业务往来的定价原则和计算方法,税务机关与企业协商、确认后,达成预约定价安排。

预约定价安排是指企业就其未来年度关联交易的定价原则和计算方法,向税务机关提出申请,与税务机关按照独立交易原则协商、确认后达成的协议。

(5) 企业向税务机关报送年度企业所得税纳税申报表时,应当就其与关联方之间的业务往来,附送年度关联业务往来报告表。

税务机关在进行关联业务调查时,企业及其关联方,以及与关联业务调查有关的其他企业应当按照规定提供相关资料。相关资料是指:

① 与关联业务往来有关的价格、费用的制定标准、计算方法和说明等同期资料。

② 关联业务往来所涉及的财产、财产使用权、劳务等的再销售(转让)价格或者最终销售(转让)价格的相关资料。

③ 与关联业务调查有关的其他企业应当提供的与被调查企业可比的产品价格、定价方式以及利润水平等资料。

④ 其他与关联业务往来有关的资料。

(6) 由居民企业,或者由居民企业和中国居民控制的设立在实际税负明显低于25%的税率水平的国家(地区)的企业,并非由于合理的经营需要而对利润不作分配或者减少分配的,上述利润中应归属于该居民企业的部分,应当计入该居民企业的当期收入。所指控制包括:

① 居民企业或者中国居民直接或者间接单一持有外国企业 10% 以上有表决权股份,且由其共同持有该外国企业 50% 以上股份。

② 居民企业,或者居民企业和中国居民持股比例没有达到第①项规定的标准,但在股份、资金、经营、购销等方面对该外国企业构成实质控制。

③ 上述所指的实际税负明显偏低是指实际税负明显低于《企业所得税法》规定的 25% 税率的 50%。

(7) 对资本弱化的行为的控制体现在以下几方面:

① 企业接受的投资类别。企业从其关联方接受的债权性投资,是指企业直接或间接从关联方获得的,需要偿还本金和支付利息或者需要以其他具有支付利息性质的方式予以补偿的融资。企业间接从关联方获得的债权性投资包括:关联方通过无关联第三方提供的债权性投资;无关联第三方提供的、由关联方担保且负有连带责任的债权性投资;其他间接从关联方获得的具有负债实质的债权性投资。

企业的权益性投资是指企业接受的不需要偿还本金和支付利息,投资人对企业净资产拥有所有权的投资。

② 接受的债权性投资的利息支出。企业实际支付给关联方的利息支出,如果能够按照所得税法及其实施条例的有关规定提供相关资料,并证明相关交易活动符合独立交易原则的;或者该企业的实际税负不高于境内关联方的,其实际支付给境内关联方的利息支出在计算应纳税所得额时准予扣除。除此之外,企业在计算应纳税所得额时,实际支付给关联方的利息支出,不超过规定比例(接受关联方债权性投资与权益性投资的比例为:金融企业为 5∶1;其他企业为 2∶1)和所得税法及其实施条例有关规定计算的部分,准予扣除;超过部分,不得在发生当期和以后年度扣除。

企业同时从事金融业务和非金融业务,其实际支付给关联方的利息支出,应按照合理方法分开计算;没有按照合理方法分开计算的,一律按上述比例计算准予税前扣除的利息支出。

③ 债权性投资的利息收入。企业自关联方取得的不符合规定的利息收入应按照有关规定缴纳企业所得税。

(8) 对母子公司间提供服务支付费用有关企业所得税的处理。

① 母公司为其子公司提供各种服务而发生的费用,应按照独立企业之间公平交易原则确定服务的价格作为企业正常的劳务费用进行税务处理。

母子公司未按照独立企业之间的业务往来收取价款的,税务机关有权予以调整。

② 母公司向其子公司提供各项服务,双方应签订服务合同或协议,明确规定提供服务的内容、收费标准及金额等,凡按上述合同或协议规定所发生的服务费,母公司应作为营业收入申报纳税;子公司作为成本费用在税前扣除。

③ 母公司向其多个子公司提供同类项服务,其收取的服务费可以采取分项签订合同或协议收取;也可以采取服务分摊协议的方式,即,由母公司与各子公司签订服务费用分摊合同或协议,以母公司为其子公司提供服务所发生的实际费用并附加一定比例利润作为向子公司收取的总服务费,在各服务受益子公司(包括盈利企业、亏损企业和享受减免税企业)之间按《中华人民共和国企业所得税法》第四十一条第二款规定合理

分摊。

④ 母公司以管理费形式向子公司提取费用,子公司因此支付给母公司的管理费,不得在税前扣除。

⑤ 子公司申报税前扣除向母公司支付的服务费用,应向主管税务机关提供给母公司签订的服务合同或协议等与税前扣除该项费用相关的材料。不能提供相关材料的,支付的服务费用不得税前扣除。

二、调整方法

税法规定对关联企业所得不实的,调整方法如下:

(1) 可比非受控价格法是指按照没有关联关系的交易各方进行相同或者类似业务往来的价格进行定价的方法。

(2) 再销售价格法是指按照从关联方购进商品再销售给没有关联关系的交易方的价格,减除相同或者类似业务的销售毛利进行定价的方法。

(3) 成本加成法是指按照成本加合理的费用和利润进行定价的方法。

(4) 交易净利润法是指按照没有关联关系的交易各方进行相同或者类似业务往来取得的净利润水平确定利润的方法。

(5) 利润分割法是指将企业与其关联方的合并利润或者亏损在各方之间采用合理标准进行分配的方法。

(6) 其他符合独立交易原则的方法。

工作实例 7-12

甲公司申报以 25 万元从境外关联公司购入一批产品,又将这批产品以 20 万元转售给无关联公司。税务机关可按其转售给无关联公司的价格减除合理的销售毛利,来调整该公司与关联公司的交易价格。假定该公司合理的销售毛利率为 20%。

【工作要求】 计算甲公司缴纳的企业所得税。

【工作实施】

甲公司转售此批产品的合理进货价格 $= 20 \times (1-20\%) = 16$(万元)。

税务机关可按这一价格调整该公司与关联公司的进货价格。

应纳税额 $= (20-16) \times 25\% = 1$(万元)。

三、核定征收

企业不提供与其关联方之间业务往来资料,或者提供虚假、不完整资料,未能真实反映其关联业务往来情况的,税务机关有权依法核定其应纳税所得额。核定方法有:

(1) 参照同类或者类似企业的利润率水平核定。

(2) 按照企业成本加合理的费用和利润的方法核定。

(3) 按照关联企业集团整体利润的合理比例核定。

(4) 按照其他合理方法核定。

四、加收利息和追溯时限

企业实施其他不具有合理商业目的的安排而减少其应纳税收入或者所得额的,税务机关有权按照合理方法调整。不具有合理商业目的是指以减少、免除或者推迟缴纳税款为主要目的。

(一) 特别纳税调整的加收利息规定

税务机关根据税法和条例做出的纳税调整决定,应在补征税款的基础上,从每一调整年度次年 6 月 1 日起至补缴税款之日止的期限,按日加收利息。以上所称利息,应当按照税款所属纳税年度中国人民银行公布的与补税期间同期的人民币贷款基准利率加 5 个百分点计算。

特别纳税调整加收的利息,不得在计算应纳税所得额时扣除。

(二) 特别纳税调整的追溯

企业与其关联方之间的业务往来,不符合独立交易原则,或者企业实施其他不具有合理商业目的的安排的,税务机关有权在该业务发生的纳税年度起 10 年内进行纳税调整。

任务 10   企业重组的所得税处理

一、企业重组的认知

企业重组是指企业在日常经营活动以外发生的法律结构或经济结构重大改变的交易,包括企业法律形式改变、债务重组、股权收购、资产收购、合并、分立等。

(1) 企业法律形式改变,是指企业注册名称、住所以及企业组织形式等的简单改变,但符合《财政部 国家税务总局关于企业重组业务企业所得税处理若干问题的通知》(财税〔2009〕59 号)规定其他重组的类型除外。

(2) 债务重组是指在债务人发生财务困难的情况下,债权人按照其与债务人达成的书面协议或者法院裁定书,就其债务人的债务作出让步的事项。

(3) 股权收购是指一家企业(以下称为收购企业)购买另一家企业(以下称为被收购企业)的股权,以实现对被收购企业控制的交易。收购企业支付对价的形式包括股权支付、非股权支付或两者的组合。

(4) 资产收购是指一家企业(以下称为受让企业)购买另一家企业(以下称为转让企业)实质经营性资产的交易。受让企业支付对价的形式包括股权支付、非股权支付或两者的组合。

(5) 合并是指一家或多家企业(以下称为被合并企业)将其全部资产和负债转让给另一家现存或新设企业(以下称为合并企业),被合并企业股东换取合并企业的股权或非股权支付,以实现两个或两个以上企业的依法合并。

(6) 分立是指一家企业(以下称为被分立企业)将部分或全部资产分离转让给现存

或新设的企业(以下称为分立企业),被分立企业股东换取分立企业的股权或非股权支付,实现企业的依法分立。

上面所说的股权支付是指企业重组中购买、换取资产的一方支付的对价中,以本企业或其控股企业的股权、股份作为支付的形式;非股权支付是指以本企业的现金、银行存款、应收款项、本企业或其控股企业股权和股份以外的有价证券、存货、固定资产、其他资产以及承担债务等作为支付的形式。

二、企业重组的一般性税务处理

(1) 企业由法人转变为个人独资企业、合伙企业等非法人组织,或将登记注册地转移至中华人民共和国境外(包括港澳台地区),应视同企业进行清算、分配,股东重新投资成立新企业。企业的全部资产以及股东投资的计税基础均应以公允价值为基础确定。

企业发生其他法律形式简单改变的,可直接变更税务登记,除另有规定外,有关企业所得税纳税事项(包括亏损结转、税收优惠等权益和义务)由变更后企业承继,但因住所发生变化而不符合税收优惠条件的除外。

(2) 企业债务重组,相关交易应按以下规定处理:

① 以非货币资产清偿债务,应当分解为转让(销售)相关非货币性资产、按非货币性资产公允价值清偿债务两项业务,确认相关资产的所得或损失。

② 发生债权转股权的,应当分解为债务清偿和股权投资两项业务,确认有关债务清偿所得或损失。

③ 债务人应当按照支付的债务清偿额低于债务计税基础的差额,确认债务重组所得;债权人应当按照收到的债务清偿额低于债权计税基础的差额,确认债务重组损失。

④ 债务人的相关所得税纳税事项原则上保持不变。

工作实例 7-13

甲企业 2016 年 12 月与乙公司达成债务重组协议,甲以一批库存商品抵偿所欠乙公司一年前发生的债务 25.4 万元,该批库存商品的账面成本为 16 万元,市场不含税销售价为 20 万元,该批商品的增值税税率为 17%,该企业适用 25% 的企业所得税税率。假定城市维护建设税和教育费附加不予考虑。

【工作要求】 计算甲企业该项重组业务应纳的企业所得税、乙企业的债务重组损失。

【工作实施】 (1)甲企业分解成两个行为的两项所得:

销售货物所得=20-16=4(万元);债务清偿所得=25.4-20×(1+17%)=2(万元)。

因该重组事项一共应确认应纳税所得额=20-16+2=6(万元)。

6 万元含两方面的所得:此项债务重组利得 2 万元和货物销售所得 4 万元。

甲企业应纳企业所得税=6×25%=1.5(万元)。

(2) 乙企业的债务重组损失=25.4-20-3.4=2(万元)。

(3) 企业股权收购、资产收购重组交易,相关交易应按以下规定处理:

① 被收购方应确认股权、资产转让所得或损失。

② 收购方取得股权或资产的计税基础应以公允价值为基础确定。

③ 被收购企业的相关所得税事项原则上保持不变。

工作实例 7-14

2017 年 9 月,甲公司以 500 万元的银行存款购买取得乙公司的部分经营性资产,甲公司购买乙公司该部分经营性资产的账面价值 420 万元,计税基础 460 万元,公允价值 500 万元。

【工作要求】 对甲公司(受让方/收购方)、乙公司(转让方/被收购方)的上述业务进行相关税务处理。

【工作实施】 一般性税务处理方法的涉税处理:

(1) 乙公司(转让方/被收购方)的税务处理。

乙公司应确认资产转让所得:500－460＝40(万元)

(2) 甲公司(受让方/收购方)的税务处理。

甲公司购买该经营性资产后,应以该资产的公允价值 500 万元为基础确定计税基础。

(4) 企业合并,当事各方应按下列规定处理:

① 合并企业应按公允价值确定接受被合并企业各项资产和负债的计税基础。

② 被合并企业及其股东都应按清算进行所得税处理。

③ 被合并企业的亏损不得在合并企业结转弥补。

(5) 企业分立,当事各方应按下列规定处理:

① 被分立企业对分立出去的资产应按公允价值确认资产转让所得或损失。

② 分立企业应按公允价值确认接受资产的计税基础。

③ 被分立企业继续存在时,其股东取得的对价应视同被分立企业分配进行处理。

④ 被分立企业不再继续存在时,被分立企业及其股东都应按清算进行所得税处理。

⑤ 企业分立相关企业的亏损不得相互结转弥补。

三、企业重组的特殊性税务处理

(1) 企业重组同时符合下列条件的,适用特殊性税务处理规定:

① 具有合理的商业目的,且不以减少、免除或者推迟缴纳税款为主要目的。

② 被收购、合并或分立部分的资产或股权比例符合下述(2)项中规定的比例。

③ 企业重组后的连续 12 个月内不改变重组资产原来的实质性经营活动。

④ 重组交易对价中涉及股权支付金额符合下述(2)项中规定的比例。

⑤ 企业重组中取得股权支付的原主要股东,在重组后连续 12 个月内,不得转让所取得的股权。

(2) 企业重组符合上述五个条件的,交易各方对其交易中的股权支付部分,可以按以下规定进行特殊性税务处理:

① 企业债务重组确认的应纳税所得额占该企业当年应纳税所得额 50% 以上,可以

在 5 个纳税年度的期间内,均匀计入各年度的应纳税所得额。

企业发生债权转股权业务,对债务清偿和股权投资两项业务暂不确认有关债务清偿所得或损失,股权投资的计税基础以原债权的计税基础确定。企业的其他相关所得税事项保持不变。

② 股权收购。收购企业购买的股权不低于被收购企业全部股权的 50%,且收购企业在该股权收购发生时的股权支付金额不低于其交易支付总额的 85%,可以选择按以下规定处理:

a. 被收购企业的股东取得收购企业股权的计税基础,以被收购股权的原有计税基础确定。

b. 收购企业取得被收购企业股权的计税基础,以被收购股权的原有计税基础确定。

c. 收购企业、被收购企业的原有各项资产和负债的计税基础和其他相关所得税事项保持不变。

③ 资产收购。受让企业收购的资产不低于转让企业全部资产的 50%,且受让企业在该资产收购发生时的股权支付金额不低于其交易支付总额的 85%,可以选择按以下规定处理:

a. 转让企业取得受让企业股权的计税基础,以被转让资产的原有计税基础确定。

b. 受让企业取得转让企业资产的计税基础,以被转让资产的原有计税基础确定。

④ 企业合并。企业股东在该企业合并发生时取得的股权支付金额不低于其交易支付总额的 85%,以及同一控制下且不需要支付对价的企业合并,可以选择按以下规定处理:

a. 合并企业接受被合并企业资产和负债的计税基础,以被合并企业的原有计税基础确定。

b. 被合并企业合并前的相关所得税事项由合并企业承继。

c. 可由合并企业弥补的被合并企业亏损的限额=被合并企业净资产公允价值×截至合并业务发生当年年末国家发行的最长期限的国债利率。

d. 被合并企业股东取得合并企业股权的计税基础,以其原持有的被合并企业股权的计税基础确定。

知识释疑 7-15

为什么企业合并的特殊性税务处理方法的前提中没有"收购企业购买的股权不低于被收购企业全部股权的 50%"这一指标?

工作实例 7-15

2016 年 10 月 6 日,甲摩托车生产企业合并一家小型股份公司,股份公司全部资产公允价值为 5 700 万元、全部负债为 3 200 万元、未超过弥补年度的亏损额为 620 万元。合并时摩托车生产企业给股份公司的股权支付额为 2 300 万元、银行存款 200

万元。由于 2 300÷(2 300＋200)＝92％＞85％,因此,该合并业务符合企业重组特殊性税务处理的条件且选择此方法执行(假定当年国家发行的最长期限的国债年利率为 6％)。

【工作要求】　计算可由合并企业弥补被合并企业的亏损。

【工作实施】　可由合并企业弥补的被合并企业亏损的限额＝被合并企业净资产公允价值×截至合并业务发生当年年末国家发行的最长期限的国债利率＝(5 700－3 200)×6％＝150(万元)。

由于 620＞150,因此,可由合并企业弥补被合并企业的亏损为 150 万元。

⑤ 企业分立。被分立企业所有股东按原持股比例取得分立企业的股权,分立企业和被分立企业均不改变原来的实质经营活动,且被分立企业股东在该企业分立发生时取得的股权支付金额不低于其交易支付总额的 85％,可以选择按以下 4 条规定处理:

a. 分立企业接受被分立企业资产和负债的计税基础,以被分立企业的原有计税基础确定。

b. 被分立企业已分立出去资产相应的所得税事项由分立企业继承。

c. 被分立企业未超过法定弥补期限的亏损额可按分立资产占全部资产的比例进行分配,由分立企业继续弥补。

d. 被分立企业的股东取得分立企业的股权(以下简称"新股"),如需部分或全部放弃原持有的被分立企业的股权(以下简称"旧股"),"新股"的计税基础应以放弃"旧股"的计税基础确定。如不需放弃"旧股",则其取得"新股"的计税基础可从以下两种方法中选择确定:直接将"新股"的计税基础确定为零;或者以被分立企业分立出去的净资产占被分立企业全部净资产的比例先调减原持有的"旧股"的计税基础,再将调减的计税基础平均分配到"新股"上。

⑥ 重组交易各方按上述①项至⑤项规定对交易中股权支付暂不确认有关资产的转让所得或损失的,其非股权支付仍应在交易当期确认相应的资产转让所得或损失,并调整相应资产的计税基础。

$$\text{非股权支付对应的资产转让所得或损失}=\left(\text{被转让资产的公允价值}-\text{被转让资产的计税基础}\right)\times\left(\text{非股权支付金额}\div\text{被转让资产的公允价值}\right)$$

工作实例 7-16

甲公司共有股权 1 000 万股,为了将来有更好的发展,将 80％的股权让乙公司收购,然后成为乙公司的子公司。假定收购日甲公司每股资产的计税基础为 7 元,每股资产的公允价值为 9 元。在收购对价中乙公司以股权形式支付 6 480 万元,以银行存款支付 720 万元。

【工作要求】　计算甲公司该项业务的应税所得及应纳企业所得税。

【工作实施】　甲公司取得非股权支付额对应的资产转让所得计算思路如下:

(1) 从股权收购比重以及股权支付金额占交易额的比重看是否适用于特殊税务处理。股权收购比重＝80％,大于规定的 50％,

股权支付金额占交易额的比重＝6 480÷(6 480＋720)＝90%,大于规定的85%,则适用企业重组的特殊性税务处理方法。

(2)公允价值中的高于原计税基础的增加值＝1 000×80%×(9－7)＝1 600(万元)。

(3)非股权支付比例＝720÷(6 480＋720)＝10%。

(4)甲公司取得股权支付额对应的所得不确认损益,但是非股权支付额对应的收益应确认资产转让所得＝1 600×10%＝160(万元)。

(5)甲公司应纳企业所得税＝160×25%＝40(万元)。

(3)企业发生涉及中国境内与境外之间(包括港澳台地区)的股权和资产收购交易,除应符合本任务3"企业重组的特殊性税务处理"中的(1)项中规定的条件外,还应同时符合下列条件,才可选择适用特殊性税务处理规定:

①非居民企业向其100%直接控股的另一非居民企业转让其拥有的居民企业股权,没有因此造成以后该项股权转让所得预提税负担变化,且转让方非居民企业向主管税务机关书面承诺在3年(含3年)内不转让其拥有受让方非居民企业的股权。

②非居民企业向与其具有100%直接控股关系的居民企业转让其拥有的另一居民企业股权。

③居民企业以其拥有的资产或股权向其100%直接控股的非居民企业进行投资。

④财政部、国家税务总局核准的其他情形。

(4)在企业吸收合并中,合并后的存续企业性质及适用税收优惠的条件未发生改变的,可以继续享受合并前该企业剩余期限的税收优惠,其优惠金额按存续企业合并前一年的应纳税所得额(亏损计为零)计算。

在企业存续分立中,分立后的存续企业性质及适用税收优惠的条件未发生改变的,可以继续享受分立前该企业剩余期限的税收优惠,其优惠金额按该企业分立前一年的应纳税所得额(亏损计为零)乘以分立后存续企业资产占分立前该企业全部资产的比例计算。

(5)企业在重组发生前后连续12个月内,分步对其资产、股权进行交易,应根据实质重于形式原则将上述交易作为一项企业重组交易进行处理。

(6)企业发生符合规定的特殊性重组条件并选择特殊性税务处理的,当事各方应在该重组业务完成当年企业所得税年度申报时,向主管税务机关提交书面备案资料,证明其符合各类特殊性重组规定的条件。企业未按规定书面备案的一律不得按特殊重组业务进行税务处理。

任务 11　企业所得税的征收管理

一、企业所得税的征收管理要求

(一)纳税期限
企业所得税按年计征,分月或者分季预缴,年终汇算清缴,多退少补。

企业所得税的纳税年度，自公历 1 月 1 日起至 12 月 31 日止。企业在一个纳税年度的中间开业，或者由于合并、关闭等原因终止经营活动，使该纳税年度的实际经营期不足 12 个月的，应当以其实际经营期为一个纳税年度。企业清算时，应当以清算期间作为一个纳税年度。

按月或按季预缴的，应当自月份或者季度终了之日起 15 日内，向税务机关报送预缴企业所得税纳税申报表，预缴税款。

自年度终了之日起 5 个月内，向税务机关报送年度企业所得税纳税申报表，并汇算清缴，结清应缴所得税款。

企业在年度中间终止经营活动的，应当自实际经营终止之日起 60 日内，向税务机关办理当期企业所得税汇算清缴。

（二）纳税地点

除税收法规、行政法规另有规定外，居民企业以企业登记注册地为纳税地点；登记注册地在境外的，以实际管理机构所在地为纳税地点。企业登记注册地是指企业依照国家有关规定登记注册的住所地。除国务院另有规定外，企业之间不得合并缴纳企业所得税。

居民企业在中国境内设立不具有法人资格的营业机构的，应当汇总计算并缴纳企业所得税。企业汇总计算并缴纳所得税时，应当统一核算应纳税所得额。

非居民企业在中国境内设立机构、场所的，应当就其所设机构、场所取得的来源于中国境内的所得，以及发生在中国境外但是与其所设机构、场所有实际联系的所得，以机构、场所所在地为纳税地点。非居民企业在中国境内设立两个或者两个以上的机构、场所的，经税务机关审核批准，可以选择由其主要机构、场所汇总缴纳企业所得税。非居民企业在中国未设立机构、场所的，或者虽然设立机构、场所但取得的所得与其所设机构、场所没有实际联系的，以扣缴义务人所在地为纳税地点。

（三）纳税申报的其他要求

企业在报送企业所得税纳税申报表时，应当按照规定附送财务会计报告和其他有关资料。

企业应当在办理注销登记前，就其清算所得向税务机关申报并依法缴纳企业所得税。纳税人进行清算时，应当在办理工商注销登记之前，向当地主管税务机关办理所得税申报。

依照企业所得税法缴纳的企业所得税，以人民币计算，所得以人民币以外的货币计算的，应当折合成人民币计算并缴纳税款。

企业在纳税年度内无论盈利或者亏损，都应当依照企业所得税法规定的期限，向税务机关报送预缴企业所得税纳税申报表、年度企业所得税纳税申报表、财务会计报告和税务机关规定应当报送的其他有关资料。

二、企业所得税的纳税申报

（一）企业所得税的预缴纳税申报

实行查账征收企业所得税的居民纳税人在月（季）度预缴企业所得税时，应当填报"中华人民共和国企业所得税月(季)度预缴纳税申报表(A类,2015年版)"(见表7-5),以及"不征税收入和税基类减免应纳税所得额明细表"(见附表1)(略)"固定资产加速折旧(扣除)明细表"(见附表2)(略)和"减免所得税额明细表"(见附表3)(略);实行核定征收管理办法缴纳企业所得税的纳税人在月(季)度预缴企业所得税时,应当填报"中华人民共和国企业所得税月(季)度和年度纳税申报表(B类,2015年版)"(略)。

表7-5　中华人民共和国企业所得税月(季)度预缴纳税申报表(A类,2015年版)

税款所属期间:　年　月　日至　年　月　日

纳税人识别号:　　　　　　　　　　　　　　　　金额单位:

纳税人名称:　　　　　　　　　　　　　　人民币元(列至角分)

行次	项　目	本期金额	累计金额
1	一、按照实际利润额预缴		
2	营业收入		
3	营业成本		
4	利润总额		
5	加:特定业务计算的应纳税所得额		
6	减:不征税收入和税基减免应纳税所得额(请填附表1)		
7	固定资产加速折旧(扣除)调减额(请填附表2)		
8	弥补以前年度亏损		
9	实际利润额(4行+5行-6行-7行-8行)		
10	税率(25%)		
11	应纳所得税额(9行×10行)		
12	减:减免所得税额(请填附表3)		
13	实际已预缴所得税额		
14	特定业务预缴(征)所得税额		
15	应补(退)所得税额(11行-12行-13行-14行)		
16	减:以前年度多缴在本期抵缴所得税额	请按原规定进行手工抵缴	
17	本月(季)实际应补(退)所得税额		
18	二、按照上一纳税年度应纳税所得额平均额预缴		
19	上一纳税年度应纳税所得额		
20	本月(季)应纳税所得额(19行×1/4或1/12)		
21	税率(25%)		
22	本月(季)应纳所得税额(20行×21行)		
23	减:减免所得税额(请填附表3)		
24	本月(季)实际应纳所得税额(22行-23行)		
25	三、按照税务机关确定的其他方法预缴		
26	本月(季)税务机关确定的预缴所得税额		

（续表）

行次		项　目	本期金额	累计金额
27		总分机构纳税人		
28	总机构	总机构分摊所得税额(15行或24行或26行×总机构分摊预缴比例)		
29		财政集中分配所得税额		
30		分支机构分摊所得税额(15行或24行或26行×分支机构分摊比例)		
31		其中:总机构独立生产经营部门应分摊所得税额		
32	分支机构	分配比例		
33		分配所得税额		

是否属于小型微利企业：　　　　　　是 □　　　　　　否 □

谨声明:此纳税申报表是根据《中华人民共和国企业所得税法》《中华人民共和国企业所得税法实施条例》和国家有关税收规定填报的,是真实的、可靠的、完整的。

法定代表人(签字)：　　　年　月　日

纳税人公章: 会计主管: 填表日期:　　年　月　日	代理申报中介机构公章: 经办人: 经办人执业证件号码: 代理申报日期:　　年　月　日	主管税务机关受理专用章: 受理人: 受理日期:　　年　月　日

国家税务总局监制

(二) 企业所得税的年度汇算清缴纳税申报

实行查账征收企业所得税的居民纳税人在年度企业所得税汇算清缴时,应当填报"企业所得税年度纳税申报表"(见表 7-6)和"企业所得税年度纳税申报表附表"(略)。

A100000

表 7-6　　　　　中华人民共和国企业所得税年度纳税申报表(A 类)

税款所属期间：　　年　月　日至　　年　月　日

纳税人名称:(公章)

纳税人识别号:　　　　　　　　　　　　　　　　　　　　　金额单位:元(列至角分)

行次	类别	项　目	金　额
1	利润总额计算	一、营业收入(填写 A101010\101020\103000)	
2		减:营业成本(填写 A102010\102020\103000)	
3		营业税金及附加	
4		销售费用(填写 A104000)	
5		管理费用(填写 A104000)	
6		财务费用(填写 A104000)	
7		资产减值损失	

行次	类别	项 目	金 额
8	利润总额计算	加:公允价值变动收益	
9		投资收益	
10		二、营业利润(1-2-3-4-5-6-7+8+9)	
11		加:营业外收入(填写 A101010\101020\103000)	
12		减:营业外支出(填写 A102010\102020\103000)	
13		三、利润总额(10+11-12)	
14	应纳税所得额计算	减:境外所得(填写 A108010)	
15		加:纳税调整增加额(填写 A105000)	
16		减:纳税调整减少额(填写 A105000)	
17		减:免税、减计收入及加计扣除(填写 A107010)	
18		加:境外应税所得抵减境内亏损(填写 A108000)	
19		四、纳税调整后所得(13-14+15-16-17+18)	
20		减:所得减免(填写 A107020)	
21		减:抵扣应纳税所得额(填写 A107030)	
22		减:弥补以前年度亏损(填写 A106000)	
23		五、应纳税所得额(19-20-21-22)	
24	应纳税额计算	税率(25%)	
25		六、应纳所得税额(23×24)	
26		减:减免所得税额(填写 A107040)	
27		减:抵免所得税额(填写 A107050)	
28		七、应纳税额(25-26-27)	
29		加:境外所得应纳所得税额(填写 A108000)	
30		减:境外所得抵免所得税额(填写 A108000)	
31		八、实际应纳所得税额(28+29-30)	
32		减:本年累计实际已预缴的所得税额	
33		九、本年应补(退)所得税额(31-32)	
34		其中:总机构分摊本年应补(退)所得税额(填写 A109000)	
35		财政集中分配本年应补(退)所得税额(填写 A109000)	
36		总机构主体生产经营部门分摊本年应补(退)所得税额(填写 A109000)	
37	附列资料	以前年度多缴的所得税额在本年抵减额	
38		以前年度应缴未缴在本年入库所得税额	

职业技能训练

一、单项选择题

1. 根据企业所得税法律制度的规定,下列关于企业所得税纳税人的表述中,正确的是( )。
   A. 依照外国法律成立但实际管理机构在境内的企业均属于居民企业
   B. 依照外国法律成立且实际管理机构不在中国境内的企业均属于非居民企业
   C. 依照外国法律成立但在中国境内设立机构、场所的企业均属于非居民企业
   D. 依法在我国境内成立但实际管理机构在境外的企业均属于非居民企业

2. 现行企业所得税法规定,企业应当自年度终了之日起一定时间内向税务机关报送年度企业所得税纳税申报表,并汇算清缴税款。该时间是( )。
   A. 45 日内   B. 3 个月内   C. 4 个月内   D. 5 个月内

3. 企业所得税中关于非居民企业的应纳税所得额的确定,说法不正确的是( )。
   A. 转让财产所得,以收入全额减除财产净值后的余额为应纳税所得额
   B. 股息、红利等权益性投资收益,以收入全额为应纳税所得额
   C. 特许权使用费所得,以收入全额为应纳税所得额
   D. 租金,以收入减去出租过程发生的合理费用后的余额为应纳税所得额

4. 根据企业所得税法的规定,以下适用 15% 的企业所得税税率的是( )。
   A. 在中国境内未设立机构、场所的非居民企业
   B. 在中国境内设立机构、场所但其所得与所设机构、场所没有实际联系的非居民企业
   C. 在中国境内设立机构、场所且其所得与所设机构、场所有实际联系的非居民企业
   D. 国家重点扶持的高新技术企业

5. 在计算企业所得税时,已足额提取折旧的固定资产的改建支出( )。
   A. 一次性列入成本费用扣除
   B. 按照不少于 3 年的时间分期摊销扣除
   C. 按照不少于 5 年的时间分期摊销扣除
   D. 按照固定资产预计尚可使用年限分期摊销扣除

6. 甲企业 2017 年发生合理的工资薪金支出 200 万元,发生职工福利费 28 万元,职工教育经费 3 万元。已知,在计算企业所得税应纳税所得额时,职工福利费支出、职工教育经费支出的扣除比例分别为不超过工资、薪金总额的 14% 和 2.5%。根据企业所得税法律制度的规定,甲企业计算 2017 年企业所得税应纳税所得额时,准予扣除的职工福利费和职工教育经费金额合计为( )万元。
   A. $28 + 200 \times 2.5\% = 33$ B. $200 \times 14\% + 3 = 31$
   C. $36 + 3 = 39$ D. $36 + 200 \times 2.5\% = 41$

7. 企业从事符合条件的环境保护、节能节水项目的所得,自项目取得第一笔生产经营收入所属纳税年度起( )。
   A. 第一年至第五年免征企业所得税
   B. 第一年免征企业所得税,第二年至第三年减半征收企业所得税
   C. 第一年至第二年免征企业所得税,第三年至第五年减半征收企业所得税
   D. 第一年至第三年免征企业所得税,第四年至第六年减半征收企业所得税

8. 根据企业所得税法有关规定,不得提取折旧的固定资产是( )。

A. 以经营租赁方式出租的固定资产   B. 以融资租赁方式租入的固定资产
C. 以经营租赁方式租入的固定资产   D. 季节性停用的机器设备

9. 某居民企业购入政府发行的年利率为 5% 的三年期国债 2 200 万元,持有 250 天时以 2 500 万元的价格转让。该企业就该笔交易计算企业所得税时应纳税所得额是(   )万元(不考虑其他税费)。

   A. 244   B. 242.66   C. 224.66   D. 224

10. 根据企业所得税法律制度的规定,下列关于所得来源地的说法中,正确的是(   )。

    A. 销售货物所得按照交易活动发生地确定
    B. 股息、红利等权益性投资所得,按照被投资企业所在地确定
    C. 权益性投资资产转让所得按照投资企业所在地确定
    D. 不动产转让所得按照转让不动产的企业或者机构、场所所在地确定

11. 根据企业所得税法律制度的规定,下列各项中,属于企业所得税不征税收入的是(   )。

    A. 财政拨款   B. 国债利息收入
    C. 接受捐赠收入   D. 因债权人缘故确实无法偿付的应付款项

12. 根据企业所得税法律制度的规定,下列各项中,属于非居民企业的是(   )。

    A. 依照外国法律成立,实际管理机构在境内的甲公司
    B. 依照中国法律成立,实际管理机构在境内的乙公司
    C. 依照中国法律成立,在境外设立机构、场所的丙公司
    D. 依照外国法律成立且实际管理机构在境外,但在境内设立机构、场所的丁公司

13. 根据企业所得税法律制度的规定,下列关于不同方式下销售商品收入金额确定的表述中,正确的是(   )。

    A. 采用商业折扣方式销售商品的,按照商业折扣前的金额确定销售商品收入金额
    B. 采用现金折扣方式销售商品的,按照现金折扣前的金额确定销售商品收入金额
    C. 采用售后回购方式销售商品的,按照扣除回购商品公允价值后的余额确定销售商品收入金额
    D. 采用以旧换新方式销售商品的,按照扣除回收商品公允价值后的余额确定销售商品收入金额

二、多项选择题

1. 2017 年甲企业取得销售收入 8 000 万元,当年发生的与生产经营相关的业务招待费 60 万元,上年因超支在税前未能扣除的与生产经营相关的业务招待费支出 5 万元;当年发生的与生产经营相关的广告费 500 万元,上年因超支在税前未能扣除的符合条件的广告费 200 万元。根据企业所得税法律制度的规定,甲企业在计算当年应纳税所得额时,下列关于业务招待费和广告费准予扣除数额的表述中,正确的有(   )。

   A. 业务招待费准予扣除的数额为 39 万元   B. 业务招待费准予扣除的数额为 36 万元
   C. 广告费准予扣除的数额为 500 万元   D. 广告费准予扣除的数额为 700 万元

2. 下列各项中,属于《企业所得税法》规定的免税收入的有(   )。

   A. 符合条件的非营利组织的收入
   B. 符合条件的居民企业之间的股息、红利等权益性投资收益
   C. 财政拨款
   D. 国债利息收入

3. 下列选项中,属于企业不征税收入的有(   )。

   A. 依法收取并纳入财政管理的行政事业性收费、政府性基金
   B. 财政拨款

C. 符合条件的非营利组织的收入

D. 在中国境内设立机构、场所的非居民企业从居民企业取得与该机构、场所有实际联系的股息、红利等权益性投资收益。

4. 下列单位属于企业所得税纳税人的有（　　）。

A. 股份制企业

B. 合伙企业

C. 外商投资企业

D. 有经营所得的其他组织

5. 下列固定资产的改建支出,应增加该固定资产计税基础以折旧方式在税前扣除的有(　　)。

A. 已足额提取折旧的固定资产的改建支出

B. 租入固定资产的改建支出

C. 自建固定资产的改建支出

D. 外购固定资产的改建支出

6. 企业实际发生的与取得收入有关的、合理的支出,包括(　　)和其他支出,准予在计算应纳税所得额时扣除。

A. 成本　　　　　　B. 税金　　　　　　C. 费用　　　　　　D. 损失

7. 下列说法中,符合小型微利企业企业所得税相关政策规定的有(　　)。

A. 税法规定,符合条件的小型微利企业,减按20%的税率征收企业所得税

B. 享受小型微利企业税收优惠的企业,可以是我国的居民企业或非居民企业

C. 享受小型微利企业税收优惠的企业,有从业人员和资产总额的限制

D. 享受小型微利企业税收优惠的企业,年度应纳税所得额不超过30万元

8. 按照企业所得税的相关规定,下列说法中,不正确的有(　　)。

A. 销售商品采用托收承付方式的,在发出商品时确认收入

B. 销售商品采用预收款方式的,在收到预收款时确认收入

C. 销售商品采用支付手续费方式委托代销的,在收到代销清单时确认收入

D. 企业以买一赠一方式组合销售本企业商品的,对商品按照捐赠行为进行税务处理

9. 下列描述中,正确的有(　　)。

A. 除税收法规、行政法规另有规定外,居民企业以企业登记注册地为纳税地点

B. 居民企业登记注册地在境外的,以实际管理机构所在地为纳税地点

C. 企业之间可以合并缴纳企业所得税

D. 企业汇总计算并缴纳所得税时,应当分别核算应纳税所得额

10. 根据企业所得税法律制度的规定,下列关于收入确认时间的表述中,正确的有(　　)。

A. 接受捐赠收入,按照实际收到捐赠资产的日期确认收入的实现

B. 利息收入,按照债权人实际取得利息收入的日期确认收入的实现

C. 企业转让股权收入,应于转让协议生效,且完成股权变更手续时确认收入的实现

D. 债务重组收入,应在债务重组合同或协议生效时确认收入的实现

11. 根据企业所得税法律制度的规定,符合条件的非营利组织取得的下列收入中,免征企业所得税的有(　　)。

A. 接受其他单位或者个人捐赠的收入

B. 按照县级以上民政、财政部门规定收取的会费

C. 不征税收入孳生的银行存款利息收入

D. 免税收入孳生的银行存款利息收入

12. 根据企业所得税法律制度的规定,下列关于收入确认的表述中,正确的有(　　)。

A. 企业以非货币形式取得的收入,应当按照公允价值确定收入额

B. 以分期收款方式销售货物的,按照收到货款或索取货款凭证的日期确认收入的实现

C. 被投资企业以股权溢价形成的资本公积转增股本时,投资企业应作为股息、红利收入,相应增加该项长期投资的计税基础

D. 接受捐赠收入,按照实际收到捐赠资产的日期确认收入的实现

13. 根据企业所得税法律制度的规定,下列收入中,不属于企业所得税免税收入的有(　　　)。

  A. 财政拨款   B. 国债利息

  C. 物资及现金溢余   D. 依法收取并纳入财政管理的政府性基金

三、判断题

1. 企业的不征税收入用于支出所形成的费用或者财产,准予在计算应纳税所得额时扣除。(　　)

2. 符合条件的技术转让所得,免征企业所得税。(　　)

3. 非居民企业委托营业代理人在中国境内从事生产经营活动的,包括委托单位或者个人经常代其签订合同,或者储存、交付货物等,该营业代理人不得视为非居民企业在中国境内设立的机构、场所。(　　)

4. 企业开发新技术、新产品、新工艺发生的研究开发费用,可以在计算应纳税所得额时除按照实际发生额据实扣除外,还可以按照规定比例加计扣除。(　　)

5. 企业与其关联方之间的业务往来,不符合独立交易原则,或者企业实施其他不具有合理商业目的的安排的,税务机关有权在该业务发生的纳税年度起 5 年内,进行纳税调整。(　　)

6. 对非居民企业在中国境内取得工程作业和劳务所得应缴纳的所得税,税务机关可以指定工程价款或者劳务费的支付人为扣缴义务人。(　　)

7. 通过捐赠、投资、非货币性资产交换、债务重组等方式取得的生产性生物资产,以该资产的公允价值为计税基础。(　　)

8. 通过合理方法,能计算和推定纳税人收入总额或成本费用总额的,应核定征收企业所得税。(　　)

9. 高新技术企业减按 15% 税率征收企业所得税。(　　)

10. 非居民企业在中国境内未设立机构、场所的,或者虽设立机构、场所但取得的所得与其所设机构、场所没有实际联系的,其来源于中国境内的所得应缴纳的所得税,实行源泉扣缴,以支付人为扣缴义务人。(　　)

11. 企业的不征税收入用于支出所形成的资产,其计算的折旧、摊销应在计算应纳税所得额时扣除。(　　)

12. 企业在年度中间终止经营活动的,应当自实际经营终止之日起 30 日内,向税务机关办理当期企业所得税汇算清缴。(　　)

13. 根据企业所得税法律制度的规定,销售商品采用支付手续费方式委托代销的,在发出商品时确认收入的实现。(　　)

14. 仅就来源于中国的所得负有中国企业所得税纳税义务的非居民企业,不适用《企业所得税法》规定的对符合条件的小型微利企业减按 20% 税率征收企业所得税的政策。(　　)

15. 某有限责任公司 2017 年的工资薪金总额为 950 万元,支出的职工福利费为 150 万元,在计算该公司 2017 年的应纳税所得额时,支出的职工福利费用应据实扣除。(　　)

四、计算题

1. 甲企业 2017 年度"财务费用"科目中利息,包括以年利率 8% 向银行借入的 6 个月的生产周转用资金 200 万元的借款利息,也包括 10.5 万元的向非金融企业借入的与前述向银行借款同期的生产周转用 100 万元资金的借款利息。

要求:计算甲企业 2017 年度计算应纳税所得额时可扣除的利息费用。

2. 甲企业 2017 年度销售收入为 300 000 元,发生业务招待费 5 000 元,发生广告费 30 000 元,业务宣传费 10 000 元,2016 年结转广告费 6 800 元。

要求:计算甲企业当年可以在税前扣除的业务招待费、广告费和业务宣传费合计额。

职业能力实训

1. 某小汽车生产企业 2016 年度实现会计利润 800 万元,全年已累计预缴企业所得税税款 200 万元。2017 年年初,该企业财务人员对 2016 年度企业所得税进行汇算清缴,相关财务资料和汇算清缴企业所得税计算情况如下:

(一)相关财务资料

(1)销售小汽车取得不含增值税销售收入 5 600 万元,出租闲置厂房取得收入 300 万元。取得到期国债利息收入 30 万元、企业债券利息收入 12 万元。

(2)发生财务费用 125 万元。其中:支付银行借款利息 50 万元,支付向某非金融企业(非关联企业)借款 1 000 万元(该笔借款系 2016 年 1 月 1 日借入用于生产经营,借款期限为 1 年)而发生的全年利息 80 万元。

(3)发生销售费用 1 520 万元。其中:广告费 560 万元,业务宣传费 480 万元。

(4)发生管理费用 400 万元。其中:业务招待费 55 万元,新产品研究开发费用 80 万元(未形成无形资产计入当期损益)。

(5)发生营业外支出 120 万元。其中:通过公益性社会团体向贫困地区捐款 112 万元。当年因拖欠应缴税款,被税务机关加收滞纳金 8 万元。

已知:企业所得税税率为 25%,同期同类银行贷款年利率为 6%。

(二)汇算清缴企业所得税计算情况

(1)国债利息收入和企业债券利息收入调减应纳税所得额=30+12=42(万元)。

(2)业务招待费调增应纳税所得额=55−55×60%=22(万元)。

(3)全年应纳税所得额=800−42+22=780(万元)。

(4)全年应纳企业所得税税额=780×25%=195(万元)。

(5)当年应退企业所得税税额=200−195=5(万元)。

要求:

(1)分析指出该小汽车生产企业财务人员在汇算清缴企业所得税时存在的不合法之处,并说明理由。

(2)计算 2016 年度汇算清缴企业所得税时应补缴或退回的税款(列出计算过程,计算结果出现小数的,保留小数点后两位小数)。

项目 **8**

个人所得税法

职业能力目标

(1) 能理解个人所得税的基本原理。

(2) 会界定个人所得税纳税人,会判断哪些业务应当缴纳个人所得税,会选择个人所得税适用税率,能充分运用个人所得税优惠政策。

(3) 能根据相关业务资料计算工资、薪金所得的应纳税额,个体工商户的生产、经营所得的应纳税额,对企事业单位的承包经营、承租经营所得的应纳税额,劳务报酬所得的应纳税额,稿酬所得的应纳税额,特许权使用费所得的应纳税额,财产租赁所得的应纳税额,财产转让所得的应纳税额,利息、股息、红利、偶然所得和其他所得的应纳税额以及个人所得税几种特殊情况的应纳税额。

(4) 能确定个人所得税的纳税义务发生时间、纳税期限和纳税地点。

名师精品·
高职高专会计系列
Gaozhigaozhuan Kuaiji Xilie

项目引例

个人所得税的计算

中国居民李某任职于境内甲公司,2017年12月取得下列收入:

(1) 因工作表现突出,取得先进奖2000元、考勤奖1000元,另取得半年奖6000元,当月取得工资、薪金收入3200元。

(2) 当月参加移动营业厅"充话费赠手机"活动,获赠一部市场价格为3000元的新型手机。

(3) 转让境内某上市公司A股股票1000股,取得股票转让净所得20000元;转让美国上市公司股票1000股,取得股票转让净所得折合人民币30000元。

(4) 通过拍卖行将一幅珍藏多年的字画拍卖,取得拍卖收入54000元,拍卖过程中缴纳相关税费10000元,经文物部门鉴定,该字画为海外回流文物,李某无法提供完整的财产原值凭证。

(5) 在A国发表一篇学术论文,取得稿酬折合人民币(下同)42000元,已按照A国税法规定缴纳个人所得税6000元;在A国购买彩票,取得中奖所得30000元,已按照A国税法规定缴纳个人所得税5200元;在B国提供设计劳务,取得劳务收入40000元,已按照B国税法规定缴纳个人所得税6000元。

工作要求

1. 计算李某当月按照"工资、薪金所得"项目应缴纳的个人所得税。
2. 计算李某获赠新型手机应缴纳的个人所得税。
3. 计算李某取得的股票转让所得应缴纳的个人所得税。
4. 计算李某当月拍卖字画取得的收入应缴纳的个人所得税。
5. 计算李某从A国和B国取得的所得应在我国补缴的个人所得税。

项目引例解析

见本项目的任务6。

任务1 个人所得税的认知

一、个人所得税的含义

个人所得税是以自然人取得的各类应税所得为征税对象而征收的一种所得税。它是政府利用税收对个人收入进行调节的一种手段。个人所得税的征税对象不仅包括个人,还包括具有自然人性质的企业(非法人企业)。

个人所得税是世界各国普遍开征的一个税种,很多国家个人所得税在全部税收收入中所占比重超过了其他税种,成为政府重要的财政收入。

二、个人所得税的发展

为了适应改革开放形势对外经济往来、对外经济技术文化交流和合作的需要,同时为了维护国家的税收权益和保障外籍人员的合法权益,1980 年 9 月 10 日第五届全国人民代表大会第三次会议审议通过了《个人所得税法》,并同时公布实施。同年 12 月 14 日,经国务院批准,财政部公布了个人所得税法实施细则。该税法主要是针对来华工作的外籍人员设计的。

1986 年和 1987 年,国务院根据经济改革与发展,以及调节个人收入分配的需要,分别发布了《城乡个体工商业户所得税暂行条例》和《个人收入调节税暂行条例》。这样,我国对个人所得的课税制度即形成了个人所得税、城乡个体工商业户所得税和个人收入调节税等三税并存的格局,在当时的经济条件下,对促进经济的发展,调节个人收入等方面起到了积极的作用。但是,随着社会政治、经济形势的发展,这些税收法律、法规逐渐暴露出一些矛盾和问题。

为了规范和完善对个人所得的课税制度,适应建立社会主义市场经济体制的需要,1993 年 10 月 31 日第八届全国人民代表大会常务委员会第四次会议通过了《关于修改〈中华人民共和国个人所得税法〉的决定》,同时公布了修改后的《个人所得税法》,并于 1994 年 1 月 1 日起施行。1994 年 1 月 28 日国务院第 142 号令发布《中华人民共和国个人所得税法实施条例》(以下简称《个人所得税法实施条例》)。1999 年 8 月 30 日第九届全国人民代表大会常务委员会第十一次会议通过了第二次修正的《中华人民共和国个人所得税法》。

2000 年 9 月,财政部、国家税务总局根据《国务院关于个人独资企业和合伙企业征收所得税问题的通知》中有关"对个人独资企业和合伙企业停征企业所得税,只对其投资者的经营所得征收个人所得税"的规定,制定了《关于个人独资企业和合伙企业投资者征收个人所得税的规定》(以下简称《规定》)。《规定》明确从 2000 年 1 月 1 日起,个人独资企业和合伙企业投资者将依法缴纳个人所得税。

目前适用的是 2011 年 6 月 30 日,由第十一届全国人民代表大会常务委员会第二十一次会议通过的《个人所得税法》,此法经修改并公布后自 2011 年 9 月 1 日起施行。

三、个人所得税的征收模式

一般说来,个人所得税的征收模式有三种:分类征收制、综合征收制和混合征收制。分类征收制就是将纳税人不同来源、不同性质的所得项目,分别规定不同的税率进行征税;综合征收制就是对纳税人全年的各项所得加以汇总,就其总额进行征税;混合征收制就是对纳税人不同来源、性质的所得先分别按照不同的税率进行征税,然后将全年的各项所得进行汇总征税。三种不同的征收模式各有其优缺点。对于分类征收制而言,其优点是对纳税人全部所得区分性质进行区别征税,能够体现国家的政治、经济与社会政策;缺点是对纳税人整体所得把握得不一定全面,容易导致实际税负的不公平。对于综合征收制而言,可以对纳税人的全部所得都进行征税,从收入的角度体现税收公平的原则,但它不利于针对不同收入进行调节,不利于体现国家的有关社会、经济政策。对于混合征收制而言,集中了前面两种模式的优点,既可实现税收的政策性调节功能,也可体现税收的公平原则。

目前,我国个人所得税的征收采用的是分类征收制。在我国开征个人所得税之初,居民个人的收入水平比较低,收入来源比较单一,政府征税的目的主要在于对一部分居民畸高的收入进行调节。三十多年后的今天,我国居民个人的收入水平有了很大提高,而且收入的来源性质呈日益多样化趋势。在这样的情况下,仅仅根据居民收入的类型来征收个人所得税已经不能达到调节收入分配的目的了。因为,在现行税制下,不同收入种类所得的税率是不完全相同的,这样就容易出现两种情况:一是纳税人就其单个来源的收入可能不用纳税或者纳税不多,但如果把其全年收入加总起来考虑,则是一笔不小的收入;二是纳税人有意把自己的收入在不同类型收入间进行转换,以达到不缴税或少缴税的目的。从结果上看,就不可能完全达到对收入进行公平调节的目的。因此对我国现行个人所得税制模式进行改革是一大趋势,我国也初步确定把个人所得税制由分类征收制向分类与综合相结合的混合征收制模式转变。

任务 2　个人所得税纳税人的确定

在我国,依据住所和居住时间两个标准,可将个人所得税的纳税人分为居民纳税人和非居民纳税人两大类,各自承担不同的纳税义务。个人所得税的纳税人包括中国公民,个体工商户,外籍个人,中国香港、中国澳门、中国台湾同胞等。从 2000 年 1 月 1 日起,个人独资企业和合伙企业不再缴纳企业所得税,只对投资者个人取得的生产经营所得征收个人所得税。

一、个人所得税的纳税义务人

(一) 居民纳税人

居民纳税人是指在中国境内有住所,或者无住所而在境内居住满一年,从中国境内和境外取得所得的个人。

在中国境内有住所的个人是指因户籍、家庭、经济利益关系而在中国境内习惯性居住的个人。习惯性居住不是指实际居住或在某一个特定时期内的居住地,通常理解为个人在某地完成工作任务、一项事务或滞留一段时间后,必然要返回该居住场所。例如,因学习、工作、探亲、旅游等而在中国境外居住的,在其原因消除之后,必须回到中国境内居住的个人,则中国即为该纳税人习惯性居住地。

在境内居住满一年是指在一个纳税年度(即公历 1 月 1 日起至 12 月 31 日止)在中国境内居住满 365 日。如果纳税人在一个纳税年度中离境一次不超过 30 日或者多次累计不超过 90 日称为临时离境。临时离境的,不扣减日数。

居民纳税人的判定是看两个标准是否存在其一,住所和居住时间两者有其一,或同时具备均为居民纳税人。因此,居民纳税人应包括两部分。第一是在中国境内有住所

名师精品·高职高专会计系列 Gaozhigaozhuan Kuaiji Xilie

的中国公民和外国侨民。第二是在中国境内无住所,但是在一个纳税年度内在中国境内居住满一年的个人,包括外籍人员,海外侨胞,中国香港、澳门和台湾同胞。

居民纳税人承担无限纳税义务,应就其来源于境内、境外的所得在中国缴纳个人所得税。

在中国境内无住所,但是居住 1 年以上 5 年以下的个人,其来源于中国境外的所得,经主管税务机关批准,可以只就由中国境内公司、企业以及其他经济组织或者个人支付的部分缴纳个人所得税;居住超过 5 年的个人,从第 6 年起,应当就其来源于中国境内外的全部所得缴纳个人所得税。

(二)非居民纳税人

非居民纳税人是指在中国境内无住所又不居住或者无住所而在境内居住不满一年,从中国境内取得所得的个人。

非居民纳税人的判定是看两个标准是否全部不满足。无住所且不居住或者无住所且居住不满一年的纳税人均是非居民纳税人。在现实生活中,满足在中国境内无住所条件的个人,只有外籍人员,华侨或香港、澳门和台湾同胞。因此,非居民纳税人实际上只能是在一个纳税年度中,没有在中国境内居住,或者在中国境内居住不满 1 年的外籍人员、华侨或中国香港、澳门和台湾同胞。

非居民纳税人承担有限纳税义务,仅就其来源于中国境内的所得在中国缴纳个人所得税。

在中国境内无住所,但是在一个纳税年度中在中国境内连续或者累计居住不超过 90 日的个人,其来源于中国境内的所得,由境外雇主支付并且不由该雇主在中国境内的机构、场所负担的部分,免予缴纳个人所得税。

二、个人所得税的扣缴义务人

我国实行个人所得税代扣代缴和个人自行申报纳税相结合的征收管理制度。个人所得税采取代扣代缴办法,有利于控制税源,保证税收收入,简化征纳手续,加强个人所得税管理。税法规定,凡支付应纳税所得的单位或个人,都是个人所得税的扣缴义务人。扣缴义务人在向纳税人支付各项应纳税所得时,必须履行代扣代缴税款的义务。扣缴义务人对纳税人的应扣未扣税款应由纳税人予以补缴。

任务 3　个人所得税征税对象的确定

个人所得税的征税对象是个人取得的应税所得。《个人所得税法》规定的个人所得共有 11 项,包括现金、实物、有价证券和其他形式的经济利益。所得为实物的,应当按照取得的凭证上所注明的价格计算应纳税所得额;无凭证的实物或者凭证上所注明的价格明显偏低的,参照市场价格核定应纳税所得额。所得为有价证券的,根据票面价格和市场价格核定应纳税所得额。所得为其他形式的经济利益的,参照市场价格核定应纳税所得额。

一、工资、薪金所得

工资、薪金所得是指个人因"任职或者受雇"而取得的工资、薪金、奖金、年终加薪、劳动分红、津贴、补贴以及与任职或者受雇有关的其他所得。

"年终加薪、劳动分红"不分种类和取得情况，一律按工资、薪金所得征税。

不属于工资、薪金性质的"补贴、津贴"，不征收个人所得税，具体包括：

（1）独生子女补贴。

（2）执行公务员工资制度未纳入基本工资总额的补贴、津贴差额和家属成员的副食补贴。

（3）托儿补助费。

（4）差旅费津贴、误餐补助。

退休人员再任职取得的收入，在减除按税法规定的费用扣除标准后，按"工资、薪金所得"项目缴纳个人所得税。

离退休人员按规定领取离退休工资或养老金外，另从原任职单位取得的各类补贴、奖金、实物，不属于免税项目，应按"工资、薪金所得"应税项目的规定缴纳个人所得税。

对商品营销活动中，企业对营销业绩突出的雇员以培训班、研讨会、工作考察等名义组织旅游活动，通过免收差旅费、旅游费对个人实行的营销业绩奖励（包括实物、有价证券等），应根据所发生费用的金额并入营销人员当期的工资、薪金所得，按照"工资、薪金"所得项目征收个人所得税。

按照国家规定，单位为个人缴付和个人缴付的基本养老保险费、基本医疗保险费、失业保险费、住房公积金，从纳税义务人的应纳税所得额中扣除。

知识释疑 8-1

单位和个人缴纳的三险一金是否计征个人所得税？

实务释疑 8-1

我公司与员工约定，若员工在公司工作满 10 年，公司即赠与该员工一套住房，员工受赠房产时应当如何缴纳个人所得税？

二、个体工商户的生产、经营所得

个体工商户的生产、经营所得包括：

（1）个体工商户从事工业、手工业、建筑业、交通运输业、商业、饮食业、服务业、修理业以及其他行业取得的所得。

（2）个人经政府有关部门批准，取得执照，从事办学、医疗、咨询以及其他有偿服务活动取得的所得。

（3）个体工商户和个人取得的与生产、经营有关的各项应税所得。

（4）其他个人从事个体工商业生产、经营取得的所得。

（5）个人独资企业和合伙企业比照执行。

个体工商户或个人专营种植业、养殖业、饲养业、捕捞业,其经营项目属于农业税、牧业税征税范围,由于我国已取消农业税,因此从事上述行业目前暂不征收个人所得税。

个体工商户和从事生产经营的个人,取得与生产、经营活动无关的其他各项应税所得,应分别按照有关规定,计算征收个人所得税。

出租车归属为个人的,属于"个体工商户生产经营所得"。包括:从事个体出租车运营的出租车驾驶员取得的收入;出租车属个人所有,但挂靠出租汽车经营单位或企事业单位,驾驶员向挂靠单位缴纳管理费的;或出租汽车经营单位将出租车所有权转移给驾驶员的,出租车驾驶员从事客货运营取得的收入,应按"个体工商户的生产、经营所得"项目征税。

出租汽车经营单位对出租车驾驶员采取单车承包或承租方式运营,出租车驾驶员从事客运取得的收入,按"工资、薪金所得"项目征税。

三、对企事业单位的承包经营、承租经营所得

对企事业单位的承包、承租经营所得,是指个人承包经营、承租经营以及转包、转租取得的所得,还包括个人按月或者按次取得的工资、薪金性质的所得。个人对企事业单位的承包、承租大体上可以分为两类,如表 8-1 所示。

表 8-1　　　　　　对企事业单位的承包经营、承租经营所得分情况涉税比较

个人承包登记状况	是否缴纳企业所得税	是否缴纳个人所得税
承包后工商登记变为个体工商户的	不缴纳企业所得税	按照个体工商户生产经营所得缴纳个人所得税
个人对企事业单位承包、承租经营后,工商登记仍为企业的	缴纳企业所得税	承包、承租人对企业经营成果不拥有所有权,仅按合同(协议)规定取得一定所得的,应按工资、薪金所得项目征收个人所得税
		承包、承租人按合同(协议)规定只向发包方、出租人缴纳一定的费用,缴纳承包、承租费后的企业的经营成果归承包、承租人所有的,其取得的所得,按对企事业单位承包、承租经营所得项目征收个人所得税

四、劳务报酬所得

劳务报酬所得是指个人从事设计、装潢、安装、制图、化验、测试、医疗、法律、会计、咨询、讲学、新闻、广播、翻译、审稿、书画、雕刻、影视、录音、录像、演出、表演、广告、展览、技术服务、介绍服务、经纪服务、代办服务以及其他劳务报酬的所得。

个人担任董事职务所取得的董事费收入,属于劳务报酬性质,按"劳务报酬所得"项目征税。

上述各项所得一般属于个人独立从事自由职业取得的所得或属于独立个人劳动所得。

知识释疑 8-2

如何区分劳务报酬所得与工资、薪金所得?

实务释疑 8-2

　　我公司经营保险代理业务,保险营销人员取得的佣金收入如何计算个人所得税?

　　在校学生因参与勤工俭学活动(包括参与学校组织的勤工俭学活动)而取得的属于《个人所得税法》规定的应税所得项目的所得,应依法缴纳个人所得税。

　　对商品营销活动中,企业和单位对营销业绩突出的非雇员以培训班、研讨会、工作考察等名义组织旅游活动,通过免收差旅费、旅游费对个人实行的营销业绩奖励(包括实物、有价证券等),应根据所发生费用的全额作为该营销人员当期的劳务收入,按照"劳务报酬所得"项目征收个人所得税,并由提供上述费用的企业和单位代扣代缴。

五、稿酬所得

　　稿酬所得是指个人因其作品以图书、报刊形式出版、发表而取得的所得。作品包括文学作品、书画作品、摄影作品,以及其他作品。作者去世后,对于财产继承人取得的遗作稿酬,也应征收个人所得税。

　　《个人所得税法》将具有特许权使用费和劳务报酬性质的稿酬所得单独列为一个独立的税目,不仅因为稿酬所得有着不完全等同于特许权使用费所得和一般劳务报酬所得的特点,而且有利于单独制定征税办法,体现国家的优惠、照顾政策。

　　对报纸、杂志、出版等单位的职员在本单位的刊物上发表作品、出版图书取得所得征税问题,有关税收制度规定如下:

　　(1)任职、受雇于报纸、杂志等单位的记者、编辑等专业人员,因在本单位的报纸、杂志上发表作品取得的所得,属于因任职、受雇而取得的所得,应与其当月工资收入合并,按"工资、薪金所得"项目征收个人所得税。

　　除上述专业人员以外,其他人员在本单位的报纸、杂志上发表作品取得的所得,应按"稿酬所得"项目征收个人所得税。

　　(2)出版社的专业作者撰写、编写或翻译的作品,由本社以图书形式出版而取得的稿费收入,应按"稿酬所得"项目征收个人所得税。

六、特许权使用费所得

　　特许权使用费所得是指个人提供专利权、商标权、著作权、非专利技术以及其他特许权的"使用权"取得的所得,但不包括稿酬所得。

　　对于作者将自己的文字作品手稿原件或复印件公开拍卖(竞价)取得的所得,属于提供著作权的使用所得,应按"特许权使用费所得"项目征收个人所得税。

　　个人取得特许权的经济赔偿收入,应按"特许权使用费所得"项目缴纳个人所得税,税款由支付赔偿的单位或个人代扣代缴。

　　从2005年5月1日起,编剧从电视剧的制作单位取得的剧本使用费,不再区分剧本的使用方是否为其任职单位,统一按"特许权使用费所得"项目征收个人所得税。

实务释疑 8-3

我在一家公司任职并将自己的注册造价师证挂靠在这家公司,该公司每个月支付其证书的使用费,这笔使用费应按"工资、薪金所得"还是"特许权使用费所得"代扣代缴个税?

七、利息、股息、红利所得

利息、股息、红利所得是指个人拥有债权、股权而取得的利息、股息、红利所得。

个人取得国债利息、国家发行的金融债券利息、教育储蓄存款利息,均免征个人所得税。

储蓄存款在 1999 年 10 月 31 日前孳生的利息,不征收个人所得税;储蓄存款在 1999 年 11 月 1 日至 2007 年 8 月 14 日孳生的利息,按照 20% 的税率征收个人所得税;储蓄存款在 2007 年 8 月 15 日至 2008 年 10 月 8 日孳生的利息,按照 5% 的税率征收个人所得税;储蓄存款在 2008 年 10 月 9 日后(含 10 月 9 日)孳生的利息,暂免征收个人所得税。

自 2015 年 9 月 8 日起,个人从公开发行和转让市场取得的上市公司股票,持股期限超过 1 年的,股息红利所得暂免征收个人所得税。个人从公开发行和转让市场取得的上市公司股票,持股期限在 1 个月以内(含 1 个月)的,其股息红利所得全额计入应纳税所得额;持股期限在 1 个月以上至 1 年(含 1 年)的,暂减按 50% 计入应纳税所得额;上述所得统一适用 20% 的税率计征个人所得税。

实务释疑 8-4

作为股份制企业,我公司资本公积金转增股本缴个税吗?

八、财产租赁所得

财产租赁所得是指个人出租建筑物、土地使用权、机器设备、车船以及其他财产取得的所得。

九、财产转让所得

财产转让所得是指个人转让有价证券、股权、建筑物、土地使用权、机器设备、车船以及其他财产取得的所得。转让境内上市公司股票净所得暂免个人所得税,但 2010 年 1 月 1 日起,对个人转让上市公司限售股征收个人所得税。转让境外上市公司股票所得按照财产转让所得缴纳个人所得税。

实务释疑 8-5

我以非货币性资产投资取得股权,个税应何时缴纳?

实务释疑 8-6

我终止投资经营收回的款项如何计缴个人所得税?

十、偶然所得

偶然所得是指个人得奖、中奖、中彩以及其他偶然性质的所得。

知识释疑 8-3

企业派发给个人的中奖性质的红包应该如何缴纳个税？

十一、其他所得

除上述列举的各项个人应税所得外，其他确有必要征税的个人所得，由国务院财政部门确定。个人取得的所得，难以界定应纳税所得项目的，由主管税务机关确定。

实务释疑 8-7

我在商场购买商品，商场承诺假一赔三，现在因假货问题，商场赔偿我购买价三倍的赔款，我取得此笔赔款是否需要缴纳个人所得税？

任务 4　个人所得税税率的判定

一、工资、薪金所得适用税率

根据 2011 年 6 月 30 日新修订的《中华人民共和国个人所得税法》，纳税人 2011 年 9 月 1 日(含)以后实际取得的工资、薪金所得，适用 3%～45% 的七级超额累进税率，计算缴纳个人所得税。

纳税人 2011 年 9 月 1 日前实际取得的工资、薪金所得，无论税款是否在 2011 年 9 月 1 日以后入库，均应适用税法修改前的减除费用标准和税率表，计算缴纳个人所得税。工资、薪金所得个人所得税适用税率如表 8-2 所示。

表 8-2　　工资、薪金所得个人所得税适用税率表（自 2011 年 9 月 1 日起执行）

级数	全月应纳税所得额		税率	速算扣除数（元）
	含税级距	不含税级距		
1	不超过 1 500 元的	不超过 1 455 元的	3%	0
2	超过 1 500 至 4 500 元的部分	超过 1 455 至 4 155 元的部分	10%	105
3	超过 4 500 至 9 000 元的部分	超过 4 155 至 7 755 元的部分	20%	555
4	超过 9 000 元至 35 000 元的部分	超过 7 755 元至 27 255 元的部分	25%	1 005
5	超过 35 000 元至 55 000 元的部分	超过 27 255 元至 41 255 元的部分	30%	2 755
6	超过 55 000 元至 80 000 元的部分	超过 41 255 元至 57 505 元的部分	35%	5 505
7	超过 80 000 元的部分	超过 57 505 元的部分	45%	13 505

注：1. 本表所列含税级距与不含税级距，均为按照税法规定减除有关费用后的所得额。
　　2. 含税级距适用于由纳税人负担税款的工资、薪金所得；不含税级距适用于由他人（单位）代付税款的工资、薪金所得。

二、个体工商户的生产经营所得和对企事业单位的承包经营、承租经营所得的适用税率

根据 2011 年 6 月 30 日新修订的《中华人民共和国个人所得税法》，个体工商户、个人独资企业和合伙企业的投资者（合伙人）2011 年 9 月 1 日（含）以后的生产经营所得，以及 2011 年 9 月 1 日（含）以后的对企事业单位承包经营、承租经营所得，适用税法修改后的减除费用标准和税率表，计算缴纳个人所得税。个体工商户的生产、经营所得和对企事业单位承包经营、承租经营所得个人所得税适用税率如表 8-3 所示。

表 8-3　　　　　　个体工商户的生产、经营所得和对企事业单位承包经营、
承租经营所得个人所得税适用税率表

（自 2011 年 9 月 1 日起执行）

级数	全年应纳税所得额		税率	速算扣除数（元）
	含税级距	不含税级距		
1	不超过 15 000 元的	不超过 14 250 元的	5%	0
2	超过 15 000 元至 30 000 元的部分	超过 14 250 元至 27 750 元的部分	10%	750
3	超过 30 000 元至 60 000 元的部分	超过 27 750 元至 51 750 元的部分	20%	3 750
4	超过 60 000 元至 100 000 元的部分	超过 51 750 元至 7 9750 元的部分	30%	9 750
5	超过 100 000 元的部分	超过 79 750 元的部分	35%	14 750

注：1. 本表所列含税级距与不含税级距，均为按照税法规定以每一纳税年度的收入总额减除成本、费用以及损失后的所得额；
　　2. 含税级距适用于个体工商户的生产、经营所得和由纳税人负担税款的对企事业单位的承包经营、承租经营所得；不含税级距适用于由他人（单位）代付税款的对企事业单位的承包经营、承租经营所得。

实行查账征税办法的个人独资企业和合伙企业，其税率比照"个体工商户的生产、经营所得"应税项目，适用 5%～35% 的五级超额累进税率，计算征收个人所得税；实行核定应税所得率征收方式的，先按照应税所得率计算其应纳税所得额，再按其应纳税所得额的大小，适用 5%～35% 的五级超额累进税率计算征收个人所得税。

投资者兴办两个或两个以上企业的（包括参与兴办），在年度终了时，应汇总从所有企业取得的应纳税所得额，据此确定适用税率并计算缴纳个人所得税。

三、劳务报酬所得适用税率

劳务报酬所得，适用比例税率，税率为 20%。对劳务报酬所得一次收入畸高的，可以实行加成征收，具体办法由国务院规定。

"劳务报酬所得一次收入畸高"，是指个人一次取得劳务报酬，其应纳税所得额在 20 000 元以上。对应纳税所得额在 20 000～50 000 元的部分，依照税法规定计算应纳税额后再按照应纳税额加征五成；超过 50 000 元的部分，加征十成。因此，劳务报酬所得实际上适用 20%、30%、40% 的三级超额累进税率。劳务报酬所得个人所得税适用税率如表 8-4 所示。

表 8-4　　　　　　　　　劳务报酬所得个人所得税适用税率表

级数	每次应纳税所得额	税率	速算扣除数(元)
1	不超过 20 000 元的部分	20%	0
2	超过 20 000~50 000 元的部分	30%	2 000
3	超过 50 000 元的部分	40%	7 000

注:本表所称每次应纳税所得额,是指每次收入额减除费用 800 元(每次收入额不超过 4 000 元时)或者减除 20%的费用(每次收入额超过 4 000 元时)后的余额。

四、稿酬所得适用税率

稿酬所得,适用比例税率,税率为 20%,并按应纳税额减征 30%,即只征收 70%的税额,其实际税率为 14%。

五、特许权使用费所得,利息、股息、红利所得,财产租赁所得,财产转让所得,偶然所得和其他所得适用税率

特许权使用费所得,利息、股息、红利所得,财产租赁所得,财产转让所得,偶然所得和其他所得,适用比例税率,税率均为 20%。

另外,为了配合国家住房制度改革,支持住房租赁市场的健康发展,从 2008 年 3 月 1 日起,对个人出租住房取得的所得暂减按 10%的税率征收个人所得税。

任务5　个人所得税优惠政策的运用

一、个人所得税的免税项目

(1) 省级人民政府、国务院部委和中国人民解放军以上单位,以及外国组织、国际组织颁发的科学、教育、技术、文化、卫生、体育、环境保护等方面的奖金。

应当注意的是,"省政府"给奥运会冠军颁发的体育奖金免税,"县政府"给奥运会冠军颁发的体育奖金仍需缴纳个人所得税。

(2) 国债和国家发行的金融债券的利息。

(3) 按照"国家统一规定"发给的补贴、津贴(如政府特殊津贴、院士津贴、资深院士津贴)。

(4) 福利费、抚恤金、救济金。

福利费是指根据国家有关规定,从单位提留的福利费或者从工会经费中支付给个人的生活补助费。

知识释疑 8-4

个人所得税法规定免税的福利费应如何界定?

(5) 保险赔款。

（6）军人的转业费、复员费。

（7）按照"国家统一规定"发给干部、职工的安家费、退职费、退休工资、离休工资、离休生活补助费。

（8）在中国境内无住所，但是在一个纳税年度内在中国境内连续或累计居住不超过 90 日的个人，其来源于中国境内的所得，由"境外雇主"支付并且不由该雇主在中国境内的机构、场所负担的部分，免予缴纳个人所得税。

（9）对外籍个人取得的探亲费，免征个人所得税。

可以享受免税政策的探亲费，仅限于外籍个人在我国的受雇地与其家庭所在地（包括配偶或者父母居住地）之间搭乘交通工具且每年不超过 2 次的费用。

（10）根据国家规定，单位为个人缴付和个人缴付的住房公积金、基本医疗保险费、基本养老保险费、失业保险费，从纳税人的应纳税所得额中扣除。

（11）按照国家有关城镇房屋拆迁管理办法规定的标准，被拆迁人取得的拆迁补偿款，免征个人所得税。

二、个人所得税的减税项目

有下列情形之一的，经批准可以减征个人所得税：

（1）残疾、孤老人员和烈属的所得。

（2）因严重自然灾害造成重大损失的。

（3）其他经国务院财政部门批准减税的。

上述减税项目的减征幅度和期限，由省、自治区、直辖市人民政府规定。

三、个人所得税的暂免征税项目

（1）外籍个人以非现金形式或实报实销形式取得的住房补贴、伙食补贴、搬迁费、洗衣费。

知识释疑 8-5

现金形式的住房补贴可否在缴纳个税前扣除？

（2）外籍个人按合理标准取得的境内、境外出差补贴。

（3）外籍个人取得的语言训练费、子女教育费等，经当地税务机关审核批准为合理的部分。

（4）外籍个人从外商投资企业取得的股息、红利所得。

（5）个人举报、协查各种违法、犯罪行为而获得的奖金。

（6）个人转让自用达 5 年以上，并且是唯一的家庭生活用房取得的所得，暂免征收个人所得税。

（7）对个人购买福利彩票、赈灾彩票、体育彩票，一次中奖收入在 1 万元以下的（含 1 万元），暂免征收个人所得税；超过 1 万元的，全额征收个人所得税。

（8）达到离休、退休年龄，但确因工作需要，适当延长离休、退休年龄的高级专家（指享受国家发放的政府特殊津贴的专家、学者），其在延长离休、退休期间的工资、薪金所得,视同离休、退休工资,免征个人所得税。

(9) 对国有企业职工,因企业依法被宣告破产,从破产企业取得的一次性安置费收入,免予征收个人所得税。

(10) 职工与用人单位解除劳动关系取得的一次性补偿收入(包括用人单位发放的经济补偿金、生活补助费和其他补助费用),在当地上年职工年平均工资3倍数额以内的部分,可免征个人所得税;超过该标准的一次性补偿收入,应按照国家有关规定征收个人所得税。

(11) 城镇企业、事业单位及其职工个人按照《失业保险条例》规定的比例,实际缴付的失业保险费,均不计入职工个人当期的工资、薪金收入,免予征收个人所得税。城镇企业、事业单位和职工个人超过上述规定的比例缴付失业保险费的将其超过规定比例缴付的部分计入职工个人当期的工资、薪金收入,依法计征个人所得税。

(12) 企业和个人按照国家或地方政府规定的比例,提取并向指定金融机构实际缴付的住房公积金、医疗保险金、基本养老保险金,免予征收个人所得税。

(13) 个人领取原提存的住房公积金、医疗保险金、基本养老保险金,以及具备《失业保险条例》中规定条件的失业人员领取的失业保险金,免予征收个人所得税。

(14) 个人取得的教育储蓄存款利息所得和按照国家或省级人民政府规定的比例缴付的住房公积金、医疗保险金、基本养老保险金、失业保险金存入银行个人账户所取得的利息所得,免予征收个人所得税。

(15) 自2008年10月9日(含)起,对储蓄存款利息所得暂免征收个人所得税。

(16) 自2009年5月25日(含)起,以下情形的房屋产权无偿赠与,对当事双方不征收个人所得税:

① 房屋产权所有人将房屋产权无偿赠与配偶、父母、子女、祖父母、外祖父母、孙子女、外孙子女、兄弟姐妹。

② 房屋产权所有人将房屋产权无偿赠与对其承担直接抚养或者赡养义务的抚养人或者赡养人。

③ 房屋产权所有人死亡,依法取得房屋产权的法定继承人、遗嘱继承人或者受遗赠人。

任务6　个人所得税应纳税额的计算

一、工资薪金所得应纳税额的计算

(一) 一般工资、薪金所得应纳税额的计算

工资、薪金所得适用七级超额累进税率,其应纳税额的计算公式为:

应纳税额＝应纳税所得额×适用税率－速算扣除数

＝(每月含税收入额－减除费用标准)×适用税率－速算扣除数

工资、薪金所得,自 2011 年 9 月 1 日起,以每月收入额减除费用 3 500 元后的余额,为应纳税所得额。

在中国境内的外商投资企业和外国企业中工作取得工资、薪金所得的外籍人员,应聘在中国境内的企业、事业单位、社会团体、国家机关中工作取得工资、薪金所得的外籍专家,在中国境内有住所而在中国境外任职或者受雇取得工资、薪金所得的个人,费用扣除总额为 4 800 元。

工作实例 8-1

王某 2017 年 2 月工资收入为 10 000 元人民币,其中含差旅费津贴 600 元,托儿补助费 400 元。

【工作要求】 计算王某当月应缴纳个人所得税的应纳税所得额。

【工作实施】 不属于工资、薪金性质的"补贴、津贴",不征收个人所得税,具体包括:

① 独生子女补贴。

② 执行公务员工资制度未纳入基本工资总额的补贴、津贴差额和家属成员的副食补贴。

③ 托儿补助费。

④ 差旅费津贴、误餐补助。

应纳税所得额=10 000-600-400-3 500=5 500(元)。

实务释疑 8-8

我公司员工年终购物卡等福利是否需要扣缴个人所得税?

(二) 为纳税人代付工资、薪金所得税款的应纳税额计算(不含税工资、薪金所得应纳税额的计算)

如果单位或个人为纳税人代付税款的,应当将单位或个人支付给纳税人的不含税支付额(或称纳税人取得的不含税收入额)换算为应纳税所得额,然后按规定计算应代付的个人所得税款,其应纳税所得额及应纳税额的计算公式为:

① 应纳税所得额=(每月不含税收入额-费用扣除标准-速算扣除数)÷(1-税率)。

② 应纳税额=应纳税所得额×适用税率-速算扣除数。

公式①中的税率,是指不含税所得(每月不含税收入额-费用扣除标准)按不含税级距对应的税率(见表 8-2 中的不含税级距对应的税率)。

工作实例 8-2

2017 年 1 月,甲企业为张某、李某每月各发工资 10 000 元。但合同约定,张某自己承担个人所得税,即张某收入 10 000 元为税前所得;李某个人所得税由该企业承担,即李某收入 10 000 元为税后所得。

【工作要求】 计算张某和李某每月应缴纳的个人所得税。

【工作实施】 张某应纳个人所得税＝(10 000－3 500)×20％－555＝745(元)

李某应纳税所得额＝(10 000－3 500－555)÷(1－20％)＝7 431.25(元)

李某应纳个人所得税＝7 431.25×20％－555＝931.25(元)

(二) 全年一次性奖金及其他奖金应纳税额的计算

(1) 纳税人取得全年一次性奖金,单独作为一个月工资、薪金所得计算纳税,由扣缴义务人发放时代扣代缴。具体计税办法如下:

① 先将雇员当月内取得的全年一次性奖金除以 12 个月,按其商数确定适用税率和速算扣除数。如果在发放年终一次性奖金的当月,雇员当月工资薪金所得低于税法规定的费用扣除数,应将全年一次性奖金减除"雇员当月工资薪金所得与费用扣除额的差额"后的余额,按上述办法确定全年一次性奖金的适用税率和速算扣除数。

② 对全年一次性奖金个人所得税的计算公式如下:

若雇员当月工资薪金所得高于(或等于)税法规定的费用扣除额:

$$应纳税额＝雇员当月取得全年一次性奖金×适用税率－速算扣除数$$

若雇员当月工资薪金所得低于税法规定的费用扣除额:

$$应纳税额＝(雇员当月取得全年一次性奖金－雇员当月工资薪金所得与费用扣除额的差额)×$$
$$适用税率－速算扣除数$$

实务释疑 8-9

我公司年终时一次性给员工发放的绩效工资,能否作为全年一次性奖金计征个人所得税?

(2) 雇员取得除全年一次性奖金以外的其他各种名目奖金,如半年奖、季度奖、加班奖、先进奖、考勤奖等,一律与当月工资、薪金收入合并,按税法规定缴纳个人所得税。

工作实例 8-3

中国公民王某 2017 年 12 月份取得当月税前工薪收入 3 800 元(即含税工薪收入)和 2017 年的年终税前奖金 36 000 元(即含税奖金)。李某 2017 年 12 月份取得当月税前工薪收入 3 200 元(即含税工薪收入)和 2017 年的年终税前奖金 50 000 元(即含税奖金)。

【工作要求】 (1) 计算王某 2017 年 12 月应缴纳的个人所得税。

(2) 计算李某 2017 年 12 月应缴纳的个人所得税。

【工作实施】 (1) 王某 12 月工薪收入应纳个人所得税＝(3 800－3 500)×3％＝9(元)

36 000÷12＝3 000(元),查表可知适用税率为 10％,速算扣除数为 105。

王某年终奖应纳个人所得税＝36 000×10％－105＝3 495(元)。

王某当月应缴纳的个人所得税合计＝9＋3 495＝3 504(元)。

(2) 李某 12 月工薪收入低于 3 500 元,不纳税。

[50 000－(3 500－3 000)]÷12＝49 500÷12＝4 125(元),查表可知适用税率为

10%,速算扣除数为 105。

李某年终奖应纳个人所得税＝49 500×10%－105＝4 845(元)。

李某当月应缴纳的个人所得税合计＝0＋4 845＝4 845(元)。

(四) 不含税全年一次性奖金应纳税额的计算

分步骤计算不含税全年一次性奖金换算为含税奖金计征个人所得税的具体办法如下：

(1) 按照不含税的全年一次性奖金收入除以 12 的商数,查找相应适用税率 A 和速算扣除数 a。

(2) 含税的全年一次性奖金收入＝(不含税的全年一次性奖金收入－速算扣除数 a)÷(1－适用税率 A)。

(3) 按含税的全年一次性奖金收入除以 12 的商数,重新查找适用税率 B 和速算扣除数 b。

(4) 应纳税额＝含税的全年一次性奖金收入×适用税率 B－速算扣除数 b。

如果纳税人取得不含税全年一次性奖金收入的当月工资、薪金所得,低于税法规定的费用扣除额,应先将不含税全年一次性奖金减去当月工资、薪金所得低于税法规定费用扣除额的差额部分后,再按照上述四步规定处理。

工作实例 8-4

中国公民孙某 2017 年 12 月份取得当月含税工薪收入 5 800 元和 2017 年的年终税后奖金(即不含税奖金)18 000 元。张某 2017 年 12 月份取得当月含税工薪收入 2 500 元和 2017 年的年终税后奖金(即不含税奖金)25 000 元。

【工作要求】

(1) 计算孙某 2017 年 12 月应缴纳的个人所得税。

(2) 计算张某 2017 年 12 月应缴纳的个人所得税。

【工作实施】 (1) 孙某 12 月工资应纳个人所得税＝(5 800－3 500)×10%－105＝125(元)。

孙某税后年终奖金应纳个人所得税计算过程如下：

① 18 000÷12＝1 500(元) 第一次查表可知适用税率为 10%,速算扣除数为 105。

② 换算成含税一次性奖金＝(18 000－105)÷(1－10%)＝19 883.33(元)。

③ 19 883.33÷12＝1 656.94(元) 第二次查表可知适用税率为 10%,速算扣除数为 105。

④ 孙某年终奖金应纳个人所得税＝19 883.33×10%－105＝1 883.33(元)。

当月孙某应纳个人所得税合计＝125＋1 883.33＝2 008.33(元)。

(2) 张某 12 月工薪收入低于 3 500 元,不纳税。

张某税后年终奖金应纳个人所得税计算过程如下：

① [25 000－(3 500－2 500)]÷12＝24 000÷12＝2 000(元),第一次查表可知适用税率为 10%,速算扣除数为 105。

② 换算成含税一次性奖金＝(24 000－105)÷(1－10%)＝26 550(元)。

③ 26 550÷12＝2 212.5(元)第二次查表可知适用税率为 10％,速算扣除数为 105。

④ 张某年终奖金应纳个人所得税＝26 550×10％－105＝2 550(元)。

当月张某应纳个人所得税合计＝0＋2 550＝2 550(元)。

二、个体工商户的生产、经营所得应纳税额的计算

(一) 应纳税所得额的计算

个体工商户的生产、经营所得,以每一纳税年度的收入总额,减除成本、费用、税金、损失、其他支出以及允许弥补的以前年度亏损后的余额,为应纳税所得额。

其计算公式为:

应纳税所得额＝收入总额－成本、费用、税金、损失、其他支出以及允许弥补的以前年度亏损

个体工商户从事生产经营以及与生产经营有关的活动(以下简称生产经营)取得的货币形式和非货币形式的各项收入,为收入总额。包括:销售货物收入、提供劳务收入、转让财产收入、利息收入、租金收入、接受捐赠收入、其他收入。其他收入包括个体工商户资产溢余收入、逾期一年以上的未退包装物押金收入、确实无法偿付的应付款项、已作坏账损失处理后又收回的应收款项、债务重组收入、补贴收入、违约金收入、汇兑收益等。成本是指个体工商户在生产经营活动中发生的销售成本、销货成本、业务支出以及其他耗费。费用是指个体工商户在生产经营活动中发生的销售费用、管理费用和财务费用,已经计入成本的有关费用除外。税金是指个体工商户在生产经营活动中发生的除个人所得税和允许抵扣的增值税以外的各项税金及其附加。损失是指个体工商户在生产经营活动中发生的固定资产和存货的盘亏、毁损、报废损失,转让财产损失,坏账损失,自然灾害等不可抗力因素造成的损失以及其他损失。其他支出是指除成本、费用、税金、损失外,个体工商户在生产经营活动中发生的与生产经营活动有关的、合理的支出。

个体工商户下列支出不得扣除:

(1) 个人所得税税款。

(2) 税收滞纳金。

(3) 罚金、罚款和被没收财物的损失。

(4) 不符合扣除规定的捐赠支出。

(5) 赞助支出(是指个体工商户发生的与生产经营活动无关的各种非广告性质支出)。

(6) 用于个人和家庭的支出。

(7) 与取得生产经营收入无关的其他支出。

(8) 国家税务总局规定不准扣除的支出。

个体工商户生产经营活动中,应当分别核算生产经营费用和个人、家庭费用。对于生产经营与个人、家庭生活混用难以分清的费用,其 40％视为与生产经营有关费用,准予扣除。

亏损是指个体工商户依照本办法规定计算的应纳税所得额小于零的数额。个体工商户纳税年度发生的亏损,准予向以后年度结转,用以后年度的生产经营所得弥补,但结转年限最长不得超过 5 年。个体工商户使用或者销售存货,按照规定计算的存货成本,准予在计算应纳税所得额时扣除。个体工商户转让资产,该项资产的净值,准予在计算应纳税所得额时扣除。

(二) 应纳税额的计算

个体工商户和个人独资、合伙企业投资者取得的生产、经营所得应纳的税款,分月预缴的,纳税人在每月终了后 15 日内办理纳税申报;分季预缴的,纳税人在每个季度终了后 15 日内办理纳税申报;纳税年度终了后,纳税人在 3 个月内进行汇算清缴。其计算公式为:

$$应纳税额 = 应纳税所得额 \times 适用税率 - 速算扣除数$$
$$= (收入总额 - 成本、费用、税金、损失、其他支出以及允许弥补的以前年度亏损) \times$$
$$适用税率 - 速算扣除数$$

(三) 对个体工商户个人所得税计算征收的有关规定(包括但不限于)

(1) 自 2011 年 9 月 1 日起,个体工商户业主的费用扣除标准统一确定为 42 000 元/年,即 3 500 元/月。

(2) 个体工商户向其从业人员实际支付的合理的工资、薪金支出,允许在税前据实扣除。个体工商户业主的工资、薪金支出不得税前扣除。

(3) 个体工商户按照国务院有关主管部门或者省级人民政府规定的范围和标准为其业主和从业人员缴纳的基本养老保险费、基本医疗保险费、失业保险费、生育保险费、工伤保险费和住房公积金,准予扣除。个体工商户为从业人员缴纳的补充养老保险费、补充医疗保险费,分别在不超过从业人员工资总额 5% 标准内的部分据实扣除;超过部分,不得扣除。个体工商户业主本人缴纳的补充养老保险费、补充医疗保险费,以当地(地级市)上年度社会平均工资的 3 倍为计算基数,分别在不超过该计算基数 5% 标准内的部分据实扣除;超过部分,不得扣除。

(4) 除个体工商户依照国家有关规定为特殊工种从业人员支付的人身安全保险费和财政部、国家税务总局规定可以扣除的其他商业保险费外,个体工商户业主本人或者为从业人员支付的商业保险费,不得扣除。

(5) 个体工商户在生产经营活动中发生的合理的不需要资本化的借款费用,准予扣除。个体工商户为购置、建造固定资产、无形资产和经过 12 个月以上的建造才能达到预定可销售状态的存货发生借款的,在有关资产购置、建造期间发生的合理的借款费用,应当作为资本性支出计入有关资产的成本,并依照本办法的规定扣除。

(6) 个体工商户在生产经营活动中发生的下列利息支出,准予扣除:向金融企业借款的利息支出;向非金融企业和个人借款的利息支出,不超过按照金融企业同期同类贷款利率计算的数额的部分。

(7) 个体工商户在货币交易中,以及纳税年度终了时将人民币以外的货币性资产、负债按照期末即期人民币汇率中间价折算为人民币时产生的汇兑损失,除已经计入有关资产成本部分外,准予扣除。

(8) 个体工商户向当地工会组织拨缴的工会经费、实际发生的职工福利费支出、职工教育经费支出分别在工资薪金总额的 2%、14%、2.5% 的标准内据实扣除。工资薪金总额是指允许在当期税前扣除的工资、薪金支出数额。职工教育经费的实际发生数额超出规定比例当期不能扣除的数额,准予在以后纳税年度结转扣除。个体工商户业主本人向当地工会组织缴纳的工会经费、实际发生的职工福利费支出、职工教育经费支出,以当地(地级市)上年度社会平均工资的 3 倍为计算基数,在本条第一款规定比例内据实扣除。

(9) 个体工商户发生的与生产经营活动有关的业务招待费,按照实际发生额的 60% 扣除,但最高不得超过当年销售(营业)收入的 5‰。业主自申请营业执照之日起至开始生产经营之日止所发生的业务招待费,按照实际发生额的 60% 计入个体工商户的开办费。

(10) 个体工商户每一纳税年度发生的与其生产经营活动直接相关的广告费和业务宣传费不超过当年销售(营业)收入 15% 的部分,可以据实扣除;超过部分,准予在以后纳税年度结转扣除。

(11) 个体工商户代其从业人员或者他人负担的税款,不得税前扣除。

(12) 个体工商户按照规定缴纳的摊位费、行政性收费、协会会费等,按实际发生数额扣除。

(13) 个体工商户根据生产经营活动的需要租入固定资产支付的租赁费,按照以下方法扣除:以经营租赁方式租入固定资产发生的租赁费支出,按照租赁期限均匀扣除;以融资租赁方式租入固定资产发生的租赁费支出,按照规定构成融资租入固定资产价值的部分应当提取折旧费用,分期扣除。

(14) 个体工商户参加财产保险,按照规定缴纳的保险费,准予扣除。

(15) 个体工商户发生的合理的劳动保护支出,准予扣除。

(16) 个体工商户自申请营业执照之日起至开始生产经营之日止所发生符合本办法规定的费用,除为取得固定资产、无形资产的支出,以及应计入资产价值的汇兑损益、利息支出外,作为开办费,个体工商户可以选择在开始生产经营的当年一次性扣除,也可自生产经营月份起在不短于 3 年期限内摊销扣除,但一经选定,不得改变。开始生产经营之日为个体工商户取得第一笔销售(营业)收入的日期。

(17) 个体工商户通过公益性社会团体或者县级以上人民政府及其部门,用于《中华人民共和国公益事业捐赠法》规定的公益事业的捐赠,捐赠额不超过其应纳税所得额 30% 的部分可以据实扣除。财政部、国家税务总局规定可以全额在税前扣除的捐赠支出项目,按有关规定执行。个体工商户直接对受益人的捐赠不得扣除。公益性社会团体的认定,按照财政部、国家税务总局、民政部有关规定执行。

(18) 个体工商户研究开发新产品、新技术、新工艺所发生的开发费用,以及研究开发新产品、新技术而购置单台价值在 10 万元以下的测试仪器和试验性装置的购置费准予直接扣除;单台价值在 10 万元以上(含 10 万元)的测试仪器和试验性装置,按固定资产管理,不得在当期直接扣除。

实务释疑 8-10

我单位为个人独资企业,可以申请定期定额征收方式吗?

三、对企事业单位的承包经营、承租经营所得应纳税额的计算

对企事业单位的承包经营、承租经营有两种情况,个人所得税也分别涉及两个项目:一是承包、承租人对企业经营成果不拥有所有权,仅是按合同(协议)规定取得一定所得的,其所得按工资、薪金所得项目征税,适用 3%～45% 的超额累进税率;二是承包、承租人按合同(协议)的规定只向发包、出租方交纳一定费用后,企业经营成果归其所有的,承包、承租人取得的所得,视为企事业单位的承包经营、承租经营所得项目,适用 5%～35% 的超额累进税率。第一种情况应纳税额的计算同工资薪金所得应纳税额的计算,第二种情况应纳税额的计算如下。

(一) 应纳税所得额的计算

对企事业单位的承包经营、承租经营所得,以每一纳税年度的收入总额,减去必要费用后的余额,为应纳税所得额。其计算公式为:

$$应纳税所得额＝纳税年度收入总额－必要费用$$

上述公式中,纳税年度收入总额为纳税人按照承包经营、承租经营合同规定分得的经营利润扣除上缴的承包费后的余额;必要费用的减除为每月 3 500 元。

在一个纳税年度中,承包经营或者承租经营期限不足 1 年,以其实际经营期为纳税年度。

(二) 应纳税额的计算

纳税人年终一次性取得对企事业单位的承包经营、承租经营所得的,自取得所得之日起 30 日内办理纳税申报;在 1 个纳税年度内分次取得承包经营、承租经营所得的,在每次取得所得后的次月 15 日内申报预缴;纳税年度终了后 3 个月内汇算清缴。其计算公式为:

$$应纳税额＝应纳税所得额×适用税率－速算扣除数$$
$$＝(纳税年度收入总额－必要费用)×适用税率－速算扣除数$$

工作实例 8-5

王某 2017 年承包某商店,承包期限 1 年,取得承包经营利润 100 000 元,按合同规定承包人每年应从承包经营利润中上缴承包费 22 000 元。

【工作要求】 计算王某全年应缴纳的个人所得税。

【工作实施】 全年应纳税所得额＝(100 000－22 000)－3 500×12＝36 000(元)。

全年应缴纳个人所得税＝36 000×20%－3 750＝3 450 (元)。

四、劳务报酬所得应纳税额的计算

(一) 含税劳务报酬应纳税所得额的计算

劳务报酬所得以个人每次取得的收入,定额或定率减除规定费用后的余额为应纳税所得额。每次收入不超过 4 000 元的,定额减除费用 800 元;每次收入在 4 000 元以

上的,定率减除 20% 的费用。其计算公式如下:

(1) 每次收入不超过 4 000 元的:

$$应纳税所得额=每次收入额-800 元$$

(2) 每次收入在 4 000 元以上的:

$$应纳税所得额=每次收入额\times(1-20\%)$$

获得劳务报酬所得的纳税人从其收入中支付给中介人和相关人员的报酬,除另有规定外,在定率扣除 20% 的费用后,一律不再扣除。对中介人和相关人员取得的报酬,应分别计征个人所得税。

劳务报酬所得,属于一次性收入的,以取得该项收入为一次;属于同一项目连续性收入的,以一个月内取得的收入为一次。

(二) 含税劳务报酬应纳税额的计算

劳务报酬所得实际上适用三级超额累进税率,其应纳税额的计算公式如下:

(1) 每次收入不超过 4 000 元的:

$$应纳税额=应纳税所得额\times适用税率=(每次收入额-800 元)\times20\%$$

(2) 每次收入在 4 000 元以上且不超过 25 000 元的:

$$应纳税额=应纳税所得额\times适用税率=每次收入额\times(1-20\%)\times20\%$$

(3) 每次收入在 25 000 元以上的(即应纳税所得额在 20 000 元以上的):

$$应纳税额=应纳税所得额\times适用税率-速算扣除数$$
$$=每次收入额\times(1-20\%)\times适用税率-速算扣除数$$

知识释疑 8-6

不同项目劳务报酬所得应如何计缴个人所得税?

工作实例 8-6

钱某在一次演出中取得收入 20 000 元。

【工作要求】 计算钱某应缴纳的个人所得税。

【工作实施】 钱某应缴纳个人所得税=$20 000\times(1-20\%)\times20\%=3 200$(元)。

(三) 为纳税人代付劳务报酬所得税款的应纳税额计算(不含税劳务报酬所得应纳税额的计算)

如果单位或个人为纳税人代付税款的,应当将单位或个人支付给纳税人的不含税支付额(或称纳税人取得的不含税收入额)换算为应纳税所得额,然后按规定计算应代付的个人所得税款。其计算公式如下:

(1) 不含税收入额不超过 3 360 元的:

① 应纳税所得额=(不含税收入额-800)÷(1-适用税率)

② 应纳税额=应纳税所得额×适用税率

（2）不含税收入额超过 3 360 元的：

① 应纳税所得额＝[(不含税收入额－速算扣除数)×(1－20%)]÷[1－适用税率×(1－20%)]

或　　　　　　　　＝[(不含税收入额－速算扣除数)×(1－20%)]÷当级换算系数

② 应纳税额＝应纳税所得额×适用税率－速算扣除数

上述（1）中的公式①和（2）中的公式①中的税率，是指不含税劳务报酬收入所对应的税率（见表 8-5）；（1）中的公式②和（2）中的公式②中的税率，是指应纳税所得额（含税）所对应的税率（见表 8-4）。

表 8-5　　　　　　　　　不含税劳务报酬收入适用税率表

级数	不含税劳务报酬收入额	税率	速算扣除数（元）	换算系数
1	未超过 3 360 元的部分	20%	0	无
2	3 360—21 000 元的部分	20%	0	84%
3	21 000—49 500 元的部分	30%	2 000	76%
4	49 500 元的部分	40%	7 000	68%

工作实例 8-7

王某为某会计专家，2017 年 9 月为 A 单位提供咨询服务取得收入 5 000 元（税前收入），付给中介人 500 元；9～10 月份到 B 学校讲学 4 次（讲学共 4 次，其中当年 9 月份讲学 1 次，当年 10 月再讲学 3 次），每次收入均为 8 000 元，共取得 24 000 元收入，合同注明讲学收入为税后收入。

【工作要求】 计算王某 2017 年 9 月份、10 月份应缴纳的个人所得税。

【工作实施】 （1）9 月咨询收入不能减除付给中介人的费用，应纳税额＝5 000×(1－20%)×20%＝800（元）；

B 校讲学以一个月内取得的收入为一次，9 月讲学收入应纳税额计算如下。

9 月讲学应纳税所得额＝8 000×(1－20%)÷[1－20%×(1－20%)]＝8 000×(1－20%)÷84%＝7 619.05（元）；

9 月讲学应纳税额＝7 619.05×20%＝1 523.81（元）；

9 月合计纳税＝800＋1 523.81＝2 323.81（元）。

（2）10 月讲学收入应纳税额计算如下：

10 月讲学收入总额＝8 000×3＝24 000（元）；

10 月讲学应纳税所得额＝[(24 000－2 000)×(1－20%)]÷[1－30%×(1－20%)]

＝[(24 000－2 000)×(1－20%)]÷76%＝23 157.89（元）；

10 月讲学应纳税额＝23 157.89×30%－2 000＝4 947.37（元）。

五、稿酬所得应纳税额的计算

（一）应纳税所得额的计算

稿酬所得以每次取得收入定额或定率减除规定费用后的余额为应纳税所得额。每次收入不超过 4 000 元的,定额减除费用 800 元;每次收入在 4 000 元以上的,定率减除 20%的费用。其计算公式如下:

(1) 每次收入不超过 4 000 元的:

$$应纳税所得额=每次收入额-800 元$$

(2) 每次收入在 4 000 元以上的:

$$应纳税所得额=每次收入额\times(1-20\%)$$

稿酬所得实行按次计征,对于"次"的具体规定如下:

(1) 同一作品再版取得的所得,应视作另一次稿酬所得计征个人所得税。

(2) 同一作品先在报刊上连载,然后再出版,或先出版,再在报刊上连载的,应视为两次稿酬所得征税,即连载作为一次,出版作为另一次。

(3) 同一作品在报刊上连载取得收入的,以连载完成后取得的所有收入合并为一次,计征个人所得税。

(4) 同一作品在出版和发表时,以预付稿酬或分次支付稿酬等形式取得的稿酬收入,应合并计算为一次。

(5) 同一作品出版、发表后,因添加印数而追加稿酬的,应与以前出版、发表时取得的稿酬合并计算为一次,计征个人所得税。

(二) 应纳税额的计算

稿酬所得,适用 20%的比例税率,并按应纳税额减征 30%。其应纳税额的计算公式如下:

(1) 每次收入不超过 4 000 元的:

$$应纳税额=应纳税所得额\times适用税率\times(1-30\%)=(每次收入额-800)\times20\%\times(1-30\%)$$

(2) 每次收入在 4 000 元以上的:

$$应纳税额=应纳税所得额\times适用税率\times(1-30\%)=每次收入额\times(1-20\%)\times20\%\times(1-30\%)$$

工作实例 8-8

作家李某的一篇小说在一家日报上连载两个月,第一个月月末报社支付稿酬 3 000 元;第二个月月末报社支付稿酬 5 000 元。

【工作要求】 计算李某两个月所获稿酬应缴纳的个人所得税。

【工作实施】 作家李某的小说在报上连载,分别取得稿酬 3 000 元和 5 000 元,应合并计税。应缴纳个人所得税=(3 000+5 000)×(1-20%)×20%×(1-30%)=896(元)。

六、特许权使用费所得应纳税额的计算

(一) 应纳税所得额的计算

特许权使用费所得,以每次取得收入定额或定率减除规定费用后的余额为应纳税所得额。每次收入不超过 4 000 元的,定额减除费用 800 元;每次收入在 4 000 元以上的,定率减除 20%的费用。其计算公式如下:

（1）每次收入不超过 4 000 元的：

$$应纳税所得额＝每次收入额－800 元$$

（2）每次收入在 4 000 元以上的：

$$应纳税所得额＝每次收入额×(1－20\%)$$

（二）应纳税额的计算

特许权使用费所得,适用 20％的比例税率。其应纳税额的计算公式如下：
（1）每次收入不超过 4 000 元的：

$$应纳税额＝应纳税所得额×适用税率＝(每次收入额－800 元)×20\%$$

（2）每次收入在 4 000 元以上的：

$$应纳税额＝应纳税所得额×适用税率＝每次收入额×(1－20\%)×20\%$$

工作实例 8-9

2017 年我国作家徐某出版一部长篇小说,2 月份收到预付稿酬 20 000 元,4 月份小说正式出版又取得稿酬 20 000 元;10 月份将小说手稿在境外某国公开拍卖,取得收入 100 000 元,并按该国有关规定缴纳了个人所得税 8 000 元。

【工作要求】 计算徐某上述所得在中国境内应缴纳的个人所得税。

【工作实施】 拍卖收入按特许权使用费所得征税。

应缴纳个人所得税合计＝(20 000＋20 000)×(1－20％)×20％×(1－30％)＋[100 000×(1－20％)×20％－8 000]＝12 480(元)。

七、财产租赁所得应纳税额的计算

（一）应纳税所得额的计算

财产租赁所得一般以个人每次取得的收入,定额或定率减除规定费用后的余额为应纳税所得额。每次收入不超过 4 000 元的,定额减除费用 800 元;每次收入在 4 000 元以上的,定率减除 20％的费用。其计算公式如下：
（1）每次（月）收入不超过 4 000 元的：

$$应纳税所得额＝每次(月)收入额－准予扣除项目－修缮费用(800 元为限)－800 元$$

（2）每次（月）收入超过 4 000 元的：

$$应纳税所得额＝[每次(月)收入额－准予扣除项目－修缮费用(800 元为限)]×(1－20\%)$$

个人出租财产取得的财产租赁收入,在计算缴纳个人所得税时,应依次扣除以下费用：

① 准予扣除项目:主要指财产租赁过程中缴纳的税费。

② 由纳税人负担的该出租财产实际开支的修缮费用。修缮费的扣除以每次 800 元为限。一次扣除不完的,准予在下一次继续扣除,直到扣完为止。

③ 税法规定的费用扣除标准(即定额减除费用 800 元或定率减除 20％的费用)。

个人出租房屋的个人所得税应税收入不含增值税,计算房屋出租所得可扣除的税费不包括本次出租缴纳的增值税。个人转租房屋的,其向房屋出租方支付的租金及增值税额,在计算转租所得时予以扣除。免征增值税的,确定计税依据时,租金收入不扣减增值税额。

财产租赁所得以一个月内取得的收入为一次。

(二) 应纳税额的计算

财产租赁所得适用 20% 的比例税率,但对个人出租住房取得的所得暂减按 10% 的税率征收个人所得税。其应纳税额的计算公式如下:

(1) 每次(月)收入不超过 4 000 元的:

$$应纳税额 = 应纳税所得额 \times 适用税率(20\% 或 10\%)$$

或

$$= [每次(月)收入额 - 准予扣除项目 - 修缮费用(800元为限) - 800] \times 适用税率(20\% 或 10\%)$$

(2) 每次(月)收入超过 4 000 元的:

$$应纳税额 = 应纳税所得额 \times 适用税率(20\% 或 10\%)$$

或

$$= [每次(月)收入额 - 准予扣除项目 - 修缮费用(800元为限)] \times (1-20\%) \times 适用税率(20\% 或 10\%)$$

工作实例 8-10

张某 3 月份将自己的一套三居室出租,年租金 36 000 元(不含增值税),租金按月平均收取,当月发生修缮费用 1 200 元,房屋出租过程中的其他税费为 50 元。

【工作要求】 计算张某当月应缴纳的个人所得税。

【工作实施】 每次(月)收入额 = 36 000 ÷ 12 = 3 000(元),张某本月应缴纳的个人所得税 = (3 000 - 50 - 800 - 800) × 10% = 135(元)。

八、财产转让所得应纳税额的计算

(一) 应纳税所得额的计算

1. 一般情况下财产转让所得应纳税所得额的计算

财产转让所得一般以收入总额扣除财产原值和合理费用后的余额为应纳税所得额。其计算公式为:

$$应纳税所得额 = 收入总额 - 财产原值 - 合理费用$$

财产转让所得中允许减除的财产原值是指以下几方面:

(1) 有价证券。其原值为买入价以及买入时按规定缴纳的有关费用。

(2) 建筑物。其原值为建造费或者购进价格以及其他有关税费。

(3) 土地使用权。其原值为取得土地使用权所支付的金额、开发土地的费用以及其他有关税费。

(4) 机器设备、车船。其原值为购进价格、运输费、安装费,以及其他有关费用。

(5) 其他财产。其原值参照以上方法确定。

如果纳税人未提供完整、准确的财产原值凭证,不能正确计算财产原值,由主管税务机关核定其财产原值。

财产转让所得中允许减除的合理费用,是指卖出财产时按照规定支付的有关费用。

个人转让房屋的个人所得税应税收入不含增值税,其取得房屋时所支付价款中包含的增值税计入财产原值,计算转让所得时可扣除的税费不包括本次转让缴纳的增值税。免征增值税的,确定计税依据时,转让房地产取得的收入不扣减增值税额。

财产转让所得同样采取按次计征的方式,以一件财产的所有权一次转让取得的收入为一次。

2. 个人销售无偿受赠不动产应纳税所得额的计算

为加强房地产交易中个人无偿赠与不动产行为的税收管理,国税发〔2006〕144 号文件规定个人将受赠的不动产对外销售应征收个人所得税。个人将受赠不动产对外销售征收个人所得税的具体规定如下:

(1) 受赠人取得赠与人无偿赠与的不动产后,再次转让该项不动产的,在缴纳个人所得税时,以财产转让收入减除受赠、转让住房过程中缴纳的税金及有关合理费用后的余额为应纳税所得额,按 20% 的适用税率计算缴纳个人所得税。

(2) 个人在受赠和转让住房过程中缴纳的税金,按相关规定处理。

知识释疑 8-7

继承或赠予房产出售如何计算个人所得税?

(二) 应纳税额的计算

财产转让所得适用 20% 的比例税率。其应纳税额的计算公式为:

$$应纳税额 = 应纳税所得额 \times 适用税率 = (收入总额 - 财产原值 - 合理税费) \times 20\%$$

工作实例 8-11

刘某于 2017 年 1 月转让私有住房一套,取得转让收入 240 000 元。该套住房购进时的原价为 200 000 元,转让时支付有关税费为 15 000 元。

【工作要求】 计算刘某转让其私有住房应缴纳的个人所得税。

【工作实施】 应纳税额 = (240 000 - 200 000 - 15 000) × 20% = 5 000(元)

九、利息、股息、红利所得、偶然所得和其他所得应纳税额的计算

利息、股息、红利所得、偶然所得和其他所得个人所得税按次征收,以每次取得的收入为一次,不扣除任何费用,也就是说,其应纳税所得额即为每次收入额。

利息、股息、红利所得、偶然所得和其他所得适用 20% 的比例税率。其应纳税额的计算公式为:

$$应纳税额 = 应纳税所得额 \times 适用税率 = 每次收入额 \times 20\%$$

工作实例 8-12

郑某 2017 年 3 月在某公司举行的有奖销售活动中获得奖金 30 000 元,领奖时发

生交通费 600 元、食宿费 400 元(均由郑某承担)。在颁奖现场郑某直接向某大学图书馆捐款 3 000 元。已知偶然所得适用的个人所得税税率为 20%。

【工作要求】 计算郑某中奖收入应缴纳的个人所得税。

【工作实施】 偶然所得按收入全额计征个人所得税,不扣除任何费用;非公益性的直接捐赠税前不得扣除。应纳税额＝30 000×20%＝6 000(元)。

十、个人所得税几种特殊情况应纳税额的计算

(一) 对公益救济性捐赠支出的扣除

个人将其所得通过中国境内的社会团体、国家机关向教育和其他社会公益事业以及遭受严重自然灾害地区、贫困地区捐赠,捐赠额未超过纳税义务人申报的应纳税所得额 30%的部分,可以从其应纳税所得额中扣除。

纳税人通过中国人口福利基金会、光华科技基金会的公益、救济性捐赠,可在应纳税所得额的 30%内扣除。

按现行规定为支持社会公益事业发展,个人通过中国金融教育发展基金会、中国国际民间组织合作促进会、中国社会工作协会孤残儿童救助基金管理委员会、中国发展研究基金会、陈嘉庚科学奖基金会、中国友好和平发展基金会、中华文学基金会、中华农业科教基金会、中国少年儿童文化艺术基金会和中国公安英烈基金会用于公益救济性捐赠,企业在年度利润总额 12%以内的部分,个人在申报应纳税所得额 30%以内的部分,准予在计算缴纳企业所得税和个人所得税前扣除。

一般捐赠额的扣除以不超过纳税人申报应纳税所得额的 30%为限。其计算公式为:

$$捐赠扣除限额＝申报的应纳税所得额×30\%$$

如果实际捐赠额小于捐赠扣除限额,则按实际捐赠额扣除;如果实际捐赠额大于捐赠扣除限额,只能按捐赠扣除限额扣除。

个人通过非营利的社会团体和国家机关向农村义务教育的捐赠,在计算缴纳个人所得税时,准予在税前的应纳税所得额中全额扣除。

个人的所得(不含"偶然所得"和经国务院财政部门确定征税的"其他所得")用于对"非关联"的科研机构和高等学校研究开发新产品、新技术、新工艺所发生的研究开发经费的资助,可以全额在下月(工资、薪金所得)或下次(按次计征的所得)或"当年"(按年计征的所得)计征个人所得税时,从应纳税所得额中扣除,不足抵扣的,不得结转抵扣。

工作实例 8-13

中国居民王华 2017 年 1 月取得工资、薪金所得 7 500 元,当月拿出 1 500 元通过国家机关对贫困地区进行捐赠。

【工作要求】 计算王华当月应缴纳的个人所得税。

【工作实施】 ① 计算应纳税所得额。

未扣除捐赠前的应纳税所得额＝7 500－3 500＝4 000(元)。

② 计算捐赠扣除限额,确定扣除额。

捐赠扣除限额＝4 000×30％＝1 200(元)。

1 500＞1 200,只能扣除1 200元。

③ 计算应纳税额。

扣除捐赠后的应纳税所得额＝4 000－1 200＝2 800(元),查表可知适用10％的税率,速算扣除数为105。

应纳税额＝2 800×10％－105＝175(元)。

(二) 两人或两人以上的个人共同取得一项收入的个人所得税的计算

两人或两人以上的个人共同取得同一项收入的,每个人应以各自取得的收入分别按照税法规定减除费用后计算纳税,即按"先分、后扣、再税"的办法计算各自应该承担的个人所得税。

工作实例 8-14

某高校5位教师共同编写出版一本50万字的教材,共取得稿酬收入25 000元。其中主编一人先获取主编费7 000元,其余稿酬5人(含主编本人)平分。

【工作要求】 计算下面案例中各教师应缴纳的个人所得税。

【工作实施】 扣除主编费后的所得＝25 000－7 000＝18 000(元)。

平均每人所得＝18 000÷5＝3 600(元)。

主编应纳税额＝[(7 000＋3 600)×(1－20％)]×20％×(1－30％)＝1 187.2(元)。

其余四人每人应纳税额＝(3 600－800)×20％×(1－30％)＝392(元)。

(三) 境外所得已纳税款抵免的计算

对于个人在境外取得所得已在境外缴纳了个人所得税的情况,首先计算该收入按照中国税法应缴纳的个人所得税税额,其次确定是否需要补缴个人所得税:

(1) 如果在境外实际缴纳的个人所得税"低于"境内标准的,需补缴个人所得税。

(2) 如果在境外实际缴纳的个人所得税"高于"境内标准的,无需补税,也不能退税,但可以在以后纳税年度的该国家或地区扣除限额的余额中补扣,补扣期限最长不超过5年。

工作实例 8-15

中国居民张某在2017年度从A、B两国取得应税收入。其中在A国取得特许权使用费收入5 000元,每月取得工资收入为8 000元。两项收入在A国已经缴纳个人所得税2 600元。在B国出版著作,获得稿酬收入(版税)15 000元,并在B国缴纳该项收入的个人所得税1 720元。

【工作要求】 (1) 计算张某在A国所纳的个人所得税的抵减。

(2) 计算张某在B国所纳的个人所得税的抵减。

【工作实施】 (1) A国所纳个人所得税的抵减。

张某特许权使用费所得个人所得税扣除限额(按照中国税法规定应纳个人所得税

税额)＝5 000×(1－20％)×20％＝800(元),工资收入个人所得税扣除限额(按照中国税法规定应纳个人所得税税额)＝[(8 000－4 800)×10％－105]×12＝2 580(元),则张某应补缴个人所得税＝800＋2 580－2 600＝780(元)。

(2) B国所纳个人所得税的抵减。

张某稿酬所得个人所得税扣除限额(按照中国税法规定应纳个人所得税税额)＝[15 000×(1－20％)×20％]×(1－30％)＝1 680(元),该纳税义务人的稿酬所得在B国实际缴纳个人所得税1 720元,超出扣除限额40元,不能在本年度扣除,但可在以后5个纳税年度的该国扣除限额的余额中补减。

项目引例解析

(1) 雇员取得除"全年一次性奖金"以外的其他各种名目奖金,如半年奖、季度奖、加班奖、先进奖、考勤奖等等,一律将全部奖金与当月工资、薪金收入合并,计算征收个人所得税。李某当月按照"工资、薪金所得"项目应缴纳的个人所得税＝(3 200＋2 000＋1 000＋6 000－3 500)×20％－555＝3 370 118 5(元)。

(2) 企业在向个人销售商品(产品)和提供服务的同时给予赠品,如通信企业对个人购买手机赠话费、入网费,或者购话费赠手机等,不征收个人所得税。李某获赠新型手机应缴纳的个人所得税为0。

(3) 个人转让境内上市公司股票,暂不征收个人所得税;转让境外上市公司股票,应计算缴纳个人所得税。李某取得的股票转让所得应缴纳的个人所得税＝30 000×20％＝6 000(元)。

(4) 纳税人如不能提供合法、完整、准确的财产原值凭证,不能正确计算财产原值的,按转让收入额的3％征收率计算缴纳个人所得税,该拍卖品为经文物部门认定是海外回流文物的,按转让收入额的2％征收率计算缴纳个人所得税。李某当月拍卖字画取得的收入应缴纳的个人所得税＝54 000×2％＝1 080(元)。

(5) 在A国取得的稿酬所得,按照我国税法规定应缴纳个人所得税＝42 000×(1－20％)×20％×(1－30％)＝4 704(元)。在A国取得的彩票中奖所得,按照我国税法规定应缴纳个人所得税＝30 000×20％＝6 000(元)。A国取得所得的抵免限额＝4 704＋6 000＝10 704(元),在A国实际已缴纳的税款＝6 000＋5 200＝11 200(元),不需要在我国补税。

在B国取得的设计所得,按照我国税法规定应缴纳个人所得税＝40 000×(1－20％)×30％－2 000＝7 600(元)＞7 000元,则应在我国补税＝7 600－7 000＝600(元)。李某从A国和B国取得的所得应在我国补缴的个人所得税为600元。

任务7　个人所得税的征收管理

一、个人所得税的代扣代缴

我国实行个人所得税代扣代缴和个人自行申报纳税相结合的征收管理制度。

（一）个人所得税代扣代缴的征收管理要求

1. 个人所得税的扣缴义务人

个人所得税采取代扣代缴办法,有利于控制税源,保证税收收入,简化征纳手续,加强个人所得税管理。税法规定,凡支付应纳税所得的单位或个人,都是个人所得税的扣缴义务人。扣缴义务人在向纳税人支付各项应纳税所得时,必须履行代扣代缴税款的义务。扣缴义务人对纳税人的应扣未扣税款应由纳税人予以补缴。

税务机关应根据扣缴义务人所扣缴的税款,提取 2% 的手续费,由扣缴义务人用于代扣代缴费用开支和奖励代扣代缴工作做得较好的办税人员。

2. 个人所得税代扣代缴的范围

（1）扣缴义务人向个人支付下列所得,应代扣代缴个人所得税:

① 工资、薪金所得。

② 对企事业单位的承包经营、承租经营所得。

③ 劳务报酬所得。

④ 稿酬所得。

⑤ 特许权使用费所得。

⑥ 利息、股息、红利所得。

⑦ 财产租赁所得。

⑧ 财产转让所得。

⑨ 偶然所得。

⑩ 经国务院财政部门确定征税的其他所得。

扣缴义务人向个人支付应纳税所得(包括现金、实物和有价证券)时,不论纳税人是否属于本单位人员,均应代扣代缴其应纳的个人所得税税款。

3. 个人所得税的代扣代缴期限

扣缴义务人每月扣缴的税款,应当在次月 15 日内缴入国库。

（二）个人所得税代扣代缴的纳税申报

扣缴义务人代扣代缴个人所得税时,应当填报"扣缴个人所得税报告表"(略)"个人所得税基础信息表"(略)"个人所得税申报表"(见表 8-6)。

二、个人所得税的自行申报

（一）个人所得税自行申报的征收管理要求

1. 个人所得税自行申报的范围

纳税义务人有下列情形之一的,应当按照规定到主管税务机关办理纳税申报:

（1）年所得在 12 万元以上的。

年所得在 12 万元以上的纳税人,无论取得的各项所得是否已足额缴纳了个人所得税,均应当于纳税年度终了后向主管税务机关办理纳税申报。

同时需要注意的是,年所得 12 万元以上的纳税人,不包括在中国境内无住所且在一个纳税年度中在中国境内居住不满 1 年的个人。

（2）从中国境内两处或者两处以上取得工资、薪金所得的。

（3）从中国境外取得所得的。

（4）取得应纳税所得，没有扣缴义务人的。

（5）国务院规定的其他情形。

表 8-6　　　　　　　　　　　　个人所得税申报表

纳税识别号					
纳税人名称		税款所属期		年 月 日至　年 月 日	
序号	所得项目	纳税人数	应纳税所得额合计	应纳所得税额合计	
			合计：		

谨声明：此表是根据《中华人民共和国个人所得税法》及其实施条例和国家相关法律法规规定填报的，是真实的、完整的、可靠的。

法定代表人（负责人）签字：　　　　　　　年　　月　　日

会计主管签字：	代理申报人签字：	纳税人盖章：
收到日期：	接收人：	审核日期：
审核记录：		主管税务机关盖章：
		主管税务官员签字：
	申报日期：　年 月 日	

知识释疑8-8

年所得12万是否包含解除劳动合同一次性补偿金？

2. 个人所得税自行申报的期限

（1）年所得额12万元以上的纳税义务人，在纳税年度终了后3个月内向主管税务机关办理纳税申报。

知识释疑8-9

个人年所得12万元以上未按期限申报，是否有罚款？

实务释疑8-11

我单位是实行核定征收的个人独资企业，在进行年所得12万自行申报时，个体工商户生产经营的年所得额怎么填报？

（2）个体工商户和个人独资、合伙企业投资者取得的生产、经营所得应纳的税款，分月预缴的,纳税人在每月终了后 15 日内办理纳税申报;分季预缴的,纳税人在每个季度终了后 15 日内办理纳税申报;纳税年度终了后,纳税人在 3 个月内进行汇算清缴。

(3)纳税人年终一次性取得对企事业单位的承包经营、承租经营所得的,自取得所得之日起 30 日内办理纳税申报;在 1 个纳税年度内分次取得承包经营、承租经营所得的,在每次取得所得后的次月 15 日内申报预缴;纳税年度终了后 3 个月内汇算清缴。

(4)从中国境外取得所得的纳税人,在纳税年度终了后 30 日内向中国境内主管税务机关办理纳税申报。

(5)除以上规定的情形外,纳税人取得其他各项所得须申报纳税的,在取得所得的次月 15 日内向主管税务机关办理纳税申报。

3. 个人所得税自行申报的地点

(1)在中国境内有任职、受雇单位的,向受雇单位所在地主管税务机关申报。

(2)在中国境内有两处或者两处以上任职、受雇单位的,选择并固定向其中一处单位所在地主管税务机关申报。

(3)在中国境内无任职、受雇单位,年所得项目中有个体工商户的生产、经营所得或者对企事业单位的承包经营、承租经营所得(以下统称生产、经营所得)的,向其中一处实际经营所在地主管税务机关申报。

(4)在中国境内无任职、受雇单位,年所得项目中无生产、经营所得的,向户籍所在地主管税务机关申报。在中国境内有户籍,但户籍所在地与中国境内经常居住地不一致的,选择并固定向其中一地主管税务机关申报。在中国境内没有户籍的,向中国境内经常居住地主管税务机关申报。

(5)其他各种所得的纳税人,纳税申报地点分别如下:

① 从两处或者两处以上取得工资、薪金所得的,选择并固定向其中一处单位所在地主管税务机关申报。

② 从中国境外取得所得的,向中国境内户籍所在地主管税务机关申报。在中国境内有户籍,但户籍所在地与中国境内经常居住地不一致的,选择并固定向其中一地主管税务机关申报。在中国境内没有户籍的,向中国境内经常居住地主管税务机关申报。

③ 个体工商户向实际经营所在地主管税务机关申报。

④ 个人独资、合伙企业投资者兴办两个或两个以上企业的,区分不同情形确定纳税申报地点:

兴办的企业全部是个人独资性质的,分别向各企业的实际经营管理所在地主管税务机关申报;兴办的企业中含有合伙性质的,向经常居住地主管税务机关申报;兴办的企业中含有合伙性质的,个人投资者经常居住地与其兴办企业的经营管理所在地不一致的,选择并固定向其参与兴办的某一合伙企业的经营管理所在地主管税务机关申报;除以上情形外,纳税人应向取得所得所在地主管税务机关申报。

纳税人不得随意变更纳税申报地点,因特殊情况变更纳税申报地点的,须报原主管税务机关备案。

(二)个人所得税自行申报的纳税申报

纳税人自行申报个人所得税时,应当填报"个人所得税申报表"(见表 8-7)。

表 8-7

所得年份： 年

个人所得税纳税申报表

（适用于年所得12万元以上的纳税人申报）

填表日期： 年 月 日

金额单位：人民币元（列至角分）

纳税人姓名		国籍（地区）		中国	身份证照类型	居民身份证	身份证照号码	
任职、受雇单位		任职受雇单位所属行业			职务		职业	
在华天数		境内有效联系地址			境内有效联系地址邮编		联系电话	
经营单位纳税人识别号		此行由取得经营所得的纳税人填写			经营单位纳税人名称			

所得项目	年所得额			应纳税所得额	应纳税额	已缴（扣）税额	抵扣税额	减免税额	应补税额	应退税额	备注
	境内	境外	合计								
1. 工资、薪金所得											
2. 个体工商户的生产、经营所得											
3. 对企业事业单位的承包经营、承租经营所得											
4. 劳务报酬所得											
5. 稿酬所得											
6. 特许权使用费所得											
7. 利息、股息、红利所得											
8. 财产租赁所得											
9. 财产转让所得											
其中：股票转让所得					—	—	—	—	—	—	
个人房屋转让所得											
10. 偶然所得											
11. 其他所得											
合 计											

我声明：此纳税申报表是根据《中华人民共和国个人所得税法》及有关法律、法规的规定填报的，我保证它是真实的、可靠的、完整的。

纳税人（签字）：

代理人（签字）：

税务机关受理人（签字）： 机关受理时间： 年 月 日 受理申报税务机关名称（盖章）：

联系电话：

职业技能训练

一、单项选择题

1. 下列各项中,不属于免征个人所得税的是( )。
   - A. 县人民政府为教师王某颁发的教育奖金
   - B. 国家发行的金融债券利息收入
   - C. 按国家统一规定发给职工的安家费
   - D. 个人取得的拆迁补偿款

2. 某外籍专家甲在中国境内无住所,于 2017 年 2 月至 12 月受聘在华工作。该期间甲每月取得中国境内企业支付的工资人民币 28 000 元;另以实报实销形式取得住房补贴人民币 5 000 元,则甲在中国期间应缴纳的个人所得税为( )元。
   - A. 31 750   B. 45 360   C. 44 250   D. 52 745

3. 郑某 2017 年 3 月在某公司举行的有奖销售活动中获得奖金 5 000 元,领奖时发生交通费 600 元、食宿费 400 元(均由郑某承担)。在颁奖现场郑某直接向某大学图书馆捐款 3 000 元。已知偶然所得适用的个人所得税税率为 20%。则郑某中奖收入应缴纳的个人所得税税额为( )元。
   - A. 0   B. 1 600   C. 1 800   D. 1 000

4. 下列各项中,属于个人所得税居民纳税人的是( )。
   - A. 在中国境内无住所
   - B. 在中国境内无住所且不居住的个人
   - C. 在中国境内无住所,而在境内居住超过 6 个月不满 1 年的个人
   - D. 在中国境内有住所的个人

5. 下列所得属于劳务报酬所得的是( )。
   - A. 个人仅担任董事职务取得的董事费收入
   - B. 个人提供专有技术获得的收入
   - C. 个人发表书画作品取得的收入
   - D. 个人出租财产取得的收入

6. 作家王某的一篇小说在一家日报上连载两个月,第一个月月末报社支付稿酬 4 000 元;第二个月月末报社支付稿酬 10 000 元。则该作家两个月所获稿酬应缴纳的个人所得税为( )元。
   - A. 1 456   B. 1 624   C. 1 568   D. 1 736

7. 下列各项个人所得中,不属于免征个人所得税的是( )。
   - A. 保险赔款   B. 残疾、孤老人员和烈属的所得
   - C. 军人的转业费   D. 国债利息

8. 以下不属于特许权使用费所得项目的是( )。
   - A. 转让商标权取得的所得
   - B. 转让非专利技术取得的所得
   - C. 转让专利权取得的所得
   - D. 转让土地使用权取得的所得

9. 某演员 2017 年 6 月参加演出的出场费税后为 10 000 元,则其应缴纳个人所得税为( )元。
   - A. 1 600   B. 1 800   C. 1 904.76   D. 2 000

二、多项选择题

1. 根据个人所得税法律制度的规定,下列各项中,应按"个体工商户的生产、经营所得"项目征收个

人所得税的有(　　)。

  A. 出租车属于个人所有,但挂靠出租汽车经营单位或企事业单位,驾驶员向挂靠单位缴纳管理费,出租车驾驶员从事客货运营取得的收入

  B. 个人对企事业单位承包、承租经营后,工商登记改变为个体工商户的,其承包、承租经营所得

  C. 出租汽车经营单位对出租车驾驶员采取单车承包或承租方式运营,出租汽车驾驶员从事客货营运取得的收入

  D. 个人因从事彩票代销业务而取得的所得

2. 根据个人所得税法律制度的规定,下列各项在计算应纳税所得额时,按照定额与比例相结合的方法扣除费用的有(　　)。

  A. 劳务报酬所得　　　　　　　　　　B. 特许权使用费所得

  C. 企事业单位的承包、承租经营所得　　D. 财产转让所得

3. 以下属于财产转让所得的项目有(　　)。

  A. 转让股权取得的所得　　　　　　　B. 转让土地使用权取得的所得

  C. 转让专利权取得的所得　　　　　　D. 转让有价证券取得的所得

4. 根据《个人所得税法》规定,下列情况纳税人应当按照规定自行到主管税务机关办理纳税申报的有(　　)。

  A. 甲某 2017 年取得工资薪金所得 6 万,稿酬所得 4 万,出租房屋所得 7 万

  B. 乙某作为集团总公司的外派主管人员,每月除在集团公司总部取得 450 万元工资外,还在外派的子公司取得 2 500 元工资

  C. 丙某在境外转让股票取得所得 90 000 元

  D. 丁某月工资 3 600 元,在工作之余,还从事翻译工作,每月均能固定从三家出版社取得翻译所得各 2 200 元

5. 根据《个人所得税法》规定,计算应纳税所得额时,下列应税项目可以扣除固定费用的有(　　)。

  A. 劳务报酬所得 3 500 元　　　　　　B. 偶然所得 1 000 元

  C. 月工资薪金所得 7 500 元　　　　　D. 财产转让所得 35 000 元

6. 下列不属于稿酬所得的项目有(　　)。

  A. 摄影作品以图书形式出版取得的所得

  B. 拍卖自己的文学作品手稿原件取得的所得

  C. 为企业撰写发展史取得的所得

  D. 为出版社审稿取得的所得

7. 下列与偶然所得个人所得税计算相关的公式中,表示正确的有(　　)。

  A. 应纳税所得额＝每次收入　　　　　B. 应纳税所得额＝每次收入－800

  C. 应纳税额＝应纳税所得额×(1－20%)　D. 应纳税额＝应纳税所得额×20%

三、判断题

1. 对个人购买福利彩票、赈灾彩票、体育彩票,一次性中奖收入在 1 万元以下的(含 1 万元),暂免征收个人所得税,超过 1 万的,按超出部分计算征收个人所得税。　　　　　　　　　　(　　)

2. 个人独资企业和合伙企业每一纳税年度发生的广告费和业务宣传费用不超过当年营业收入 15% 的部分,可据实扣除;超过部分,准予在以后纳税年度结转扣除。　　　　　　　　　(　　)

3. 个人通过非营利性的社会团体和国家机关向红十字事业的捐赠,在计算缴纳个人所得税时,准予按应纳税所得额的 30% 在税前扣除。　　　　　　　　　　　　　　　　　　(　　)

4. 个人领取的原提存的住房公积金、医疗保险金、基本养老保险金免征个人所得税。　(　　)

名师精品·高职高专会计系列 Gaozhigaozhuan Kuaiji Xilie

5. 个人在中国境内有两处或两处以上任职、受雇单位的,应向受雇单位所在地税务机关申报。

       ( )

6. 对于个人所得税的居民纳税人,就来源于中国境内所得部分征税;对于非居民纳税人,就来源于中国境内和境外的全部所得征税。 ( )

7. 在个人所得税法中所谓的"境内居住满一年",是指在中国境内居住满 365 日。 ( )

8. 李先生年薪 20 万元,单位已经足额代扣代缴个人所得税,因此他无须再自行申报个人所得税。

       ( )

四、计算题

1. 甲设计师业余时间为一企业做某项产品的设计,前两个月企业先支付了 30 000 元酬劳,第三个月设计完成后,又支付了剩余的 50 000 元。

    要求:计算甲设计师应缴纳的个人所得税。

2. 王某于 2017 年 2 月外出参加营业性演出(非个人所在单位组织的),一次性取得劳务报酬 68 000 元。

    要求:计算王某 2 月份应缴纳的个人所得税。

3. 某高级工程师张某在专利局申请一项专利,被 A 企业采用,收取该企业特许权使用费 32 000 元。

    要求:计算张某应纳个人所得税税额。

职业能力实训

1. 中国公民王某就职于国内 A 上市公司,2017 年收入情况如下:

(1) 4 月取得上年度一次性奖金 36 000 元,王某当月的工资为 4 500 元。

(2) 拍卖一幅名人书法作品取得收入 35 万元。经税务机关确认,所拍卖的书法作品原值及相关费用为 25 万元。

(3) 5 月赴国外进行技术交流期间,在甲国演讲取得收入折合人民币 12 000 元,在乙国取得专利转让收入折合人民币 60 000 元,分别按照收入来源国的税法规定缴纳了个人所得税折合人民币 1 800 元和 12 000 元。

(4) 6 月与一家培训机构签订了半年的劳务合同,合同规定从 6 月起每周六为该培训中心授课 1 次,每次报酬为 1 200 元。6 月份为培训中心授课 4 次。

(5) 为某企业提供技术服务,取得报酬 60 000 元,与其报酬相关的个人所得税由该企业承担。

(6) 7 月转让 3 月购入的境内某上市公司股票,扣除印花税和交易手续费等,净盈利 5 320.56 元。同时因持有该上市公司的股票取得公司分配的 2016 年度红利 5 000 元。

要求:

(1) 计算王某 4 月取得全年一次性奖金应当缴纳的个人所得税。

(2) 计算书法作品拍卖所得应缴纳个人所得税。

(3) 计算王某 5 月从国外取得收入应在国内补缴的个人所得税。

(4) 计算培训中心 6 月支付王某授课费应代扣代缴的个人所得税。

(5) 支付技术服务报酬的单位应代付的个人所得税。

(6) 计算销售股票净盈利和取得的股票红利共应缴纳的个人所得税。

参 考 文 献

［1］中国注册会计师协会.税法[M].北京:经济科学出版社,2016.

［2］中国注册会计师协会.会计[M].经济科学出版社,2016.

［3］全国税务师职业资格考试教材编写组.税法Ⅰ[M].北京:中国税务出版社,2016.

［4］全国税务师职业资格考试教材编写组.税法Ⅱ[M].北京:中国税务出版社,2016.

［5］东奥会计在线注会网上辅导税法讲义.2016.

［6］中华会计网校注会网上辅导税法讲义.2016.

［7］高金平.营业税改征增值税政策解析与疑难300问[M].北京:中国财政经济出版社,2016.

［8］梁文涛.中国税收[M].北京:中国人民大学出版社,2016.

［9］梁文涛.纳税筹划实务.5版.[M].北京:清华大学出版社.北京交通大学出版社,2016.

［10］梁文涛,等.税务会计实务[M].上海:立信会计出版社,2015.

［11］梁文涛.企业纳税实务(第2版)[M].北京:高等教育出版社,2016.

［12］梁文涛.企业纳税实务习题与实训.2版.[M].北京:高等教育出版社,2016.

［13］梁文涛.企业纳税筹划方案设计[M].北京:中国人民大学出版社,2015.

［14］梁文涛.企业纳税方案优化设计120例[M].北京:中国税务出版社,2014.

［15］梁文涛.财税名家手把手教你算税、报税和缴税:实战与操作版[M].合肥:中国科学技术大学出版社,2014.

名师精品·高职高专会计系列　Gaozhigaozhuan Kuaiji Xilie